化学原理选讲

严宣申　著

内 容 简 介

本书选取了高中化学课程中常见的重难点予以深度解析，论述精辟独到，并且适当扩展延伸大学一年级化学专业基础课“无机化学原理”课程的内容，以增进读者对相关知识的认识和掌握。

本书可作为高等院校化学专业低年级本科生学习无机化学的参考书，也可作为高中化学教师的备课参考书，还可作为高中化学奥林匹克参赛者的备赛指导书。

图书在版编目(CIP)数据

化学原理选讲/严宣申著. —北京：北京大学出版社，2012.8
ISBN 978-7-301-21136-6

Ⅰ.①化… Ⅱ.①严… Ⅲ.①中学化学课—教学研究—高等学校—教材②中学化学课—教学研究—高中 Ⅳ.①G633.82

中国版本图书馆 CIP 数据核字(2012)第 193975 号

书　　名：化学原理选讲
著作责任者：严宣申　著
责 任 编 辑：郑月娥
标 准 书 号：ISBN 978-7-301-21136-6/O·0883
出 版 发 行：北京大学出版社
地　　址：北京市海淀区成府路 205 号　100871
网　　址：http://www.pup.cn　电子信箱：zye@pup.pku.edu.cn
电　　话：邮购部 62752015　发行部 62750672　编辑部 62767347　出版部 62754962
印 刷 者：北京鑫海金澳胶印有限公司
经 销 者：新华书店
787 毫米×980 毫米　16 开本　17 印张　365 千字
2012 年 8 月第 1 版　**2025 年 3 月第 8 次印刷**
定　　价：45.00 元

序　言

学好化学应掌握足够的理论和充分的事实。一般认为，掌握理论最好的方法是经常运用它，记住事实最容易的方法是关注它们和理论的联系。本书就是依据这种观点讨论相关的问题。在运用有关理论、事实的过程中，有可能加深对它们的理解，而较深入的理解又可能涉及、概括更多的事实。这样，又可能加深对理论、事实的理解，又……本书按照这种逐步深入的认识过程进行有关的讨论。

深入理解化学基础理论、知识是必要的，也便于运用。如金属活动序是 298 K 时，金属(M)在水溶液中形成水合离子 $M^{n+}(aq)$倾向序，因此不能用于判断不是水溶液中反应的倾向，如铝热法的根据是：Al 和 O_2 亲和力强，而一般不用 Na 还原氧化物；“反应倾向”是化学热力学的问题，不涉及反应速率，如在电位序中 Ca 在 Na 前，但 Ca 和 H_2O 反应的速率显著慢于 Na 和 H_2O 的反应；“反应倾向”与反应终态和始态间的能量差有关，因此可认为以上过程的能量是三步反应能量，$M(s)\xrightarrow{\text{升华}}M(g)\xrightarrow{\text{电离}}M^{n+}(g)\xrightarrow{\text{水合}}M^{n+}(aq)$的代数和，

$$\Delta_r H_m^\ominus = \Delta_r H_m^\ominus(\text{升华}) + \Delta_r H_m^\ominus(\text{电离}) + \Delta_r H_m^\ominus(\text{水合})$$

有人发现，许多金属离子水合释能(绝对值)约是其电离能(绝对值)的 0.81，则

$$\Delta_r H_m^\ominus \approx \Delta_r H_m^\ominus(\text{升华}) + 0.19\Delta_r H_m^\ominus(\text{电离})$$

可见升华吸能对金属离子化倾向是有影响的。如 Cs 比 Na，Zn 比 Fe 容易成水合离子和升华吸能少有关。金属在非水溶剂中离子化的能量也可按三步过程讨论：

$$\Delta_r H_m^\ominus = \Delta_r H_m^\ominus(\text{升华}) + \Delta_r H_m^\ominus(\text{电离}) + \Delta_r H_m^\ominus(\text{溶剂合})$$

对于特定的金属，升华、电离吸能为定值，不难想象，$M^{n+}(g)$水合释能多(或少)者，$M^{n+}(g)$溶剂合能也多(或少)。由此可知，在非水溶液中金属离子化倾向序大体上和水溶液中电位序相似。

高中化学引入熵是必要的。此前，仅以反应热(焓)为“判据”时，对

$$SO_2 + \frac{1}{2}O_2 = SO_3 \quad \Delta_r H_m^\ominus = -99\ \text{kJ/mol}$$

$$N_2 + 3H_2 = 2NH_3 \quad \Delta_r H_m^\ominus = -92\ \text{kJ/mol}$$

的要求是，升温不利于放热反应。这样就很难理解

$$H_2O_2(aq) = H_2O + \frac{1}{2}O_2 \quad \Delta_r H_m^\ominus = -95\ \text{kJ/mol}$$

$$KClO_3 = KCl + \frac{3}{2}O_2 \quad \Delta_r H_m^\ominus = -45\ \text{kJ/mol}$$

这两个放热反应和温度的关系。它们的区别是，前两者正向反应是熵减过程，升温不利；

后两者正向反应是熵增过程，升温有利。所以，应该以 Gibbs 自由能变作为反应的判据。

低氧化态氧化物和 O_2 反应生成高氧化态氧化物，如

$$SO_2+\frac{1}{2}O_2 = SO_3 \quad \Delta_r H_m^\ominus=-99\ kJ/mol$$

$$NO+\frac{1}{2}O_2 = NO_2 \quad \Delta_r H_m^\ominus=-57\ kJ/mol$$

是熵减过程，升温不利于正向反应。某些低氧化态氯化物和 Cl_2 反应形成高氧化态氯化物也是熵减过程，如

$$PCl_3+Cl_2 = PCl_5 \quad \Delta_r H_m^\ominus=-93\ kJ/mol, \quad \Delta_r S_m^\ominus=-183\ J/K\cdot mol$$

升温对正向反应不利。因此，可从 $\Delta_r H_m^\ominus$ 与 $\Delta_r S_m^\ominus$ 粗略判知形成高氧化态氧化物、氯化物（以及其他卤化物、硫化物……）的温度条件。

根据实验的具体条件、有关数据，可能对某些性能理解更加深入。如 C_6H_5OH 的电离常数(10^{-10})介于 H_2CO_3 的 $K_1(4.2\times10^{-7})$ 和 $K_2(5.6\times10^{-11})$ 之间，可判知：CO_2 通入 C_6H_5ONa 溶液形成的主要产物是 C_6H_5OH 和 HCO_3^-，若还要知道具体转化量及 CO_3^{2-} 量等，则应作运算（运算不困难，也不复杂）。又如，已知 $H_2O(g)$ 的能量($\Delta_f H_m^\ominus=-242\ kJ/mol$)低于 $HCl(g)$($-92\ kJ/mol$)，所以 O_2 能置换出 HCl 中的氯，

$$O_2+4HCl = 2Cl_2+2H_2O(g) \quad \Delta_r H_m^\ominus=-116\ kJ/mol$$

又，正向反应是熵减过程，$\Delta_r S_m^\ominus=-129\ J/K\cdot mol$，反应温度不宜太高。若要知道（具体）温度对反应的影响，需作必要的运算。

新课标恢复了对平衡常数的要求。学习、掌握平衡常数及其运用必须作一些计算，在计算过程中可能逐渐体会平衡常数和反应能进行限度间的关系，以及反应所需的条件——温度、浓度、压强。这样，就有可能根据平衡常数联想到反应所需条件，如 $NO+\frac{1}{2}O_2 = NO_2$ 的 $K(\approx10^4)$ 比 $SO_2+\frac{1}{2}O_2 = SO_3$ 的 $K(\approx10^3)$ 大，进行前一反应对 O_2 的过量要求低于后一反应；$N_2+3H_2 = 2NH_3$ 的 $K\approx10^{-5}$，只有在加大压强条件下才可能得到可观量的 NH_3；而 $AgI+2NH_3 = Ag(NH_3)_2^++I^-$ 的 $K\approx10^{-9}$，即使用浓的 $NH_3\cdot H_2O$ 也无济于事。

介绍次级周期性可能是必要的，因为主族元素某些性质从上到下呈现锯齿状改变。

常见分(离)子的组成、构型主要和中心原子用于成键的轨道（含孤对电子）有关，希望通过对卤化物的组成和构型、等电子体的讨论，能从总体上把握这个问题。

化学是实验的科学，傅鹰教授指出："实验是最高法庭"，"没有理论，实验就可能是盲动，劳而无功、进步迟缓，甚至根本不能进步"，"提出一种机理解释一种现象并不困难，困难的是如何以实验证明它是正确的，而且是唯一正确的"。戴安邦先生指出："化学实验课是实施全面的化学教育的一种最有效的教学形式。"可见实验、实验事实在学习化学过程中的重要作用。本书不仅重视实验，还尽可能关注实验和理论间的联系，并在书中列

出了一些简单易行的实验。

书中所列常数、数据引自(相对而言)权威性著作、手册。物质的 $\Delta_f H_m^\ominus$、$S_m^\ominus$、$\Delta_f G_m^\ominus$、$E^\ominus$ 主要引自：Latimer，The Oxidation States of the Elements and Their Potentials in Aqueous Solutions，2nd Ed(1953)；物质结构参数引自：Wells，Structural Inorganic Chemistry，5th Ed(1984)；溶解度引自 Linke，Solubilities Inorganic and Metal Organic Compounds，4th Ed(1958)，必要时在书中相关部分给出出处。不同著作对同一物质的某种数据不一致的情况并不罕见，如 Al_2O_3(s)的 $\Delta_f H_m^\ominus = -1670$ kJ/mol(Latimer)，而 Samsonov(Thermodynamic and Thermal Properties，The Oxide Handbook，2nd Ed)中为-1677 kJ/mol。所以，本书中对于同一种物质的某种数据也有前后不一致的情况(好在差值不大)。

作者在多年从事无机化学教学过程中认识到，学习理论知识的同时应关注思维的训练，因此依一得之愚编写此书，供读者参考。感谢李维红副教授、高杨老师为本书作图。

由于知识、认识的限制，书中难免存在错误、遗漏，望读者批评指正。

严宣申

2011 年 12 月于北京大学中关园

本书导读

掌握理论最有效的途径是常运用，记住元素性质最简单的方法是关注它和理论的联系。基础化学原理有宏观、微观两个方面。

宏观，以 $\Delta_r G_m^\ominus = \Delta_r H_m^\ominus - T\Delta_r S_m^\ominus = -RT\ln K = -nFE^\ominus$ 为依据讨论、归纳化学反应的规律。(1) $\Delta n < 0$（正向为熵降过程）及正向为焓降的反应，如 $SO_2 + \frac{1}{2}O_2 = SO_3$（$\Delta n = -0.5$）$\Delta_r H_m^\ominus = -99\ kJ/mol$，$\Delta_r S_m^\ominus = -96\ J/K \cdot mol$ 才可能发生，而且温度不宜高。由此可知：$4HCl + O_2 = 2H_2O(g) + 2Cl_2$（$\Delta n = -1$，也是焓降、熵降的反应）反应的条件；由升温有利于 $CaCO_3 = CaO + CO_2$（$\Delta n = 1$）右向反应，可推知 $MgO + C = Mg(g) + CO$ 也应在高温下进行。(2) 已知 $H_2 + Cl_2 = 2HCl \quad K \approx 10^{33}$（25℃），$SO_2 + \frac{1}{2}O_2 = SO_3 \quad K \approx 10^3$（450℃），$AgI + 2NH_3 \cdot H_2O = Ag(NH_3)_2^+ + I^- + 2H_2O \quad K \approx 10^{-9}$（室温）可知：改变浓度或压强对前、后两个反应没有意义，而对中间的反应起着决定性的作用。(3) 由氧化还原反应的 $E^\ominus$ 可知右向反应的限度和所需的实验条件。

微观，以原子的电子排布为主，及成键时的杂化轨道，有无（几对）孤对电子可知由它形成分（离）子的组成、构型。介绍等电子原理，可由 CO_2 的结构和构型知道其等电子体：N_2O、NO_2^+、CN_2^{2-}、N_3^-、OCN^-……的结构和构型。次级周期性——p 区元素最高氧化态化合物（族内）从上而下性质改变呈现锯齿状——和原子内层电子排布有关。为使讨论更可信，书中列出了一些和化学键有关的参数。

此外，书中还列出了一些必要的数据，并介绍了某些数据，如晶格能、水合能是如何从实验结果得到的。为了便于理解，提升学习主动性、效率，书中穿插列出了近百个简单的化学实验。

目　　录

第一章　溶液　溶解性

溶质微粒(分子、原子、离子)均匀分散于溶剂中所形成的稳定体系叫溶液。因溶质、溶剂物态(固、液、气态)不同共有九类溶液,如空气是气态溶液,黄铜是固态溶液,其中最重要的是液态溶液,尤其是水溶液。

溶剂微粒运动时出现“空穴”,溶质微粒运动“乘虚而入”而溶解。同时,溶解了的溶质微粒还可能相互结合析出。一定条件溶质溶解和从溶液中析出溶质达到平衡,即为溶解平衡。再则形成溶液的过程常伴随体积(变化)效应、热(吸热、释热)效应,还有溶解度的问题。

一、溶解过程的体积效应和热效应

1. 体积效应

溶解是溶质微粒和溶剂微粒间相互作用的结果,若组成相近两种微粒的形状、大小近似相同,如正庚烷和正辛烷,环戊烷和环己烷,苯和甲苯,$^{12}CHI_3$ 和 $^{13}CHI_3$……并且溶解前后两种微粒周围的“环境”近似相同,则它们相互间有较大的溶解度,溶液的体积 $V_{液}=V_{质}+V_{剂}$,并且没有明显的热效应。然而在绝大多数的情况下,溶解过程伴随着热效应和体积效应。如 15℃,1.000 L 浓 H_2SO_4(98%,1.84 g/mL)和不同体积 H_2O(为简化起见,把 15℃ H_2O 的密度 0.99913 g/mL 近似为 1.000 g/mL)混合所得溶液的体积列于表 1-1。由表中数据知,随 H_2O 量增多,体积效应(指加 H_2O 前后,溶液体积的改变)逐渐趋于“定值”。所以,溶解过程的体积效应以 1 mol 溶质溶于大量溶剂为准。如 1 mol NaCl 的体积是: 1 mol×58.5 g/mol÷2.17 g/mL=27.0 mL,溶于大量的 H_2O 形成溶液的体积 $V_{液}=V_{H_2O}+17.0$ mL,两者差为 10.0 mL,减小的体积和 Na^+、Cl^- 形成 $Na^+(aq)$、$Cl^-(aq)$有关。

表 1-1　15℃ 1.000 L 浓 H_2SO_4 溶于 H_2O 的体积改变

V_{H_2O}/mL		163	280	413	734	1162	1762	2663	4160	7160	16150	34140
溶液	w/%	90	85	80	70	60	50	40	30	20	10	5
	V/mL	1102	1189	1302	1595	2001	2579	3452	4919	7898	16872	34860
$[(V_{质}+V_{剂})-V_{液}]$/mL		61	91	111	139	161	183	211	241	262	278	280

绝大多数溶液的体积: $V_{液}<V_{质}+V_{剂}$,如 20℃ 50 mL H_2O 和 50 mL C_2H_5OH 混合溶液的体积为 97 mL(另有报道为 96.5 mL),体积减小约 3%,是 C_2H_5OH 和 H_2O 间形成氢键——弱于 H_2O 间氢键,强于 C_2H_5OH 间氢键——之故。不难想象,H_2O 和

C_2H_5OH 相互溶解过程伴随着释热。较少情况下是溶液体积增大，如 50 mL CH_3COOH 和 50 mL C_6H_6 混合溶液的体积为 101 mL，这是因为原先 CH_3COOH 分子间因氢键结合成的 $(CH_3COOH)_2$，在溶解过程中被削弱了；50 mL $C_2H_4Cl_2$ 和 50 mL C_6H_6 的混合溶液的体积为 103 mL，这是因为原先 C_6H_6 为扁平分子，相互间“挤”得较紧，溶解后则不那么紧了。

一个特殊的情况是：20℃，当 $MgSO_4$ 浓度＜0.07 mol/kg(H_2O)，溶液的体积＜1001.8 cm^3——20℃，1 kg H_2O 的体积为 1000.0 g÷0.99823 g/cm^3＝1001.8 cm^3——这个事实，显然只能是 Mg^{2+}、SO_4^{2-} 形成 Mg^{2+}(aq)、SO_4^{2-}(aq)所引起的。

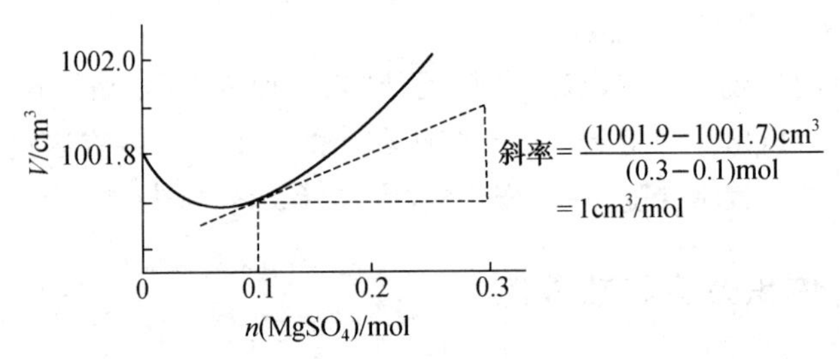

图 1-1　含 1000 g 水和 *n* (mol) $MgSO_4$ 的溶液在 20℃ 的体积

2．热效应

溶解热效应是溶质微粒和溶剂微粒间作用（释热）与拆开原先溶质微粒间作用（吸热）在能量方面的代数和。化学上以在一定条件下，1 mol 溶质溶于大量水时的热效应为准，用 kJ/mol 表示。强调“大量”是因为溶解过程的热效应在一定范围里随所加溶剂量而改变，把 1 mol H_2SO_4、1 mol HCl 溶于不同量 H_2O 中的热效应列于表 1-2。

表 1-2　H_2SO_4、HCl 在 H_2O 中的溶解热*

$n(H_2SO_4)/n(H_2O)$	2.0	1.0	0.67	0.50	0.33	$1/\infty$
溶解释热/(kJ·mol^{-1})	－15.7	－27.8	－35.9	－41.5	－48.9	－95.3

1 mol HCl(g)加 H_2O 量/mol	5	10	20	50	100	200	400
溶解释热/(kJ·mol^{-1})	－62.8	－67.8	－70.3	－73.0	－74.2	－75.1	－75.1

* 负值表示释热，正值表示吸热。

根据 Hess 定律，由 H_2SO_4 溶解释热量的前三列可知：往第一列 $n(H_2SO_4)/n(H_2O)$＝1.0 mol/0.5 mol＝2.0 溶液中加 0.5 mol H_2O，即达 $n(H_2SO_4)/n(H_2O)$＝1.0 时释热量为

$$-27.8\ \text{kJ/mol}-(-15.7\ \text{kJ/mol})=-12.1\ \text{kJ/mol}$$

若再加入 0.5 mol H_2O，释热量为

$$-35.9\ \text{kJ/mol}-(-27.8\ \text{kJ/mol})=-8.1\ \text{kJ/mol}$$

……

1 mol H_2SO_4 溶于大量 H_2O 时释热量为－95.3 kJ/mol。1 mol HCl(g)溶于大量 H_2O 时释热量为 75.1 kJ/mol，此处所谓大量水是指＞200 mol。由于市售试剂级浓盐酸的质量

分数为 37%，即 37 g(HCl)/63 g(H_2O)，相当于 1 mol HCl 溶于$\frac{63\ g}{18\ g/mol}=3.5\ mol$ H_2O。由表 1-2 中数据可知，此过程已释放约 60 kJ 热量，所以用大量 H_2O 稀释浓盐酸，释热量仅为约 15 kJ/mol。

HCl(g)溶于大量 H_2O 时的热效应($\Delta H^\ominus$)可由有关数据根据热化学循环得到：

$$\begin{array}{ccc} HCl(g)+H_2O(l) & \xrightarrow{\Delta H^\ominus} & H^+(aq)+Cl^-(aq) \\ \downarrow -键能(BE) & & \uparrow 水合\ \Delta_h H \quad \uparrow 水合\ \Delta_h H \\ H(g)+Cl(g) & \xrightarrow[(IP+EA)]{电离(H)+亲和(Cl)} & H^+(g)+Cl^-(g) \end{array}$$

$$\begin{aligned}\Delta H^\ominus &= -BE+IP(H)+EA(Cl)+\Delta_h H^\ominus(H^+)+\Delta_h H^\ominus(Cl^-) \\ &= 427\ kJ/mol+1312\ kJ/mol+(-349\ kJ/mol) \\ &\quad +(-1131\ kJ/mol)+(-323\ kJ/mol) \\ &= -64\ kJ/mol\end{aligned}$$

[Porterfield, Inorganic Chemistry, p. 259, Addison Wesley (1984)]

附：从不同参考书引用的数据略有不同。

化学上把大量水叫做“无穷量”，由上知对 1 mol HCl(g)而言，无穷量约为 200 mol。又室温 1.00 L 水相当于$\frac{1000\ g}{18\ g/mol}=56\ mol$，则 1 mol HCl(g)溶于约 200 mol H_2O，溶液的浓度≈0.25 mol/L；若无穷量 H_2O 为 500 mol，则溶液浓度≈0.1 mol/L。

提请关注，不论溶质的溶解浓度能否达到 1 mol/L，溶解热效应都要按 kJ/mol 表示。对于在水中难溶的物质，如 AgCl、$BaSO_4$……也有相应的溶解热——它的绝对值和在稀的水溶液中形成相应沉淀时的热效应相同，只是符号相反，如由

$$Ag^+ + Cl^- = AgCl \quad \Delta H^\ominus = -65.7\ kJ/mol$$

可知 1 mol AgCl 溶于大量 H_2O 中将吸收 65.7 kJ 热量。

3. *离子型溶质的溶解热*

离子型溶质(MX)的溶解热($\Delta H^\ominus$)是 MX 晶格能——相距无穷远的 $M^{n+}(g)$、$X^{n-}(g)$，相互靠近、按一定规律排列成晶体时所释放的能量(U_0)——和 $M^{n+}(g)$、$X^{n-}(g)$水合释热量($\Delta_h H^\ominus$)的代数和(表 1-3)。即

表 1-3 碱金属氟化物、碘化物的溶解热

	LiF	NaF	KF	RbF	LiI	NaI	KI	RbI
$U_0/(kJ \cdot mol^{-1})$	1039	919	817	779	763	703	647	624
$\Delta_h H^\ominus/(kJ \cdot mol^{-1})$	−1034	−921	−837	−808	−824	−711	−627	−598
$\Delta H^\ominus/(kJ \cdot mol^{-1})$	5	−2	−20	−29	−61	−8	20	26
溶解度	$0.27^{18°*}$	$4^{15°}$	$92.3^{18°}$	$22.7^{13°}$	$151^{0°}$	$159^{0°}$	$127.9^{0°}$	$137.5^{7°}$

* $0.27^{18°}$表示 18℃时 LiF 在 100 g H_2O 中的溶解度为 0.27 g。

$$\Delta H^{\ominus}=-U_0+\Delta_h H^{\ominus}$$

溶解热可由实验测定，晶格能也可由实验得到（参考第二章），由此不难得到 M^{n+}(g)、X^{n-}(g)的总水合能。对于MX而言，实验时总是 M^{n+}(g)和 X^{n-}(g)同时发生水合作用，那么如何得到 M^{n+}(g)或 X^{n-}(g)的水合能？曾有人①从离子的性质（价、半径、离子的电子构型，如 K^+、Cl^- 均为 $8e^-$ 构型）及阴离子、阳离子水合时的差别等因素假设 K^+(g)和 Cl^-(g)的水合能相同，即把 K^+(g)、Cl^-(g)总水合能（−700 kJ/mol）视作 K^+(g)、Cl^-(g)的水合能各为−350 kJ/mol，有了 K^+(g)、Cl^-(g)水合能不难得到其他阴离子、阳离子的水合能。根据这个设定从实验结果求得其他离子水合能，过程中不断修正，K^+(g)、Cl^-(g)的水合能都和−350 kJ/mol 有一定差值（总水合能为−701 kJ/mol，基本未变）。后来，用特殊的技术测得 H^+(g)的水合能为−1130 kJ/mol（另有报道，为−1090 kJ/mol），由此求得其他气态阴离子、阳离子的水合能列于表 1-4。

表 1-4　几种常见气态离子的水合能(kJ/mol)*

H^+	Li^+	Na^+	K^+	Ag^+	Be^{2+}	Mg^{2+}	Ca^{2+}	Sr^{2+}	Al^{3+}	F^-	Cl^-	Br^-	I^-
−1130	−558	−444	−361	−510	−2533	−2003	−1657	−1524	−4704	−483	−340	−309	−296

* L. Jones, P. Atkins. Chemistry, Molecules, Matter and Change, 4th Ed. pp538～540(2000)

4．结晶水合物的溶解热

兼有结晶水合物和不含结晶水的物质，如 $Na_2SO_4\cdot 10H_2O$ 和 Na_2SO_4 是两种物质，具有各自的溶解热效应。18℃ $Na_2SO_4\cdot 10H_2O$ 溶解吸收 78.5 kJ/mol 热量，Na_2SO_4 溶解释出 1.9 kJ/mol 热量。若把后者溶解的热效应视为分成两步进行，即首先生成 $Na_2SO_4\cdot 10H_2O(s)$，再溶解，

$$Na_2SO_4(s) \xlongequal{H_2O} 2Na^+(aq)+SO_4^{2-}(aq) \quad \Delta_r H_m^{\ominus}=-1.9\ kJ/mol$$

$$-)\quad Na_2SO_4\cdot 10H_2O(s) \xlongequal{H_2O} 2Na^+(aq)+SO_4^{2-}(aq) \quad \Delta_r H_m^{\ominus}=78.5\ kJ/mol$$

$$Na_2SO_4(s)+10H_2O(s) = Na_2SO_4\cdot 10H_2O(s) \quad \Delta_r H_m^{\ominus}=-80.4\ kJ/mol$$

即 $Na_2SO_4(s)$转化为 $Na_2SO_4\cdot 10H_2O(s)$所释放的热量。

几种无水物转化成结晶水合物的有关数据列于表 1-5。

有关溶解热效应及其运用讨论于下：

(1) 溶解热也可由(298 K)相应各物的标准生成焓 $\Delta_f H_m^{\ominus}$ 得到，以 NH_4NO_3 溶解热为例。

$$NH_4NO_3(s) \xlongequal{H_2O} NH_4^+(aq)+NO_3^-(aq)$$

$$\Delta_f H_m^{\ominus}/(kJ\cdot mol^{-1}) \quad -365.6 \quad\quad -132.5 \quad -205.0$$

① 有人以 KI、RbCl、CsI、$As(C_6H_5)_4B(C_6H_5)_4$ 为标准，研究其他离子(气)的水合能。

$$\Delta H_m^{\ominus} = -205.0\ kJ/mol + (-132.5\ kJ/mol) - (-365.6\ kJ/mol) = 28.1\ kJ/mol$$

文献值为 26.4 kJ/mol(18℃,200)，两者相近。

表 1-5　几种结晶水合物的转化能

	Na_2SO_4	$Na_2SO_4 \cdot 10H_2O$	$Na_2S_2O_3$	$Na_2S_2O_3 \cdot 5H_2O$	Na_2S	$Na_2S \cdot 9H_2O$
$\Delta H^{\ominus}/(kJ \cdot mol^{-1})$	−1.9 (18℃,400)*	78.5 (18℃,400)	−7.1 (18℃,440)	47.6 (18℃,400)	−62.8 (15℃,594)	70.0 (13℃,774)
转化能/$(kJ \cdot mol^{-1})$	−80.4		−54.7		−132.8	
	Na_2HPO_4	$Na_2HPO_4 \cdot 12H_2O$	$MgCl_2$	$MgCl_2 \cdot 6H_2O$	$MgSO_4$	$MgSO_4 \cdot 7H_2O$
$\Delta H^{\ominus}/(kJ \cdot mol^{-1})$	−23.6 (18℃,400)	95.5 (18℃,400)	−150.3 (18℃,800)	−12.3 (18℃,800)	−84.9 (18℃,400)	15.9 (18℃,400)
转化能/$(kJ \cdot mol^{-1})$	−119.1		−138.0		−100.8	
	$CaCl_2$	$CaCl_2 \cdot 6H_2O$	CaO	$Ca(OH)_2$		
$\Delta H^{\ominus}/(kJ \cdot mol^{-1})$	−61.5 (18℃,300)	18.0 (19.3℃,400)	−76.7 (18℃,2500)	−11.7 (18℃,2500)		
转化能/$(kJ \cdot mol^{-1})$	−79.5**		−65.0			

* (18℃,400)表示 18℃,1 mol Na_2SO_4 溶于 400 mol(大量)H_2O。

** 因 $CaCl_2$(18℃,300),$CaCl_2 \cdot 6H_2O$(19.3℃,400)条件不同，所以转化能不恰好是−79.5 kJ/mol。

溶质在水中溶解释热量多的，常是含 H^+、OH^- 的物质，因 H^+、OH^- 的水合释热大，如室温 $HClO_4$、KOH 溶解释热量分别为：−84.9 kJ/mol(15℃)、−55.6 kJ/mol；$Na_2O(s)$、$SO_3(g)$溶解释热量很多，分别为−230.9 kJ/mol、−163.9 kJ/mol，显然还和化学反应

$$Na_2O + H_2O = 2NaOH, \quad SO_3 + H_2O = H_2SO_4$$

释热有关。

(2) 运用溶解热效应的三个实例：

① 作为利用太阳能的一种储热介质：阳光照射时某些结晶水合物，如 $Na_2SO_4 \cdot 10H_2O$、$Na_2HPO_4 \cdot 12H_2O$、$Na_2S_2O_3 \cdot 5H_2O$ 熔融——实际上是 Na_2SO_4、Na_2HPO_4、$Na_2S_2O_3$ 溶解于结晶水中——的温度较低，依次为 32.4℃、36.1℃、48℃，是吸热过程；太阳“落山”后，环境温度下降，重新生成结晶水合物释热，可供使用。经过试验，1990 年我国国务院推荐以 $Na_2SO_4 \cdot 10H_2O$ 作为储热介质在农村推广使用。当时储热介质价格 0.28 元/kg，商品规格可使用千次(受热熔融、冷却析出算一次)以上。由表 1-5 中数据可知，Na_2HPO_4 和 $Na_2HPO_4 \cdot 12H_2O$ 的转化能高于 Na_2SO_4 和 $Na_2SO_4 \cdot 10H_2O$ 的转化能，因转化温度高及价格较贵而未被列入建议推广的储热介质；Na_2S 和 $Na_2S \cdot 9H_2O$ 的转化能更大，使用含“S^{2-}”的物质，对设备的材质要求较高，也未被列入推广的储热介质。

② 快速冷冻剂：按一定质量称取 NH_4NO_3 和 $Na_2SO_4 \cdot 10H_2O$，隔离放置在容器中，使用时使之混合出现快速降温。降温由两个过程引起：NH_4NO_3 溶解于 $Na_2SO_4 \cdot 10H_2O$ 的结晶水中吸热；$Na_2SO_4 \cdot 10H_2O$ 脱水吸热。由于 $Na_2SO_4 \cdot 10H_2O$ 中水量不足，反应吸热量少于 NH_4NO_3 溶解于大量水中的吸热量(28.1 kJ/mol)及 $Na_2SO_4 \cdot 10H_2O$ 脱水成 Na_2SO_4 的吸热量(80.4 kJ/mol)之和，但迅速冷却的效果是事实。

③ 市售小型暖手袋：内盛过饱和的 CH_3COONa 溶液和一小块金属片，捏动金属破坏过饱和，析出 $CH_3COONa \cdot 3H_2O$ 晶体释热。把析出晶体的塑料包放入热水中，又转变为 CH_3COONa 的过饱和溶液。如此可反复使用。

二、溶解度

1. 溶解度及其温度系数

某温度下，一种溶质（固态、液态）在一定量溶剂（通常是 100 g H_2O）中最大的溶解量，即该溶质在该条件下的溶解度。习惯上，把溶解度<0.1 g、0.1 g~1 g、>1 g、>10 g 的情况依次称为难溶、微溶、可溶、易溶。相应实例为：$CaCO_3$ $0.0013^{20°}$、$CaSO_4$ $0.179^{0°}$、NaF $4^{15°}$、NaCl $35.7^{0°}$。溶解度也可用其他方式表示，如 NaCl $35.9^{15°}$，饱和溶液的密度为 1.201 g/cm^3，则其

质量分数为：$\dfrac{35.9\ \text{g}}{35.9\ \text{g}+100.0\ \text{g}}\times 100\%=26.4\%$

物质的量浓度为：$1.201\ \text{g/mL}\times 1000\ \text{mL/L}\times 0.264\div 58.5\ \text{g/mol}=5.42\ \text{mol/L}$

质量摩尔浓度为：$\dfrac{35.9\ \text{g}}{100\ \text{g}\times 10^{-3}}\div 58.5\ \text{g/mol}=6.14\ \text{mol/kg}(H_2O)$

摩尔分数为：$\dfrac{\dfrac{35.9\ \text{g}}{58.5\ \text{g/mol}}}{\dfrac{35.9\ \text{g}}{58.5\ \text{g/mol}}+\dfrac{100.0\ \text{g}}{18.0\ \text{g/mol}}}=0.099$

质量浓度为：$1.201\ \text{g/mL}\times 1000\ \text{mL/L}\times 0.264=317\ \text{g/L}$

质量浓度常用于化工生产，如电解 NaCl 浓度为 320 g/L。另外，在医药上常用 1 g 物质（药物）溶于多少克水表示，如把 Aspirin 水溶度为 0.33（室温）表示为 1∶300。

不同溶解度的物质有各自的用途，如（微溶）石膏点豆腐得嫩豆腐，而用盐卤（含 $MgCl_2$ 等）点得的是老豆腐；用银质容器盛水（室温银的溶解度为 10^{-7} g/L～10^{-9} g/L），具有杀菌作用。

有了物质的溶解度数据就可能判断在相应条件下能否生成沉淀，如从 $AgNO_3$ 等在 H_2O、NH_3 中的溶解度（表 1-6）可知：

水液：　$2AgNO_3+BaCl_2 = 2AgCl\downarrow+Ba(NO_3)_2$

液氨：　$Ba(NO_3)_2+2AgCl = BaCl_2\downarrow+2AgNO_3$

表 1-6　$AgNO_3$ 等在 H_2O、NH_3 中的溶解度(0℃)

	$AgNO_3$	$Ba(NO_3)_2$	AgCl	$BaCl_2$
水溶度 / g/100 g(H_2O)	122	9.3	1.5×10^{-4}	33.3
氨溶度 / g/100 g(NH_3)	80	97.2	0.3	0

固态溶质水溶度随温度上升有显著增大(KNO_3)、增大有限(NaCl)(图 1-2)。另外,还有随温度降低的情况,如 $Ca(OH)_2$。水溶度的温度系数,可由溶解过程 Gibbs 自由焓变

$$\Delta G^{\ominus} = \Delta H^{\ominus} - T\Delta S^{\ominus}$$

判断。如 NH_4Cl 溶解是吸热过程,NaI 溶解是放热过程,但它们的水溶度都随温度上升而增大。请看两种物质溶解过程的 $\Delta_r G_m^{\ominus}$ 随温度改变:

$$NH_4Cl(s) \xlongequal{H_2O} NH_4^+(aq) + Cl^-(aq) \quad \Delta_r H_m^{\ominus} = 15.12\ kJ/mol, \quad \Delta_r S_m^{\ominus} = 73.5\ J/K \cdot mol$$

$$298\ K \quad \Delta_r G_m^{\ominus} = 15120\ J/mol - 298\ K \times 73.5\ J/K \cdot mol = -6.78 \times 10^3\ J/mol$$

$$313\ K \quad \Delta_r G_m^{\ominus} = 15120\ J/mol - 313\ K \times 73.5\ J/K \cdot mol = -8.62 \times 10^3\ J/mol$$

温度上升,$\Delta_r G_m^{\ominus}$ 减小,表明溶解倾向增强,即温度系数为正;

$$NaI(s) \xlongequal{\quad} Na^+(aq) + I^-(aq) \quad \Delta_r H_m^{\ominus} = -7.90\ kJ/mol, \quad \Delta_r S_m^{\ominus} = 77.2\ J/K \cdot mol$$

$$298\ K \quad \Delta_r G_m^{\ominus} = -7900\ J/mol - 298\ K \times 77.2\ J/K \cdot mol = -30.9 \times 10^3\ J/mol$$

$$303\ K \quad \Delta_r G_m^{\ominus} = -7900\ J/mol - 303\ K \times 77.2\ J/K \cdot mol = -31.7 \times 10^3\ J/mol$$

温度升高,$\Delta_r G_m^{\ominus}$ 也减小,也表明溶解倾向增强,即温度系数为正。

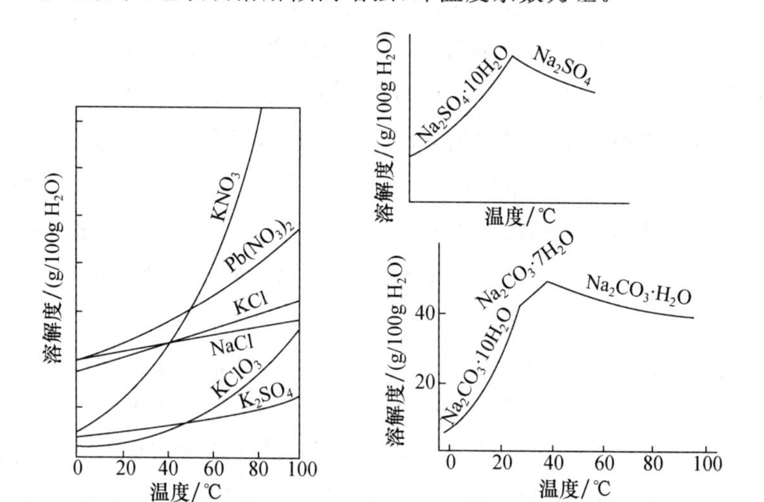

图 1-2 溶解度曲线

固态溶质溶解"常是"熵增过程,温度上升,$T\Delta_r S_m^{\ominus}$ 增大,有利于溶解,因此不能仅根据溶解过程焓变判断溶解度的温度系数。如 NaOH 溶解焓为 −42.4 kJ/mol,但 NaOH 溶解度随温度上升而增大。为此,以 $Na_2SO_4 \cdot 10H_2O$、Na_2SO_4 的溶解度温度系数(图 1-2)为例:

$$Na_2SO_4 \cdot 10H_2O(s) \xlongequal{H_2O} 2Na^+(aq) + SO_4^{2-}(aq) + 10H_2O(l)$$

$$\Delta_r H_m^{\ominus} = 78.5\ kJ/mol, \quad \Delta_r S_m^{\ominus} = 249\ J/K \cdot mol$$

$$293\ K \quad \Delta_r G_m^{\ominus} = 78500\ J/mol - 293\ K \times 249\ J/K \cdot mol = 55.78\ J/mol$$

$$298\ K \quad \Delta_r G_m^{\ominus} = 78500\ J/mol - 298\ K \times 249\ J/K \cdot mol = 42.98\ J/mol$$

温度从 293 K 升高到 298 K，$\Delta_r G_m^\ominus$ 减小，溶解度随温度上升而增大，即温度系数为正。

$$Na_2SO_4(s) \xlongequal{H_2O} 2Na^+(aq) + SO_4^{2-}(aq) \quad \Delta_r H_m^\ominus = 1.9\ kJ/mol, \quad \Delta_r S_m^\ominus = -13\ J/K \cdot mol$$

$$308\ K \quad \Delta_r G_m^\ominus = 1900\ J/mol - 308\ K \times (-13\ J/K \cdot mol) = 2104\ J/mol$$

$$318\ K \quad \Delta_r G_m^\ominus = 1900\ J/mol - 318\ K \times (-13\ J/K \cdot mol) = 2234\ J/mol$$

温度从 308 K 升高到 318 K，$\Delta_r G_m^\ominus$ 增大，溶解度温度系数为负。

2. “相似相溶”

溶质的极性（或结构）和溶剂的极性（或结构）相似，则可能互相溶解。

强极性溶质（习惯上把离子型物质归入强极性物质）“易”溶于强极性溶剂。如 $H_2O(l)$（25℃，介电常数 $\varepsilon=78.5$）、$HF(l)$（0℃，$\varepsilon=83.5$）、$NH_3(l)$（-34℃，$\varepsilon=22$），溶解后阴、阳离子间的作用力

$$f \propto \frac{q^+ q^-}{\varepsilon r^2}$$

式中 q^+、q^- 为阳、阴离子的电荷数；r 是溶液中阴、阳离子间的平均距离；ε 为介电常数。即阴、阳离子间作用力比原先在晶体中的作用力弱了许多。

弱极性、非极性溶质“易”溶于弱极性、非极性溶剂。如 I_2（非极性）易溶于 C_2H_5OH（弱极性）、CCl_4（非极性），而“难”溶于 H_2O（强极性）溶剂，溶解度依次为：$20.5^{15°}$、$2.91^{20°}$、$0.030^{25°}$；白磷（P_4，非极性）能溶于 CS_2（非极性）而红磷（巨型结构）不溶；C_{60}（非极性）可溶于 C_6H_6、$C_6H_5CH_3$；非极性 O_2 在 $(C_2H_5)_2O$（弱极性）、CCl_4 中溶解度大于在 H_2O 中的溶解度，1 mL 溶剂溶解 O_2 的体积（换算成标况下的体积）依次为：$0.454\ mL^{25°}$、$0.302\ mL^{25°}$、$0.0308\ mL^{20°}$；斜方硫、单斜硫的结构单元都是 S_8（非极性），易溶于 CS_2、$CHCl_3$（弱极性）……**提请关注**，“相似相溶”只是定性的规律，仅能给出难溶、可溶的判断，而不可能作出定量的推论。如上述 O_2、I_2 均为非极性物（溶）质，它们易溶于弱极性、非极性溶剂，但并不一定是在非极性溶剂 CCl_4 中溶解度最大。

实验：NaCl、H_2O、C_2H_5OH、C_6H_6 四种物质的极性依次减弱。相邻两种物质间极性相近，易溶，如 C_2H_5OH 和 H_2O，C_2H_5OH 和 C_6H_6 可无限互溶——混溶，NaCl 易溶于 H_2O；相间两种物质间难溶，如 NaCl 难溶于 C_2H_5OH、C_6H_6，而 C_6H_6 难溶于 H_2O（$0.07^{22°}$）。

运用“相似相溶”规律时，请关注以下几个因素：

(1) 若有机物含有同种官能团，并且分子大小相近，如 CH_3OH、C_3H_7OH 的偶极矩分别为 1.69D 和 1.70D，相互间混溶。然而两种物质的偶极矩相近，不一定是结构相似引起的，如 C_3H_7I 的偶极矩（1.6D）比 C_6H_5OH 的偶极矩（1.45D）大，但前者的水溶度小于后者（表 1-7）。由此可见，结构相似（C_6H_5OH 中 OH 和 H_2O 中 OH 相似，相互间可形成氢键）对溶解度的影响更强。

表 1-7　某些有机物的偶极矩和水溶度(室温)

有机物	偶极矩/D	水溶度/%	有机物	偶极矩/D	水溶度/%
C_6H_6	0	0.07	C_3H_7Cl	2.0	0.27
$C_6H_5NO_2$	4.22	0.19	C_3H_7Br	1.8	0.24
C_6H_5OH	1.45	8.2	C_3H_7I	1.6	0.11
$C_6H_5NH_2$	1.53	3.49	C_3H_7OH	1.7	∞

(2) 结构相似对溶解度影响更大是事实，还应关注分子大小及其物理性能(熔点、沸点高低表示原先分子间作用力的强弱)。如丁醇中的 OH 官能团和 H_2O 中 OH 相似，可互相溶解；丁醇的几种异构体中沸点高的异构体的水溶度小于沸点低的(表 1-8)，也是可以理解的。同理，(蒽)和(菲)的分子式都是 $C_{14}H_{10}$，前者相互间结合较紧，摩尔体积(142 mL/mol)小于后者(174 mL/mol)，熔点(218℃)也高于后者(99.6℃)，所以蒽在 C_6H_6 中的溶解度(0.63%)小于菲(18.6%)。

表 1-8　丁醇(C_4H_9OH)异构体的水溶度

	$CH_3CH_2CH_2CH_2OH$	CH_3 ╲ $CHCH_2OH$ ╱ CH_3
沸点/℃	117	108
溶解度/g/100 g(H_2O)	8.3^{20}	9.5^{25}
	CH_3CH_2 ╲ CHOH ╱ CH_3	CH_3 | CH_3—C—OH | CH_3
沸点/℃	100	94.4
溶解度/g/100 g(H_2O)	29^{20}	∞

甘油 $C_3H_5(OH)_3$ 中有 3 个 OH，分子又不是很大，所以能和水混溶；葡萄糖中也有多个 OH，易溶于水($83^{17.5°}$)；而淀粉、纤维素中虽然有多个 OH，但因分子间结合较紧，所以难溶于水(**提请关注**，虽难溶解，但 H_2O 和淀粉中 OH 仍能形成氢键)。

(3) 许多含氧、氮原子的有机物，如醇、醛、酮、酸、酯、醚、氨基化合物、氨基酸(如甘氨酸 NH_2CH_2COOH 水溶度 $23^{20°}$)等，因能和 H_2O 形成氢键而有一定的水溶度(同上，随相对分子质量增大，水溶度下降)，见表 1-9 和表 1-10。

表 1-9 几种有机物的水溶度(室温)*

	甲-	乙-	丙-	丁-	戊-
醇	∞	∞	∞	$8.3^{20°}$	$2.7^{22°}$
醛	易溶	∞	$20^{20°}$	3.7	微溶
酮	—	—	∞		
酸	∞	∞	∞	∞	
氨基化合物	$1150^{20°}$ cm^3	∞	溶	—	

* 表中均为正-,如正-丁醇。

表 1-10 几种酯的水溶度[室温,g/100 g(H_2O)]

$HCOOCH_3$	30.4	$HCOOC_2H_5$	11	$HCOOC_3H_7$	2.87
CH_3COOCH_3	31.9	$CH_3COOC_2H_5$	8.6	$CH_3COOC_3H_7$	2.36
$C_2H_5COOCH_3$	6.5	$C_2H_5COOC_2H_5$	2.4	$C_2H_5COOC_3H_7$	0.5

提请关注,$CH_3COOC_2H_5$ 是可溶物。如有兴趣可做以下实验:在两支带刻度的试管(刻度读数自下而上)中分别加入 5 mL $CH_3COOC_2H_5$ 和 5 mL H_2O,5 mL $CH_3COOC_2H_5$ 和 5 mL 饱和 Na_2CO_3 溶液,振荡、放置,分成两层后,第一支试管分界面在 5.3~5.4 mL 处,第二支试管分界面仍在约 5 mL 处。后者表明 $CH_3COOC_2H_5$ 未明显溶解于饱和 Na_2CO_3 溶液中,前者表明 $CH_3COOC_2H_5$ 和 H_2O 相互间有一定的溶解,所以体积略大于 5 mL(上层是 H_2O 溶解于 $CH_3COOC_2H_5$ 中的溶液)。(附:制备 $CH_3COOC_2H_5$ 时要在饱和 Na_2CO_3 溶液液面上收集产物的目的之一是:减小 $CH_3COOC_2H_5$ 的溶解。)

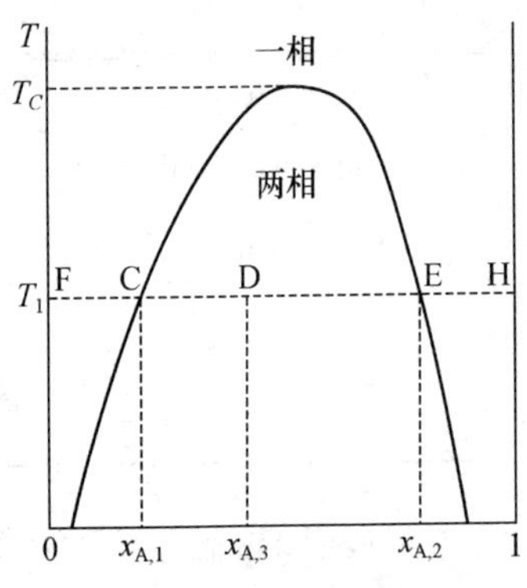

图 1-3 两个部分溶解液体的温度-组成的液-液相图

(4) A 与 B 两种液态物质间互相溶解。

① 在一定温度、一定压强(通常是 1.01×10^5 Pa)下,A 与 B 相互间只发生部分溶解的性质可用 T(温度)-x_A(A 在溶液中的质量分数)图(图 1-3)表示。当温度固定在 T_1 时,实验从纯 B(图 1-3 中 F 点)开始,逐渐加入 A,溶液组成向右水平移动,到达 C 点前,是 A 在 B 中的不饱和溶液;C 点横坐标是在该温度下 A 在 B 中的溶解度($x_{A,1}$),继续加入 A(在 C 和 E 之间)形成两相:A 在 B 中的饱和溶液与 B 在 A 中的饱和溶液;在 D 点时,两液相中 A 的质量分数为 $x_{A,3}$;E 点,是 B 在 A 中的饱和溶液,A 的质量分数为 $x_{A,2}$;从 E 到 H 间是 A 与 B 的不饱和溶液;H 点是纯 A。温度升高,两种液体的互溶度增大,两相区逐渐缩小;温度达到 T_C(临界溶解温度)时成为一相;高于 T_C,A 与 B 混溶呈一相(表 1-11)。

表 1-11 某些双液体系的 T_C 与对应溶液组成*

组 分	H_2O-C_6H_5OH**		CH_3OH-环己烷		异戊烷-C_6H_5OH		CS_2-CH_3OH		$AlBr_3$-NaBr	
质量分数/%	66	34	29	71	51	49	80	20	92	8
T_C/℃	65.9		49.1		63.5		40.5		232	

* Glasstone. Textbook of Physical Chemistry, 2nd Ed., 1946, p.726

** C_6H_5OH 的熔点为 40.85℃,室温与 H_2O 混合成 H_2O 溶于 C_6H_5OH 或 C_6H_5OH 溶于 H_2O 的溶液。

② 某些双液体系,在低温下互相混溶(图 1-4),如 H_2O-$N(C_2H_5)_3$ 低于 18.5℃(T_C)时互溶,这是由于 H_2O 与 $N(C_2H_5)_3$ 间产生氢键。氢键键能虽强于分子间作用力,但显著弱于化学键键能,故温度升高氢键"断裂",由原先混溶变为部分溶解。

还有一种情况是有两个 T_C,低温 T_C 和两种液体间形成氢键有关,高温 T_C 和两种液体间互溶度增大有关(图 1-5,表 1-12)。

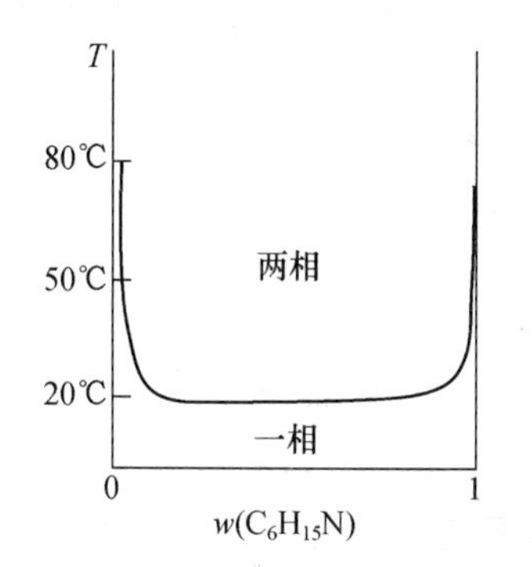

图 1-4 水-三乙胺相图

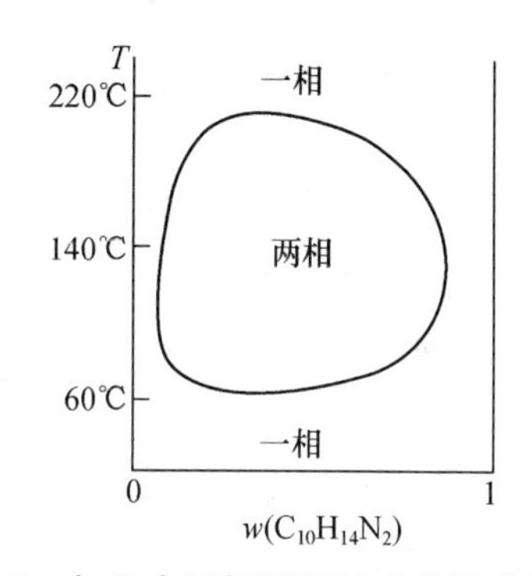

图 1-5 水-尼古丁相图(压力为溶液蒸气压)

表 1-12 有两个 T_C 的几种双液体系*

双液体系		H_2O-尼古丁	H_2O-甲乙酮	1-甲基哌啶-H_2O	2-甲基哌啶-H_2O	4-甲基哌啶-H_2O
T_C/℃	低	60.8	−6	48	79	85
	高	208	133	>250	227	189

* Glasstone. Textbook of Physical Chemistry, 2nd Ed., 1946, p.727

三、无机物水溶性的几种规律

1. 金属卤化物

碱金属卤化物除 LiF 微溶外均可溶(表 1-3),且 MX 随 X^- 由 F^- 至 I^- 溶解度增大。这是因为在碘化物晶体中 I^- 互相接触,而在氯化物如 NaCl 晶体中,Cl^- 与 Cl^- 不能直接接触,相对而言后者不易互相拆开,溶解度相对较小;F^- 的半径(136pm)显著小于 Cl^-(181pm)、Br^-(196pm),所以氟化物溶解度相对较小。

卤化银 AgX 水溶度从 F^- 到 I^- 的改变和上述情况恰好相反,AgF 易溶,AgCl、AgBr、

AgI 均为难溶物，并且 AgI 最难溶。这和 Ag^+ 与 X^-（F^- 除外）间发生极化作用有关，由离子型结构（AgF）转变为共价型的 AgI（表 1-13），水溶性相应减小。和 Ag 同族的 CuX、AuX 的氯、溴、碘化物也都是难溶物，而且水溶度也是从氟化物到碘化物逐渐减小。

表 1-13　AgX 的键长、键型

	AgF	AgCl	AgBr	AgI
$(r_{Ag^+}+r_{I^-})$/pm	246	307	321	342
AgX 键长/pm	246	277	288	281
AgX 键型	离子型	过渡	过渡	共价型

2. 钙、锶、钡化合物

AB 型化合物，如 MCO_3、MC_2O_4、MSO_4 $MCrO_4$，是难（微）溶物；AB_2 型化合物，除 CaF_2、$Ca(OH)_2$ 为难（微）溶物外，都是可溶物，如 $M(NO_3)_2$、MCl_2、$M(CH_3COO)_2$……

3. 含较多结晶水的无机物

往往可溶于 H_2O。如 $MgSO_4\cdot7H_2O$ 可溶于水（$27^{20°}$），$CaSO_4\cdot2H_2O$ 微溶（0.2），$SrSO_4$ 难溶（0.01），$BaSO_4$ 难溶（2×10^{-4}）；其他如 $FeSO_4\cdot7H_2O$、$Al_2(SO_4)_3\cdot18H_2O$……可溶，而 $PbSO_4$ 难溶（4×10^{-3}）。

4. 重结晶

根据物质在某溶剂中呈现“正”（正，指溶解度随温度上升而增大）的溶解度温度系数，可通过重结晶提纯该物质。设某温度下，物质在某溶液中的饱和浓度为 c，而在较高温度下，它的浓度为 c'（$c'>c$，饱和或不饱和），则在该温度下结晶的驱动力 $\Delta c=c'-c$，过饱和比 $S=c'/c$，过饱和度 $\sigma=\Delta c/c=S-1$。以 K_2SO_4 为例，20℃时 $c=109$ g/1000 g(H_2O)（密度为 1.08 g/cm^3），25℃时 $c'=116$ g/1000 g(H_2O)（密度为 1.09 g/cm^3），则它的 $\Delta c=7$ g/1000 g(H_2O)，$S=1.06$，$\sigma=0.06$。经验证明，若 Δc 等太大，重结晶过程不易得到晶形较完整的物质。

若物质的溶解度较大，有一定的温度系数[≥1.5 g/1000 g(液)·K]，并且室温是 15℃～20℃，重结晶时所谓的高温为 50℃～60℃，这样易得较纯的晶体（表 1-14）。若溶质在某种溶液中溶解度的温度系数很小，则要采用蒸出溶剂使晶体不断生长的方法结晶（表 1-15）。

表 1-14　重结晶法实例

溶　质	$\frac{c}{\text{g/kg(液)}}$	$\frac{\text{温度系数}}{\text{g/kg(液)}\cdot\text{K}}$
$KAl(SO_4)_2\cdot12H_2O$	240	9.0
K_2HPO_4	250	3.5
$(NH_4)_2HPO_4$	360	4.9

表 1-15　蒸发法实例

溶　质	$\frac{c}{g/kg(液)}$	$\frac{温度系数}{g/kg(液)\cdot K}$
$Li_2SO_4\cdot H_2O$	244	−0.36
$LiIO_3$	431	−0.2

5. 同素异形体的溶解度

斜方硫 S_R 和单斜硫(S_m)在 95.4℃发生转化：

$$S_R \xlongequal{95.4℃} S_m \quad \Delta H_m^{\ominus}=0.40\ kJ/mol$$

由于相互间转化速度慢，所以可在高于 95.4℃测得斜方硫的熔点(112.8℃)；低于 95.4℃测得单斜硫的性质，如它们都能溶于弱极性溶剂 $CHCl_3$、C_2H_5OH 等，并且在溶液中均以“S_8”存在，所以单斜硫(能量略高)的溶解度略大(表 1-16)。

表 1-16　硫在不同溶剂中的浓度[g/10 mL(液)]

溶　剂	温度/℃	$c(S_m)$	$c(S_R)$	$c(S_m)/c(S_R)$*
$(C_2H_5)_2O$	0	0.0113	0.0080	1.41
	25.3	0.0256	0.0200	1.28
C_2H_5Br	0	0.0852	0.0611	1.40
	25.3	0.1676	0.1307	1.28

* 因为单斜硫与斜方硫能量差固定，所以 0℃和 25.3℃时 $c(S_m)/c(S_R)$值相近。

6. 同质异晶体及其溶解度

如方解石和文石的组成都是 $CaCO_3$，方解石的能量略低于文石，两者 $\Delta_f G_m^{\ominus}$(298 K)分别为−1128.8 kJ/mol、−1127.7 kJ/mol，在水中溶解度文石略大(表 1-17)。

表 1-17　方解石、文石的溶解度(mg/L)

溶解度 / 温度/℃ / $CaCO_3$	0	10	18	26	34
方解石	4.6	20	26	32	39
文石	17.6	23.5	30.5	39	48

四、气体的溶解度

气体的溶解度和温度、压强有关。文献上有两种表示气体溶解度的方法：一定温度下，在1体积溶剂中所能溶解气体(1.01×10^5 Pa)的体积(为便于比较，将气体体积换算成标况下的体积)，用α表示；某温度下在100 cm^3水中所能溶解气体($p_{气}+p_{H_2O}=1.01\times10^5$ Pa)的质量(g)，以q表示(表1-18)。

表1-18 20℃几种气体在水中的溶解度

	H_2	N_2	O_2	CO_2	H_2S	Cl_2	SO_2
α	0.018	0.016	0.0310	0.878	2.55	2.3	39.4
q	1.6×10^{-4}	6.9×10^{-4}	4.4×10^{-3}	0.169	0.385	0.716	11.2

当气体压强不很大时，(一定温度下)在1体积溶剂中溶解气体的体积几乎为定值，即溶解量与压强有关——Henry定律。因此，根据20℃ O_2的溶解度($\alpha=0.0310$)可求得空气中O_2在水中的溶解度(mol/L)：

$$\frac{0.0310}{22.4\ \text{L/mol}}\times0.210=2.9\times10^{-4}\ \text{mol/L}\quad(\text{文献值：}2.84\times10^{-4}\ \text{mol/L})$$

又如求水中CO_2的浓度，20℃，$p_{CO_2}=1.01\times10^5$ Pa，CO_2的$\alpha=0.878$，若空气中CO_2分压为$(3.5\times10^{-4})\times10^5$ Pa，则水中CO_2的浓度为

$$\frac{0.878}{22.4\ \text{L/mol}}\times3.5\times10^{-4}=1.4\times10^{-5}\ \text{mol/L}$$

已知H_2CO_3的$K_1=4.2\times10^{-7}$，把$c(H_2CO_3)=1.4\times10^{-5}$ mol/L代入求得$[H^+]=2.4\times10^{-6}$ mol/L，pH=5.62，所以把pH<5.6作为酸雨的标准。

配制饱和H_2S水溶液等的方法是，室温把$p=1.01\times10^5$ Pa的H_2S、SO_2、Cl_2……气体分别通入水中达饱和制得饱和溶液，$c(H_2S)\approx0.1$ mol/L，$c(H_2SO_3)\approx1$ mol/L，$c(Cl_2)\approx0.09$ mol/L……在放置、备用的过程中，因气体挥发(空气中各气体分压较小)，及和空气中O_2反应，溶液浓度下降，甚至变质，如H_2S溶液析出S，H_2SO_3溶液中出现H_2SO_4。

室温，在特定的装置中，HCl(g)、NH_3(g)溶解于水时呈现喷泉现象的原因有二：HCl(g)、NH_3(g)在水中的溶解度大；气体溶解速度快。只有同时具备以上两个性质的气体，才能产生喷泉现象。为证实溶解速度的影响，可做以下实验：将盛CO_2或SO_2的烧瓶倒置成做喷泉实验的装置，并从下部挤入NaOH溶液，它将和烧瓶中CO_2、SO_2反应，但因溶解(反应)速度不快，只发生涌泉现象。如若在挤入少量NaOH溶液后，用夹子夹紧导入NaOH溶液的橡皮管，振荡烧瓶，使气体充分和NaOH溶液反应，瓶内CO_2、SO_2气体分压显著降低，打开夹子，可能出现喷泉现象。

绝大多数气体在水中的溶解度随温度升高而降低。如实验所需无O_2水(实际是含O_2量少)，即是加热蒸馏水至沸，并保持沸热几分钟，然后迅冷、待用(利用O_2溶解慢的性质)。

He、Ne、Ar、Kr的水溶度随温度升高出现一个最小值(表1-19)。

表 1-19　几种稀有气体的水溶度[mL(标况)/kg(H_2O)]

温度/℃	He	Ne	Ar	Kr
20	8.61	10.5	33.6	59.4
30	8.42	9.89	28.5	48.8
40	8.43	9.54	24.9	41.5
50	8.60	9.42	22.5	36.4
60	8.95	9.48	26.8	32.8

某些气体的水溶液被冷却时出现包合物(clathrate)。如把 Cl_2 通入冰冷的水中可得黄色晶体,其组成是 $Cl_2 \cdot 5\frac{3}{4}H_2O$ 或 $8Cl_2 \cdot 46H_2O$。这是因为,温度不高时,H_2O 分子间以氢键形成空穴或隧道,把(气体)分子包在中间。图 1-6 是这类结构中的一种,H_2O 分子以五角十二面体的多面体(图 1-6 中的 A)和六角二面、五角十二面体构成的十四面体(图 1-6 中的 B)。多面体 A 的中心位于立方体的顶点、中心(图 1-6 中的黑点),多面体 B 的中心在图 1-6 中以白圆圈表示。一个晶胞中有 2 个多面体 A 和 6 个多面体 B,气体分子被包在其中,约 6～8 个 H_2O 分子包合 1 个气体分子,所以有 $8M \cdot 46H_2O$ 和 $6M \cdot 46H_2O$(M 为气体分子)。包合物在一定温度(临界温度 T_C)、压强(临界压强 p_C)下形成(表 1-20)。

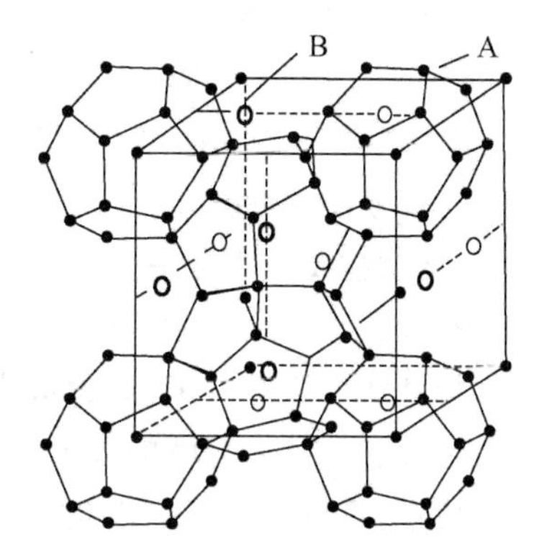

图 1-6　一种包合物的晶胞

表 1-20(a)　包合物的理想组成(0℃)

$8M \cdot 46H_2O$	Ar O_2	Kr H_2S	Xe H_2Se	CH_4 PH_3	C_2H_4 CH_3F
$6M \cdot 46H_2O$	C_2H_2 CH_3Cl AsH_3	C_2H_6 C_2H_5F N_2O	CH_3Br CHF_3 BrCl	CH_3SH COS Cl_2	CH_3CHF_2 Br_2 CH_2CHF

表 1-20(b)　某些包合物的临界温度和临界压强

	相对分子质量	临界温度/℃	临界压强/($\times 10^5$ Pa)
C_3H_8	44.1	5.69	5.45
异-C_4H_{10}	58	2.8	1.71
CO_2	44	24.0	1.00
Cl_2	70.9	28.3	8.41

目前已经探明,海底的 H_2O 处于低温、高压条件下,包裹 CH_4 成 $8CH_4 \cdot 46H_2O$(可燃冰,$1m^3$ 可燃冰含 164 m^3CH_4),估计其 CH_4 总量超过已探明 CH_4 的总量。

附：其他可借氢键形成类似水包合物的有：对苯二酚（HO—⟨苯环⟩—OH）……，它们也能形成包裹气态分子的包合物。

五、两亲物质

肥皂的主要成分是高级脂肪酸钠，其中羧酸根能溶于水，叫亲水基，碳链端易溶于有机溶剂（弱极性、非极性），叫疏（憎）水基，所以是两亲物质。肥皂去除油污是因为疏水基端溶于油污而使之除去。

许多物质兼有亲水、疏水基团，亲水基团由强到弱顺序为：$—SO_4^-$＞$—COO^-$＞$—SO_3^-$＞$—NH_3^+$＞—COOR（酯）＞—COOH＞—OH＞—O—（醚）；疏水基团由强到弱顺序为：烷烃基＞烯烃基＞带烷基的芳烃基＞芳烃基。在实际工作中两亲物质有许多用途：

1. *形成单分子层*

两亲物质放入水中，亲水基向下、疏水基向上，自然展开成单分子层，这个性质被用于测定 Avogadro 常数、某些分子的“尺寸”；（水面上的）单分子层（有机物）阻碍水分蒸发，把某些高级醇分子，如少量十六碳醇、十八碳醇放入水中可在水面上形成单分子层，一定程度上阻碍 H_2O 的挥发——在干旱地区具有实际意义。

1774 年英国 Franklin 在皇家学会宣读的论文中提及：“把一匙（4.8 cm^3）油脂放入水中，立即使水面平静下来，并迅速漫展开去，约使半英亩（2030 m^2）池面看起来像玻璃那样光滑。”以现在的观点，那就是一匙油形成的单分子层约半英亩，由此可求得油脂分子的半径：

$$2.0\times10^3\ m^2\times10\ cm^2/m^2\times h=4.8\ cm^3$$

得

$$h=2.4\times10^{-7}\ cm=2.4\ nm$$

（附：也可由分子的尺寸求得 Avogadro 常数。）

Langmuir 在实验中发现，$CH_3(CH_2)_{14}COOH$、$CH_3(CH_2)_{16}COOH$……$CH_3(CH_2)_{20}COOH$ 的横截面的面积均为 $20.2\times(10^{-8}\ cm)^2$，这个数据和用 X 射线测定的结果相同。由此可求得 $CH_3(CH_2)_{16}COOH$ 分子的“高度”：该分子的摩尔质量 284 g/mol，密度 0.94 g/cm^3，则其分子“高度”

$$l=\frac{284\ g/mol}{6.02\times10^{23}/mol\times0.94\ g/cm^3\times20.2\times(10^{-8}\ cm)^2}=25\times10^{-8}\ cm$$

2. *增溶作用*

室温下 C_6H_6 难溶于水，溶解度为 $0.07^{20°}$，而 20℃在 100 g 10％油酸钠的水溶液中能“溶解”7 g C_6H_6。这是因为油酸钠的疏水基“插入”C_6H_6 中，亲水基在外，使 C_6H_6 以微液滴分散在水中，叫做增溶作用（因为它不是正常的溶解）。为提高药物的水溶性（便于吸收），常在药物中加少量增溶剂（如：油酸钠 $C_{17}H_{33}COONa$）。

六、不是一种溶质和一种溶剂组成的液态体系

不是一种溶质和一种溶剂组成的液态体系不能简单套用相应一种溶质和一种溶剂构成溶液的性质来讨论。本节重点讨论：一种溶质和两种不混溶溶剂组成的液态体系，以及含有相同阳离子或相同阴离子的两种溶质和一种溶剂形成的液态体系。

1. 一种溶质和两种不混溶溶剂构成的体系

常涉及萃取反应。事实上，没有相互间绝对不溶的两种溶剂，所以不互溶是指溶解度小，如和 H_2O 不混溶的 CS_2、CCl_4、$CHCl_3$、C_6H_6、$(C_2H_5)_2O$ 的水溶度依次为：$0.22^{22°}$、$0.08^{20°}$、$0.62^{20°}$、$0.07^{20°}$、$8.3^{17.5°}$。显然，H_2O 也可能溶于有机溶剂，如 20℃ H_2O 在 $CHCl_3$、$(C_2H_5)_2O$ 中的溶解度分别为：0.1 g、4.1 g。证实 $(C_2H_5)_2O$ 在 H_2O 中有一定溶解度的实验：混合等体积 $(C_2H_5)_2O$ 和 H_2O，振荡均匀，放置分层，取出下层 $(C_2H_5)_2O$ 在 H_2O 中的溶液置于试管中，小心加热，当有蒸气逸出时，可在管口引燃[是 $(C_2H_5)_2O$ 的燃烧]，由此可证 $(C_2H_5)_2O$ 在水中有一定的溶解度。

既然两种溶剂可发生互相溶解，以 H_2O 和 CCl_4 为例，振荡后静置分层，上层为 CCl_4 在 H_2O 中的溶液，下层是 H_2O 溶于 CCl_4 的溶液，即它们都已不是纯的溶剂，那么讨论 I_2 在 H_2O-CCl_4 中分配比（表 1-21）时不能简单套用 I_2 在 H_2O、CCl_4 中的溶解度，即 0.030 g、2.91 g。就是说，I_2 在 CCl_4-H_2O 中分配比是两者浓度之比，而不是两者（I_2-CCl_4、I_2-H_2O）溶解度之比（表 1-21）。

表 1-21 I_2 在 CCl_4-H_2O 中分配比（K_D，25℃）

$c_{I_2(CCl_4)}/(mol \cdot L^{-1})$	0.020	0.040	0.060	0.080	0.100
$K_D = c_{I_2(CCl_4)}/c_{I_2(H_2O)}$	85	85	86	86	88

“相似相溶”规律在萃取（关注点是相似）、反萃取（关注点是不相似，如经 CCl_4 萃取的 I_2 溶液和 NaOH 液振荡，因发生

$$3I_2 + 6OH^- = 5I^- + IO_3^- + 3H_2O$$

反应，生成离子，极性和 CCl_4 不相似，进入水层）中有指导性作用。现以分离镧系元素（原子序数 57～71 号，价数相同，均为 Ln^{3+}，半径相近）的萃取、反萃取作用为例：Ln^{3+} 为水合离子，不溶于有机溶剂，使之和环烷酸（RCOOH）反应

$$Ln^{3+} + 3RCOOH = Ln(OOCR)_3 + 3H^+$$

和 $RCOO^-$ 结合较紧的 Ln^{3+} 易发生向右进行的反应。从另一角度看，控制溶液的 $c(H^+)$ 可使某些 Ln^{3+} 较易发生右向反应，而另一些 Ln^{3+} 较难发生右向反应。形成 $Ln(OOCR)_3$ 结构外侧为 R，所以可溶于有机溶剂（如煤油）而被萃取。被萃取在有机相中的 $Ln(OOCR)_3$ 和 $c(H^+)$ 较大的水溶液反应（振荡），因生成 RCOOH 和 $Ln^{3+}(aq)$，后者进入水液层——反萃取。再将反萃取得到的水液中 Ln^{3+} 在控制 $c(H^+)$ 条件下与 RCOOH 反应生成 $Ln(OOCR)_3$

又被萃取,继续和 $c(H^+)$ 较大的水液振荡进行反萃取……这样,可有效分离价数相同、半径相近的 Ln^{3+}(相邻镧系元素的原子序数差1,离子半径仅差1 pm)。文献报道,用上述过程从镧系元素矿物开始,经过56～58级(一级是萃取、反萃取各一次)可得纯度为99.5%的Eu(Ⅲ,63号元素铕)的化合物。而此前从矿物中分离镧系元素的方法需经过上万次分级结晶(就操作而言,一次分级结晶和一次重结晶相当),才能得到试剂级的某种镧系元素的化合物。

若两种溶剂互溶,如 H_2O 和 C_2H_5OH(不同比例)的混合液,其极性介于 H_2O 和 C_2H_5OH 之间,它溶解强极性物质的能力弱于 H_2O 而强于 C_2H_5OH,溶解弱(非)极性物质的能力弱于 C_2H_5OH 而强于 H_2O。这个性质在实际工作中很有用,下面举三个有代表性的实例:① 乙酰水杨酸(Aspirin)易溶于 C_2H_5OH 而微溶于 H_2O(在沸水中还会分解),一般不直接在 C_2H_5OH 中(溶解度大,损失大)进行重结晶提纯,当然也不能在 H_2O 中进行重结晶,而是在 C_2H_5OH-H_2O 混合溶剂中进行重结晶;② 制备 $Cu(NH_3)_4SO_4 \cdot H_2O$ 晶体:往 $CuSO_4$ 溶液中逐渐加入 $NH_3 \cdot H_2O$,先形成 $Cu(OH)_2$ 沉淀,而后溶于 $NH_3 \cdot H_2O$ 成深蓝色 $Cu(NH_3)_4SO_4$ 溶液,

$$CuSO_4 + 2NH_3 \cdot H_2O = Cu(OH)_2 + (NH_4)_2SO_4$$

$$Cu(OH)_2 + (NH_4)_2SO_4 + 2NH_3 \cdot H_2O = Cu(NH_3)_4SO_4 + 4H_2O$$

加入适量 C_2H_5OH,C_2H_5OH 和 H_2O 互相混合过程,溶剂极性减弱,溶解离子型化合物的能力降低,析出深蓝色 $Cu(NH_3)_4SO_4 \cdot H_2O$ 晶体[不能用加热浓缩的方法,因为加热使 NH_3 挥发,将析出 $Cu(OH)_2$ 沉淀];③ 过滤水溶液,得到晶体的表层难免附有少量 H_2O,迅速除 H_2O 的一种方法是:用少量 C_2H_5OH 淋洗(H_2O 和 C_2H_5OH 互溶),表层附着的 C_2H_5OH 的挥发性强于 H_2O 而易除去。有时为了快干,再用少量 $(C_2H_5)_2O$ 淋洗[$(C_2H_5)_2O$ 和 C_2H_5OH 混溶]除 C_2H_5OH,表层附着 $(C_2H_5)_2O$ 比 C_2H_5OH 更易挥发(沸点分别为:34.6℃和78.5℃),从而得到“干”的产品。

顺便提及一种实验现象:NaOH 可溶于 H_2O、C_2H_5OH、H_2O 和 C_2H_5OH 的混合液。若把固态 NaOH 逐渐加到 C_2H_5OH-H_2O 溶液中,开始形成澄清溶液,当 NaOH 加入较多时,溶液分层了,上、下层都是 NaOH-H_2O-C_2H_5OH 形成的溶液,只是相对量不同。如30℃时的两种情况:① NaOH 19.56%、C_2H_5OH 23.90%、H_2O 56.54%,为均匀溶液;② 分层,上层 NaOH 16.63%、C_2H_5OH 52.80%、H_2O 30.57%,下层 NaOH 32.04%、C_2H_5OH 2.34%、H_2O 65.62%。

2. 两种溶质含相同阳离子或相同阴离子的体系

含相同阳离子的体系,如 NaCl 和 $NaHCO_3$,NaOH 和 NaCl,Na_2CO_3 和 NaOH;含相同阴离子的体系,如 HCl 和 NaCl,$(NH_4)_2SO_4$ 和 $FeSO_4$。两种溶质在一种溶剂中的溶解性能,因为是两种溶质,所以不能用单一溶质在该溶剂中的溶解性能讨论。请先看实验事实:油脂在 NaOH 溶液中经皂化得到易溶的脂肪酸钠(溶液),在往溶液中加入细盐(NaCl)并溶解的同时析出脂肪酸钠固体——盐析,这是因为产物在浓 NaCl 溶液中溶解

度小而析出；工业生产 Na_2CO_3，先制得 $NaHCO_3$，再在加热的条件下转化为 Na_2CO_3，$NaHCO_3$ 为可溶物，侯氏制碱法利用 $NaHCO_3$ 在浓 NaCl 溶液中溶解度小得到 $NaHCO_3$ 晶体（表 1-22）；电解 NaCl 饱和溶液（约 320 g/L），从电解槽流出溶液为含 NaCl（约 220 g/L 或约 200 g/L）和 NaOH 的混合溶液，加热蒸发浓缩混合溶液，因 NaCl 在浓 NaOH 溶液中溶解度小而析出（表 1-23），当 NaOH 浓度增大到 50%（20℃）时，其中 NaCl 浓度为 0.8%（由此可见，工业产品 NaOH 中含少量 NaCl）。

表 1-22　$NaHCO_3$ 在 NaCl 溶液中的溶解度（20℃）

NaCl/%	0	8.5	19.5	26.1
$NaHCO_3$/%	8.7	4.2	1.7	1.0

表 1-23　NaCl 在 NaOH 溶液中的溶解度（20℃）

NaOH/%	5	10	20	30	40	50
NaCl/%	22.1	18.0	10.7	4.7	1.6	0.8

前两例是脂肪酸钠、$NaHCO_3$ 在浓 NaCl 溶液中溶解度小，第三例是 NaCl 在浓 NaOH 溶液中溶解度小，表明溶液中（含有相同阴离子或阳离子的）两种溶质的溶解性能需由实验测定，不能简单套用相应单一物质的溶解度。再举几个事实如下：通 HCl(g) 入浓 NaCl 溶液，因 NaCl 在浓 HCl 溶液中溶解度小而析出纯 NaCl 晶体（表 1-24）[实验现象：通入 HCl(g)，开始没有 NaCl 析出，到一定时候析出 NaCl——犹如“在溶液中下大雪”]；$PbCl_2$ 是微溶物，往含有固态 $PbCl_2$ 的饱和溶液中逐渐加入浓 HCl[不用通入 HCl(g) 的方法是，HCl(g) 溶解释热使溶液温度升高，而 $PbCl_2$ 在升温条件下水溶度加大]，开始有少量 $PbCl_2$ 析出，随后因形成配离子 $PbCl_3^-$ 而使 $PbCl_2$ 溶解（表 1-25）。形成配离子，使难（微）溶物溶解度增大的实例很多，如加 NaCl 沉淀 AgCl，随 $[Cl^-]$ 增大，$[Ag^+]$ 下降，当溶液中 $[Cl^-] \approx 10^{-3}$ mol/L 时，Ag^+（AgCl）沉淀最完全，当 $c(Cl^-) > 10^{-3}$ mol/L，因生成 $AgCl_2^-$ 导致 AgCl 溶解。显然形成配离子的稳定常数越大，如 AgI_2^- 的 $\beta_2 = 5 \times 10^{13}$ 比 $PbCl_3^-$ 的 $\beta_3 = 16$ 大了许多，所以 AgI 在 NaI 溶液中溶解度增大更为明显（表 1-26）。

表 1-24　NaCl 在 HCl 溶液中的溶解度（25℃）

HCl/%	0	3.94	11.83	17.83	24.14	35.59
NaCl/%	26.41	23.52	17.69	13.33	8.60	1.13

表 1-25　$PbCl_2$ 在 HCl 溶液中的溶解度（25℃）

HCl/($mol \cdot L^{-1}$)	0	0.015	0.045	0.185	0.514	1.03	2.05	3.09	5.70	7.50	12.1
$PbCl_2$/($\times 10^{-3}$ $mol \cdot L^{-1}$)	38.8	33.8	25.5	10.3	5.37	4.41	5.18	7.78	19.4	65.9	164.3

表 1-26　AgI 在 NaI 溶液中的溶解度(20℃)

$NaI/(mol\cdot L^{-1})$	0	0.043	0.17	0.50	1.07
$AgI/(mol\cdot L^{-1})$	10^{-8}	10^{-5}	10^{-4}	10^{-3}	10^{-2}

气体在水溶液中的溶解度常小于(同温度下)它在 H_2O 中的溶解度。表 1-27(a)～(d)分别列出 CO_2、Cl_2、SO_2 及 H_2S 的溶解度。

表 1-27(a)　CO_2 在 NaCl 溶液中的溶解度(20℃)

NaCl/%	0	12.62	26.0
$\frac{CO_2}{mL(STP)/mL(溶液)}$	0.878	0.393	0.263

表 1-27(b)　Cl_2 在 NaCl 溶液中的溶解度(20℃)

$NaCl/(mol\cdot L^{-1})$	0	1.323	3.159	3.547
$Cl_2/(mol\cdot L^{-1})$	0.0953	0.0594	0.0513	0.0321

表 1-27(c)　SO_2 在 H_2SO_4 溶液中的溶解度(25℃)

H_2SO_4/%	0	62.6	90.8
$\frac{SO_2}{g/100\ g(溶液)}$	9.41	3.16	3.08

表 1-27(d)　H_2S 在 HCl 溶液中的溶解度(25℃)

$HCl/(mol\cdot L^{-1})$	0	0.135	0.631	1.18	3.04	4.41
$H_2S/(mol\cdot L^{-1})$	0.1023	0.1018	0.1016	0.102	0.103	0.108

由表 1-27(a)和(b)知，20℃时 CO_2、Cl_2 在浓 NaCl 溶液中的溶解度约是它们在 H_2O 中溶解度的 30%，所以曾经提倡用排浓 NaCl 溶液收集 CO_2、Cl_2，以减少气体的损失；由表 1-27(c)可知，应该用较浓的 H_2SO_4 和固态 $Na_2SO_3\cdot 7H_2O$ 反应制备 SO_2，以减少 SO_2 的溶解量；由表 1-27(d)知，H_2S 在几种浓度 HCl 溶液中的溶解度相近，所以一般用中等浓度(约 6 mol/L)的 HCl 和 FeS 反应制备 H_2S(反应过程中消耗 HCl，所以起始不能用稀 HCl)。

3. 水溶液中有两种溶质的三元体系的相图

含有相同阴离子，如 NaCl 和 NH_4Cl，$(NH_4)_2SO_4$ 和 $FeSO_4$ 两种溶质，或含有相同阳离子，如 NaCl 和 NaOH 两种溶质和 H_2O 组成三元体系。在一定温度、压强(通常是大气压)条件下，相互间溶解性能可由实验测定，测定的结果可用三角形相图表示。

等边三角形三个顶点分别代表 A(如 100%的 H_2O)、B(如 100%的 NaCl)、C(如 100%的 NH_4Cl)。从 BC 边到 A(同理，从 AC 边到 B、AB 边到 C)分成 10 等分，分别表示体系中 A 的含量(质量分数)从 0%、10%…100%(AC 边到 B、AB 边到 C 分别表示体系中 B、C 质量分数从 0%、10%…100%)。AB 表示实验温度下 NaCl 在 H_2O 中的溶解度(换算成质量分数)，AC 是 NH_4Cl 在 H_2O 中的溶解度(换算成质量分数)。三角形中任意一点的组成可由该点向三条边作垂线，分别表示各组分在体系中的质量分数。如在等边三角形中三条垂线的交点 D；由 D 向三条边的垂线的长度都是垂线的 1/3，各组分各占 0.333，即 33.3%；又如 E 点，在该溶液体系中 A 为 0.600，B 为 0.100，C 为 0.300。就是说，可用质量分数表示图中任一点的组成，下面分别讨论 $NaCl$-NH_4Cl-H_2O 和 $(NH_4)_2SO_4$-$FeSO_4$-H_2O 体系。

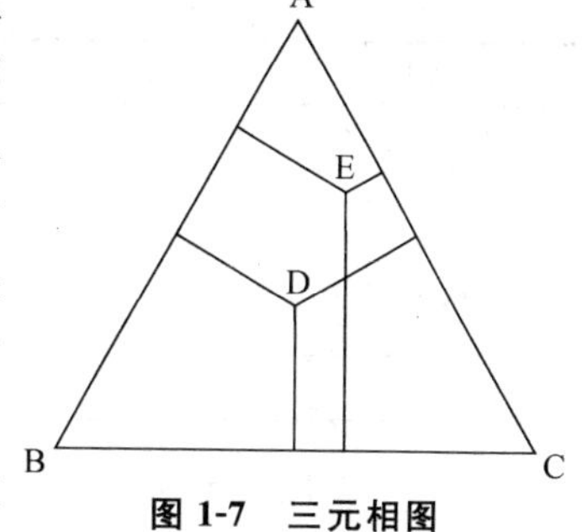

图 1-7　三元相图

(1) 20℃测得 $NaCl$-NH_4Cl-H_2O 体系的溶解平衡数据见表 1-28。

20℃，NaCl 的溶解度为 35.6 g，换算成 26.3%，图 1-8 中 a 点；NH_4Cl 的溶解度为 37.5 g，换算成 27.3%，图 1-8 中 c 点。往 NaCl 饱和溶液中加 NH_4Cl(s)，溶液组成由 a 向 b，表示 NaCl、NH_4Cl 溶液和 NaCl(s)的平衡体系；往 NH_4Cl 饱和溶液中加 NaCl(s)，溶液组成由 c 向 b，表示 NH_4Cl(s)和 NH_4Cl、NaCl 溶液的平衡体系；b 点表示 NaCl(s)、NH_4Cl(s)和 NaCl、NH_4Cl 溶液的平衡体系(溶液组成见表 1-28)。若三种物质的投料(质量)比在 Aabc 范围内，则是 NaCl、NH_4Cl 在 H_2O 中的不饱和溶液，其中 Aa 间为 NaCl 的不饱和溶液，Ac 间是 NH_4Cl 的不饱和溶液；投料比在 Bab 范围内，是 NaCl(s)和 NaCl、NH_4Cl 溶液的平衡体系，当投料比近 ab(或 B)时，平衡体系中 NaCl(s)较少(或较多)；投料比在 bcC 区间内，是 NH_4Cl(s)和 NaCl、NH_4Cl 溶液的平衡体系，投料比近 bc(或 C)时，平衡体系中 NH_4Cl(s)较少(或较多)；投料比介于 bBC 区间内，是 NaCl(s)、NH_4Cl(s)和 NaCl、NH_4Cl 溶液的平衡体系，投料比近 b 时，平衡体系中 NaCl(s)、NH_4Cl(s)较少，投料比近 B(或 C)时，平衡体系中 NaCl(s)[或 NH_4Cl(s)]较多。

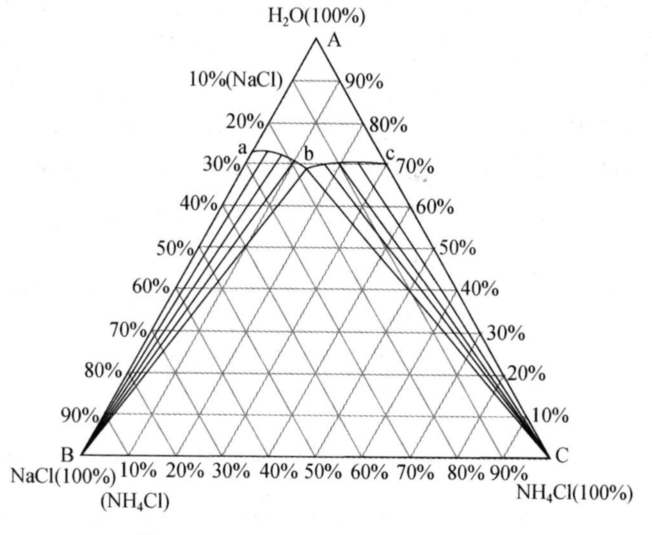

图 1-8　$NaCl$-NH_4Cl-H_2O 相图(20℃)

表 1-28　20℃ $NaCl-NH_4Cl-H_2O$ 平衡数据

$NaCl/\%$	26.3	25.1	19.9	16.0	16.4	8.0	0
$NH_4Cl/\%$	0	2.0	10.7	14.6	15.2	21.4	27.3
$H_2O/\%$	73.7	72.9	69.4	69.4	68.4	70.6	72.7
平衡固态物	NaCl			NaCl NH_4Cl	NH_4Cl		
图 1-8 中	a	a 向 b		b	b 向 c		c

以上三元体系的溶解度数据和相图表明，含有相同阴离子的两种溶质在溶液中的溶解性能，不能套用两种溶质各自在该溶剂中的溶解性能。

(2) 由两种简单盐形成复盐的体系。既然能形成复盐，表明在一定条件下复盐的溶解度小于相应简单盐的溶解度，如由 K_2SO_4、$Al_2(SO_4)_3$ 形成 $KAl(SO_4)_2 \cdot 12H_2O$，三者的水溶度(20℃)依次为：11.11 g、36.4 g、5.9 g；又如 $Fe_2(C_2O_4)_3$、$K_2C_2O_4$ 形成较稳定配合物 $K_3Fe(C_2O_4)_3 \cdot 3H_2O$，三者的溶解度依次为：易溶、$33^{16^\circ}$、$4^{0^\circ}$。现以 $(NH_4)_2SO_4$、$FeSO_4$ 形成 $(NH_4)_2SO_4 \cdot FeSO_4 \cdot 6H_2O$ 为例(数据见表 1-29、图 1-9)。30℃ $FeSO_4$ 饱和溶液浓度为 24.9%(图 1-9 中的 d)，和 $FeSO_4 \cdot 7H_2O(s)$ 平衡[$FeSO_4 \cdot 7H_2O(s)$ 中 $FeSO_4$ 占 54.7%，H_2O 为 45.3%，图 1-9 中 e]；形成 $(NH_4)_2SO_4 \cdot FeSO_4 \cdot 6H_2O$(简写为 1∶1∶6)中 $(NH_4)_2SO_4$ 为 33.7%，$FeSO_4$ 为 38.8%，H_2O 为 27.6%(图 1-9 中 f)；$(NH_4)_2SO_4$ 饱和溶液中 $(NH_4)_2SO_4$ 为 44.3%(图 1-9 中 a)。往 $(NH_4)_2SO_4$ 饱和溶液中加 $FeSO_4 \cdot 7H_2O$，溶液组成由 a 向 b，和 $(NH_4)_2SO_4(s)$ 平衡；b 点是 $(NH_4)_2SO_4(s)$、1∶1∶6 和 $(NH_4)_2SO_4$、$FeSO_4$ 溶液平衡；往 $FeSO_4$ 饱和溶液中加 $(NH_4)_2SO_4(s)$，溶液组成由 d 向 c，溶液中 $(NH_4)_2SO_4$、$FeSO_4$ 和 $FeSO_4 \cdot 7H_2O(s)$ 平衡。若投料比在 bcf 区间内，则是 1∶1∶6 和 $FeSO_4$、$(NH_4)_2SO_4$ 溶液呈平衡；若投料比在 abcdA 区间内，则是 $(NH_4)_2SO_4$、$FeSO_4$ 的不饱和溶液，其中 aA、Ad 分别是 $(NH_4)_2SO_4$、$FeSO_4$ 的不饱和溶液；若投料比在 Bab 之间，则是 $(NH_4)_2SO_4(s)$ 和 $(NH_4)_2SO_4$、$FeSO_4$ 的平衡体系；若投料比在 cde 间，是 $(NH_4)_2SO_4$、$FeSO_4$ 和 $FeSO_4 \cdot 7H_2O(s)$ 平衡体系；若投料比在 bcf 间，是 1∶1∶6(s) 和 $(NH_4)_2SO_4$、$FeSO_4$ 呈平衡的体系……。由此可知，也不能用 30℃ $FeSO_4 \cdot 7H_2O$、$(NH_4)_2SO_4$ 的溶解度讨论 $(NH_4)_2SO_4-FeSO_4-H_2O$ 体系的溶解平衡。

表 1-29　$(NH_4)_2SO_4-FeSO_4-H_2O$ 体系(30℃)

$(NH_4)_2SO_4/\%$	44.3	43.9	34.2	19.6	16.3	8.9	6.4	5.9	5.2	0
$FeSO_4/\%$	0	0.8	1.8	5.7	8.0	17.4	23.6	25.2	25.2	24.9
$H_2O/\%$	55.7	55.3	64.0	74.7	75.7	74.7	70.0	68.9	69.6	75.1
平衡固态物	$(NH_4)_2SO_4$	$(NH_4)_2SO_4$ +1∶1∶6*	1∶1∶6					1∶1∶6+ $FeSO_4 \cdot 7H_2O$	$FeSO_4 \cdot 7H_2O$	
图 1-9 中	a	b	b 向 c					c	c 向 d	d

* 1∶1∶6 为 $(NH_4)_2SO_4 \cdot FeSO_4 \cdot 6H_2O$。

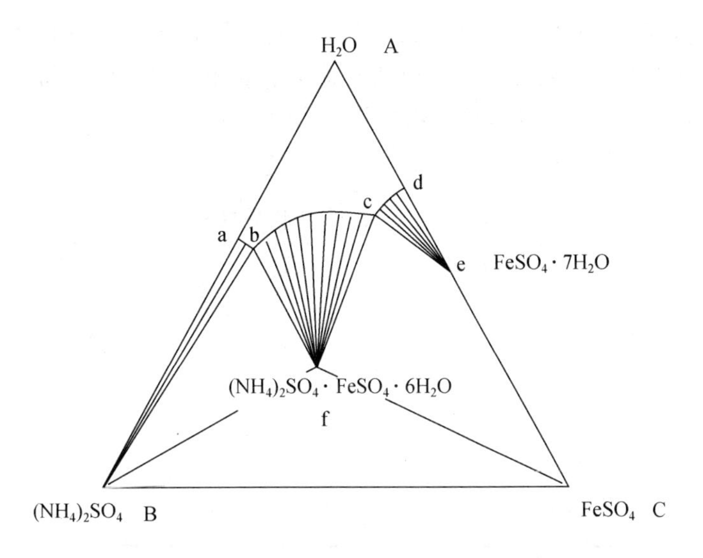

图 1-9　$(NH_4)_2SO_4$-$FeSO_4$-H_2O 相图(30℃)

若两种溶质的阴、阳离子各不相同，在溶液中可能发生交互作用——指相互间发生置换、交换作用——如 $NaNO_3$ 和 KCl 可能发生：

$$NaNO_3 + KCl = KNO_3 + NaCl$$

交互反应，具体情况由实验测定。在一定温度、压强下的实验结果可用平面正方相图表示，根据相图，控制投料比的条件可得所需的产物，如 KNO_3(本书不作讨论)。**提请关注**，一定温度下某种 $NaNO_3$ 和 KCl 投料比在水溶液中发生交互反应得到 KNO_3 产品是事实，但这个过程不能用 $NaNO_3$、KCl、NaCl、KNO_3 各自在水中的溶解度解释。

七、几个问题

1. 超临界萃取①

欲将气体转化成液态，要将温度降到某值(高于此温度，无论对气体施加多大压强，都不能使之液化)，这个温度叫临界温度(T_C)。在 T_C 时，能使气体液化的最小压强称临界压强(p_C)。处于 T_C、p_C 时是临界状态，气液界面消失，它的摩尔体积叫临界体积(V_C)，见表 1-30。处于临界状态的物质具有液体的性能：具有良好的溶解其他物质的性能，溶解物质的扩散能力比在真溶液中快 10～100 倍，具有较好的流动性。处于临界态的 CO_2 相当于非极性溶剂，H_2O 相当于极性溶质。根据“相似相溶”规律，超临界态的 CO_2 能溶解弱(非)极性物质，如提取(溶解)动、植物油脂，天然色素，香料，脱去咖啡豆中的咖啡因……而后略微降压或略微升温，CO_2 即成气体，同时释出原先溶解

---

① 处于 T_C、p_C 以上的流体叫超临界流体(super critical fluid)。

的物质。另一方面，对气态 CO_2 加压或降温，又成临界态再溶解其他物质……这种提取法的原理和用有机溶剂提取动、植物油脂而后分离溶剂相似，然而分离溶剂不容易完全，总有少(微或痕)量残留在被溶物质中，而 CO_2 可脱尽。目前超流体萃取已用于和食物、药物等相关的工艺。

表 1-30 某些气体的临界数据

气 体	T_C/K	p_C/($\times10^6$ Pa)	V_C/($cm^3\cdot mol^{-1}$)
H_2	32.99	1.294	65.5
N_2	126.2	3.39	90.1
O_2	154.8	5.08	78.0
CO_2	304.2	7.38	94.0
NH_3	405.2	11.30	72.5
H_2O	647.3	22.12	59.1

附：由表 1-30 中 T_C 可知，室温下气瓶中的 H_2、O_2、N_2 为压缩气体，充满时为 1.52×10^7 Pa，而 CO_2、NH_3(T_C 高于室温)是液态。目前提倡使用清洁能源液化石油气，它的主要成分是 C_3H_8、C_4H_{10}，无疑它们的 T_C 高于室温，分别为 96.8℃、152℃。

2. 水热法制备某些晶体

在高温、高压下对过饱和溶液进行结晶的方法叫水热法，其原理和常温、常压下重结晶法相似。如在高压下，用约 1 mol/L NaOH 溶解天然碎石英(360℃～380℃)，之后溶液于 330℃～350℃(相当于降温)析出水晶。水晶晶体生长的过程被认为是：溶解了的 $(Si—O)^-$ 和水晶表面羟基化的 Si—OH 作用之故。

$$Si—OH+(Si—O)^- = Si—O—Si(\text{水晶表面})+OH^-$$

为了得到较大的晶体，"过饱和度"不宜过大，所以用稀的 NaOH 溶液(术语：矿化剂)。

有机溶剂也能被用于生产某些晶体。如以二甲苯 $C_6H_4(CH_3)_2$ 为溶剂，在高压釜中 150℃条件下，经 24 h 可得 15 nm(纳米)尺寸的 InAs(砷化铟，半导体材料)。

$$InCl_3+AsCl_3+3Zn = InAs+3ZnCl_2$$

3. 金属间的溶解度

和溶液一样，把一种金属当作溶剂，另一种金属是溶质，则相互溶解情况是：

(1) 若两种金属的晶体结构类型相同，原子半径差值不大(一般指<15%)，如 Ag(144.2pm)和 Au(143.9pm)都是面心立方构型。相互间可无限互溶——可被视为晶体中 Ag(或 Au)原子逐个取代 Au(或 Ag)中 Au(或 Ag)原子直到完全。若金属半径相差较大(一般指>15%)，只能部分溶解，如都是六方最密堆积构型的 Be(111pm)、Zn(133pm)、Cd(148.5pm)在 Cu(127.5pm)、Ag 中的溶解度列于表 1-31。由表 1-31 中数据知，影响结构类型不同金属间的互相溶解度，金属半径常是重要的因素。

表 1-31 Be、Zn、Cd 在 Cu、Ag 中溶解度(%)

	在 Cu 中	在 Ag 中
Be	16.6	3.5
Zn	38.4	40.2
Cd	1.7	42.5

(2) 电负性相近的金属，相互间溶解度较大，如 V(电负性 1.63)、Cr(1.56)在 Cu(1.90)、Ag(1.93)中溶解度比在 Na(0.83)、K(0.82)中的大。

原子价相近的金属，相互间溶解度大，如 Zn(2 价)、Ga(3 价)、Ge(4 价)在 Cu、Ag 中溶解度均依次减小(表 1-32)。

表 1-32 Zn、Ga、Ge 在 Cu、Ag 中溶解度(%)

	Zn(138pm)	Ga(141pm)	Ge(122pm)
Cu	38.4	20.3	12.0
Ag	40.2	18.0	—

(3) 金属间的“萃取”作用 从方铅矿(主要成分 PbS)提取的 Pb 中有少量 Ag，可用 Zn 萃取。熔铅中只溶解少量锌(1.6%)，熔锌中只溶 1.2%的铅(相当于两种不混溶的溶剂)，而银在锌中的浓度比它在铅中的浓度大了许多，所以可被锌萃取。冷却后对含银的锌(阳极，电解质为 $ZnCl_2$ 溶液)电解，Zn 溶解为 Zn^{2+}(又在阴极析出)，未溶的 Ag 在阳极底部。1 吨铅中含约 4×10^2g 银，萃取过程用 10 kg 锌，萃取后铅中的银含量降为约 1 吨铅中仅含 4 g 银。

总之，不同金属间也有“相似相溶”的规律，只是“相似”不同于水溶液，然而金属溶液的某些性能和常见溶液某些性能相似却是事实。

最后，再讨论几个问题：

(1) 室温条件下，汞呈液态，相当于溶剂，能溶解许多种金属形成汞齐。如为了防止溅散在地面上的汞挥发(汞蒸气有害)，一种方法是使之和锡形成锡汞齐；汞阴极法电解 NaCl 溶液时，Na^+ 在阴极得电子形成钠汞齐，把液态钠汞齐导入另一反应室和热水反应得 NaOH(纯)和 H_2，反应后的汞(含少量钠)可循环使用。按说在水溶液中电解不可能在阴极上得到金属钠，当用汞作阴极时，在阴极上被还原的钠成钠汞齐(不是钠，所以电解反应能进行)，当 Na 在汞齐中的质量分数不大(约 0.2%)时，不易和水反应，所以能从水溶液中得钠汞齐。

为了达到某种目的，在阴极制成合金(而后分离)的实例不少。如电解熔融 KCl 制备钾有两个问题：产物钾在熔融 KCl 中溶解度较大，800℃时钾在熔融 KCl 溶液中的浓度达 7.6%(mol)；液态钾轻，浮于熔融 KCl 的表面极易和空气中 O_2 反应，甚至发生爆炸。苏联曾用铅(熔点 327.4℃，密度 11.34 g/cm^3)作阴极，K^+ 在阴极被还原形成钾-铅合金

(K的质量分数可达8%)沉于电解槽底部(不和空气接触),同时钾在电解质溶液中的溶解度大大下降,取出钾铅合金,分离钾后的铅(含约4%钾)可循环使用。

(2) 溶液的凝固点(析出固态溶剂)低于纯溶剂的熔点,即溶液的凝固点下降。如冬天咸菜缸结冰的温度低于0℃。1 kg溶剂中溶解1 mol非电解质、非挥发性的溶质,凝固点降低,K_f为定值,如H_2O的$K_f=1.86$℃,C_6H_6的$K_f=5.12$℃,$C_{10}H_8$(萘)的$K_f=7.0$℃,樟脑的$K_f=40$℃。这个性质(稀溶液凝固点下降)被用来测定溶质(非电解质)的相对分子质量,因樟脑的K_f大,所以有机分析中常用樟脑作溶剂。溶液浓度增大(含电解质溶液)、溶液凝固点继续下降的性质,被用于获取低温,如33 g细盐(NaCl)和100 g碎冰混合,温度可下降到−21.2℃;143 g $CaCl_2 \cdot 6H_2O$(细)和100 g碎冰混合,温度可降到−55℃。

若把某些合金视为溶液,那么它具有较低(于溶剂熔点)的凝固点也就不难理解了。如主要由锡(熔点231.9℃)和铅制得的焊锡;由不同比例铋、铅、锡、镉组成的Wood合金凝固点为71℃,Lipowity合金凝固点为60℃~65℃。

一定比例钠(熔点97.8℃)钾(63.2℃)合金在室温呈液态,它是核反应堆的冷却剂。另外,我国已实验成功用钠钾合金治癌:用微量针管把少量液态钠钾合金注射到癌症部位,合金和水反应释少量热,"热死"癌细胞(已取得有应用前景的效果)。

(3) 区域熔融　溶液降温析出溶剂(盐水降温析出冰),这个性能被用于区域熔融法提纯物质。

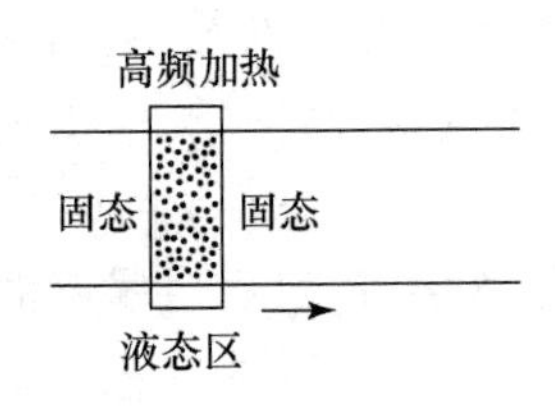

图1-10　区域熔融示意图

温度下降到一定程度时,溶(熔)液析出溶剂,少许杂质在晶体和溶(熔)液之间分配。一般杂质(相当于溶质)在溶(熔)液中浓度较大(和冷却水溶液析出冰,溶质留在溶液中相似)。以x_s、x_l分别表示杂质在固相、液相中的浓度,分配系数$K=x_s/x_l$常小于1,如在约1400℃时,锌在固、液态硅中的$K\approx10^{-5}$,表明锌主要在液态硅中。区域熔融示意图(图1-10)显示,把欲提纯的物质制成柱状,用高频加热可使局部呈液态区。按一定速率使熔区向右移动,左侧原先为液态的区域析出固态,其中所含杂质较少。其结果是,杂质随熔态区向右移动,主要集中在右端。如有必要再从左到右重复几次,直到杂质含量降到很低为止。此法可得纯度为8个9、9个9(即99.999999%、99.9999999%)的超纯硅,是半导体材料。

第二章　Gibbs 自由能变与化学反应

化学热力学涉及反应的焓变 $\Delta_r H_m^\ominus$（Δ 右下角 r 表示反应）、熵变 $\Delta_r S_m^\ominus$ 和 Gibbs 自由能变 $\Delta_r G_m^\ominus$，且 $\Delta_r G_m^\ominus = \Delta_r H_m^\ominus - T\Delta_r S_m^\ominus$。具体运用时，大致可从三个方面讨论：热化学循环、Gibbs 自由能变的运用、偶联反应。

一、热化学循环

1. 反应的焓变

一定温度下，对确定始态、终态的反应的 $\Delta_r H_m^\ominus$、$\Delta_r S_m^\ominus$、$\Delta_r G_m^\ominus$ 为定值，和反应过程无关。因此，可从已知反应的 $\Delta_r H_m^\ominus$ 等推及其他反应的 $\Delta_r H_m^\ominus$ 等，甚至可得到无法用实验方法测得（精确）的 $\Delta_r H_m^\ominus$、$\Delta_r S_m^\ominus$，如 C 和 O_2 反应时，即使 O_2 的相对（于 C）量少，产物中兼有 CO、CO_2，就是说无法从实验直接测定 CO 的生成焓 $\Delta_f H_m^\ominus$（Δ 右下角 f 表示生成）。然而能直接测定 C 和 O_2、CO 和 O_2 生成 CO_2 反应的 $\Delta_r H_m^\ominus$、$\Delta_r S_m^\ominus$。

① C(石)[①]$+O_2(g) \xlongequal{} CO_2(g)$　$\Delta_f H_m^\ominus = -393.5$ kJ/mol，$\Delta_r S_m^\ominus = 3$ J/K・mol

② $CO(g)+\frac{1}{2}O_2(g) \xlongequal{} CO_2(g)$　$\Delta_r H_m^\ominus = -283.0$ kJ/mol，$\Delta_r S_m^\ominus = -87$ J/K・mol

①式－②式得

$$C(石)+\frac{1}{2}O_2(g) \xlongequal{} CO(g)\quad \Delta_f H_m^\ominus = -110.5\ kJ/mol,\ \Delta_r S_m^\ominus = 89\ J/K\cdot mol$$

恒压、恒温条件下反应能量的变化用焓变表示，它们是在设定的温度条件下、最稳定单质的焓为“零”时得到的相对值。碳有石墨、金刚石等同素异形体，它们都能和 O_2 生成 $CO_2(g)$。

③ $C(石)+O_2(g) \xlongequal{} CO_2(g)$　$\Delta_r H_m^\ominus = -393.5$ kJ/mol

④ $C(金)+O_2(g) \xlongequal{} CO_2(g)$　$\Delta_r H_m^\ominus = -395.4$ kJ/mol

C(金)和 O_2 反应释热多，表明金刚石能量高于石墨，④式－③式得

$$C(金) \xlongequal{} C(石)\quad \Delta_r H_m^\ominus = -1.9\ kJ/mol$$

科学上把 C(石)的焓定为“零”。同理，把斜方硫的焓定为“零”，转化为单斜硫是焓增过程；把 O_2 的焓定为“零”，转化为 O_3 是焓增过程……只有一个例外，磷和 O_2 的反应：

⑤ $4P(红)+5O_2 \xlongequal{} P_4O_{10}$　$\Delta_r H_m^\ominus = -2954$ kJ/mol

⑥ $4P(白)+5O_2 \xlongequal{} P_4O_{10}$　$\Delta_r H_m^\ominus = -2983$ kJ/mol

---

① 热化学方程式，在物质右侧应标明物质的物态、型体。本书在后续讨论中若不会引起歧义的，省略之。

由焓变可知，白磷能量高于红磷，⑥式－⑤式得

$$4P(白) = 4P(红) \quad \Delta_r H_m^\ominus = -29\ kJ/mol$$

科学上却把白磷的焓定为“零”。这是因为实验容易得到纯的白磷，而很难得到纯的某一种异构体的红磷。（文献报道，红磷至少有9种异构体，其中有几种在前人报道后，后人很难重复其实验结果，因此上述 $\Delta_r H_m^\ominus = -29\ kJ/mol$ 是指白磷转变成一种红磷的焓变。）

若几种元素结合成组成相同而结构不同的几种产物，如 Zn 和 S 形成两种 ZnS 的 $\Delta_f H_m^\ominus$ 不同，分别为－202.9 kJ/mol（闪锌矿）、－189.5 kJ/mol（纤维锌矿）。又如，组成为 $CaCO_3$ 的 $\Delta_f H_m^\ominus = -1206.9\ kJ/mol$（方解石）、－1207.0 kJ/mol（文石），两者差值虽不大，但对性质还是有影响的。

既然反应的焓变与过程无关，在确定始态、终态后讨论时可设定多个过程。下面以形成 C_2H_5OH、KCl 为例：

C_2H_5OH：由 2 mol C、3 mol H_2、0.5 mol O_2 组成。

过程Ⅰ：⑦ $2C + 2O_2 = 2CO_2 \quad \Delta_r H_m^\ominus = 2\times(-393.5\ kJ/mol) = -787.0\ kJ/mol$

⑧ $3H_2 + \frac{3}{2}O_2 = 3H_2O(l) \quad \Delta_r H_m^\ominus = 3\times(-286\ kJ/mol) = -858\ kJ/mol$

⑨ $C_2H_5OH + 3O_2 = 2CO_2 + 3H_2O(l) \quad \Delta_r H_m^\ominus = -1367\ kJ/mol$

⑦式＋⑧式－⑨式：

$$2C + 3H_2 + \frac{1}{2}O_2 = C_2H_5OH \quad \Delta_r H_m^\ominus = -278\ kJ/mol$$

过程Ⅱ：⑩ $2C + 2H_2 = C_2H_4 \quad \Delta_r H_m^\ominus = 52\ kJ/mol$

⑪ $H_2 + \frac{1}{2}O_2 = H_2O(l) \quad \Delta_r H_m^\ominus = -286\ kJ/mol$

⑫ $C_2H_4 + H_2O(l) = C_2H_5OH \quad \Delta_r H_m^\ominus = -44\ kJ/mol$

⑩式＋⑪式＋⑫式：

$$2C + 3H_2 + \frac{1}{2}O_2 = C_2H_5OH \quad \Delta_r H_m^\ominus = -278\ kJ/mol$$

KCl：由 1 mol K 和 $\frac{1}{2}$ mol Cl_2 化合而成。

过程Ⅰ：⑬ $K - e^- \xlongequal{H_2O} K^+(aq) \quad \Delta_r H_m^\ominus = -251.0\ kJ/mol$

⑭ $\frac{1}{2}Cl_2 + e^- \xlongequal{H_2O} Cl^-(aq) \quad \Delta_r H_m^\ominus = -167.0\ kJ/mol$

⑮ $KCl \xlongequal{H_2O} K^+(aq) + Cl^-(aq) \quad \Delta_r H_m^\ominus = 17.5\ kJ/mol$

⑬式＋⑭式－⑮式：

$$K + \frac{1}{2}Cl_2 = KCl \quad \Delta_r H_m^\ominus = -435.5\ kJ/mol$$

附：至今还有用这种方法推算新合成化合物的生成焓的论文。如合成新的化合物组成为 $A^{2+}BC_3^{2-}$，并测得它的溶解焓[类似⑮式]，又查得 $A-2e^- = A^{2+}(aq)$ 的焓变及 B 和 C 得电子形成 $BC_3^{2-}(aq)$ 的焓变，即可求得 ABC_3 的生成焓。

过程Ⅱ：设过程是（已知 $\Delta_f H_m^\ominus = -436$ kJ/mol 可求得 U_{KCl}）

$$\begin{array}{l} K(s) \xrightarrow{\Delta H_m^\ominus(升)} K(g) \xrightarrow{\Delta H_m^\ominus(电)} K^+(g) \\ \frac{1}{2}Cl_2 \xrightarrow{\frac{1}{2}\Delta H_m^\ominus(解)} Cl(g) \xrightarrow{\Delta H_m^\ominus(亲)} Cl^-(g) \end{array} \Bigg\} \xrightarrow{U(晶)} KCl(s)$$

$$\Delta_f H_m^\ominus = \Delta H_m^\ominus(升华) + \Delta H^\ominus(电离) + \frac{1}{2}\Delta H_m^\ominus(解离) + \Delta H_m^\ominus(亲和) + U(晶格能)$$

即 -436 kJ/mol $= 89.2$ kJ/mol $+ 419$ kJ/mol $+ 121.7$ kJ/mol $+ (-361.5$ kJ/mol$) + U_{KCl}$
得 KCl 晶格焓 U_{KCl} 为 695 kJ/mol。

举以上两例是为了强调：每个问题中的两个过程都是假设的，并不表示实际反应过程；又，假设各过程有时选用了不同参考书上的数据，因此计算结果和其他文献值存在一定差值，如有的文献中 $U_{KCl} = 704$ kJ/mol（多数情况下差值不很大），然而通过热化学循环有时可得到很难直接测定的数据确是事实，这是因为有了从实验得到的数据，根据设定的过程就可进行理论计算。为此讨论晶格能——298 K、1.01×10^5 Pa 下，1 mol 离子型化合物转化为气态阴离子和气态阳离子相距无穷远（表明两种离子间的作用力可忽略）时的焓变（吸收）；反之，相距无穷远的气态阴离子和气态阳离子互相形成离子晶体时的焓变（释出）。这个焓变不可能从实验直接测定，但可根据其他实验数据得到（见上）。在得到有关的实验数据后，有许多科学家建立模型并提出了晶格焓的计算式。

2. 晶格焓

1919 年 Born-Haber 根据上述热化学循环得到多种离子化合物的数据后，提出计算晶格能的公式

$$U = \frac{N_A Z^+ Z^- e^2}{r} M\left(1 - \frac{1}{n}\right)$$

式中，N_A 为 Avogadro 常数，Z^+、Z^- 为离子的电荷，r 为离子间平均距离（这一部分是库仑能）。又，在 NaCl 晶体构型中，每种离子（设为 Na^+）有 6 个等距异号离子（Cl^-），其库仑能为 $\frac{6}{r}$；它和次近的 12 个同号离子（Na^+，在面心晶胞中 12 个棱边的中心）互相排斥，Na^+ 与 Na^+ 间距离为 $\sqrt{2}r$，所以这部分库仑排斥能为 $-\frac{12}{\sqrt{2}r}$；再和次近的 8 个异号离子（位于晶胞 8 个顶点，它和中心 Na^+ 的距离为 $\sqrt{3}r$），库仑能为 $\frac{8}{\sqrt{3}r}$……即库仑能和（对于 NaCl 构型）为 $\frac{6}{r} - \frac{12}{\sqrt{2}r} + \frac{8}{\sqrt{3}r} - \frac{6}{\sqrt{4}r} + \frac{12}{\sqrt{5}r} + \cdots = \frac{1.74756}{r}$；同理，对于 CsCl 构型（配位数 8∶8）

为 1.76267；对于 ZnS(闪锌矿，配位数 4∶4)为 1.63806；对于 CaF_2(配位数为 8∶4)为 2.51939……文献上称之为 Madelung 常数，以 M 表示。阴离子、阳离子互相靠近时有相互排斥作用，它和相互间距离的 5 次方到 12 次方成反比，对晶格能的影响表示为：$\left(1-\frac{1}{n}\right)$，$n$ 称为 Born 指数。对 Li^+，$n=5$；对 Na^+、F^-，$n=7$；对 K^+、Ca^{2+}、Cl^-，$n=9$；对 NaCl，则取 Na^+、Cl^- 的平均值，$n=(7+9)\div 2=8$……把 $N_A=6.02\times 10^{23}$、$e=4.8\times 10^{-10}$、$r=136\text{pm}+181\text{pm}=317\text{pm}$、$M$ 及 n 代入得 $U_{KCl}=693$ kJ/mol，和前面由热化学循环得到的 $U_{KCl}=695$ kJ/mol 相近。

有了离子化合物的生成焓、晶格焓、溶解焓，可得阴离子、阳离子的水合焓(参考第一章之一、3 和表 1-4)。

二、Gibbs 自由能变的运用

1. $\Delta G^\ominus=\Delta H^\ominus-T\Delta S^\ominus$

上式在一定条件下可作为反应(按书写方向)能否进行和反应限度的判据。由上式知，$\Delta G^\ominus$ 是由 $\Delta H^\ominus$ 和 $T\Delta S^\ominus$ 共同决定的。对 $\Delta H^\ominus$、$\Delta S^\ominus$ 作图(图 2-1)，$\Delta H^\ominus$ 为横坐标，从原点向右为正(焓增)，向左为负(焓降)；$\Delta S^\ominus$ 为纵坐标，原点向上为正(熵增)，向下为负(熵减)。

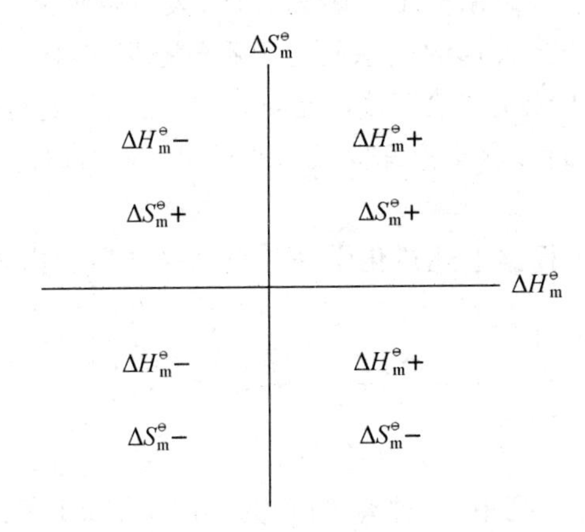

图 2-1　$\Delta H^\ominus$ 和 $\Delta S^\ominus$ 关系图

图 2-1 中分成四个区域(象限)：

第一象限：$\Delta_r H_m^\ominus$ 为正(焓增)、$\Delta_r S_m^\ominus$ 也为正(熵增)的反应，升温有利于正向反应($T\Delta_r S_m^\ominus$ 作用)，如

$$CaCO_3(s) = CaO(s)+CO_2(g)\quad \Delta_r G_m^\ominus=177900-161T$$

$\Delta_r G_m^\ominus=0$，$K=1$ 时 $T=1105$ K，温度高(>1105 K)更有利于 $CaCO_3$ 热分解。

第二象限：$\Delta H_m^\ominus$ 为焓降、$\Delta S_m^\ominus$ 为熵增的反应，表明在任何温度下正向反应都是自

发过程。如

$$H_2O_2(aq) = \frac{1}{2}O_2(g) + H_2O(l) \quad \Delta_r G_m^\ominus = -94700 - 29T$$

第三象限：$\Delta_r H_m^\ominus$ 为焓降、$\Delta_r S_m^\ominus$ 为熵减的反应，升温（主要是 $T\Delta_r S_m^\ominus$ 影响）不利于正向反应，如

$$SO_2(g) + \frac{1}{2}O_2(g) = SO_3(g) \quad \Delta_r G_m^\ominus = -99000 + 96T$$

$\Delta_r G_m^\ominus = 0$，$K=1$ 时，$T=1031$ K，表明合成 SO_3 时的温度要显著低于 1031 K。

第四象限：$\Delta_r H_m^\ominus$ 为焓增、$\Delta_r S_m^\ominus$ 为熵减的反应，表明在任何温度下正向反应都不是自发过程。如

$$\frac{1}{2}Cl_2(g) + O_2(g) = ClO_2(g) \quad \Delta_r G_m^\ominus = 103300 + 68T$$

总之，正向反应是焓降（释能）过程，若 $\Delta_r S_m^\ominus$ 为正，在任何温度下都是自发反应；若 $\Delta_r S_m^\ominus$ 为负，正向反应温度不宜过高。正向反应是焓增（吸能）过程，若 $\Delta_r S_m^\ominus$ 为正，升高温度有利于反应；若 $\Delta_r S_m^\ominus$ 为负，在任何温度下，正向都不是自发过程。顺便提及，正向为自发（或非自发）过程，则逆向为非自发（或自发）过程，如 ClO_2 分解是自发反应。

$$ClO_2(g) = \frac{1}{2}Cl_2(g) + O_2(g) \quad \Delta_r G_m^\ominus = -103300 - 68T$$

2. 反应的 $\Delta_r H_m^\ominus$ 和 $\Delta_r S_m^\ominus$

参考书、手册一般只给出 298 K 时物质的 $\Delta_f H_m^\ominus$、$S_m^\ominus$。而绝大多数的反应都不是在 298 K 进行的，那么如何运用 298 K 的数据？先看实验事实：$S_m^\ominus$ 是物质混乱度的一种标示，以 $H_2O(l)$、$H_2O(g)$ 的 $S_m^\ominus$ 为例，见图 2-2。$H_2O(l)$ 的 $S_m^\ominus$(J/K·mol) 在不同温度下分别为：65.2(0℃)、70.1(25℃)、75.3(50℃)、86.8(100℃)；$H_2O(g)$ 的 $S_m^\ominus$(J/K·mol) 为 188.9(25℃)、196.9(100℃)、204(200℃)。同理，物质在非 298 K 的 $\Delta_f H_m^\ominus$（设温度为 T），可由

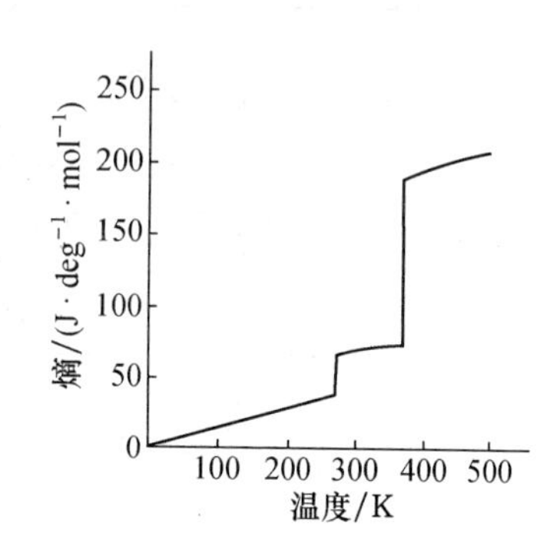

图 2-2　水的熵值随温度的变化

$$\Delta_f H_m^\ominus(T) = \Delta_f H_m^\ominus(298) + \int_{298}^{T} c_p \mathrm{d}T$$

求得，式中 c_p 为恒压热容。总之，物质的 $\Delta_f H_m^\ominus$、$S_m^\ominus$ 都随温度改变。现以 $BrF_3(g)$ 自氧化还原反应为例（表 2-1）。由表 2-1 中数据可知：不同温度下物质的 $\Delta_f H_m^\ominus$，尤其是 $S_m^\ominus$ 差值较大，但反应的 $\Delta_r H_m^\ominus$、$\Delta_r S_m^\ominus$ 的差值不大。因此，常用 298 K 反应的 $\Delta_r H_m^\ominus$、$\Delta_r S_m^\ominus$ 判断非 298 K 时反应的倾向、限度。条件是非 298 K 时参与反应各种物质的物态（固、液、气）必须和 298 K 时选用数据的物态相同。

表 2-1 反应 $\Delta_r H_m^\ominus$、$S_m^\ominus$ 和温度的关系

		$2BrF_3(g)$ ══	$BrF(g)$ +	$BrF_5(g)$	$\Delta_r H_m^\ominus/(kJ \cdot mol^{-1})$
$\Delta_f H_m^\ominus$ /(kJ/mol)	298 K	−255.6×2	−58.5	−428.8	23.9
	600 K	−269.6×2	−74.0	−440.3	24.9
	差值	14	15.5	11.5	1.0
$S_m^\ominus$ /(J/K·mol)	298 K	293×2	229	324	−33
	600 K	343×2	253	403	−30
	差值	50	24	79	−3

3. 物质的 $S_m^\ominus$ 和混乱度

不难想象物质的 $S_m^\ominus$ 随固、液、气态增大(表 2-2)。由表 2-2 中数据知：气态物的 $S_m^\ominus$ 显著大于相应的液态、固态的 $S_m^\ominus$，约>100 J/K·mol。由此可知化学反应的熵变，以及熵变可能对化学反应的影响。

表 2-2 几种物质的 $S_m^\ominus$(J/K·mol)

物质的 $S_m^\ominus$	$H_2O(g)$	189	$I_2(g)$	261	$Br_2(g)$	245	$Mg(g)$	149	$Zn(g)$	161
	$H_2O(l)$	70	$I_2(s)$	117	$Br_2(l)$	152	$Mg(s)$	33	$Zn(s)$	42
差值		119		144		93		116		119

(1) 因为气态物的 $S_m^\ominus$ 大，所以反应的 $\Delta_r S_m^\ominus$ 可根据 Δn[反应方程式中右侧气态物(总)数和左侧气态物(总)数之差]粗略判断：$\Delta n>0$，为熵增过程，$\Delta_r S_m^\ominus$ 较大；$\Delta n<0$，为熵减过程，$\Delta_r S_m^\ominus$(代数值)较小；$\Delta n=0$，反应的 $\Delta_r S_m^\ominus$ 不大也不很小(表 2-3)。

表 2-3 几个反应的 $\Delta_r S_m^\ominus$(J/K·mol)

反应式	Δn	$\Delta_r S_m^\ominus$
$CaCO_3 = CaO + CO_2$	1	161
$CO + H_2O(g) = CO_2 + H_2$	0	−42
$C + O_2 = CO_2$		3
$2SO_2 + O_2 = 2SO_3$*	−1	−192

* 若反应式为：$SO_2+\frac{1}{2}O_2 = SO_3$ $\Delta n=-\frac{1}{2}$，$\Delta_r S_m^\ominus=-96$ J/K·mol。

(2) $\Delta_r G_m^\ominus=\Delta_r H_m^\ominus - T\Delta_r S_m^\ominus = -RT\ln K$ 不同温度下，反应的 $\Delta_r H_m^\ominus$、$\Delta_r S_m^\ominus$ 几为定值，温度改变($T\Delta_r S_m^\ominus$)将影响(一定温度下)反应的 $\Delta_r G_m^\ominus$ 和 K。不难想象：$\Delta_r S_m^\ominus$ 较大(Δn 为正)、较小(Δn 为负)的反应随温度改变大，所以不同温度下 $\Delta_r G_m^\ominus$、K 的改变(值)也较大(表 2-4)。

表 2-4　温度相差 400 K，对不同 Δn 反应的 K 的影响

$\Delta n=1$	$CaCO_3 = CaO + CO_2$	$K=1.2\times10^{-2}$ (900 K)	$K=1.0$ (1105 K)	$K=18$ (1300 K)	$K(900\ K)/K(1300\ K)=6.7\times10^{-3}$
$\Delta n=0$	$CO + H_2O(g) = CO_2 + H_2$	$K=3.0$ (800 K)	$K=1.0$ (976 K)	$K=0.39$ (1200 K)	$K(800\ K)/K(1200\ K)=7.7$
$\Delta n=-1$	$SO_2 + \frac{1}{2}O_2 = SO_3$	$K=28$ (800 K)	$K=1.0$ (1031 K)	$K=0.20$ (1200 K)	$K(800\ K)/K(1200\ K)=1.4\times10^2$

这个事实只适用于反应 $\Delta_r H_m^\ominus$ 和 $\Delta_r S_m^\ominus$ 绝对值差值不是很大的反应，即适用于 $\Delta_r H_m^\ominus$、$\Delta_r S_m^\ominus$ 都对反应有明显影响的反应。若反应倾向主要取决于 $\Delta_r H_m^\ominus$，如

$$2Al + Fe_2O_3 = Al_2O_3 + 2Fe \quad \Delta_r H_m^\ominus = -848\ kJ/mol, \quad \Delta_r S_m^\ominus = -42\ J/K\cdot mol$$

对于这类反应的倾向，可在忽略熵变的前提下给出，由 $\Delta_r G_m^\ominus = \Delta_r H_m^\ominus - T\Delta_r S_m^\ominus = -RT\ln K$ 算得。

$$K(400\ K)=6\times10^{108}, \quad K(800\ K)=2\times10^{53}, \quad K(400\ K)/K(800\ K)\approx10^{55}$$

同理，此规律也不适于 $|T\Delta_r S_m^\ominus| \gg |\Delta_r H_m^\ominus|$ 的反应。

(3) 若参与反应的气体(种类)相同，Δn 相同，则反应的 $\Delta_r S_m^\ominus$ 相近，见表 2-5(a)～(c)。

表 2-5(a)　气态反应物为 O_2，$\Delta n=-\frac{1}{2}$ 的几个反应

反应式	$\Delta_r H_m^\ominus/(kJ\cdot mol^{-1})$	$\Delta_r S_m^\ominus/(J\cdot K^{-1}\cdot mol^{-1})$
$Mg + \frac{1}{2}O_2 = MgO$	−602	−97
$\frac{2}{3}Al + \frac{1}{2}O_2 = \frac{1}{3}Al_2O_3$	−557	−105
$CO + \frac{1}{2}O_2 = CO_2$	−283	−87

表 2-5(b)　气态反应物为 F_2，$\Delta n=-1$ 的几个反应

反应式	$\Delta_r S_m^\ominus/(J\cdot K^{-1}\cdot mol^{-1})$
$2M + F_2 = 2MF$	−188(Li)，−188(Na)
$M + F_2 = MF_2$	−179(Mg)，−173(Ca)
$\frac{2}{3}Al + F_2 = \frac{2}{3}AlF_3$	−158
$PbF_2 + F_2 = PbF_4$	−175
$2CoF_2 + F_2 = 2CoF_3$	−182

表 2-5(c)　几种金属碳酸盐的热分解反应($\Delta n=1$)的 $\Delta_r H_m^\ominus$、$\Delta_r S_m^\ominus$

	$MgCO_3$	$CaCO_3$	$SrCO_3$	$BaCO_3$
$\Delta_r H_m^\ominus/(kJ\cdot mol^{-1})$	117.6	177.9	237.4	267.2
$\Delta_r S_m^\ominus/(J\cdot K^{-1}\cdot mol^{-1})$	175	161	171	172

以上几类反应(各自的)$\Delta_r S_m^\ominus$ 相近(即在一定温度下,$T\Delta_r S_m^\ominus$ 相近),所以比较这类反应的倾向时,可近似地用反应的 $\Delta_r H_m^\ominus$ 判断。如表 2-5(c)中的 $\Delta_r H_m^\ominus$ 从 $MgCO_3$ 到 $BaCO_3$ 增大,所以 $MgCO_3$ 的热分解温度最低,$BaCO_3$ 热分解温度最高。

4. 当一个反应的 $|\Delta_r H_m^\ominus|$(绝对值)$\gg|T\Delta_r S_m^\ominus|$,则可近似地由 $|\Delta_r H_m^\ominus|$ 判断反应的倾向;当 $|\Delta_r H_m^\ominus|\ll|T\Delta_r S_m^\ominus|$ 时,则可近似地由 $|T\Delta_r S_m^\ominus|$ 判断反应的倾向

前述铝热法的 $\Delta_r H_m^\ominus=-848$ kJ/mol 的绝对值比 $42T$ 大了许多,所以可由 -848 kJ/mol 判断反应的倾向。

问题是如何掌握 $|\Delta_r H_m^\ominus| \begin{smallmatrix}\ll\\ \gg\end{smallmatrix} |T\Delta_r S_m^\ominus|$? 由 $\Delta_r G_m^\ominus=\Delta_r H_m^\ominus-T\Delta_r S_m^\ominus=-RT\ln K$ 可知反应的 K,和分别用 $\Delta_r H_m^\ominus$、$T\Delta_r S_m^\ominus$ 求得的两个 K 的合并值是一样的。

现以铝热法为例,$\Delta_r H_m^\ominus=-848$ kJ/mol,$-T\Delta_r S_m^\ominus=42T$,298 K 时

$$\Delta_r G_m^\ominus=-848000+42\times298=-8.314\times298\times2.303\lg K$$

得 $K=6.1\times10^{146}$。按

$$\Delta_r H_m^\ominus=-848000\ \text{J/mol}=-8.314\times2.98\times2.303\lg K$$

得 $K=9.7\times10^{148}$;按

$$-T\Delta_r S_m^\ominus=-42\times298=-8.314\times298\times2.303\lg K$$

得 $K=6.3\times10^{-3}$,把后两者合并

$$9.7\times10^{148}\times6.3\times10^{-3}=6.1\times10^{146}$$

(与合并计算的结果相同)。由于分别按 $\Delta_r H_m^\ominus$、$T\Delta_r S_m^\ominus$ 算得的"K"竟差约 10^{150},因此可忽略 $T\Delta_r S_m^\ominus$ 对反应的影响。如若"规定"两个"K"值相差 $>10^6$(10^7)时,判断反应倾向时可忽略小的"K"值,那么在一定温度(设为 298 K)下把 10^6(10^7)代入 $\Delta_r G_m^\ominus=-RT\ln K$,求得 $\Delta_r G_m^\ominus\approx34.2$ kJ/mol(39.8 kJ/mol)。因此当 $\Delta_r H_m^\ominus$ 和 $T\Delta_r S_m^\ominus$(298 K 时)的差值相差 >34 kJ/mol(40 kJ/mol)时,即可忽略其中之一。**提请关注**,这个数据仅适用于 298 K,若"规定"两个 K 值相差 $>10^6$(10^7)(可以忽略其中之一)不变,反应在 600 K(几乎是 298 K 的两倍)进行,可否忽略的判据应是 >68 kJ/mol(80 kJ/mol)。

本节得到的结论,将有助于对化学反应规律的理解。

三、化学还原法制备金属

1. 还原氧化物制备金属

还原剂(设为 R)能否还原金属氧化物(设为 MO),可由 R、M 分别和 O_2 反应的两个 $\Delta_r G_m^\ominus$ 判断。

$$R+\frac{1}{2}O_2 = RO \quad \Delta_r G_m^\ominus(RO)=\Delta_r H_m^\ominus(RO)-T\Delta_r S_m^\ominus(RO)$$

$$M+\frac{1}{2}O_2 = MO \quad \Delta_r G_m^\ominus(MO)=\Delta_r H_m^\ominus(MO)-T\Delta_r S_m^\ominus(MO)$$

两式相减得

$$R+MO = RO+M \quad \Delta_r G_m^\ominus = \Delta_r G_m^\ominus(RO) - \Delta_r G_m^\ominus(MO)$$

若得到的 $\Delta_r G_m^\ominus$ 是较小的值(代数值)，则 R 能还原 MO，否则 R 不能还原 MO。

先总结(还原氧化物的)还原剂分别和 O_2 反应的 $\Delta_r H_m^\ominus$、$\Delta_r S_m^\ominus$(表 2-6)。

表 2-6　还原剂和 O_2 反应的 $\Delta_r H_m^\ominus$、$\Delta_r S_m^\ominus$

反应式	Δn	$\Delta_r H_m^\ominus/(kJ \cdot mol^{-1})$	$\Delta_r S_m^\ominus/(J \cdot K^{-1} \cdot mol^{-1})$
① $Mg+\frac{1}{2}O_2 = MgO$	−0.5	−602	−97
② $2Al+\frac{3}{2}O_2 = Al_2O_3$	−1.5	−1670	−315
③ $CO+\frac{1}{2}O_2 = CO_2$	−0.5	−283	−87
④ $C+O_2 = CO_2$	0	−393.5	3
⑤ $C+\frac{1}{2}O_2 = CO$	0.5	−110.5	89
⑥ $H_2+\frac{1}{2}O_2 = H_2O(g)$	−0.5	−242	−44

表 2-6 中①～⑥式的 $\Delta_r H_m^\ominus$ 分别表示各还原剂在和 O_2 反应时的焓降，其中 Al、Mg 和 O_2 亲和力强，而 C 和 O_2(→CO)的亲和力较弱。再看反应的 $\Delta_r S_m^\ominus$，若把②式÷3，则反应的 $\Delta_r S_m^\ominus = 105$ J/K·mol，那么①式、②式、③式的 Δn 都是 −0.5，它们的 $\Delta_r S_m^\ominus$ 相近，设为约 −90 J/K·mol，由此可得到 $\Delta n = -0.5$ 的通式为

$$⑦ \quad R+\frac{1}{2}O_2 = RO \quad \Delta_r S_m^\ominus \approx -90 \text{ J/K·mol}$$

这个带有规律性的数据是可信的。请参考⑤式，$\Delta n = 0.5$，其 $\Delta_r S_m^\ominus$ 为正值，89 J/K·mol(和 $\Delta n = -0.5$ 的绝对值相近)。取 T(横坐标)和 $\Delta_r G_m^\ominus$(纵坐标)作图，则 ΔS 为斜率，得 Ellingham 图(图 2-3)。

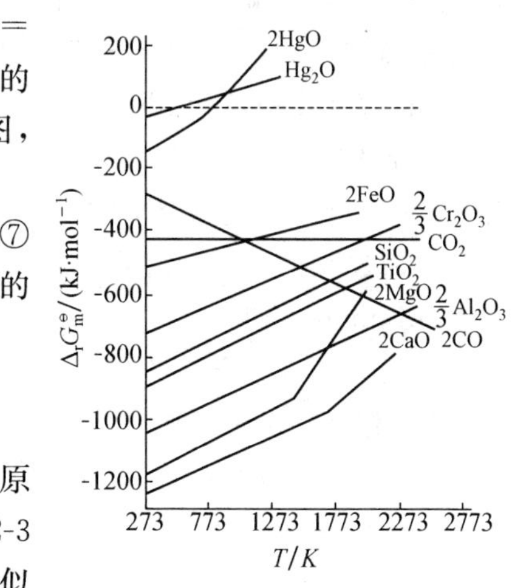

图 2-3　氧化物 Ellingham 图

既然还原剂(R)和 O_2($\Delta n = -0.5$)反应可得⑦式，那么，其他金属(M)和 O_2 反应($\Delta n = -0.5$)的 $\Delta_r S_m^\ominus$ 也是定值。

$$⑧ \quad M+\frac{1}{2}O_2 = MO \quad \Delta_r S_m^\ominus \approx -90 \text{ J/K·mol}$$

根据 $\Delta_r G_m^\ominus(7) - \Delta_r G_m^\ominus(8)$ 的差值可判断 R 能否还原 MO 及反应的完全程度时，因两式的 $\Delta_r S_m^\ominus$ 相近(图 2-3 中各线的斜率相近)，所以 $\Delta_r G_m^\ominus(7) - \Delta_r G_m^\ominus(8)$ 可近似为 $\Delta_r H_m^\ominus(7) - \Delta_r H_m^\ominus(8)$，即可用反应的焓变 $\Delta_r H_m^\ominus$ 判断反应的倾向、限度。

(1) 铝作还原剂　铝热法用铝还原 Fe_2O_3，主要是因为形成 Al_2O_3 释放能量 −1670 kJ/mol，而形成 Fe_2O_3 仅释出 −822 kJ/mol，铝热法的

$$\Delta_r H_m^\ominus = -1670\ \text{kJ/mol} - (-822\ \text{kJ/mol}) = -848\ \text{kJ/mol}$$

又，查得 Cr_2O_3 的 $\Delta_f H_m^\ominus = -1128$ kJ/mol，可知 Al 还原 Cr_2O_3 为 Cr 反应的

$$\Delta_r H_m^\ominus = -1670\ \text{kJ/mol} - (-1128\ \text{kJ/mol}) = -542\ \text{kJ/mol}$$

由上可知，比较金属氧化物的 $\Delta_f H_m^\ominus$ 和 -1670 kJ/mol（若 $\Delta n = -0.5$，则反应焓变和 -1670 kJ/mol÷3＝-557 kJ/mol）比就可判断 MO 能否被 Al 还原。若两者 $\Delta_r H_m^\ominus$ 差值越大，则还原反应越完全。上述 Al 还原 Fe_2O_3、Cr_2O_3 都是非常完全的反应。

(2) 镁作还原剂　形成 MgO 释放能量 -602 kJ/mol，MgO 的能量低于 $-\frac{1}{3}Al_2O_3$ 的 -557 kJ/mol（要在参与反应 O_2 量相同情况下比较），表明 Mg 和 O_2 的亲和力强于 Al 和 O_2 的亲和力，所以 Mg 还原 MO 的能力更强。然而一般不用 Mg 还原氧化物的原因有三：镁的价格比铝贵；反应时若转移 1 mol 电子，镁消耗 12 g，而铝消耗 9 g；镁的沸点 1105℃比铝的沸点 2327℃低了许多，而还原反应强烈释能，可能导致镁挥发。然而 Mg 和 O_2 亲和力强却是事实，把燃着的镁带放入盛 CO_2 瓶中，发生下列反应：

$$2Mg + CO_2 = 2MgO + C$$

$$\Delta_r H_m^\ominus = -602\ \text{kJ/mol} \times 2 - (-393.5\ \text{kJ/mol}) = -810\ \text{kJ/mol}$$

(3) CO 作还原剂　③式 $\Delta_r H_m^\ominus = -283$ kJ/mol，释热量多于形成 $\frac{1}{3}Fe_2O_3$ 的释热量 -822 kJ/mol÷3＝-274 kJ/mol，所以在炼铁高炉中 CO 能还原 Fe_2O_3 为 Fe。由于 -283 kJ/mol 和 -274 kJ/mol[还应考虑 Fe(s)转化为 Fe(l)吸能]差值较小，所以还原反应不完全，释出的高炉气中还有相当量的 CO。

又，查得 $\Delta_f H_m^\ominus(CuO) = -155.5$ kJ/mol、$\Delta_f H_m^\ominus(PbO) = -219$ kJ/mol，可知 CO 能分别还原 CuO 为 Cu、PbO 为 Pb，而 CO 不易还原 SnO（-286 kJ/mol）、SnO_2（-581 kJ/mol）。总之，当反应的 $\Delta_r S_m^\ominus$ 对反应的影响较小时，可由反应的 $\Delta_r H_m^\ominus$ 判断反应的方向和限度。化学上称这类反应是焓驱动的。

(4) H_2 作还原剂　由⑥式 $\Delta_f H_m^\ominus = -242$ kJ/mol，可知 H_2 能还原 CuO、PbO、Ag_2O（-31 kJ/mol）。如

$$H_2 + CuO = Cu + H_2O \quad \Delta_r H_m^\ominus = -86\ \text{kJ/mol}$$

在高温下，H_2 能还原（按 0.5 mol O_2 参与反应计）$\Delta_r H_m^\ominus$ 比 -242 kJ/mol 小（代数值）的 MO。如 WO_3 的 $\Delta_f H_m^\ominus = -840$ kJ/mol，按 0.5 mol O_2 参与反应计为 -280 kJ/mol，即按 0.5 mol O_2 参与反应计，生成 WO_3 释能多于生成 $H_2O(g)$（按 0.5 mol O_2 参与反应计，差 38 kJ/mol），而在高温下 H_2 却能还原 WO_3，表明反应还和 $\Delta_r S_m^\ominus$ 有关。

$$⑨\quad W + \frac{3}{2}O_2 = WO_3 \quad \Delta_r H_m^\ominus = -840\ \text{kJ/mol}, \quad \Delta_r S_m^\ominus = -254\ \text{J/K}\cdot\text{mol}$$

若按 0.5 mol O_2 和 W 生成 WO_3 计，可得

$$\Delta_r H_m^\ominus(\div 3) = -280\ \text{kJ/mol}, \quad \Delta_r S_m^\ominus(\div 3) = -85\ \text{J/K}\cdot\text{mol}$$

⑥式、$\frac{1}{3}$×⑨式都是熵减过程，$\Delta_r S_m^\ominus$ 都是负值，升温两个反应的 $\Delta_r G_m^\ominus$ 都将增大[形成 WO_3、$H_2O(g)$倾向减弱]。设高温为 1000 K，$\Delta_r G_m^\ominus(6)$将增大－(－44 J/K · mol)×1000 K＝44 kJ/mol，而⑨式的 $\Delta_r G_m^\ominus$ 增大 85 kJ/mol，两者相差 41 kJ/mol，比两者 $\Delta_f H_m^\ominus$ 差值 38 kJ/mol 还要大(实际 H_2 还原 WO_3 反应在 1100 K 以上进行，即由 $T\Delta S$ 引起两个反应 $\Delta_r G_m^\ominus$ 的差值更大)，所以在高温下主要是⑥式 $T\Delta_r S_m^\ominus$ 的影响导致 H_2 能还原 WO_3 为 W。就是说，H_2 还原氧化物是 $\Delta_r H_m^\ominus$、$\Delta_r S_m^\ominus$ 共同作用的结果。(其实 H_2 还原 CuO、PbO 的温度约 600 K，反应也有 $T\Delta_r S_m^\ominus$ 的贡献，可能是－242 kJ/mol 和－155.5 kJ/mol、－219 kJ/mol 差值明显而未提及 $\Delta_r S_m^\ominus$ 的作用。)

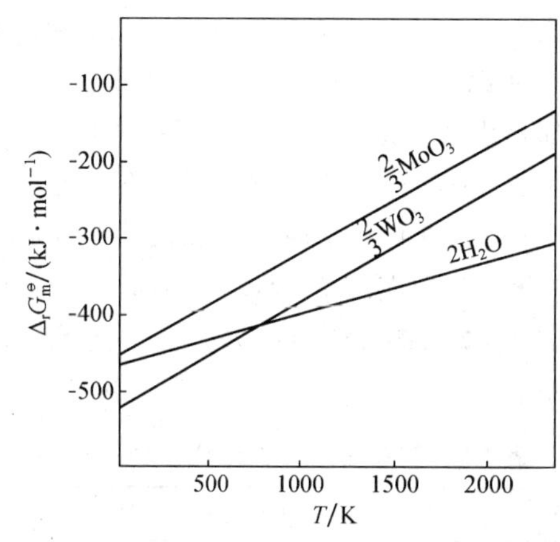

图 2-4　H_2 还原 MoO_3、WO_3 的 $\Delta_r G_m^\ominus$-T 图

由于⑥式(Δn＝－0.5)的 $\Delta_r S_m^\ominus$ 不同于⑦式，所以 H_2 作还原剂有一些特点，对此讨论三个问题。

第一，还原 MO 时，究竟是 H_2 还是 CO 的还原能力强？③式、⑥式的 $\Delta_r G_m^\ominus$：

$$CO + \frac{1}{2}O_2 \xlongequal{} CO_2 \quad \Delta_r G_m^\ominus = -283\ kJ/mol + 0.087\ kJ/K \cdot mol \times T$$

$$H_2 + \frac{1}{2}O_2 \xlongequal{} H_2O(g) \quad \Delta_r G_m^\ominus = -242\ kJ/mol + 0.044\ kJ/K \cdot mol \times T$$

生成 CO_2 释热量多于(－283 kJ/mol 和－242 kJ/mol 差 41 kJ/mol)生成 H_2O，结论是温度不很高时，CO 还原 MO 的能力强于 H_2，所以由 H_2 能还原 CuO、PbO 不难知道 CO 也能还原 CuO、PbO。在高温(设 T＝1000 K)下，CO 转化成 CO_2 反应的 $\Delta_r G_m^\ominus$(因 $T\Delta_r S_m^\ominus$ 的影响)增大 87 kJ/mol，而生成 $H_2O(g)$反应的 $\Delta_r G_m^\ominus$ 仅增大 44 kJ/mol，此温度下两者(增大值)的差值为 43 kJ/mol(大于 $\Delta_r H_m^\ominus$ 的差值 41 kJ/mol)，因此随温度升高 H_2 的还原能力相对增强。若把两个反应 $\Delta_r G_m^\ominus$ 相等时，认为 CO、H_2 还原 MO 的能力相同，即由

$$-283\ kJ/mol + 0.087\ kJ/K \cdot mol \times T = -242\ kJ/mol + 0.044\ kJ/K \cdot mol \times T$$

求得

$$T = 954\ K = 681℃$$

由此可知，当 $T<681℃$ 时，CO 还原 MO 的能力强于 H_2；$T>681℃$ 时，H_2 还原 MO 的能力强于 CO。温度和 681℃相差越远，CO 和 H_2 还原氧化物能力差别也越大。

第二，于 400℃～500℃时，$H_2O(g)$ 和 Fe 反应生成 Fe_3O_4 和 H_2，而在高温下，H_2 又能还原 Fe_3O_4 为 Fe，为什么？Fe 和 O_2 形成 Fe_3O_4：

$$3Fe+2O_2 = Fe_3O_4 \quad \Delta_r G_m^\ominus=-1121\ kJ/mol+0.345\ kJ/K\cdot mol\times T$$

若按 0.5 mol O_2 参与反应计，$\Delta_r G_m^\ominus=-280\ kJ/mol+0.086\ kJ/K\cdot mol\times T$，和生成 $H_2O(g)$ 的 $\Delta_r G_m^\ominus=-242\ kJ/mol+0.044\ kJ/K\cdot mol\times T$ 比，由 -280 kJ/mol 和 -242 kJ/mol（相差 38 kJ/mol）可知 Fe_3O_4 的能量低，所以在温度不很高时，Fe 能置换出 $H_2O(g)$ 中的 H_2，或 Fe 能夺取 $H_2O(g)$ 中的 O；升温，设 $T=1000$ K，形成 Fe_3O_4 的 $\Delta_r G_m^\ominus$ 增大 86 kJ/mol，比生成 $H_2O(g)$ 增大（44 kJ/mol）更多，两者差值为 42 kJ/mol（超过上述 $\Delta_r H_m^\ominus$ 差值 38 kJ/mol），所以在高温下 H_2 又能还原 Fe_3O_4 为 Fe。

第三，以上两个讨论都是由于生成 $H_2O(g)$（$\Delta n=-0.5$）反应的 $T\Delta_r S_m^\ominus$ 不同于⑦式 $T\Delta_r S_m^\ominus$ 引起的。那么，为什么⑥式 $\Delta_r S_m^\ominus$ 与⑦式 $\Delta_r S_m^\ominus$ 不同呢？

H_2 是最简单的双原子分子，只有两个原子核和两个电子，其混乱度不如其他双原子分子，所以它的 $S_m^\ominus$ 较小；同理，含 H 原子的双原子、多原子分子的 $S_m^\ominus$ 也比不含 H 原子的多原子分子小（表 2-7）。因为 $S_m^\ominus(H_2)$、$S_m^\ominus[H_2O(g)]$小，而 $S_m^\ominus(0.5\ O_2)$"正常"，所以⑥式的 $\Delta_r S_m^\ominus$ 不同于⑦式的 $\Delta_r S_m^\ominus$。

表 2-7 某些气态分子的 $S_m^\ominus$(J/K·mol)

N_2	CO	O_2	NO	Cl_2	H_2	HCl	CO_2	NO_2
192	198	205	211	223	131	187	214	241
$H_2O(g)$	H_2S	SO_3	$COCl_2$	PCl_3	NH_3	CF_4	$SiCl_4$	CH_4
189	206	256	289	312	192	262	331	189

附：C 作还原剂（被氧化成 CO_2，$\Delta n=0$）反应的 $\Delta_r S_m^\ominus=3$ J/K·mol，它的 $\Delta_r G_m^\ominus=-393.5\ kJ/mol-0.003\ kJ/K\cdot mol\times T$，升温 $\Delta_r G_m^\ominus$ 不仅不增大，反而略有减小（在 1000 K 时 $\Delta_r G_m^\ominus$ 减小 3 kJ/mol），所以用 C（→CO_2）还原 MO 是 $\Delta_r H_m^\ominus$、$\Delta_r S_m^\ominus$ 共同起作用的结果。

（5）C（→CO）作还原剂　⑤式的 $\Delta_r G_m^\ominus=-110.5\ kJ/mol-0.089\ kJ/K\cdot mol\times T$，其中 $\Delta n=0.5$，为熵增过程，所以升温 C（→CO）反应倾向增强。设高温 $T=1000$ K，$\Delta_r G_m^\ominus$（不仅不增大，反而）减小 89 kJ/mol，所以，用 C 还原氧化物，温度越高形成 CO 的倾向越强，即 C（→CO）的还原性越强。如

$$SiO_2+2C = Si+2CO \quad \Delta_r G_m^\ominus=638\ kJ/mol-0.362\ kJ/K\cdot mol\times T$$

高温，如 $T=2000$ K，有 $\Delta_r G_m^\ominus=-86$ kJ/mol（实际反应温度超过 2000 K，$\Delta_r G_m^\ominus$ 值更小）。若无 $T\Delta_r S_m^\ominus$ 的贡献，C 不可能还原 SiO_2（$\Delta_f H_m^\ominus=-859$ kJ/mol）。就是说，C（→CO）作还原剂主要是 $T\Delta_r S_m^\ominus$ 的作用，反应的驱动力是熵变。

CO 和 O_2，C 和 O_2（→CO，CO_2）三个反应的 $\Delta_r S_m^\ominus$ 不同，随温度升高③式（$\Delta n=-0.5$）$\Delta_r G_m^\ominus$ 增大，④式（$\Delta n=0$）$\Delta_r G_m^\ominus$ 改变不大，⑤式（$\Delta n=0.5$）$\Delta_r G_m^\ominus$ 减小，对三式作 $\Delta_r G_m^\ominus$-T 图得图 2-5。三线相交于 983 K（710℃），即当温度显著低于 983 K 时，CO 的还原能力强；显著高于 983 K 时，C（→CO）还原性强；$T\approx 983$ K，若 CO、C 都能还原 MO，被氧化产物主要是 CO_2。

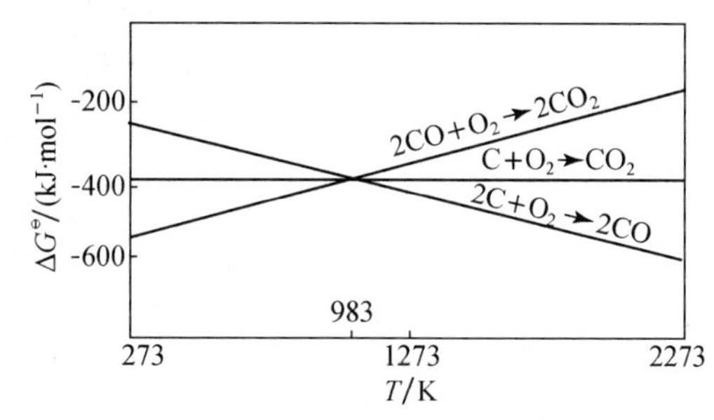

图 2-5　碳和氧反应的 $\Delta G^\ominus$-T 图

2. 还原其他化合物制备金属

同上，还原卤化物是比较还原剂（R）和 X_2（卤素，如 F_2、Cl_2）反应的 $\Delta_r G_m^\ominus(RX_2)$，及金属（M）和 X_2 反应的 $\Delta_r G_m^\ominus(MX_2)$，可知还原反应能否发生：

$$R+X_2 = RX_2 \quad \Delta_r G_m^\ominus(RX_2)=\Delta_r H_m^\ominus(RX_2)-T\Delta_r S_m^\ominus(RX_2)$$

$$M+X_2 = MX_2 \quad \Delta_r G_m^\ominus(MX_2)=\Delta_r H_m^\ominus(MX_2)-T\Delta_r S_m^\ominus(MX_2)$$

不难想象，设定反应的 Δn 值，则反应的 $\Delta_r S_m^\ominus$ 几为定值。对于 F_2，若 $\Delta n=-1$，$\Delta_r S_m^\ominus$ 为 -160 J/K · mol～-170 J/K · mol[参考表 2-5(b)]。

和铝热法相似，和 F 亲和力强的金属 Ca[$\Delta_f H_m^\ominus(CaF_2)=-1215$ kJ/mol]、K（-594 kJ/mol）被用于还原氟化物如 ScF_3（-1546 kJ/mol）、ThF_4（-1996 kJ/mol）制得 Sc、Th。和 Cl 亲和力强的金属 Na（$\Delta_f H_m^\ominus=-411$ kJ/mol）、Mg（-642 kJ/mol）被用于还原 $TiCl_4$（-763 kJ/mol）制得 Ti（图 2-6）。

和 H_2 还原氧化物相似，用 H_2 还原卤化物时还有 $T\Delta_r S_m^\ominus$ 的贡献，

$$H_2+X_2 = 2HX \quad (\Delta n=0) \quad \Delta_r G_m^\ominus(HF)=-538\ \text{kJ/mol}-0.016\ \text{kJ/K·mol}\times T$$

$$\Delta_r G_m^\ominus(HCl)=-184\ \text{kJ/mol}-0.010\ \text{kJ/K·mol}\times T$$

所以 H_2 能还原和 -538 kJ/mol 相近的 CuF_2（-531 kJ/mol）、焓降比 -184 kJ/mol 多的 $CuCl_2$（-219 kJ/mol）。

还原硫化物：在固定反应的 Δn 后，R 和 S、M 和 S 两个反应的 $\Delta_r S_m^\ominus$ 几为定值。和铝热法原理相似，选用和 S 亲和力强的 Fe（$\Delta_f H_m^\ominus=-95$ kJ/mol）还原 Sb_2S_3（-151 kJ/mol）、Bi_2S_3（-183 kJ/mol）、HgS（-58 kJ/mol），如

$$3Fe+Sb_2S_3 = 3FeS+2Sb \quad \Delta_r H_m^\ominus=-134\ \text{kJ/mol}$$

但不能用 H_2 还原硫化物，因为 H_2S 本身能量较高，$\Delta_f H_m^\ominus=-20.2$ kJ/mol。文献报道：

400℃以上 H_2S 开始分解。硫化物的 Ellingham 图见图 2-7。

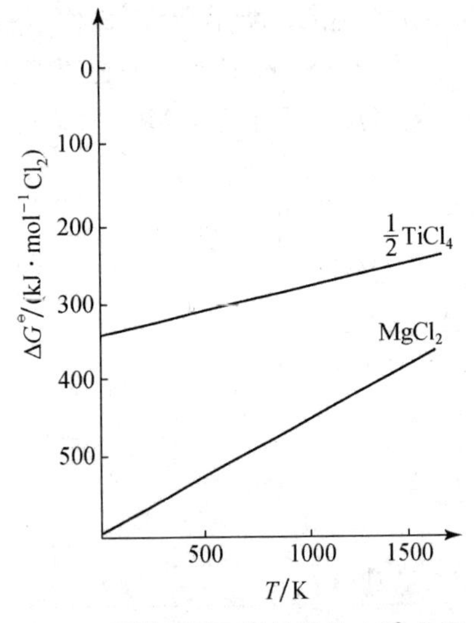

图 2-6 用镁还原四氯化钛的 $\Delta G^{\ominus}$-T 图

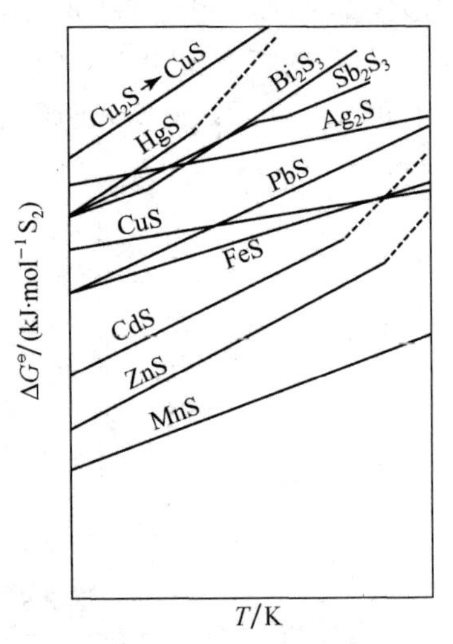

图 2-7 硫化物的 Ellingham 图

把根据 $\Delta_r G_m^{\ominus}=\Delta_r H_m^{\ominus}-T\Delta_r S_m^{\ominus}$ 判断化学还原法制备金属反应的驱动力是 $\Delta_r H_m^{\ominus}$、$T\Delta_r S_m^{\ominus}$ 或 $\Delta_r H_m^{\ominus}$ 和 $T\Delta_r S_m^{\ominus}$ 共同的作用，汇总于表 2-8 中。

表 2-8 化学还原法制备金属反应的驱动力

化合物 \ 驱动力 \ 还原剂	$\Delta_r H_m^{\ominus}$	$\Delta_r H_m^{\ominus}$ 和 $T\Delta_r S_m^{\ominus}$	$T\Delta_r S_m^{\ominus}$
氧化物	Al, Mg, CO	H_2, C(→CO_2)	C(→CO)
氟化物	Ca, K	H_2	—
氯化物	Na, Mg	H_2	Na
硫化物	Fe	—	—

焓变驱动的反应在教学中已经接触过多个实例，如铝热法，Na 还原 $TiCl_4$，而熵变驱动的反应实例较少，为此再举几个反应。

(1) 用 Na 还原 KCl 制备 K　已知 KCl 能量($\Delta_f H_m^{\ominus}=-436$ kJ/mol)低于 NaCl(-411 kJ/mol)，生产上利用了 K 的沸点(757℃)低于 Na(881℃)，即 K 的挥发性强于 Na，把反应温度控制在约 850℃(高于 757℃)，反应生成的 K 易挥发(也把它归入 $T\Delta_r S_m^{\ominus}$ 的影响)而发生下列反应：(830℃时，Na 的饱和蒸气压≈53 kPa)

$$Na(g)+KCl(l) \xlongequal{} K(g)+NaCl(l) \quad \Delta_r G_m^{\ominus}=6.6\ \text{kJ/mol}$$

由 $\Delta_r G_m^{\ominus}=-RT\ln K$ 得 1123 K(即 850℃)时 $K=p(K)/p(Na)=0.50$，即得 Na 和 K 的混合气体，再对冷却后 Na 和 K 的混合物进行真空蒸馏而分离 K 和 Na。

同理，可用 Na 还原 RbCl($\Delta_f H_m^{\ominus}=-431$ kJ/mol)、CsCl($\Delta_f H_m^{\ominus}=-433$ kJ/mol)制得

活泼性强，但沸点更低的 Rb(沸点 688℃)、Cs(705℃)。

化学上把 Na 还原 MCl 制 M(如 K、Rb、Cs)反应的驱动力也归为熵变。**提请关注**，在驱动力为焓变、熵变的反应中，有时焓变或熵变(从量的方面看)占主导作用，如铝热法还原得 Fe 反应的 $\Delta_r H_m^\ominus = -848$ kJ/mol(反应释出大量热)；有时则是强调焓变或熵变在反应中所起的作用，如 Na 还原 KCl。

(2) 高温(>2000 K)用 C 还原 MgO 制 Mg　这个方法利用了 Mg(沸点 1105℃)易挥发(还是 $T\Delta_r S_m^\ominus$ 对反应的作用)的性质。

	MgO	+	C	══	Mg(g)	+	CO	
$\Delta_f H_m^\ominus/(kJ \cdot mol^{-1})$	−602		0		150		−111	$\Delta_r H_m^\ominus = 641$ kJ/mol
$S_m^\ominus/(J \cdot K^{-1} \cdot mol^{-1})$	27		6		149		198	$\Delta_r S_m^\ominus = 314$ J/K·mol

$$\Delta_r G_m^\ominus = 641\ \text{kJ/mol} - 0.314\ \text{kJ/mol} \times T$$

$\Delta_r G_m^\ominus = 0$[①] 的 $T = 2041$ K，表明这个反应在>2000 K 时能够进行。

这个反应的原理和上述用 Na 还原 KCl 相同。实际反应时有一个问题必须解决：反应体系在冷却过程中，Mg(g)必将和 CO 反应[即上述制备 Mg(g)的逆反应]，生产时往反应体系中通入大量 H_2，使反应体系温度急剧冷却，就可避免 Mg 和 CO 的反应(H_2 可回收再利用)。

由上两例可知，若反应生成气态产物(指 Δn 为正值的反应)，就可能因为 $T\Delta_r S_m^\ominus$(熵增)的作用，使反应能够进行，如化学还原法制备易挥发的金属，如 Na、K、Rb、Cs、Mg、Zn、Cd、Hg。

(3) 专利报道：以 NaOH 和 Fe，Na_2CO_3 和 C 为原料，在高温下反应能得到 Na。

$$2Fe + 2NaOH = 2FeO + 2Na(g) + H_2$$

$$\Delta_r G_m^\ominus = 538\ \text{kJ/mol} - 0.389\ \text{kJ/K} \cdot \text{mol} \times T$$

$\Delta_r G_m^\ominus = 0$ 的 $T = 1383$ K，$K = 1.0$。

$$Na_2CO_3 + 2C = 2Na(g) + 3CO$$

$$\Delta_r G_m^\ominus = 1017\ \text{kJ/mol} - 0.755\ \text{kJ/K} \cdot \text{mol} \times T$$

$\Delta_r G_m^\ominus = 0$ 的 $T = 1347$ K，$K = 1.0$。

由 $\Delta_r G_m^\ominus$ 数据知：高温下这两个反应都能发生。

顺便提及，早期使 HgO 发生热分解反应制备 O_2，也涉及 Hg 易挥发的熵增因素。

$$HgO = Hg(g) + \frac{1}{2}O_2$$

	HgO	Hg(g)	O_2	
$\Delta_f H_m^\ominus/(kJ \cdot mol^{-1})$	−91	61	0	$\Delta_r H_m^\ominus = 152$ kJ/mol
$S_m^\ominus/(J \cdot K^{-1} \cdot mol^{-1})$	72	175	103	$\Delta_r S_m^\ominus = 206$ J/K·mol

$\Delta_r G_m^\ominus = 0$ 的 $T = 738$ K (465℃，Hg 的沸点为 357℃)，$K = 1.0$。

---

① $\Delta_r G_m^\ominus = -RT\ln K$，一定温度下 $\Delta_r G_m^\ominus = 0$，则 $K = 1.0$。这个数据很重要，将在下文讨论。

以上讨论多次提及，一定温度下 $\Delta_r G_m^\ominus = \Delta_r H_m^\ominus - T\Delta_r S_m^\ominus = 0$ 时 $K=1.0$。平衡常数 $K=1.0$ 有两种情况：① 对

$$SO_2 + \frac{1}{2}O_2 = SO_3$$

$\Delta_r G_m^\ominus = 0$ 的 $T=1031$ K(表 2-4)，$K=1.0$。习惯上认为在 $K=1.0$ 的温度下，正向反应(生成 SO_3)和逆向反应(SO_3 分解)处于"势均力敌"状态，或者说 $T>1031$ K 时 SO_3 分解占优势，$T<1031$ K 时形成 SO_3 占优势。讨论硫酸生产时提及 SO_2 和 O_2 生成 SO_3 是释热反应，温度不宜"过高"，此反应中所谓"过高"温度应是显著低于 1031 K。通常，把 $K=1.0$ 的温度作为由正向(或逆向)反应占优势转变为逆向(或正向)反应占优势的温度。② 对于

$$CaCO_3 = CaO + CO_2$$

$K=1.0$ 的温度为 1105 K(表 2-4)，表明 $CaCO_3$ 热分解反应平衡的 CO_2 压强 p_{CO_2} 为 1.01×10^5 Pa，低于(或高于)1105 K，热分解反应的平衡压强 $p_{CO_2}<1.01\times10^5$ Pa(或 $>1.01\times10^5$ Pa)。

以上讨论各例都列出反应的 $\Delta_r H_m^\ominus$、$\Delta_r S_m^\ominus$ 是想强调，在学习某些化学性质时要关注"量"。为建立"量"的观点，必须作一些相应的计算，但绝不是处处、事事都要进行计算。如前述铝热法的 $\Delta_r H_m^\ominus = -848$ kJ/mol，加之反应方程式中没有气态物质($\Delta n=0$)，无疑，铝热法反应的驱动力是焓变；Na_2CO_3 在高温下和 C 反应生成 Na(g)和 CO 共 5 分子气体，对此，即使不知道 Na(g)、CO 的 $S_m^\ominus$，也可推知这个反应的驱动力是熵增。下节仍将以 $\Delta_r H_m^\ominus$、$\Delta_r S_m^\ominus$ 为基础讨论有关反应，并由此得出某些反应的规律。事实是，由"量"作为基础得到的反应规律，可以更好地掌握和运用。

四、某些化学反应的规律

1. $\Delta n=0$ 的反应

先讨论除去废气中 H_2S 的一种方法：使之通过 ZnO 转化为 ZnS 和 H_2O(g)，反应的驱动力是焓变。

	H_2S +	ZnO ══	ZnS +	H_2O(g)	($\Delta n=0$)
$\Delta_f H_m^\ominus/(kJ\cdot mol^{-1})$	-20.2	-348	-189	-242	$\Delta_r H_m^\ominus = -63$ kJ/mol
$S_m^\ominus/(J\cdot K^{-1}\cdot mol^{-1})$	206	44	58	189	$\Delta_r S_m^\ominus = -3$ J/K·mol

反应中 H_2S 转化为 H_2O(g)，在焓变方面"得益"为

$$-242\ kJ/mol - (-20.2\ kJ/mol) = -222\ kJ/mol$$

而由 ZnO 转化为 ZnS，焓变"损失"(吸收能量)为

$$-189\ kJ/mol - (-348\ kJ/mol) = 159\ kJ/mol$$

两者相抵尚余 $\Delta_r H_m^\ominus = -63$ kJ/mol，即正向反应的"推动力"是焓变。

由以上讨论可作以下推论，MO 转变为 MS 焓变"损失"明显比 222 kJ/mol 少的，如

FeO 转化为 FeS，焓变“损失”

$$-95\ \mathrm{kJ/mol}-(-267\ \mathrm{kJ/mol})=172\ \mathrm{kJ/mol}$$

因此，用 FeO 也能除去废气中的 H_2S。(附：推论是正确的，因制备 FeO 很困难，所以没有实际意义。)

此例表明，对 $\Delta n=0$ 的反应，可根据参与反应各物的生成焓判断反应方向。其规律往往是：一种反应物转化时的焓变有“收益”，另一反应物转化时的焓变有“损失”，只要“收益”量大于“损失”量，反应就有可能进行。为此再讨论几个实例。

(1) Cl_2 置换 NaBr 中溴，Br_2 置换 NaI 中碘的反应

	Cl_2 +	2NaBr ══	2NaCl +	$Br_2(g)$	
$\Delta_f H_m^\ominus/(\mathrm{kJ\cdot mol^{-1}})$	0	-360×2	-411×2	31	$\Delta_r H_m^\ominus=-71\ \mathrm{kJ/mol}$
$S_m^\ominus/(\mathrm{J\cdot K^{-1}\cdot mol^{-1}})$	223	86×2	72×2	245	$\Delta_r S_m^\ominus=-6\ \mathrm{J/K\cdot mol}$

反应中 Cl_2 置换出 $Br_2(g)$，焓变“损失”31 kJ/mol，2NaBr 转化为 2NaCl，焓变“收益”$[-411\ \mathrm{kJ/mol}-(-360\ \mathrm{kJ/mol})]\times2=-102\ \mathrm{kJ/mol}$，两者综合的结果为 -71 kJ/mol。

	$Br_2(g)$ +	2NaI ══	2NaBr +	$I_2(g)$	
$\Delta_f H_m^\ominus/(\mathrm{kJ\cdot mol^{-1}})$	31	-288×2	-360×2	62	$\Delta_r H_m^\ominus=-113\ \mathrm{kJ/mol}$
$S_m^\ominus/(\mathrm{J\cdot K^{-1}\cdot mol^{-1}})$	245	93×2	86×2	261	$\Delta_r S_m^\ominus=2\ \mathrm{J/K\cdot mol}$

形成 NaBr 焓变“收益”大于 $Br_2(g)\rightarrow I_2(g)$ 焓变“损失”，故 $Br_2(g)$ 能置换出 $I_2(g)$。

(2) 由于 C 和 O_2 反应形成 CO_2 ($\Delta_f H_m^\ominus=-393.5$ kJ/mol) 的倾向远强于形成 CO (-110.5 kJ/mol)，P 和 O_2 反应形成 P_2O_5 (-1506 kJ/mol) 的倾向远强于形成 P_2O_3 (-565 kJ/mol)，所以即使用 C、P 和少量的 O_2 反应，也很难得到纯的 CO、P_2O_3。由此不难想象，不能用 P 和少量 F_2(何况制 F_2 相当困难) 制备 PF_3 ($\Delta_f H_m^\ominus=-946$ kJ/mol)。化学上以 PCl_3 ($\Delta_f H_m^\ominus=-306$ kJ/mol) 为原料和某些氟化物反应转化为 PF_3，这个过程在焓变上的“得益”为 $-946\ \mathrm{kJ/mol}-(-306\ \mathrm{kJ/mol})=-640\ \mathrm{kJ/mol}$，在 $\Delta n=0$ 的反应中只要氟化物转化为氯化物在焓变上的“损失”(吸收能量) 小于 -640 kJ/mol，就有可能使 $PCl_3(g)$ 转化为 $PF_3(g)$，如

$$PCl_3(g)+\left\{\begin{array}{l}3HF(g)\\ AsF_3(g)\\ SbF_3(s)\\ \frac{3}{2}ZnF_2(s)\\ \frac{3}{2}CaF_2(s)\end{array}\right. ═══ PF_3(g)+\left\{\begin{array}{l}3HCl(g)\\ AsCl_3(g)\\ SbCl_3(s)\\ \frac{3}{2}ZnCl_2(s)\\ \frac{3}{2}CaCl_2(s)\end{array}\right.$$

其中，$3HF(g)\rightarrow3HCl(g)$ 焓变“损失”$[-92.3\ \mathrm{kJ/mol}-(-268.6\ \mathrm{kJ/mol})]\times3=528.9\ \mathrm{kJ/mol}$

$AsF_3(g)\rightarrow AsCl_3(g)$ 焓变“损失”$-299.2\ \mathrm{kJ/mol}-(-913.4\ \mathrm{kJ/mol})=614.2\ \mathrm{kJ/mol}$

$SbF_3(s)\rightarrow SbCl_3(s)$ 焓变“损失”$-382.2\ \mathrm{kJ/mol}-(-908.5\ \mathrm{kJ/mol})=526.6\ \mathrm{kJ/mol}$

$$\frac{3}{2}ZnF_2(s) \rightarrow \frac{3}{2}ZnCl_2(s)$$ 焓变“损失”$[-415.9\ kJ/mol-(-764.4\ kJ/mol)]\times\frac{3}{2}=522.8\ kJ/mol$

$$\frac{3}{2}CaF_2(s) \rightarrow \frac{3}{2}CaCl_2(s)$$ 焓变“损失”$[-795\ kJ/mol-(-1214\ kJ/mol)]\times\frac{3}{2}=628.5\ kJ/mol$

五种氟化物转变为相应氯化物，焓变的“损失”（吸热）都小于 640 kJ/mol，所以五种反应都能进行。文献推荐用 CaF_2 和 PCl_3 反应的原因是，气相中只有 $PCl_3(g)$（沸点 76.1℃）、$PF_3(g)$（−101.8℃）易于分离提纯（CaF_2、$CaCl_2$ 不易挥发）。

化学上把 HF 等以上五种氟化物称为氟化剂，它们的特点是转化为相应氯化物吸收能量较小。其中用得较多的是 ZnF_2，因为它转化为 $ZnCl_2$ 需能少（348.5 kJ/mol），并且 ZnF_2、$ZnCl_2$ 都不易挥发，比其他气态氟化物、氯化物易于分离提纯。

若反应物、生成物都是气体，（$\Delta n=0$）反应的焓变还可从键能判断。如

$$\frac{1}{2}H_2+\frac{1}{2}Cl_2 = HCl$$

	$\frac{1}{2}H_2$	$\frac{1}{2}Cl_2$	HCl	
$\Delta_f H_m^\ominus/(kJ\cdot mol^{-1})$	0	0	−92.3	$\Delta_r H_m^\ominus=-92.3\ kJ/mol$
键能/$(kJ\cdot mol^{-1})$	432÷2	240÷2	428	键能差$=428\ kJ/mol-216\ kJ/mol-120\ kJ/mol=92\ kJ/mol$

2. Δn 为负值（熵减）的反应

只有正向是焓降（即 $\Delta_r H_m^\ominus$ 为负值，图 2-1 中第三象限）过程，反应才可能进行。工业生产硫酸、硝酸、合成氨工艺中都是这类反应。

（1）生产硫酸，合成 SO_3 工段　在兼顾反应速率、催化剂所需适宜温度下，把原料气温度控制在约 450℃送入接触室，发生反应释热，当 63% SO_2 转化时，温度上升到 600℃（873 K），对所余 SO_2 的转化不利，所以要使反应体系经热交换器降温到 450℃，再进入第二接触室，使 SO_2 继续转化。当 SO_2 总转化率达到 84%，温度上升为 510℃，再经热变换器使反应体系温度降到 450℃，进入第三接触室……这个反应在经过几次接触催化、热交换后，最终可使 99.5%的 SO_2 转化为 SO_3（表 2-9）。

表 2-9　不同温度下 $SO_2+\frac{1}{2}O_2 = SO_3$ 的平衡常数

T/K	650	700	750	800	850	900	1031
K	8.9×10^2	2.4×10^2	76	28	11	6.9	1.0

（2）生产硝酸　第二步反应是 $NO+\frac{1}{2}O_2 = NO_2$。工艺上把 NH_3 经催化氧化的气体（高于 800℃）急剧冷却到 100℃以下，以除去大量的 H_2O，才能使 NO 和 O_2 在气相中反应。另一方面，温度低对生成 NO_2 反应有利（表 2-10），并能加快反应速度（表 2-11）。

表 2-10　不同温度下 $NO+\frac{1}{2}O_2 = NO_2$ 的平衡常数

T/K	300	350	400	450	500	774
K	1.1×10^6	4.3×10^4	3.7×10^3	5.6×10^2	1.2×10^2	1.0

表 2-11　NO(9.92%)和 O_2(5.68%)反应速度和温度、压强的关系

压强/($\times10^5$ Pa)	温度/℃	NO 转化率所需时间/s		
		50%	90%	98%
1	30	12.4	248	2830
	90	25.3	508	5760
8	30	0.19	3.88	36.4
	90	0.59	7.86	74

升温，NO 和 O_2 反应速度减慢，目前认为和反应分成两步进行有关。

$$2NO = (NO)_2 + Q$$

这步反应瞬间达到平衡，平衡常数 $K'=p_{(NO)_2}/p_{NO}^2$，因是放热过程，温度升高，K'值下降。

$$(NO)_2 + O_2 = 2NO_2$$

的反应速率 $v=k'p_{(NO)_2}\cdot p_{O_2}$，其中 k'是速率常数，随温度上升而增大。

合并两式得　　$v=k'\times K'\times p_{NO}^2\times p_{O_2}=k\times p_{NO}^2\times p_{O_2}$

温度上升，K'降低倍数大于 k'升高倍数，总结果随温度上升，k 下降，所以反应减慢。

由表 2-11 中数据知，NO 转化率为 98%所需时间是 90% NO 转化的约 10 倍，而加压条件可加速 NO 转化，所以这道工序是在加压、低温下进行的。

(3) 合成氨　合成氨反应 $\Delta_r G_m^\ominus=0$，$K=1.0$ 的温度为 175℃(448 K)。考虑到反应速度、催化剂对温度的要求，通常在 400℃(此温度下，K 已相当小，表 2-12)，且需在 320×10^5 Pa 下进行(比 10^5 Pa 大了 320 倍，相当于习惯上的说法：N_2、H_2 压强增大 10^2 倍)。

表 2-12　不同温度下 $N_2+3H_2 = 2NH_3$ 的平衡常数

T/K	300	350	400	448	500	600	700
K	2.1×10^5	2.0×10^2	20	1.0	7.6×10^{-2}	1.9×10^{-3}	1.3×10^{-4}

因 $\Delta_f H_m^\ominus(NH_3)=-46.16$ kJ/mol，反应释热使体系温度升高，可通入适量温度不高的原料气(N_2 和 H_2)降温，再在催化剂作用下合成 NH_3。

(4) $2NO_2 = N_2O_4$　$\Delta_r H_m^\ominus=-58.1$ kJ/mol，$\Delta_r S_m^\ominus=-178$ J/K·mol，$\Delta_r G_m^\ominus=0$，$K=1.0$ 的 $T=326$ K(53℃)，所以室温下的二氧化氮气体中兼有 NO_2 和 N_2O_4(表 2-13)。

表 2-13 不同温度下 $2NO_2 \rightleftharpoons N_2O_4$ 体系中 NO_2、N_2O_4 的体积分数

T/℃	26.7	35.4	39.8	49.6	60.2	70.0	80.0	100.5	135.0
NO_2/%(V)	19.96	25.65	29.23	40.04	52.84	65.57	76.61	89.23	98.69
N_2O_4/%(V)	80.04	74.35	70.77	59.96	47.16	34.43	23.39	10.77	1.31

注：%(V)表示体积分数。

由表 2-13 中数据知，室温下二氧化氮气体中 NO_2 不足 1/5(文献报道：NO_2 转化为 N_2O_4 的速度很快，快到不易精确测定其反应速率)。升高温度，当达到 100℃时，NO_2 占约 90%，所以对二氧化氮气体加热，颜色显著加深。

(5) 早期制备 Cl_2 的方法(Deacan-Hurter 法)是基于 $H_2O(g)$能量($\Delta_f H_m^\ominus = -242$ kJ/mol)低于 HCl($\Delta_f H_m^\ominus = -92.3$ kJ/mol)，所以用 O_2 和 HCl(源于 NaCl 和浓 H_2SO_4 反应)反应。

$4HCl + O_2 \rightleftharpoons 2H_2O(g) + 2Cl_2 \quad \Delta_r H_m^\ominus = -114.8$ kJ/mol， $\Delta_r S_m^\ominus = -129$ J/K · mol

$\Delta_r G_m^\ominus = 0$，$K = 1.0$ 的温度为 617℃(890 K)。升温可加快反应速率，但不利于 HCl 转化(表 2-14)。兼顾两者，生产条件是：在 400℃(比 617℃低了许多)把 HCl 和 O_2 体积比为 1∶4 的原料气通过催化剂，HCl 的转化率可达 80%。(当时，把含 Cl_2 的气体通入石灰乳生产漂白粉。)

表 2-14 不同温度下 $4HCl + O_2 \rightleftharpoons 2H_2O + 2Cl_2$ 的平衡常数

T/K	500	600	700	800	890	900
K	1.8×10^5	1.8×10^3	68	5.7	1.0	0.83

顺便提及，

$$CO + \frac{1}{2}O_2 \rightleftharpoons CO_2 \quad \Delta_r G_m^\ominus = -283 \text{ kJ/mol} + 0.087 \text{ kJ/K} \cdot \text{mol} \times T$$

$\Delta_r G_m^\ominus = 0$，$K = 1.0$ 时的 $T = 3253$ K(2980℃)。这个温度太高了，所以讨论 CO 转化为 CO_2 时，温度因素即 $T\Delta_r S_m^\ominus$ 对反应的负面影响并不重要。

3. Δn 为正值(熵增)的反应

若 $\Delta_r H_m^\ominus$ 为负值，则是任何温度下都能进行的过程(图 2-1 中第二象限)；若 $\Delta_r H_m^\ominus$ 为正值(图 2-1 中第一象限)，升温有利于这类反应进行，如许多含氧酸盐的热分解反应(将在第六章讨论)。本节讨论多氧化态元素高氧化态的二元氧化物、二元氯化物的热分解反应。

(1) $SO_3 \rightleftharpoons SO_2 + \frac{1}{2}O_2$，$NO_2 \rightleftharpoons NO + \frac{1}{2}O_2$ 都是熵增过程，由上节知：温度高于 758℃或 501℃($K=1.0$ 的温度)，SO_3 或 NO_2 将显著分解，而 $CO_2 \rightleftharpoons CO + \frac{1}{2}O_2$ 反应在高于 2980℃时才能显著进行，这个温度太高了，因此一般情况下不讨论 CO_2 热分解的问题。

多氧化态元素高氧化态的氧化物的热分解反应都是熵增过程，升温有利于它们的分解。下面以ⅣA 族元素氧化物为例，CO_2 能量显著低于 CO 已如前述，SiO_2 的 $\Delta_f H_m^\ominus = -859$ kJ/mol 能量很低，所以高氧化态碳、硅的氧化物比较稳定。那么，锡、铅情况又如何？

表 2-15　锡、铅氧化物的 $\Delta_f H_m^\ominus$、$S_m^\ominus$

	SnO	SnO_2	PbO	Pb_3O_4	PbO_2
$\Delta_f H_m^\ominus/(kJ \cdot mol^{-1})$	−286.2	−580.7	−219.2	−734.7	−276.7
$S_m^\ominus/(J \cdot K^{-1} \cdot mol^{-1})$	56	52	68	211	77

由表 2-15 中数据可知：

$$SnO_2 = SnO + \frac{1}{2}O_2 \quad \Delta_r H_m^\ominus = 294.5\ kJ/mol, \quad \Delta_r S_m^\ominus = -107\ J/K \cdot mol$$

$\Delta_r G_m^\ominus = 0$，$K = 1.0$ 时的 $T = 2479$℃，温度很高（如上述 CO_2），所以 SnO_2 受热很难分解，或者说 Sn 或 SnO 在空气中加热的最终产物是 SnO_2。

$$3PbO_2 = Pb_3O_4 + O_2 \quad \Delta_r H_m^\ominus = 95.4\ kJ/mol, \quad \Delta_r S_m^\ominus = -186\ J/K \cdot mol$$

$\Delta_r G_m^\ominus = 0$，$K = 1.0$ 时的 $T = 240$℃，表明 PbO_2 受热可分解为 Pb_3O_4。

$$Pb_3O_4 = 3PbO + \frac{1}{2}O_2 \quad \Delta_r H_m^\ominus = 77.1\ kJ/mol, \quad \Delta_r S_m^\ominus = -95\ J/K \cdot mol$$

$\Delta_r G_m^\ominus = 0$，$K = 1.0$ 时的 $T = 539$℃，表明继续升温，Pb_3O_4 将分解成 PbO。

由上两例知道，同主族元素从上到下，高氧化态氧化物的稳定性减弱，有关规律将在第六章中讨论。

不活泼金属的高氧化态氧化物受热时也将分解，由于生成相应氧化物释焓不是很多，如 Ag_2O、HgO 的 $\Delta_f H_m^\ominus$ 分别为 −30.6 kJ/mol、−90.7 kJ/mol，受热时分解为低氧化态氧化物或相应金属。如

$2CuO = Cu_2O + \frac{1}{2}O_2$　$\Delta_r G_m^\ominus = 0$，$K = 1.0$ 时的 $T = 955$℃。（参考书中 CuO 在高于 950℃分解。）

$Ag_2O = 2Ag + \frac{1}{2}O_2$　$\Delta_r G_m^\ominus = 0$，$K = 1.0$ 时的 $T = 188$℃。（文献记载：100℃时 Ag_2O 开始分解，250℃趋于完全。）

虽然生成 HgO 释能比生成 Ag_2O 释能多了许多，因 Hg 易挥发（即还要考虑 $T\Delta_r S_m^\ominus$ 的影响），所以 HgO 受热也很容易分解（数据见前）。

(2) 多氧化态元素的高氧化态氯化物分解成低氧化态氯化物焓增（吸能）同时释出 Cl_2（熵增，$\Delta_r S_m^\ominus$ 为正），升温将使元素的高氧化态氯化物分解成低氧化态氯化物，（对于不活泼金属）还可能分解生成单质。如

$$PCl_5(g) = PCl_3(g) + Cl_2(g) \quad \Delta_r G_m^\ominus = 0, K = 1.0 \text{ 时的 } T = 238℃$$

高于238℃，PCl_5分解。事实是：P与Cl_2（过量）反应生成$PCl_3(g)$（$\Delta_f H_m^\ominus = -306.4$ kJ/mol），释热使体系温度升高（高于238℃很容易），只有在产物PCl_3经适当冷却后才能继续和Cl_2生成PCl_5。就是说，生产$PCl_5(g)$分两步进行，首先是生成$PCl_3(g)$，经适当冷却后（主要是为了减弱$T\Delta_r S_m^\ominus$对反应的负面影响），再和Cl_2生成$PCl_5(g)$。这个过程（指反应分两步进行，在第一步反应后需经适当冷却，再发生第二步反应）具有普遍意义，如上述生成SO_3、NO_2都是分两步进行的。

有些金属高氧化态卤化物在室温就能分解，如$MnCl_4$、$PbCl_4$、FeI_3……前两者曾被认为用MnO_2、PbO_2和浓HCl反应制Cl_2过程中，“首先”生成不稳定的$MnCl_4$、$PbCl_4$，再继续分解释Cl_2；后者表明常温下Fe^{3+}将氧化I^-。同理，室温下CuI_2不稳定，所以$CuSO_4$溶液和KI溶液反应得CuI。

$$Cu^{2+} + 2I^- \longrightarrow CuI + \frac{1}{2}I_2$$

4. 二元氧化物和二元氯化物能量的比较

元素的高氧化态（≥4）氧化物的能量低于相应氯化物（表2-16）。碱金属、钡、银的氯化物能量低于其氧化物，如$\Delta_f H_m^\ominus(NaCl) = -411$ kJ/mol，$\Delta_f H_m^\ominus(Na_2O) = -416$ kJ/mol[应取含1 mol Na的生成焓，即-416 kJ/mol÷2＝-208 kJ/mol，和也只含1 mol Na的$\Delta_f H_m^\ominus(NaCl)$相比]。还有个别元素氧化物能量和（同氧化态）氯化物相近，如$\Delta_f H_m^\ominus = -602$ kJ/mol（MgO）、-642 kJ/mol（$MgCl_2$）。氧化物和氯化物（以MO和MCl_2为代表）能量高低的比较可按设想的置换反应讨论。设

$$MO + Cl_2 \longrightarrow MCl_2 + \frac{1}{2}O_2$$

若在反应条件下，MO、MCl_2都不是气态物，那么这个置换反应的$\Delta n = -0.5$，是熵减过程，只有在$\Delta_f H_m^\ominus(MCl_2)$显著小于（强调“显著”是为了抵消熵减对正向置换反应的负面影响）$\Delta_f H_m^\ominus(MO)$时才能进行。若$\Delta_f H_m^\ominus(MCl_2) > \Delta_f H_m^\ominus(MO)$，则上式逆向是自发反应，即发生氧置换氯。如

$$TiCl_4(g) + O_2 \longrightarrow TiO_2 + 2Cl_2 \quad \Delta_f H_m^\ominus = -149 \text{ kJ/mol}, \quad \Delta_r S_m^\ominus = -61 \text{ J/K}\cdot\text{mol}$$

若是MgO，则

$$MgO + Cl_2 \longrightarrow MgCl_2 + \frac{1}{2}O_2 \quad \Delta_f H_m^\ominus = -40 \text{ kJ/mol}, \quad \Delta_r S_m^\ominus = -57 \text{ J/K}\cdot\text{mol}$$

此反应在略高于室温（设为323 K，50℃）反应，其$\Delta_r G_m^\ominus = -22$ kJ/mol，表明正、逆向反应都不完全。结论是一般温度下，MgO的能量和$MgCl_2$相近。

表2-16 氧化物、氯化物的$\Delta_f H_m^\ominus$

	Na	K	Ag	Ca	Ba	Hg(Ⅱ)	Pb(Ⅱ)
$\Delta_f H_m^\ominus$(氧化物)/(kJ·mol^{-1} M*)	−208	−181	−15.3	−656	−558	−90	−219
$\Delta_f H_m^\ominus$(氯化物)(kJ·mol^{-1} M)	−411	−436	−127	−795	−860	−230	−359

续表

	Mg	Al	Ti	C	Si	P(Ⅴ)	S(Ⅳ)
$\Delta_f H_m^\ominus$(氧化物)/(kJ·mol^{-1} M)	−602	−835	−912	−393.5(g)	−859	−753	−296
$\Delta_f H_m^\ominus$(氯化物)(kJ·mol^{-1} M)	−642	−695	−763**(g)	−139.5(l)	−640(l)	−399	−57(l)

* mol M 是按 1 mol M 参与反应计量，如 $\Delta_f H_m^\ominus(Na_2O)=-416$ kJ/mol，则 1 mol Na 参与反应为 −208 kJ/mol Na；

** (g)、(l)为气态、液态，余均为固态。

最后再次强调，本节是以 $\Delta_r S_m^\ominus(<、=、>)0$ 为基点，配合了 $\Delta_r H_m^\ominus$ 求得 $\Delta_r G_m^\ominus=0$，$K=1.0$ 的温度，由此得出进行有关反应需要关注的温度条件，和得到某些反应规律。

五、偶联反应

有些反应很有实际价值，但从 $\Delta_r G_m^\ominus$ 看来或不可能发生，或反应条件要求太高。如 Na_2S(是一种重要的化工原料)，虽然把 H_2S 通入 NaOH 溶液就能生成，从成本看，这个方法没有实际意义。而自然界有许多硫酸钠(芒硝)，其中含钠、硫，以它为原料生产 Na_2S 有吸引力，但

$$Na_2SO_4 = Na_2S+2O_2 \quad \Delta_r H_m^\ominus=1011\ \text{kJ/mol},\quad \Delta_r S_m^\ominus=357\ \text{J/K·mol}$$

从 $\Delta_r G_m^\ominus$ 看，这个反应不可能进行，再则即使生成了 Na_2S 和 O_2，O_2 还会氧化 Na_2S。又如，有些国家没有硫矿、硫铁矿(主要成分 FeS_2)，只能用石膏矿为原料制硫酸。加热 $CaSO_4$ 发生下列反应：

$$CaSO_4 = CaO+SO_2+\frac{1}{2}O_2 \quad \Delta_r H_m^\ominus=501\ \text{kJ/mol},\quad \Delta_r S_m^\ominus=285\ \text{J/K·mol}$$

产物 SO_2 供制硫酸。然而 $CaSO_4$ 热分解反应温度很高(>1200℃)，要消耗大量能源。

对于由 $\Delta_r G_m^\ominus$ 判断不可能发生的反应，或虽能进行但对反应条件(提高温度、提高压强)有较高的要求，偶联反应有可能解决这个问题。

若 $A+B = C+D$ 的 $\Delta_r G_m^\ominus \gg 0$，给它偶联上一个有 C(显然不是目标产物)参与又极易进行的反应，如 $C+E = F$，$\Delta_r G_m^\ominus \ll 0$。两式合并得 $A+B+E = D+F$，其 $\Delta_r G_m^\ominus$ 值(代数值)大大减小，则根据总反应就有可能得到目标产物(反应式中的 D)。这就是偶联反应。也可以这样认为：欲使能量低的物质(上述 Na_2SO_4、$CaSO_4$)转化为能量明显高的物质(Na_2S、SO_2)，必须给它偶联上一个易进行的反应才有可能实现。讨论几个实例如下：

1. *以 Na_2SO_4 为原料生产 Na_2S(目标产物)*

由反应方程式

$$Na_2SO_4 = Na_2S+2O_2$$

知：偶联的反应应是有 O_2 参与的过程。设加入碳，则可能发生

$$① \quad 2C+2O_2 = 2CO_2 \quad \Delta_r H_m^\ominus=-393.5\times2=-787.0\ \text{kJ/mol}$$

$$\Delta_r S_m^\ominus=3\times2=6\ \text{J/K·mol}$$

② $4C+2O_2 = 2CO$　$\Delta_r H_m^\ominus = -110.5\times4 = -442.0$ kJ/mol

$\Delta_r S_m^\ominus = 358$ J/K·mol

若和①反应偶联得(主要从焓变角度降低原反应对能量的要求)

$Na_2SO_4 + 2C = Na_2S + 2CO_2$　$\Delta_r H_m^\ominus = 357$ kJ/mol，　$\Delta_r S_m^\ominus = 363$ J/K·mol

$\Delta_r G_m^\ominus = 0$ 的 $T = 983$ K(710℃)。若和②反应偶联得(从反应的焓变、熵变降低原反应对能量的要求)

$Na_2SO_4 + 4C = Na_2S + 4CO$　$\Delta_r H_m^\ominus = 569$ kJ/mol，　$\Delta_r S_m^\ominus = 715$ J/K·mol

$\Delta_r G_m^\ominus = 0$ 的 $T = 796$ K(523℃)。两种情况都能使 Na_2SO_4 转化为 Na_2S。实际生产条件：把一定质量比的 Na_2SO_4 和 C 混合，在>900℃条件下加热，产物为 Na_2S 和 CO、CO_2。(生成的 CO、CO_2 不仅不和 Na_2S 反应，还起着保护 Na_2S 的作用。)

2. *以 $CaSO_4$ 为原料生产硫酸(SO_2 是目标产物)*

由反应方程式

$$CaSO_4 = CaO + SO_2 + \frac{1}{2}O_2$$

知：显然偶联反应应该有 CaO 参与。若加入 SiO_2，可能发生

③ $CaO + SiO_2 = CaSiO_3$　$\Delta_r H_m^\ominus = -84$ kJ/mol，　$\Delta_r S_m^\ominus = 5$ J/K·mol

④ $2CaO + SiO_2 = Ca_2SiO_3$　$\Delta_r H_m^\ominus = -125$ kJ/mol，　$\Delta_r S_m^\ominus = 35$ J/K·mol

若和③反应偶联得(从焓变方面降低原反应对能量的要求)

$$CaSO_4 + SiO_2 = CaSiO_3 + SO_2 + \frac{1}{2}O_2 \quad \Delta_r H_m^\ominus = 417 \text{ kJ/mol}, \quad \Delta_r S_m^\ominus = 290 \text{ J/K·mol}$$

和④反应偶联得(从焓变、熵变方面降低原反应对能量的要求)

$$2CaSO_4 + SiO_2 = Ca_2SiO_4 + SO_2 + \frac{1}{2}O_2 \quad \Delta_r H_m^\ominus = 376 \text{ kJ/mol}, \quad \Delta_r S_m^\ominus = 320 \text{ J/K·mol}$$

两个反应的温度下降为约 1000℃。再加上控制投料比，可得一定比例的 $CaSiO_3$、Ca_2SiO_4(水泥的主要成分)，就是说(以 $CaSO_4$ 为原料的)硫酸厂和水泥厂联产。

我国山东某化工厂，原先以磷灰石[主要成分 $Ca_3(PO_4)_2$]和 H_2SO_4 生产含磷的产品，副产物 $CaSO_4$ 成为负担，经过长期试验已成功地把 $CaSO_4$(如上过程)转化为 SO_2(生产 H_2SO_4，在厂内循环使用)和水泥，不仅扭亏为盈，并且成为绿色工厂的典型。

3. *磷酸钠矿和碳在约 1500℃反应得磷*

$$Ca_3(PO_4)_2 + 5C = 3CaO + P_2 + 5CO$$

若投料时加入适量 SiO_2[即和③反应、④反应偶联]，反应温度下降到约 1300℃。

$$Ca_3(PO_4)_2 + 3SiO_2 + 5C = 3CaSiO_3 + P_2 + 5CO$$

4. *前面提及 $TiCl_4$(g)和 O_2 反应得粉细的 TiO_2(钛白粉，是高质量的白色涂料)，那么如何制备 $TiCl_4$？*

自然界的一种钛矿叫金红石(主要成分 TiO_2)，若使它和 Cl_2 反应[即上述 $TiCl_4$(g)

和 O_2 自发反应的逆过程]

$$TiO_2 + 2Cl_2 \xlongequal{} TiCl_4(g) + O_2 \quad \Delta_r H_m^\ominus = 149\ kJ/mol, \quad \Delta_r S_m^\ominus = 61\ J/K \cdot mol$$

$\Delta_r G_m^\ominus = 0, K = 1.0$ 的 $T = 2170℃$，温度太高了，无法满足。

反应中 TiO_2、Cl_2 为原料，$TiCl_4(g)$ 为目标产物，那么偶联反应应是有 O_2 参与的过程，即和①反应、②反应偶联得

$$TiO_2 + 2Cl_2 + C \xlongequal{} TiCl_4(g) + CO_2 \quad \Delta_r H_m^\ominus = -244.5\ kJ/mol, \quad \Delta_r S_m^\ominus = 64\ J/K \cdot mol$$

$$TiO_2 + 2Cl_2 + 2C \xlongequal{} TiCl_4(g) + 2CO \quad \Delta_r H_m^\ominus = -72\ kJ/mol, \quad \Delta_r S_m^\ominus = 249\ J/K \cdot mol$$

实际气态产物中有 $TiCl_4(g)$（沸点 136.4℃）和 CO、CO_2。化学上把这种方法叫氯化法——使能量低的氧化物在有碳时和 Cl_2 反应生成能量较高的氯化物(其中多数比相应氧化物易挥发)。再如

$$SiO_2 + Cl_2 + C \longrightarrow SiCl_4(g) + CO + CO_2$$

$$Al_2O_3 + Cl_2 + C \longrightarrow AlCl_3(g) + CO + CO_2$$

总之，偶联反应可使原先不可能进行或对反应条件要求苛刻的反应得以发生——降低原反应对能量的要求，或降低对反应条件的要求。

需要强调，以上讨论都是在确定始态、终态后反应的 $\Delta_r H_m^\ominus$、$\Delta_r S_m^\ominus$ 为定值前提下，设想的(一种)反应过程，如设以上两例中 C 和 O_2 反应，CaO 和 SiO_2 反应，并不代表它们就是实际反应的过程，否则无法理解偶联反应。为此再举一个实例：Na_2CO_3 和 SiO_2 等在 500℃～600℃ 制备普通玻璃的反应。从能量角度分析，$Na_2CO_3 \xlongequal{} Na_2O + CO_2$ 和 $Na_2O + SiO_2 \xlongequal{} Na_2SiO_3$ 的 $\Delta_r H_m^\ominus$、$\Delta_r S_m^\ominus$ 和把两式合并成 $Na_2CO_3 + SiO_2 \xlongequal{} Na_2SiO_3 + CO_2$ 的 $\Delta_r H_m^\ominus$、$\Delta_r S_m^\ominus$ 相同，但并不代表实际反应过程"首先"是 Na_2CO_3 分解(文献报道，850℃开始觉察到 Na_2CO_3 分解)，再是 Na_2O 和 SiO_2 反应。若真实过程确是按两步进行的，那么该如何理解反应温度下降了约 300℃！

第三章 化学平衡

一定条件下，化学反应趋于平衡。学习化学平衡的一个目的是：控制反应条件(温度、浓度、压强……)，使化学反应尽可能朝着人们期待的方向进行。

一、控制平衡移动的条件

对于有气态物参与的反应，改变压强从效果上看，相当于改变气态物的浓度，根据反应始、终态气态物物质的量差别，Δn(终态气态物总数－始态气态物总数)有“正”$PCl_5(g) \rightleftharpoons PCl_3(g)+Cl_2$、“零”$CO+H_2O(g) \rightleftharpoons CO_2+H_2$ 及“负”$N_2+3H_2 \rightleftharpoons 2NH_3$ 三种。

1. 恒温，改变浓度、压强对 $N_2+3H_2 \rightleftharpoons 2NH_3$($\Delta_r H_m^\ominus = -92$ kJ/mol)反应的影响(图 3-1)

设平衡体系中 N_2、H_2、NH_3 的浓度分别为 c_1、c_2、c_3、c_4(右下角 1,2,…表示第一、二……种平衡态的浓度)。

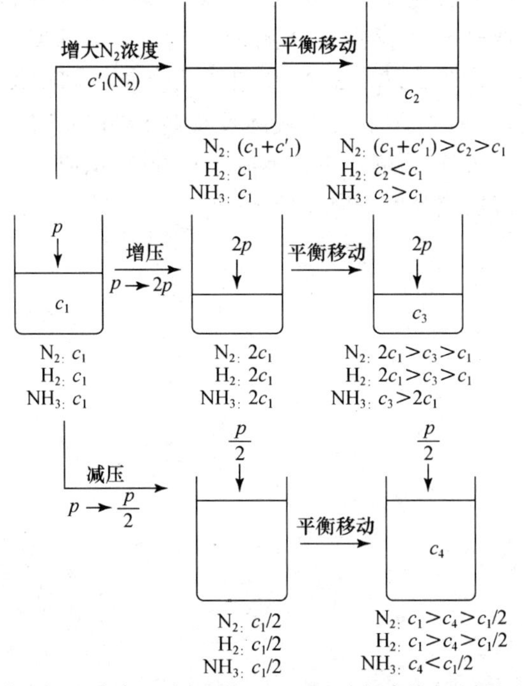

图 3-1 恒温改变浓度、压强对合成氨的影响

(1) 加入浓度为 c_1' 的 N_2　反应向右移动，再次达平衡时，NH_3 的 $c_2>c_1$，H_2 的 $c_2<c_1$，N_2 的 $c_2<(c_1+c_1')$。即 H_2 的转化率提高，而 N_2 的利用率降低。

(2) 加压　当 $p\rightarrow 2p$ 瞬间，N_2、H_2、NH_3 的浓度都加倍成 $2c_1$。再次达到平衡时，NH_3 的浓度 $c_3>2c_1$，而 N_2、H_2 的浓度 $c_3<2c_1$，不难想象后两者的浓度不可能 $<c_1$，实际浓度介于 c_1 和 $2c_1$ 之间。由此可见，反应中 N_2、H_2 的利用率都提高了，并且再次平衡时 N_2、H_2 的浓度比此前要大，所以不宜根据浓度改变判断平衡移动方向，而要用某物在平衡体系中所占物质的量的分数描述。

(3) 减压　当 $p\rightarrow \frac{p}{2}$ 瞬间，N_2、H_2、NH_3 浓度都降为 $c_1/2$，再次达到平衡时，N_2、H_2 的浓度 $c_4>\frac{c_1}{2}$(无疑，c_4 不可能 $>c_1$)，NH_3 的浓度 $c_4<\frac{c_1}{2}$，N_2、H_2 的利用率都下降。平衡体系中 NH_3 的物质的量分数(mol%)下降。

2. 恒温，改变浓度、压强对 $2HI \rightleftharpoons H_2+I_2(g)$、$CO+H_2O(g) \rightleftharpoons CO_2+H_2$ 反应的影响

因 $\Delta n=0$，改变压强，参与平衡各物的浓度以同等倍数增加、减小，所以平衡不发生移动，即 HI 的 mol%、CO_2 的 mol%……不变。改变浓度是指增、减 HI、H_2、$I_2(g)$ 的浓度，或同时增加(降低)CO 和 $H_2O(g)$，但两者物质的量之比不同于原平衡体系中这两种物质的物质的量之比。其结果是，增加 $H_2O(g)$ 可提高 CO 的转化率。[合成氨厂把这个反应称为变换，适当提高 $H_2O(g)$ 的浓度使 CO(对合成氨催化剂有害，所以要尽可能降低其含量)转化为 CO_2，再被除去。]

增加 HI 对 $2HI \rightleftharpoons H_2+I_2(g)$ 反应的影响，可按恒压、恒容分别讨论。设在某温、某压下(恒压)，0.100 mol/L HI 分解达平衡时有 40%分解了，则[HI]=0.060 mol/L，[H_2]=[I_2(g)]=0.020 mol/L(设平衡体系的体积为 V)。若在恒压条件下加入 0.100 mol/L HI，可这样设想，使 0.100 mol/L HI“自己”在该温度、压强下达平衡时，那么[HI]、[H_2]、[I_2]和平衡体系的体积均同上，再把两个平衡态合并，体系体积为原先的两倍(体积为 $2V$)(和在恒温、恒压往原平衡体系中加 0.100 mol/L HI 的结果相同，也是加入的 HI 分解达平衡)。若是恒温、恒容条件下加入 0.100 mol/L HI，HI 发生分解，其结果应该和对上面讨论的平衡体系($2V$)加压(相当于 $p\rightarrow 2p$)是相同的。从效果上看，由于新加入 0.100 mol/L HI 的分解，再次达平衡时[HI]、[H_2]、[I_2(g)]都是原先的两倍(图 3-2)。

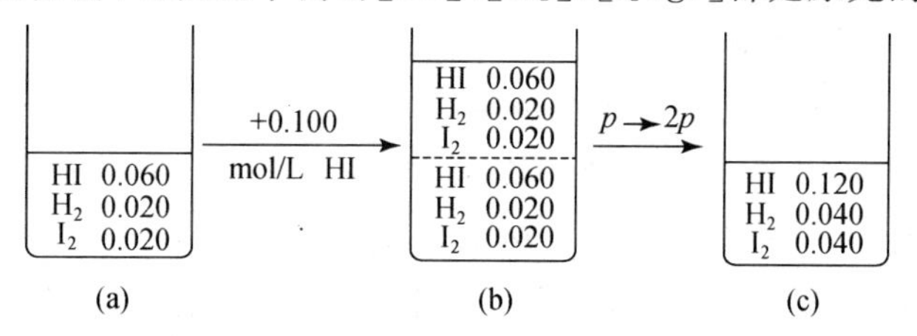

图 3-2　加 HI 对 $2HI \rightleftharpoons H_2+I_2(g)$ 平衡的影响(mol/L)

3. 恒温，改变条件对 $PCl_5(g) \rightleftharpoons PCl_3(g) + Cl_2$ 反应的影响

增大(降低)平衡体系的压强，因 $\Delta n=1$，将有 $PCl_5(g)$ 形成[$PCl_5(g)$ 分解]，再次达平衡时 $PCl_5(g)$ 的 mol%增大(下降)。若恒温、恒容条件下增加 $PCl_5(g)$，这种情况也可按两步讨论。设在某温度、某压强下，0.10 mol/L $PCl_5(g)$ 分解达平衡时有 50%分解了，即 $[PCl_5(g)]=[PCl_3(g)]=[Cl_2]=0.05$ mol/L。若是在恒温、恒容条件下加 0.10 mol/L $PCl_5(g)$，可设想这个过程分两步进行，先"让"$PCl_5(g)$ 在该温度、该压强下"自己"分解并达平衡时，$PCl_5(g)$ 等的平衡浓度和体积均同上，合并两者，平衡体系的体积增大一倍，$PCl_5(g)$ 等的浓度未变；第二步维持恒温，使体系压强加倍，$p \rightarrow 2p$ 的瞬间，$PCl_5(g)$ 等浓度均增大为 0.10 mol/L，因 $\Delta n=1$，加压反应向左进行，再次达平衡时，$[PCl_5(g)] > 0.10$ mol/L（不可能 $\geqslant 0.15$ mol/L），$[PCl_3(g)]=[Cl_2] < 0.10$ mol/L（不可能 $\leqslant 0.05$ mol/L）。这个结果，应该就是恒温、恒容条件下加 0.10 mol/L $PCl_5(g)$ 能够达到的平衡态，即两种情况下，都是"新"加入的 PCl_5 分解并达平衡(图 3-3)。

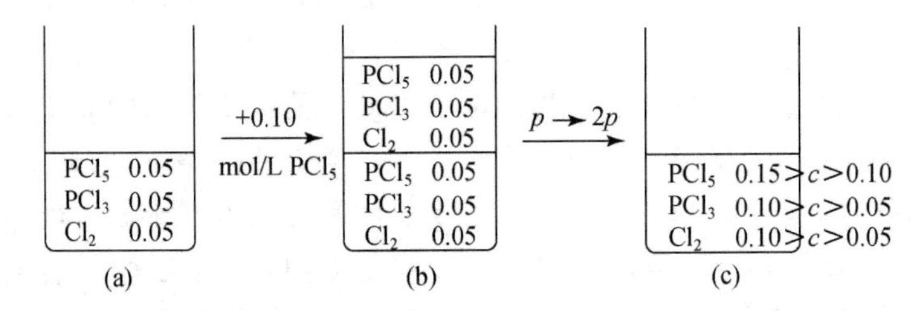

图 3-3　加 PCl_5 对 $PCl_5 \rightleftharpoons PCl_3 + Cl_2$ 平衡的影响(mol/L)

4. 体系中存在着和平衡反应无关的气体(通常称为"惰气")，对平衡有无影响?

实际反应中确实有这类问题。如合成氨的原料 N_2 源于空气，其中的 O_2、CO_2、H_2O 均能除去，但稀有气体将"伴随"着 N_2 参与以后的合成过程；硫酸厂使 FeS_2 或 S 和空气中 O_2 反应生成 SO_2，空气中 N_2、稀有气体也"伴随"SO_2 和 O_2 反应。这些"伴随"会否影响反应？以纯 N_2 和纯 H_2 在一定条件下反应生成 NH_3 并达平衡为例。若是在恒温、恒容条件下加入"惰气"，因加"惰气"前后，N_2、H_2、NH_3 的浓度(或分压)未变，所以对合成氨平衡没有影响；在恒温、恒压下通入"惰气"的瞬间，(因体积增大)N_2、H_2、NH_3 的浓度以同等倍数降低，平衡将有利于 NH_3 的分解(这个结果和恒温、减压相同)。

5. 水溶液中的平衡

已知室温有 1.0 L 0.100 mol/L CH_3COOH 电离达平衡时，$[H^+]=[CH_3COO^-]=1.3\times10^{-3}$ mol/L。① 若(恒温)加入少量固态 CH_3COONa(因为少量，通常认为加固态 CH_3COONa 前后溶液体积不变，即相当于恒容)，溶解形成的 CH_3COO^- 将抑制 CH_3COOH 电离，再次达平衡时 $[H^+] < 1.3\times10^{-3}$ mol/L，而 $[CH_3COO^-] > 1.3\times10^{-3}$ mol/L(结果和上述恒温、恒容加 N_2 对合成 NH_3 影响相同)。② 若加入等体积水，则在加水瞬间 CH_3COOH、CH_3COO^-、H^+ 的浓度均减半，有利于 CH_3COOH 电离(相当于上述合成

NH_3 的气体反应，在恒温、减压条件下，有利于平衡向气态物数多的方向移动，但 N_2、H_2 及 NH_3 的浓度都下降了），结果$[H^+]=[CH_3COO^-]<1.3\times10^{-3}$ mol/L。③ 若加入 1.0 L 0.10 mol/L CH_3COONa 溶液，为了能按两步过程讨论，设把 CH_3COONa 溶液分成 1.0 L 水和 0.10 mol CH_3COONa，先加固态 CH_3COONa，结果同上①；第二步加入 1.0 L 水，讨论结果和②相似，即$[CH_3COO^-]>1.3\times10^{-3}$ mol/L，$[H^+]<1.3\times10^{-3}$ mol/L。[**提请关注**：实验时，没有必要、也不可能把 CH_3COONa 溶液分成 H_2O 和 $CH_3COONa(s)$，再分次加入到原 CH_3COOH 溶液中，但对于确定始态和终态的问题作分步讨论，能使问题简化，也便于理解。]

综上所述，① 在恒温、恒容条件下对 $A+B═2C+D$ 平衡体系，若只改变 A 的浓度（或分压），而 B、C、D 的浓度（或分压）均未变，可根据浓度商(Q)，如 $Q>K$ 或($Q<K$)，判断平衡向右或向左移动的结论是确定无疑的；② 若恒温、恒压条件下，增加（或减少）A，除 A 本身的浓度（或分压）改变外，B、C、D 的浓度（或分压）也有所改变，平衡移动方向视具体情况而定。请看下例。

设在一定温度、压强条件下 $N_2+3H_2 \rightleftharpoons 2NH_3$ 达平衡时，$[N_2]=3.00$ mol/L，$[H_2]=1.00$ mol/L，$[NH_3]=1.00$ mol/L，则平衡常数

$$K_c=\frac{[NH_3]^2}{[N_2][H_2]^3}=\frac{(1.00)^2}{(3.00)(1.00)^3}=0.333$$

若在该恒温、恒压条件下加入 0.10 mol N_2，设原平衡体系体积为 1.00 L，共(3.00+1.00+1.00)=5.00 mol 气态物，今恒压加入 0.10 mol，体系体积增大为 1.02 L。加 0.10 mol N_2 瞬时浓度

$c_{NH_3}=(3.00+0.10)/1.02=3.04$ mol/L，　$c_{H_2}=c_{NH_3}=1.00/1.02=0.98$ mol/L

此时浓度商

$$Q_c=\frac{(0.98)^2}{3.04\times(0.98)^3}=0.335$$

$Q_c>K_c$，平衡将有利于 NH_3 的分解。

提出这个实例是想强调：Le chatlier 原理适于判断只改变一个条件时，平衡移动方向往往是正确的；若两个条件同时改变，判断平衡移动方向需视具体情况而定。对于后者，可分两步讨论（即一步只改变一个条件），如（先是）在恒温、恒容条件下加 0.10 mol N_2（此时只有 N_2 的浓度增大），平衡一定有利于合成 NH_3，即达平衡时$[NH_3]>1.00$ mol/L，$[H_2]<1.00$ mol/L，而$[N_2]$介于 3.00 mol/L～3.10 mol/L 之间；第二步：恒温、减压使体系体积由 1.00 L 增大成 1.02 L（N_2、H_2、NH_3 浓度以同等倍数下降），有利于 NH_3 的分解，再次达平衡时，NH_3 浓度将降低，N_2、H_2 浓度将增大（读者如有兴趣可作计算）。

6. 多相平衡

先看多相（指固、液、气相）平衡的几个实例：① 固体在溶液中的平衡，如 $BaSO_4$ 饱和溶液；② 固态物与气态物平衡，如 $I_2(s)$ 和 $I_2(g)$；③ 液态物和气态物平衡，如 $H_2O(l)$ 和

$H_2O(g)$。

一定温度下，$BaSO_4$ 饱和溶液中 $[Ba^{2+}]$、$[SO_4^{2-}]$ 为确定的值，和 $BaSO_4(s)$ 的量无关[但要有 $BaSO_4(s)$。若无 $BaSO_4(s)$，也可能不是饱和溶液]；$I_2(s)$ 的饱和蒸气压 $p(I_2)$ 为定值，而和 $I_2(s)$ 的量无关[要有 $I_2(s)$ 存在]；$H_2O(l)$ 的饱和蒸气压 $p(H_2O)$ 为定值，和 $H_2O(l)$ 的量无关[要有 $H_2O(l)$ 存在]。所以，它们的平衡常数分别为 $[Ba^{2+}][SO_4^{2-}]=K$，$p(I_2)=K$，$p(H_2O)=K$。

一定温度条件下，$CaCO_3 \rightleftharpoons CaO + CO_2$ 反应平衡的 $p(CO_2)$ 为定值，而和 $CaCO_3$、CaO 的量无关，$K=p(CO_2)$。若① 恒温、加压的瞬间 $p>p(CO_2)$，将有 CaO 与之反应生成 $CaCO_3$，再次达平衡时 $CaCO_3$ 增多，CaO 减少，达到 $K=p(CO_2)$ 而与 $CaCO_3$、CaO 的量无关；② 恒温、减压瞬间，$p<p(CO_2)$，将有部分 $CaCO_3$ 分解，再次达平衡时 $K=p(CO_2)$；③ 恒温、恒压、加少量 CaO 或 $CaCO_3$(因为少量，可忽略其体积)瞬间，$p(CO_2)$ 不变，平衡不发生移动。

读者如有兴趣，请讨论下列平衡：

恒温，NO 和 $Br_2(g)$、$Br_2(l)$ 间有以下三个平衡：

$$NO + \frac{1}{2}Br_2(g) \rightleftharpoons NOBr(g)$$

$$Br_2(g) \rightleftharpoons Br_2(l)$$

$$NO + \frac{1}{2}Br_2(l) \rightleftharpoons NOBr(g)$$

问恒温① 有 $Br_2(l)$ 时，改变体系总压强，平衡可能如何移动？② 无 $Br_2(l)$ 时，改变体系总压强，平衡可能如何移动？

以上只是定性地讨论，改变条件平衡可能如何移动？究竟“移动多少”？这样的移动有无实际意义？回答这些问题需借助于平衡常数。

二、平衡常数[①]

一个反应在一定条件下达到平衡时，体系中参与平衡各物的浓度(或分压)不再改变。按规定，把等号右侧参与平衡各物质的浓度(或分压，含幂)写在算式的分子上，等号左侧参与平衡各物质的浓度(或分压，含幂)写在算式的分母上。它们的比值就是平衡常数，用 K_c、K_p 表示(右下角 c、p 分别代表浓度、分压)。K 值大小表示向右反应的完全程度。如 298 K 时

$$H_2 + Cl_2 = 2HCl \quad K \approx 10^{33}$$

表明 298 K 时 H_2 能和 Cl_2 完全反应；450℃时

---

① 为简化起见，本节讨论的平衡常数都略去它的单位。

$$SO_2+\frac{1}{2}O_2 \rightleftharpoons SO_3 \quad K\approx 10^3$$

表明 450℃形成 SO_3 的反应并不很完全；室温

$$AgI+2NH_3\cdot H_2O \rightleftharpoons Ag(NH_3)_2^+ + I^- + 2H_2O \quad K\approx 10^{-9}$$

表明 AgI 不能显著溶解于 $NH_3\cdot H_2O$ 中。对于 $K\gg 1$ 的反应，如 $K\approx 10^{33}$，可认为投入多少 mol Cl_2（若 H_2 适量或略过量）就能得到两倍 mol 的 HCl，不必、也没有必要讨论增大 H_2 的浓度是为了充分利用 Cl_2 的问题。对于 $K\ll 1$ 的反应，如 $K\approx 10^{-9}$ 的反应，请设想以下实验：分别把少量 AgI(s) 放入 H_2O、稀 $NH_3\cdot H_2O$、较浓 $NH_3\cdot H_2O$ 中，AgI 溶解量依次增大（平衡移动），但即使是用很浓的 $NH_3\cdot H_2O$，AgI 溶解量也不大（如 16℃，在约 10 mol/L $NH_3\cdot H_2O$ 中溶解度为 0.17 g/L），从实验效果上看，AgI"不"溶于 $NH_3\cdot H_2O$。就是说在恒温条件下，改变某物浓度（或和压强）对 $K\gg 1$、$K\ll 1$ 的反应没有明显的效果，而改变某物浓度（或压强）对 K 居中（不很大也不很小）的反应，起着决定性的作用。

再则，若把 450℃合成 SO_3 的反应方程式写成 $2SO_2+O_2 \rightleftharpoons 2SO_3$，则 $K\approx 10^6$（原 K^2）；$3SO_2+\frac{3}{2}O_2 \rightleftharpoons 3SO_3$，则 $K\approx 10^9$……就是说，一个反应的 K 和书写的方程式有关。尽管书写的反应方程式可以不同，但这个反应在该温度条件下的平衡状态不会随书写方程式而异。因此有了反应的平衡常数，就可粗略判断反应所需的条件。如 750℃时，NH_3 和 O_2 发生的两个反应的方程式和 K 分别为

$$4NH_3+5O_2 \rightleftharpoons 4NO+6H_2O \quad K\approx 10^{60}$$

$$4NH_3+3O_2 \rightleftharpoons 2N_2+6H_2O \quad K\approx 10^{76}$$

都是极为完全的反应。以 NH_3 为原料制备 HNO_3 时，希望 NH_3 尽可能转化为 NO，就要利用催化剂（铂-铑）的选择性。既然 AgI 在浓 $NH_3\cdot H_2O$ 中也不能显著溶解，那就等于提示要换成能和 Ag^+ 有较强配位能力的 $Na_2S_2O_3$、NaCN 和 AgI 反应（参考本章第六节）。

三、热效应和温度对化学平衡的影响

每一个化学反应都有热效应，只是吸热、释热及热量不同，温度对吸收、释放热量多的反应影响更大。

1. 热效应对化学反应的影响

按一定质量比混合铁粉、硫粉后把它堆成"一"字形，用热玻璃棒在一端提供能量使反应发生。反应一经发生，就能向另一端延伸，直到完成。对于这个现象可作如下理解：开始时加热是提供启动反应所需的活化能，而反应所释的能又为后续的反应提供活化能……在文献上很难找到 Fe 和 S 生成 FeS 反应的活化能，为验证上述理解的可信度作如下推理：既然 $\Delta_f H_m^\ominus=-95$ kJ/mol(FeS) 能满足后续反应对活化能的需求，那么形成硫化物时释热量更多的，如 ZnS、MgS、Na_2S（表 3-1），在把它们的粉末（钠除外）混合后堆成

“一”字形，并从一端加热，也有可能出现和上面相同的现象。实验事实是，反应（比 Fe 和 S 的反应）更剧烈（**提请关注**：为确保安全，尽可能取少量，在研钵中研磨少量的 Na 和 S 时因反应剧烈，还可能有轻微的爆炸）。又，从生成 CuS 释热比生成 FeS 少了许多推论：反应释热有可能不足活化能所需的量，所以反应不能持续进行。事实是，需在持续加热（即持续提供能量）条件下，Cu 粉和 S 粉的反应才可能完成。以上推论均和实验事实一致，（虽然是定性推论）上述理解可信。其实，读者已经积累了许多相应的实例。如铁丝被火柴“引燃”放入盛 O_2 的广口瓶中，发生剧烈反应生成 Fe_3O_4（$\Delta_f H_m^{\ominus}=-1121$ kJ/mol），直到完成；铝热法反应一经“启动”，反应就能持续进行到底（$\Delta_r H_m^{\ominus}=-848$ kJ/mol），并且因反应释热量大，得到熔融的铁；分别把钠（小块）、白磷放入盛 Cl_2 的广口瓶中，都能发生剧烈的反应，直到完成；把燃着的镁带放入盛 CO_2 的广口瓶中，也能发生剧烈的反应。由 Mg 在 CO_2 中的反应推论，若把燃着的镁带放入形成气态化合物释能比 CO_2（$\Delta_f H_m^{\ominus}=-393.5$ kJ/mol）少的 SO_2（-296 kJ/mol）、NO_2（33.9 kJ/mol）中，也能发生反应，并且更剧烈（事实和推论相符。两者还可能形成 MgS、Mg_3N_2）。

表 3-1　某些硫化物的 $\Delta_f H_m^{\ominus}$

硫化物	FeS	ZnS	MgS	Na_2S	CuS
$\Delta_f H_m^{\ominus}/(kJ\cdot mol^{-1})$	-95	-189	-347	-373	-48

发生吸热反应，如生成水煤气的反应是吸热过程：

$$C+H_2O(g)\rightleftharpoons CO+H_2 \quad \Delta_r H_m^{\ominus}=131\ kJ/mol$$

将导致反应体系温度降低，为使这个反应能持续进行，需提供能量。工业生产的条件是：通空气和焦煤反应，释热使煤层温度上升到约 1000℃（白热，这个步骤约需 2 分钟），停止通空气，改通水蒸气，和白热的焦煤反应，吸热降温至焦煤显示暗红（这个过程约需 4 分钟），停止通水蒸气，再通入空气……

反应热对生产 H_2SO_4、HNO_3 的影响已在第二章中讨论过了。

反应热通常以消耗或生成 1 mol 特定物质为计量单位，kJ/mol，如

$$H^+ + OH^- = H_2O(l) \quad \Delta_r H_m^{\ominus}=-57\ kJ/mol$$

反应具体的释热量取决于参与反应物质的物质的量。如一个中和实验，用 20 mL 0.10 mol/L NaOH 和 20 mL 0.10 mol/L HCl 反应的释热量为 2×10^{-3} mol×（-57 kJ/mol）$=-0.114$ kJ，（共 40 mL 溶液）每 mL 得到能量 114 J/40 mL＝2.9 J/mL（稀 NaCl 液的热容和 H_2O 的 4.18 g/mL·K 相近），升温

$$\frac{2.9\ J/mL}{4.18\ J/mL\cdot K}=0.7\ K$$

所以做中和实验时不会有释热的感觉。若混合浓 H_2SO_4 和浓 NaOH 溶液，释热量很大，还可能造成溶液飞溅的事故。稀释浓 H_2SO_4 的操作是，在搅拌条件下把浓 H_2SO_4 逐渐加到蒸馏水中，即为的是（搅拌）使释热分散开去（避免局部高温）。

2. 温度对化学平衡的影响

van't Hoff 给出了温度和平衡常数间的关系式：

$$\ln\frac{K(T_2)}{K(T_1)}=\frac{\Delta_r H_m^{\ominus}}{R}\left(\frac{1}{T_1}-\frac{1}{T_2}\right)$$

式中 $\Delta_r H_m^{\ominus}$ 为反应焓变，T 为绝对温度，R 为气体常数。由公式知：$|\Delta_r H_m^{\ominus}|$(绝对值)越大，K 随温度的改变也越大(表 3-2)。

表 3-2　几种反应的平衡常数和温度的关系

		$CO+\frac{1}{2}O_2 \rightleftharpoons CO_2$	$H_2+\frac{1}{2}O_2 \rightleftharpoons H_2O(g)$	$SO_2+\frac{1}{2}O_2 \rightleftharpoons SO_3$	$CO+H_2O(g) \rightleftharpoons CO_2+H_2$
$\frac{\Delta_r H_m^{\ominus}}{kJ/mol}$		-283.0	-242	-99	-41
T	298 K	1.0×10^{45}	1.1×10^{40}	2.2×10^{12}	9×10^{4}
	400 K	2.6×10^{32}	1.7×10^{29}	6.0×10^{7}	1.5×10^{3}
	600 K	1.2×10^{20}	4.3×10^{18}	4.0×10^{3}	27
	800 K	7.9×10^{12}	2.0×10^{13}	28	4.0

反应释热导致反应体系温度升高，吸热使反应体系温度降低，将对平衡产生影响，所以在化学工艺上有对应的措施(参考生产 H_2SO_4、水煤气的工艺条件)。下面再讨论一个实例：700℃以气态 CH_3OH 为原料制备 HCHO 是一个吸热反应，为使反应能在约 700℃持续进行，通入适量的 O_2。两个反应及总反应的 $\Delta_r H_m^{\ominus}$ 为

$$CH_3OH(g) \rightleftharpoons HCHO(g)+H_2 \qquad \Delta_r H_m^{\ominus}=84\ kJ/mol$$

$$+)\qquad H_2+\frac{1}{2}O_2 \rightleftharpoons H_2O(g) \qquad \Delta_r H_m^{\ominus}=-242\ kJ/mol$$

$$CH_3OH(g)+\frac{1}{2}O_2 \rightleftharpoons HCHO+H_2O(g) \qquad \Delta_r H_m^{\ominus}=-158\ kJ/mol$$

就是说，通过加入适量 O_2 来维持反应所需温度。再次**提请关注**：从始态和终态关系看，以上几个反应方程式(都有确定的始态、终态)的 $\Delta_r H_m^{\ominus}$ 是确定的，但并不表示实际反应过程也是这样，即先是 CH_3OH 分解释出 H_2，再和 O_2 生成 H_2O。

四、作图和识图

化学平衡及其移动可用图表示。再则，经常会遇到作图和识图的问题，所以在本节讨论：把数据整理成两个变量，可作成平面图；识图是从图中获得尽可能多的信息。如能熟悉作图时应关注的问题，必将有助于从图中获得尽可能多的信息。

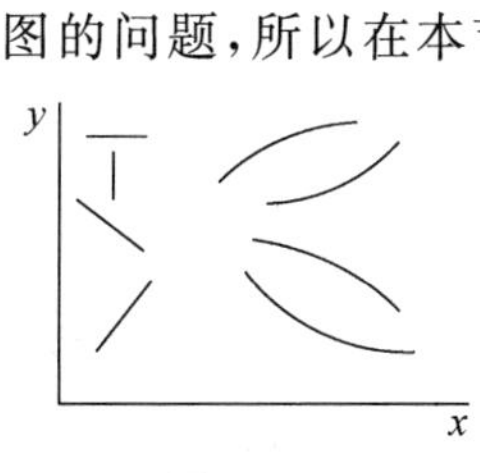

能用平面坐标中线段表示的是：两个变量在一定条件下的某种关系，常见的关系如图 3-4。因为已确定了两个变量，那么

图 3-4

“一定条件”必须、也只能是恒量，如恒温、恒容、恒压……作图时习惯（不是规定）把相当于自变量（如改变温度）作为横坐标，而把相当于因变量（如平衡移动）作为纵坐标。

例一：$aA \rightleftharpoons bB + cC$ 反应速率的图示。反应速率是单位时间（横坐标）内反应中各物质浓度的改变（纵坐标），若以A的浓度和时间作图得图3-5（甲），浓度随时间推移下降，若作ab连线得到的是从a到b时间内的平均速率；若以B的浓度和时间作图得图3-5（乙），c点的瞬间浓度可根据c点切线得出。对于图3-5有两点说明：① 曲线的斜率和反应式中各物的计量数有关；② 纵坐标是浓度，则曲线表示反应速率；如若把纵坐标用速率表示，则曲线表示的是加速度。

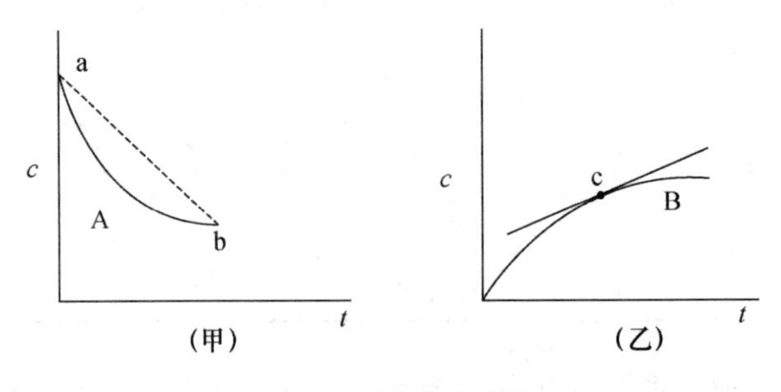

图3-5 反应速率图示

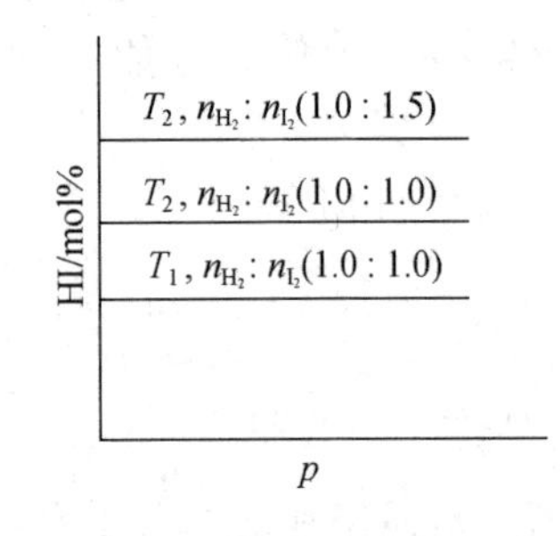

图3-6 恒温，改变压强对 $H_2+I_2 \rightleftharpoons 2HI$ 影响

例二：恒温，改变压强对 $H_2+I_2(g) \rightleftharpoons 2HI$ 平衡移动的影响。因为反应的 $\Delta n=0$，所以恒温改变压强（横坐标）不影响平衡移动（纵坐标以HI的mol%表示），示于图3-6。识图时应关注几个问题：温度、始态 H_2 和 I_2 的投料比为定值（恒量），无论温度（T_1 或 T_2）等是否标示在线段上；恒温可以是 T_1 也可能是 T_2……；不同温度（T_1、T_2）下改变压强对平衡移动的影响，必须、也只能分别用两条线段表示；既然平衡不移动，若纵坐标用[HI]表示，则将得一条向右上方延伸的直线，这种表示法不如图3-5便于理解。就是说，应选择便于理解的变量作图，即以HI的mol%作图。

例三：改变条件（温度、压强为横坐标）对 $N_2+3H_2 \rightleftharpoons 2NH_3$，$\Delta_r H_m^\ominus=-92\ kJ/mol$ 平衡移动的影响（纵标以 NH_3 的mol%表示）。讨论改变温度（或压强）对合成氨的影响，只能、也必须在恒压（或恒温）条件下进行（图3-7）。至于恒压（恒温）是否标示在相应线段上，不影响平衡移动的结果。关于这个图示请关注几个问题：若对图3-7（乙）作一垂线（虚线）与横坐标相交则为恒压，根据 $\Delta_r H_m^\ominus=-92\ kJ/mol$，可知 T_2 高于 T_1（在图中作垂线相当于改换变量）；恒温，增大压强，平衡右移，NH_3 mol%增大，两者呈正变关系。表示正变关系有两条可能的线段（图3-8），哪条正确？设把 320×10^5 Pa（合成氨所需的压强）分成五等分并作垂线（图3-8中虚线），分别与(1)线、(2)线相交。和(1)线相交的线段“走

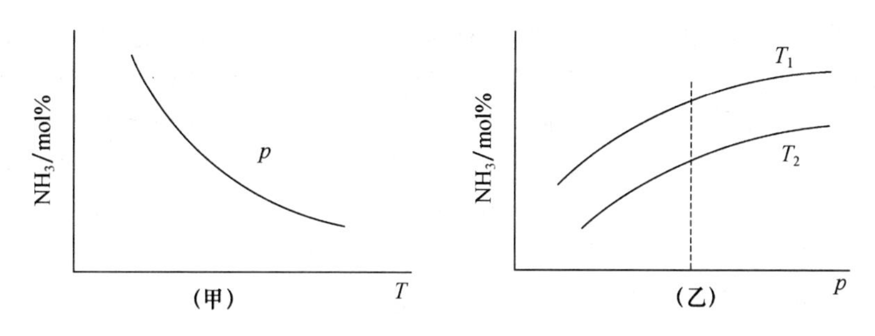

图 3-7　温度、压强对合成 NH_3 影响图示

向"表示开始增加 64×10^5 Pa 对平衡影响大，随后每次增大 64×10^5 Pa，对合成氨的影响逐渐减弱；而和(2)线相交的线段"走向"所表示的影响相反，开始加 64×10^5 Pa 时影响不大，随后每次增加 64×10^5 Pa 的影响逐渐增大，并由(2)曲线可知，甚至 NH_3 的 mol%还有可能超过 100%。由此可知(1)线正确。就是说，线段走向必须和物理、化学过程的性能一致。

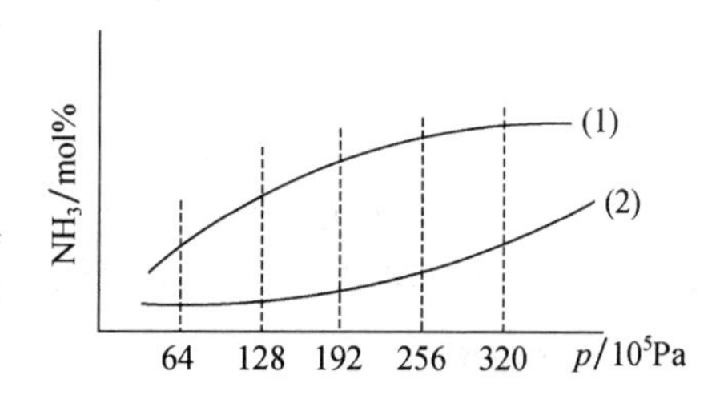

图 3-8　压强对合成 NH_3 影响曲线的认定

例四：热重分析图形。热重分析实验是在热分析天平左盘中加一定质量的试样(一般约为十几、二十几毫克)，称重后，对左盘加热(横坐标)，在某温度或温度区间内若试样发生分解反应，可由减轻的质量(纵坐标，以试样质量为 1.00，减轻量以分数表示)推算发生的分解反应。现以 $CaC_2O_4\cdot H_2O$(146 g/mol)的热分解反应为例(图 3-9)。图 3-9(甲)由三条基本线段[图 3-9(乙)]构成。其中(1)线表示在一定温度区间内试样未发生分解反应；(2)线表示在某温度下试样发生分解反应，并可由先后质量分数差推知发生的是什么反应；(3)线表示在一定温度范围里发生分解反应，并由先后质量分数差推知具体的反应。

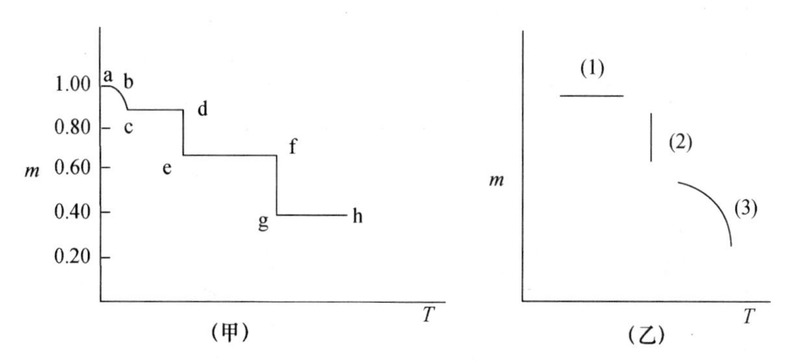

图 3-9　$CaC_2O_4\cdot H_2O$ 热重分析曲线

图 3-9(甲)中各线段的含义：a→b，试样未分解；b→c，试样逐渐分解，失重 12.2%，146 g/mol×0.122=18 g/mol(H_2O)，所以热分解反应方程式是：$CaC_2O_4 \cdot H_2O = CaC_2O_4 + H_2O$；c→d 是 CaC_2O_4 对热稳定的区间；d→e，表明 CaC_2O_4 分解，期间失重19.2%，146 g/mol ×0.192=28 g/mol(CO)，发生的反应是：$CaC_2O_4 = CaCO_3 + CO$；e→f 是 $CaCO_3$ 对热的稳定区间；f→g，表明 $CaCO_3$ 分解，由失重 30.1%可知 146 g/mol×0.301=44 g/mol(CO_2)，发生的反应是：$CaCO_3 = CaO + CO_2$；g→h 是 CaO 对热稳定的区间。

这个实例表明，关注图形中的几条基本线段的含义，便不难理解由这些基本线段构成的即使是复杂图形的含义。

例五：日用化工的一种原料是 $Na_2CO_3 \cdot \frac{3}{2}H_2O_2$。对它作热重分析知，在 149℃，样品失重 32.5%$\left[\text{计算知：失}\frac{3}{2}H_2O_2\text{，图 3-10 的(甲)}\right]$。另外，对样品作差热分析：对样品和热惰性物质(指在实验的温度范围里不发生物理、化学变化，即没有热效应的物质)一起加热。当试样发生物理、化学变化(即有热效应)时出现向上的峰(和放热过程对应)、向下的峰(和吸热过程对应)。对 $Na_2CO_3 \cdot \frac{3}{2}H_2O_2$ 进行差热分析，在 151℃出现一放热峰[图 3-10 的(乙)](纵坐标为温差)。为了更好地讨论两个实验间的关系，把有一个坐标(横坐标，温度)相同的两张图合并得图 3-10 的(丙)。表示在约 150℃，样品失 H_2O_2 的同时还有一个放热反应。由样品组成看这个放热反应只能是

$$H_2O_2(g) = H_2O(g) + \frac{1}{2}O_2(g) \quad \Delta_r H_m^{\ominus} = -106\ \text{kJ/mol}$$

反应释热量是 H_2O_2(g)分解释热量和 H_2O_2 从 $Na_2CO_3 \cdot \frac{3}{2}H_2O_2$ 脱落下来所吸收热量的代数和。

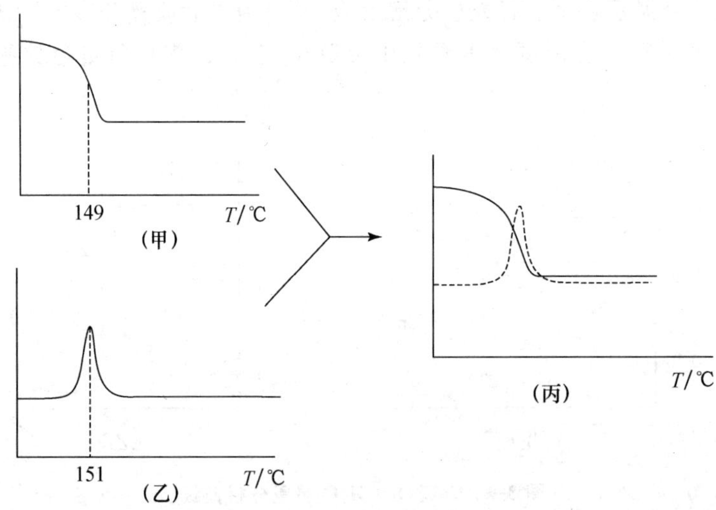

图 3-10 $Na_2CO_3 \cdot \frac{3}{2}H_2O_2$ 的热重分析(甲)和差热分析(乙)的结果

提请关注，把几个相关的实验结果的图示（其中有一个坐标相同）合并在一张图上，可能显示几个实验结果之间的某些关系。如分析某些气体污染情况时，以某处为原点，按一定方向每隔一定距离分析空气中 NO_x（氮氧化物）、O_3、CO、有机物等，并对它们的含量（纵坐标）和距离（横坐标）的关系作在一张图上。取样分析得到的是 NO_x、O_3、CO 等各种物质的含量，不难想象，它们各自的含量可能和在该处发生的化学反应有关。那么，发生了什么反应？无法从分析得到的 NO_x 等各种气体含量得知。当把它们合并在一张图上时有可能发现，在某区一种气体含量升高而另几种气体含量降低，或……这也许是一个很重要的信息，表明这几种气体间可能发生了某种反应。

例六：查得 $Na_2SO_4 \cdot 10H_2O$、Na_2SO_4 的溶解度（S）和温度（T）的关系（表 3-3）。根据表 3-3 中数据作 S-T 图得图 3-11（图中实线）。对图中曲线作自然延伸（图 3-11 中虚线），两虚线相交于一点（横坐标 32.4℃），此时两种饱和溶液的浓度相同。为探讨 32.4℃的含义，设法使 32.4℃时的两种饱和溶液相通，在固相为 $Na_2SO_4 \cdot 10H_2O$ 的容器中，原先只和 $Na_2SO_4 \cdot 10H_2O(s)$ 成溶解平衡的 $Na^+(aq)$、$SO_4^{2-}(aq)$，可能会有“部分”转而和 $Na_2SO_4(s)$ 成溶解平衡；反之，原先只和 $Na_2SO_4(s)$ 成溶解平衡的“部分”$Na^+(aq)$、$SO_4^{2-}(aq)$，也可能转而和 $Na_2SO_4 \cdot 10H_2O(s)$ 成溶解平衡。就是说，32.4℃是 $Na_2SO_4 \cdot 10H_2O$ 和 Na_2SO_4 互相转化的温度。高于 32.4℃，$Na_2SO_4 \cdot 10H_2O$ 将转化为 Na_2SO_4；低于 32.4℃，Na_2SO_4 不稳定，将转化为 $Na_2SO_4 \cdot 10H_2O$。

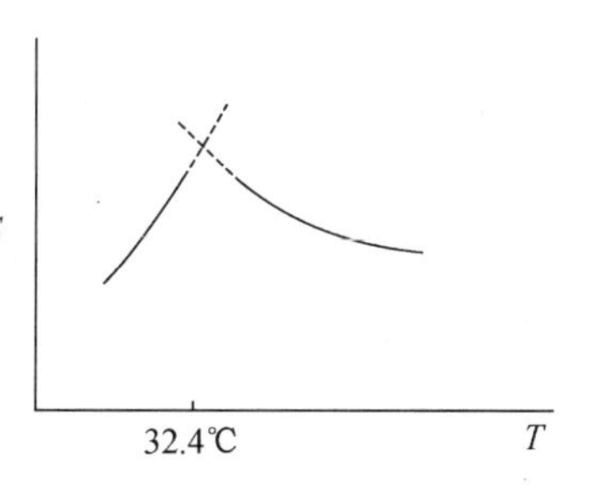

图 3-11　$Na_2SO_4 \cdot 10H_2O$、Na_2SO_4 溶解度曲线

$$Na_2SO_4 \cdot 10H_2O \xrightleftharpoons{32.4℃} Na_2SO_4 + 10H_2O(l)$$

表 3-3　不同温度下 $Na_2SO_4 \cdot 10H_2O$、Na_2SO_4 的溶解度

T/℃	0	10	20	30	40	50	60
$\frac{S}{g/100\,g(H_2O)}$	5.0	9.0	19.4	40.8	48.8	46.7	45.3
固相	$Na_2SO_4 \cdot 10H_2O$				Na_2SO_4		

对实验得到的精确线段作顺势处延非常重要，有时可得到很有价值的结果。

教材上明确给出：在标准状况下，任何气体的摩尔体积均为 22.414 L。然而事实是，在标况下，没有一种气体的摩尔体积是 22.414 L（表 3-4）。那么，22.414 L 这个体积是如何得到的？已知，气体压强（p）不大时，和（一定量气体）pV 呈直线关系。在 0℃时，取多种气体（各 1.0 mol），分别在 1×10^5 Pa、0.5×10^5 Pa、0.25×10^5 Pa 测得它的体积。现将 H_2、O_2 数据列于表 3-5，根据表 3-5 数据作图（图 3-12），并对线段作顺势外延（图 3-12 中虚线），和纵坐标相交（$p\rightarrow0$），此时所有实际气体的行为符合理想气体行为的要求——分子的体积及分子间的作用均可忽略。显然，$p\rightarrow0$ 的实验是无法进行的，然而对精确线段作顺势外延是允许的，也是合理的。根据多种气体的外延值，以及对气体行为的分析，得到最佳的 pV 值(0℃)是 22.414。按理想气体的行为，从纵坐标的 22.414 作一水平线，在横标 $p=1\times10^5$ Pa 处，$V=22.414$ L。这样就得到了标况下气体的摩尔体积。

表 3-4 标况下几种气体的摩尔体积(L)

H_2	N_2	O_2	CO_2	NH_3	CH_3Cl
22.423	22.402	22.393	22.264	22.084	21.879

表 3-5 0℃，H_2、O_2 的 p 和 pV 关系

	$p/(\times10^5$ Pa)	H_2 的 pV	O_2 的 pV
实验值	1.00	22.423	22.393
	0.50	22.417	22.403
	0.25	22.414	22.408
外延值	→0	22.412	22.414

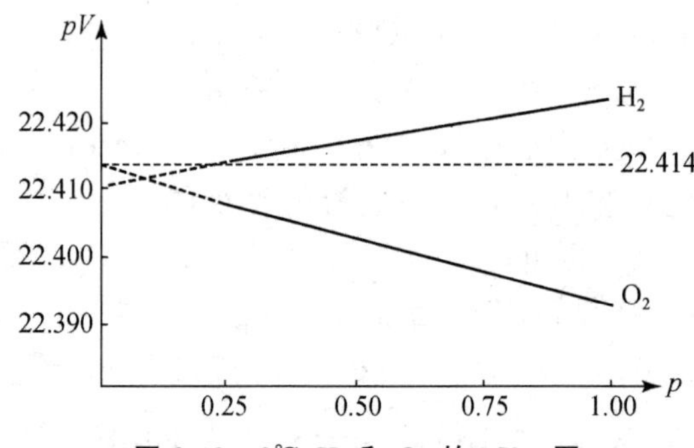

图 3-12 0℃ H_2 和 O_2 的 pV-p 图

若遇到一个实验结果和两个以上的变量有关，那么只有把两个变量以外的量都定为恒量，才能作图。为此举两个实例。

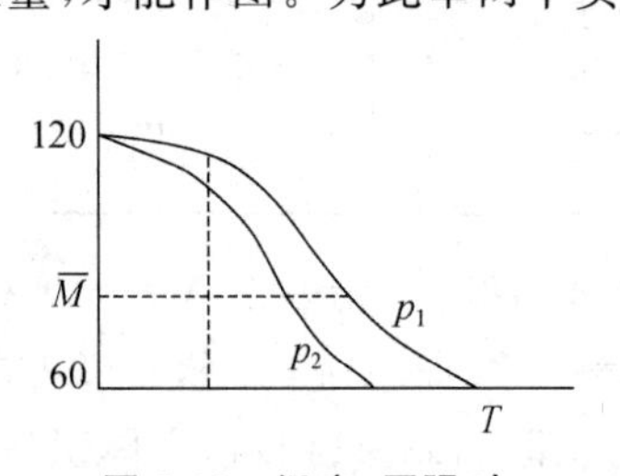

图 3-13 温度、压强对 $(CH_3COOH)_2 \rightleftharpoons 2CH_3COOH$ 影响图

例七：因氢键的作用，气态醋酸中有二聚体 $(CH_3COOH)_2$ (120 g/mol)，升温分解为 $2CH_3COOH$ (60 g/mol)，$(CH_3COOH)_2 \rightleftharpoons 2CH_3COOH$ ($\Delta n=1$)是体积增大过程，因此 $(CH_3COOH)_2$ 的解离还和压强有关。按平衡体系的状态可用平均摩尔质量 $\overline{M}$ 表示，最大为 120 g/mol，最小为 60 g/mol，或介于 60 g/mol～120 g/mol 之间。设在恒压(p_1、p_2)下，对画 T-$\overline{M}$，得图 3-13。为知道图中压强 p_1 还是 p_2 更大，① 可在 $\overline{M}$ 介于 60～120 之间某值为基点(相对分子质量为定值)作一向右的水平线(图 3-13 中水平虚线)，分别交于 p_1、p_2，和 p_1 交点的温度更高，表明 $p_1>p_2$；② 在某温度作一垂线(恒温，图 3-13 中垂直虚线)和 p_1、p_2 线相交，和 p_1 交点的 $\overline{M}$ 更大，表明 $p_1>p_2$。(附：这两种识图的方法就

是例三中提及的改换变量。）

例八：$CuSO_4 \cdot 5H_2O$ 受热逐渐失 H_2O 的三个平衡关系式是

	p_{H_2O}/kPa	
	25℃	50℃
$CuSO_4 \cdot 5H_2O(s) \rightleftharpoons CuSO_4 \cdot 3H_2O(s) + 2H_2O(g)$	1.04	6.05
$CuSO_4 \cdot 3H_2O(s) \rightleftharpoons CuSO_4 \cdot H_2O(s) + 2H_2O(g)$	0.75	4.12
$CuSO_4 \cdot H_2O(s) \rightleftharpoons CuSO_4(s) + H_2O(g)$	0.11	0.60

这个平衡体系涉及三个变量：T、p_{H_2O}及固态物组成(用 n_{H_2O}/n_{CuSO_4} 表示。对 $CuSO_4 \cdot 5H_2O$ 和 $CuSO_4 \cdot 3H_2O$ 的比值分别是 5、3，若处于平衡时的固态物是 $CuSO_4 \cdot 5H_2O$ 和 $CuSO_4 \cdot 3H_2O$ 的混合体，则比值介于 5 和 3 之间，其余同)。① 恒温条件下，对画 p_{H_2O}-固态物组成得图 3-14。50℃，$CuSO_4 \cdot 5H_2O(s)$和 $CuSO_4 \cdot 3H_2O(s)$平衡的 $p_{H_2O}=6.05$ kPa。当水汽气压 p_{H_2O}下降，即 $p_{H_2O}<6.05$ kPa 时，有部分 $CuSO_4 \cdot 5H_2O(s)$分解释出 $H_2O(g)$，维持 $p_{H_2O}=6.05$ kPa；再使 p_{H_2O}下降，又有 $CuSO_4 \cdot 5H_2O(s)$分解……直到 $CuSO_4 \cdot 5H_2O(s)$全转化为 $CuSO_4 \cdot 3H_2O(s)$为止(图 3-14 中 f→e)。当 p_{H_2O}介于 6.05 kPa 和 4.12 kPa 之间时(图 3-14 中 e 和 d 之间)，$CuSO_4 \cdot 3H_2O(s)$稳定；$p_{H_2O}<4.12$ kPa 时，即有部分 $CuSO_4 \cdot 3H_2O(s)$分解，使 $p_{H_2O}=4.12$ kPa，再降低 p_{H_2O}，又有部分 $CuSO_4 \cdot 3H_2O(s)$分解，使 $p_{H_2O}=4.12$ kPa……直到 $CuSO_4 \cdot 3H_2O(s)$完全转化为 $CuSO_4 \cdot H_2O(s)$(图 3-14 中 d→c)为止；p_{H_2O}介于 4.12 kPa 和 0.60 kPa(图 3-14 中 c 和 b)之间，是 $CuSO_4 \cdot H_2O(s)$稳定的区域；$p_{H_2O}<0.60$ kPa，将有 $CuSO_4 \cdot H_2O(s)$分解使 $p_{H_2O}=0.60$ kPa，再降低 p_{H_2O}，又有 $CuSO_4 \cdot H_2O(s)$分解使 $p_{H_2O}=0.60$ kPa，直到 $CuSO_4 \cdot H_2O(s)$全转化为 $CuSO_4(s)$(图 3-14 中 b→a)为止；$p_{H_2O}<0.60$ kPa 为 $CuSO_4(s)$稳定存在的水汽气压(附：在 $p_{H_2O}=0.60$ kPa，$CuSO_4$ 有可能转化为 $CuSO_4 \cdot H_2O$)。25℃情况类似(只是 p_{H_2O}不同于 50℃)，不赘述。② 设组分恒定，指 $CuSO_4 \cdot 5H_2O(s)$和 $CuSO_4 \cdot 3H_2O(s)$共存[图 3-15 中(A)]，$CuSO_4 \cdot 3H_2O(s)$和 $CuSO_4 \cdot H_2O(s)$[图 3-15 中(B)]共存，以及 $CuSO_4 \cdot H_2O(s)$和 $CuSO_4(s)$共存[图 3-15 中(C)]，对画 T-p_{H_2O}得图 3-15。(C)线右侧是 $CuSO_4$ 的稳定区；(B)线与(C)线之间是 $CuSO_4 \cdot H_2O$ 稳定区；$CuSO_4 \cdot 3H_2O$ 稳定区在(A)线和(B)线之间；(A)线左侧是 $CuSO_4 \cdot 5H_2O$ 稳定区(附：若 p_{H_2O}过大，$CuSO_4 \cdot 5H_2O$ 将潮解)。

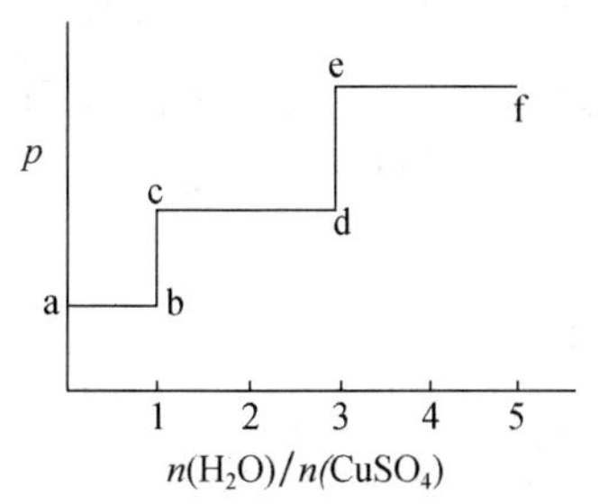

图 3-14　$CuSO_4 \cdot nH_2O$ 的平衡压图

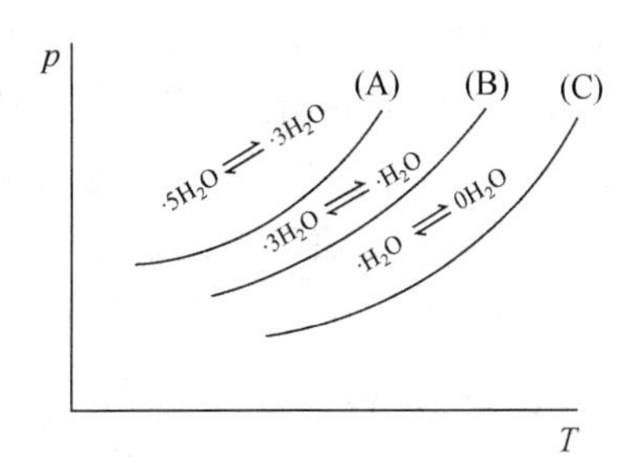

图 3-15　$CuSO_4 \cdot nH_2O$ 的温度、压强图

文献上较多地用图 3-14，可能是因为它比图 3-15 更便于理解 $CuSO_4 \cdot nH_2O$ 间的几个固-气平衡。

读者如有兴趣，请根据下列平衡数据作图：

$$2(AgCl \cdot 3NH_3) \rightleftharpoons 2AgCl \cdot 3NH_3 + 3NH_3(g) \quad p_{NH_3} = 36\ kPa \quad (0℃)$$

$$2AgCl \cdot 3NH_3 \rightleftharpoons 2(AgCl \cdot NH_3) + NH_3(g) \quad p_{NH_3} = 5.6\ kPa \quad (0℃)$$

$$AgCl \cdot NH_3 \rightleftharpoons AgCl + NH_3(g) \quad p_{NH_3} = 2.3\ kPa \quad (0℃)$$

五、"复杂"反应的平衡常数

本节所谓的"复杂"反应，是指由两个和两个以上"简单"平衡的反应式通过相加、相减得到的另一个反应式。通过相加(减)得到的总反应式的① $\Delta_r G_m^\ominus$ 是相应几个"简单"平衡 $\Delta_r G_m^\ominus$ 的和(差)；② K 是相应几个"简单"平衡常数的积(商)。从得到的 $\Delta_r G_m^\ominus$ 或 K 可判知"复杂"反应可否发生及反应所需条件。讨论几个实例。

1. 制备$(NH_4)_2SO_4$

其中所需的 NH_3 可以合成，但缺 SO_4^{2-}。有人提出：把石膏矿中 Ca(Ⅱ)转化为难溶的 $CaCO_3$，留下的 SO_4^{2-} 和 NH_4^+ 形成$(NH_4)_2SO_4$。这个倡议是否可行？在试验前应对它有一个估计。估计如下：

$$CaSO_4 = Ca^{2+} + SO_4^{2-} \qquad K_{sp} = 9.1\times10^{-6}$$

$$Ca^{2+} + CO_3^{2-} = CaCO_3\downarrow \qquad K = \frac{1}{K_{sp}} = \frac{1}{2.5\times10^{-9}} = 4.0\times10^8$$

$$H_2CO_3 = 2H^+ + CO_3^{2-} \qquad K = K_1K_2 = 4.2\times10^{-7}\times5.6\times10^{-11} = 2.3\times10^{-17}$$

$$2NH_3 \cdot H_2O = 2NH_4^+ + 2OH^- \qquad K^2 = (1.8\times10^{-5})^2 = 3.2\times10^{-10}$$

$$+)\quad 2H^+ + 2OH^- = 2H_2O \qquad \frac{1}{K_w^2} = \frac{1}{(10^{-14})^2} = 10^{28}$$

$$CaSO_4 + 2NH_3 \cdot H_2O + H_2CO_3 = (NH_4)_2SO_4 + CaCO_3 + 2H_2O \qquad K = 2.7\times10^5$$

$K \approx 10^5$，表明这个倡议可行。[我国、国际上曾用这个方法生产$(NH_4)_2SO_4$：CO_2 通入粉细石膏和 $NH_3 \cdot H_2O$ 的溶液，反应完成后过滤得$(NH_4)_2SO_4$ 溶液，……]

2. 轻化工需要轻质 $MgCO_3$(是一种重要的日用化工原料)

有人建议：把白云石[主要成分是$(Mg,Ca)CO_3$]煅烧成 MgO、CaO，溶于水成 $Mg(OH)_2$、$Ca(OH)_2$，通入 CO_2 使 $Ca(OH)_2$ 转化为难溶的 $CaCO_3$，使 $Mg(OH)_2$ 转化为 $Mg(HCO_3)_2$，过滤除去 $CaCO_3$，滤液加热，$Mg(HCO_3)_2 = MgCO_3 + CO_2 + H_2O$，得轻质 $MgCO_3$。这个方案可行性如何？

$$Ca(OH)_2 = Ca^{2+} + 2OH^- \qquad K_{sp} = 2\times10^{-6}$$

$$Ca^{2+} + CO_3^{2-} = CaCO_3 \qquad \frac{1}{K_{sp}} = 4\times10^8$$

$$H_2CO_3 = 2H^+ + CO_3^{2-} \qquad K = K_1K_2 = 2.3\times10^{-17}$$

$$Mg(OH)_2 \rightleftharpoons Mg^{2+} + 2OH^- \qquad K_{sp} = 1.8\times10^{-11}$$

$$2H_2CO_3 \rightleftharpoons 2H^+ + 2HCO_3^- \qquad K^2 = 1.8\times10^{-13}$$

$$+)\quad 4H^+ + 4OH^- \rightleftharpoons 4H_2O \qquad \frac{1}{K_w^4} = 10^{56}$$

$$Ca(OH)_2 + Mg(OH)_2 + 3H_2CO_3 \rightleftharpoons CaCO_3 + Mg(HCO_3)_2 + 4H_2O \qquad K = 6\times10^{18}$$

$K\approx10^{18}$，表明这个反应很完全。（我国已用便宜的白云石生产轻质 $MgCO_3$。）

3. 滴定 Ag^+ 的方法

因 EDTA 和 Ag^+ 的配位常数为 2×10^7，不很大，所以不是直接用 EDTA 滴定 Ag^+。分析化学上使 Ag^+ 和 $Ni(CN)_4^{2-}$ 反应转化成 Ni^{2+} 和 $Ag(CN)_2^-$，再用 EDTA 精确滴定 Ni^{2+}（配位常数 4×10^{18}）。问题是：Ag^+ 和 $Ni(CN)_4^{2-}$ 的转化反应是否完全？

$$Ni(CN)_4^{2-} \rightleftharpoons Ni^{2+} + 4CN^- \qquad \frac{1}{\beta_4} = \frac{1}{2\times10^{31}} = 5\times10^{-30}$$

$$+)\quad 2Ag^+ + 4CN^- \rightleftharpoons 2Ag(CN)_2^- \qquad \beta_2^2 = (1.25\times10^{21})^2 = 1.6\times10^{42}$$

$$Ni(CN)_4^{2-} + 2Ag^+ \rightleftharpoons 2Ag(CN)_2^- + Ni^{2+} \qquad K = 8\times10^{12}$$

$K\approx10^{13}$，表示 Ag^+ 转化为 Ni^{2+} 的反应很完全。加之用 EDTA 滴定 Ni^{2+} 也是很完全的反应，所以这个方法是定量分析中的典型实验。[剩余的 $Ni(CN)_4^{2-}$（$\beta_4\approx10^{31}$）、形成的 $Ag(CN)_2^-$（$\beta_2=10^{21}$），都不可能和 EDTA 发生配位（$K\approx10^{18}$、10^7）反应。]

4. AgX 分别和 $NH_3\cdot H_2O$、$Na_2S_2O_3$、NaCN 的反应

Ag^+ 能和 NH_3、$S_2O_3^{2-}$、CN^- 配位，所以讨论难溶 AgX（F 除外）和它们的反应：

$$AgX \rightleftharpoons Ag^+ + X^- \qquad K_{sp}$$

$$+)\quad Ag^+ + 2L^{①} \rightleftharpoons AgL_2 \qquad \beta_2$$

$$AgX + 2L \rightleftharpoons AgL_2 + X^- \qquad K = K_{sp}\beta_2$$

把 AgX 的 K_{sp}、AgL_2 的 β_2 代入得 9 个反应的 K，列于表 3-6。其中 CN^- 和 AgCl、AgBr 作用的 K 都较大，表明这两个反应都很完全；$Na_2S_2O_3$ 易和 AgCl 反应，而 $NH_3\cdot H_2O$ 可能和 AgCl 反应。以上都是根据"复杂"反应的 K 作出定性的判断。为更好地理解和把握有关实验的情况和所需的实验条件，应该关注定量的计算。

表 3-6 AgX 和 NH_3、$S_2O_3^{2-}$、CN^- 反应的平衡常数

K \ β_2 \ K_{sp}	$Ag(NH_3)_2^+$ 1.1×10^7	$Ag(S_2O_3)_2^{3-}$ 4×10^{13}	$Ag(CN)_2^-$ 1.3×10^{21}
AgCl 1.8×10^{-10}	2.0×10^{-3}	7.2×10^3	2.3×10^{11}
AgBr 5×10^{-13}	5.5×10^{-6}	20	6.5×10^8
AgI 8.9×10^{-17}	9.8×10^{-10}	3.6×10^{-3}	1.1×10^5

① 因配位体为 NH_3、$S_2O_3^{2-}$、CN^-，不易表示 AgL_2 价态，所以均未标出配离子 AgL_2 的价态。

六、化学平衡的计算

关于化学平衡计算：

(1) 只有两类反应方程式　A+B $\rightleftharpoons$ C、A+B $\rightleftharpoons$ C+D，即反应前后参与平衡物质总数不同或相同。若参与平衡各物均为气态，则恒温，改变压强只对其中一个反应的平衡有影响。再则，反应式中未标明正向作用的具体(吸或释)热效应，就无法回答改变温度，平衡移向何方(虽然改变温度，化学平衡必发生移动)。

(2) 只有两道题　即由始态求平衡态和由平衡态求始态。以合成氨反应为例：一定温度、压强下，由确定 N_2 和 H_2 投料比始态所能达到的平衡态只有一个，即只有一个答案；而一定温度、压强下，和合成氨平衡态相应的始态有多种可能，如 N_2 和 H_2，NH_3，N_2、H_2 和 NH_3(未处于平衡态)……即可能有多个答案。

(3) 反应量　以合成 SO_3 反应为例。

	$2SO_2$	+ O_2	$\rightleftharpoons$ $2SO_3$	体系中总物质的量
始态(mol/L)	c_1	c_2		c_1+c_2
平衡态(mol/L)	c_1-2x	c_2-x	$2x$	c_1+c_2-x

提请关注，方程式中 SO_2 和 O_2、SO_3 的计量数为定值，它表明若反应中 SO_2 消耗 $2x$ (mol/L)，则同时消耗 x (mol/L) O_2，得到的 SO_3 为 $2x$ (mol/L)；始态 c_1 和 c_2 的比例可以是 2∶1，也可以不是，多数情况下反应物投料(物质的量)比和反应式中相应物质计量数比不同。

在 c_1、c_2 为已知的前提下，必须有其他信息才能求得 x。试题给出信息只有三种可能：

① 参与反应 SO_2、O_2 或 SO_3，始态、终态浓度(或分压)之差(可以是具体量，也可以是相对量，如 N_2 转化率为 15%)；

② 体系中始态、终态物质总物质的量的改变[附：对 A(g)+B(g) $\rightleftharpoons$ C(g)+D(g) 即 $\Delta n=0$ 的反应，这个信息无效]；

③ 对平衡态的信息，如

$$(c_1-2x)+(c_2-x)=2x,\quad \frac{2x}{c_1+c_2-x}\times 100\%=50\%\cdots\cdots$$

不论以何种方式给出信息，计算题的运算并不复杂。下面以 AgCl 和 $NH_3\cdot H_2O$，AgBr 和 $NH_3\cdot H_2O$，AgI 和 NaCN 反应为例进行计算。

例一：由 AgCl 和 $NH_3\cdot H_2O$ 反应的 $K=2.0\times10^{-3}$ 知，必须适度加大 $NH_3\cdot H_2O$ 的浓度才能溶解 AgCl。那么，提高了 $NH_3\cdot H_2O$ 的浓度，它的利用率是多少？

$$AgCl+2NH_3\cdot H_2O \rightleftharpoons Ag(NH_3)_2^+ + Cl^- + 2H_2O \quad K=2.0\times10^{-3}$$

	$2NH_3\cdot H_2O$	$Ag(NH_3)_2^+$	Cl^-
题 1，始态(mol/L)	2.00		
平衡态(mol/L)	$2.00-2x$	x	x
题 2，平衡态(mol/L)	2.20	0.10	0.10

题1是由始态求平衡态，解得 $x=0.08$ mol/L，即始态 $NH_3 \cdot H_2O$ 达平衡时消耗了 0.16 mol/L，尚余 1.84 mol/L。表明 AgCl 能溶于 $NH_3 \cdot H_2O$，是在后者过量 11 倍(通常形容为过量一个数量级)条件下发生的。

题2是由平衡态求始态，$NH_3 \cdot H_2O$ 的始态浓度是 2.20 mol/L+0.10 mol/L×2=2.40 mol/L。同上，也是在 $NH_3 \cdot H_2O$ 过量一个数量级的条件下发生的。

例二：AgBr 和 $NH_3 \cdot H_2O$ 反应的 $K=5.5\times10^{-6}$，更小了，表明对始态 $NH_3 \cdot H_2O$ 浓度要求更高(上例中已达约 2 mol/L，要求再提高浓度的幅度不可能很大)，或降低对生成物 $Ag(NH_3)_2^+$、Br^- 浓度的要求。化学上规定：所谓溶解，是指被溶物质的浓度≥10^{-2} mol/L；所谓沉淀完全，如加 Ba^{2+} 沉淀 SO_4^{2-}，指被沉淀物质的浓度≤10^{-5} mol/L(定性分析)、≤10^{-6} mol/L(定量分析)。习惯规定的依据是，设溶质的摩尔质量≈10^2 g/mol，则 10^{-2} mol/L×10^2 g/L=1 g/L，对稀的水溶液≈0.1 g/100 g(H_2O)，即化学上把微溶作为溶解的下限；又 10^{-6} mol/L×10^2 g/mol=10^{-4} g/L，即 1 L 溶液中残留溶质约 10^{-4} g(分析天平的感量为 10^{-4} g)时可以忽略。

因为 AgBr 和 $NH_3 \cdot H_2O$ 反应的 K 较小，把溶解的下限代入

$$AgBr + 2NH_3 \cdot H_2O \rightleftharpoons Ag(NH_3)_2^+ + Br^- + 2H_2O \quad K=5.5\times10^{-6}$$

平衡态(mol/L) z 10^{-2} 10^{-2}

解得 $z=4.24$ mol/L(AgBr 溶解于 $NH_3 \cdot H_2O$ 的反应中消耗 0.02 mol/L $NH_3 \cdot H_2O$)，所以这个反应是在 $NH_3 \cdot H_2O$ 过量 10^2(两个数量级)条件下进行的。

附：AgI 和 $NH_3 \cdot H_2O$ 反应的 $K\approx10^{-9}$，计算知：和$[Ag(NH_3)_2^+]=[I^-]=0.01$ mol/L 平衡的$[NH_3 \cdot H_2O]=316$ mol/L(达不到)，所以 AgI 不可能显著溶解于 $NH_3 \cdot H_2O$ 中。

例三：AgI 和 NaCN 反应的 $K=1.1\times10^5$，表明即使始态 NaCN 浓度不很高，设为 0.20 mol/L，反应也可能发生，达平衡时 0.20 mol/L$-2u$。由于反应倾向右方，即 u 不是很小，所以不能按简化法(指 $c-u\approx c$)计算。一种方法是变换始态，即把始态 $c(CN^-)=0.20$ mol/L，换成等效的始态 $c_{Ag(CN)_2^-}=c_{I^-}=0.10$ mol/L，则

$$AgI + 2CN^- \rightleftharpoons Ag(CN)_2^- + I^- \quad K=1.1\times10^5$$

平衡态(mol/L) $2x$ $0.10-x$ $0.10-x$

因 x 较小，可按简化法，即 0.10 mol/L$-x\approx$0.10 mol/L 计算，解得 $x=1.5\times10^{-4}$ mol/L，表明剩余的 CN^- 为 3×10^{-4} mol/L，是消耗量 10^{-1} mol/L 的约 10^{-3} 倍。即这个反应是在 CN^- 过量 10^{-3} 倍条件下实现的。(过量 10^{-3} 倍，即 1‰，可以用简化法计算。)

AgCl、AgBr 和 CN^- 反应的 $K\approx10^{11}$、10^8(比 10^5 更大)，对过量$[CN^-]$的要求更低，因此可按 CN^- 完全参与反应(在 AgCl、AgBr 足量时)计算。如始态 $c(CN^-)$ 为 0.10 mol/L，则可直接得到$[Ag(CN)_2^-]=[Cl^-]$(或$[Br^-]$)=0.05 mol/L。

现把以上三个计算中 K、L(配位体：NH_3、CN^-)过量倍数和相应推论(表中黑体字)列于表 3-7。当 $K\approx10^5$，L 约过量 10^{-3} 倍，推论及 $K\approx10^7$，约过量 10^{-4} 倍。过量 10^{-4} 倍，可认为反应极为完全，或可理解为“所有”反应物全被利用了，所以 $K>10^5$ 的反应是非常

完全的，因此可由反应物始态直接得到结果。如

$$AgBr+2CN^- \xlongequal{} Ag(CN)_2^- + Br^- \quad K\approx 10^8$$

若始态 $c(CN^-)=0.20$ mol/L，则$[Ag(CN)_2^-]=[Br^-]=0.10$ mol/L。

表 3-7　AgX 和 $NH_3\cdot H_2O$、NaCN 的反应

K	10^9	10^7	10^5	……	10^{-3}	10^{-5}	10^{-7}	10^{-9}
L 过量倍数	10^{-5}	10^{-4}	10^{-3}	……	10	10^2	10^3	10^4

当 $K\approx 10^{-5}$，L 约过量 10^2 倍，推论及 $K\approx 10^{-7}$，L 将过量 10^3 倍。溶解浓度下限的 10^3 倍是：10^{-2} mol/L$\times 10^3=10$ mol/L，事实是只有极少数试剂溶液的浓度可达约 10 mol/L，就是说 $K\approx 10^{-7}$ 很难实现，所以可认为 $K<10^{-5}$ 的反应很难发生（前提，生成物浓度 $\geqslant 10^{-2}$ mol/L），如 AgI 和 $NH_3\cdot H_2O$ 的反应（$K\approx 10^{-9}$）。也就是说，$10^5>K>10^{-5}$ 的反应可通过改变参与平衡物质的浓度（或压强），使之按照人们期待的方向进行。再则，为了便于简化计算（指 $c-x\approx c$），可把 K 接近 10^5 反应的始态设定在（等效转换）等号右侧，而把 K 接近 10^{-5} 反应的始态设定在（等效转换）等号左侧。（根据 K 可知反应所需的浓度、分压，参考表 3-7。）

具体运用 K 进行判断时，**提请关注**以下几个问题。

(1) $2Ag_2CrO_4+2H^+ \rightleftharpoons 4Ag^+ + Cr_2O_7^{2-} + H_2O \quad K=1.7\times 10^{-9}$

虽然 $K\approx 10^{-9}$（$<10^{-5}$），但 Ag_2CrO_4 能很容易地溶解于约 3 mol/L HNO_3 中。为什么？把溶解下限$[Cr_2O_7^{2-}]=10^{-2}$ mol/L 和$[Ag^+]=4\times 10^{-2}$ mol/L 代入平衡常数表达式：

$$\frac{[Ag^+]^4[Cr_2O_7^{2-}]}{[H^+]^2}=\frac{(4\times 10^{-2})^4\times 10^{-2}}{[H^+]^2}=\frac{2.6\times 10^{-8}}{[H^+]^2}=1.7\times 10^{-9}$$

算式分子$\approx 10^{-8}$，那么只要算式分母$[H^+]^2\approx 10$，就能满足平衡的要求。

从 AgX 和 L 反应得到 $K>10^5$，$K<10^{-5}$ 结论的前提是：化学反应方程式左、右两侧都只有 2“分子”物质，如 $2NH_3\cdot H_2O$（左）和 $Ag(NH_3)_2^+$、X^-（右），算式分子、分母上也只是 2“分子”物质浓度的乘积。而上反应方程式等号右侧有 5“分子”物质（前提变了），算式分子是 5“分子”物质的乘积，所以即使是 10^{-9}，反应仍有可能发生，就是说对各种具体反应的判据并不相同。设达平衡时生成物浓度是反应物浓度的 100 倍（含 100 倍以上）的反应是很完全的，则它们的平衡常数如下：

$$\begin{array}{lll} A & \xlongequal{} E & K\geqslant 10^2 \\ A+B & \xlongequal{} E+F & K\geqslant 10^4 \\ A+B+C & \xlongequal{} E+F+G & K\geqslant 10^6 \\ A+B+C+D & \xlongequal{} E+F+G+H & K\geqslant 10^8 \\ \cdots & \cdots & \cdots \end{array}$$

通常讨论的反应方程式，在多数情况下等号左侧、右侧都是 2、3“分子”物质，由此可得到如下判据：$K>10^6$、10^7 是完全的反应；$K<10^{-6}$、10^{-7} 的反应难于进行；10^6、$10^7>K>10^{-6}$、

10^{-7}的反应可借改变浓度(分压)使之按人们期待的方向进行。

(2) $BaSO_4 + H^+ \rightleftharpoons Ba^{2+} + HSO_4^-$　$K = 10^{-8}$

反应式等号左侧1"分子"物质,右侧2"分子"物质,K又很小,所以结论是$BaSO_4$不可能显著溶解于强酸。把少量$BaSO_4$放入浓H_2SO_4中,搅拌,静置,待未溶$BaSO_4$沉降后,把上层清液倒入蒸馏水中,有大量沉淀($BaSO_4$)析出,表明$BaSO_4$能显著溶于浓H_2SO_4。为什么?

溶液中的电离平衡常数、溶度积、电极电势、稳定常数等只适于用来判断发生在稀溶液中反应的倾向,而不能用来判断浓溶液中反应的倾向。文献报道:18℃,1 L浓H_2SO_4能溶解18 g(另一报道为16 g)$BaSO_4$,不能用适用于稀溶液的$K = 10^{-8}$讨论。然而所谓"浓"、"稀"的标准对不同反应各异,如不难理解能把KBr氧化成Br_2的浓H_2SO_4浓度的下限应高于能把KI氧化成I_2的浓H_2SO_4浓度的下限,因此没有统一的界限。然而大量实验事实表明,当所用试剂浓度低于1、2 mol/L时,实验事实和由K作出的判断大致相符。(因上述计算未考虑温度因素、实际存在的活度因素,以及文献报道某些反应的K也有差异,所以只能说大致相符,而不能说相同。)

(3) 250℃,Xe和F_2反应的三个反应方程式及相应的K如下:

①　$Xe + F_2 = XeF_2$　$K_1 = 8.80 \times 10^4$

②　$Xe + 2F_2 = XeF_4$　$K_2 = 1.08 \times 10^8$

③　$Xe + 3F_2 = XeF_6$　$K_3 = 1.01 \times 10^8$

现以Xe和F_2为原料制备XeF_2,要求其中XeF_4含量<1%(mol);制XeF_6,希望其中XeF_4不超过10%(mol)。求两种情况下始态Xe和F_2的投料比。

从题意看,显然是由平衡态,$[XeF_2] = 1.00$ mol/L、$[XeF_4] = 0.01$ mol/L求始态。因为XeF_2、XeF_4共存,所以应把①、②反应处理成兼含XeF_2、XeF_4的反应方程式。并把已知条件代入、计算。

②式－①式　$XeF_2 + F_2 = XeF_4$　$K = K_2/K_1 = 1.2 \times 10^3$

平衡态(mol/L)　1.00　x　0.01

解得　$x \approx 8 \times 10^{-6}$ mol/L　(表明F_2剩余量可忽略)

2×①式－②式　$Xe + XeF_4 = 2XeF_2$　$K = 72$

平衡态(mol/L)　y　0.01　1.00

解得　$y = 1.39$ mol/L　(表明Xe过量约1.4倍)

由②式－①式可知,XeF_2和F_2转化为XeF_4的反应($K \approx 10^3$)相当完全,而问题要求XeF_4的量小,表明投料时应是Xe过量。而第一种算法得不到过量Xe的浓度,所以不能用第一种方法。

第二种方法求得平衡态时:$[Xe] = 1.39$ mol/L,$[XeF_2] = 1.00$ mol/L(由1.00 mol Xe和1.00 mol F_2形成),$[XeF_4] = 0.01$ mol/L(由0.01 mol Xe和0.02 mol F_2形成),因此始态投料:Xe量为1.00 mol/L＋1.39 mol/L＋0.01 mol/L＝2.40 mol/L,F_2量为

1.00 mol/L+0.02 mol/L=1.02 mol/L，即始态投料物质的量比为2.4(Xe)：1.02(F_2)。

再讨论合成XeF_6，应把③式、②式处理成兼含XeF_4、XeF_6的反应方程式，并把已知条件代入，进行计算。

③式－②式　　　　$XeF_4+F_2 = XeF_6$　　$K=0.93$

　　平衡态(mol/L)　　0.1　　z　　1.0

②式×3－③式×2　　　$2XeF_6+Xe = 3XeF_4$　　$K=1.2\times10^8$

　　平衡态(mol/L)　　1.0　　u　　0.1

由$XeF_4+F_2 = XeF_6$，$K=0.93$知，只有在F_2过量时，才能降低XeF_4的含量，解得z=11 mol/L。始态投料Xe：1.0 mol/L(生成XeF_6)+0.1 mol/L(生成XeF_4)=1.1 mol/L，F_2：11 mol/L+3.0 mol/L(生成XeF_6)+0.2 mol/L(生成XeF_4)=14.2 mol/L，即始态投料物质的量比为1.1(Xe)：14.2(F_2)。

由$2XeF_6+Xe = 3XeF_4$，$K\approx10^8$可知，和题目要求XeF_4量小不符，即这个反应方程式虽然兼含XeF_4、XeF_6，但因K和题意要求不合(和上述计算$XeF_2+F_2 = XeF_4$，$K=1.2\times10^3$和题意要求不合类似)，因此不必对它进行计算。

七、几个问题

1. 应以Δ_rG_m为判据

第二、第三章讨论都是以$\Delta_rG_m^\ominus=-RT\ln K$为出发点的。在恒温条件下，$\Delta_rG_m^\ominus$对于气相反应中每种气体的标准状态为1 bar($10^5$ Pa)，对于溶液中的反应，每种溶质的标准状态为1 mol/kg(剂)[质量摩尔浓度，它不随温度改变。室温，稀的水溶液溶质的这个浓度和物质的量浓度(mol/L)相近，所以常用mol/L]，即$\Delta_rG_m^\ominus$是指由标准状态各自独立的反应物变为标准状态下各自独立的生成物过程的标准Gibbs自由能的改变。然而实际反应中各物的浓度(分压)并不对应它们的标准状态，因此实际反应的Gibbs自由能变Δ_rG_m和$\Delta_rG_m^\ominus$间存在着下列关系：

$$\Delta_rG_m=-RT\ln K+RT\ln Q=-RT\ln\frac{K}{Q}$$

式中K是恒温条件下某特定反应的平衡常数，有K_c为浓度平衡常数、K_p为分压平衡常数；Q是反应于某瞬间生成物浓度(分压)和反应物浓度(分压)之比，叫反应商，有Q_c为浓度商、Q_p为分压商。

在大多数情况下，参与反应各物浓度改变范围介于1、2 mol/L～10^{-2} mol/L之间(分压改变范围介于10^0 bar～10^{-2} bar之间。因浓度、分压改变范围大致相同，所以下面讨论时不再提分压)。对于一个具体的反应

$$A+B = C+D \quad Q_c=\frac{[C][D]}{[A][B]}$$

浓度改变的两种情况是：反应于瞬间，[C]=[D]=1.0 mol/L，[A]=[B]=10^{-2} mol/L，

则 $Q_c=10^4$；反应瞬间，[A]=[B]=1.0 mol/L，[C]=[D]=10^{-2} mol/L，则 $Q_c=10^{-4}$。若恒温条件下该反应的 $K>10^4$，则 $\ln\dfrac{K}{Q}>0$，即 $\Delta_r G_m$ 为负值，表明这个反应在该瞬间浓度商条件下，反应按正向进行直到平衡，即 $\Delta_r G_m=0$；若 $K<10^4$，则 $\ln\dfrac{K}{Q}<0$，即 $\Delta_r G_m$ 为正值，反应将按逆向进行直到平衡，$\Delta_r G_m=0$。因此可用 $\Delta_r G_m$ 作判据：

$$\Delta_r G_m\begin{cases}<0，反应按正向进行\\=0，处于平衡状态\\>0，反应按逆向进行\end{cases}$$

在 298 K 时，把 $Q_c=10^4$、10^{-4}代入 $RT\ln Q$ 得 23 kJ/mol、−23 kJ/mol。把以上 $\Delta_r G_m$ 计算公式移项并把 $RT\ln Q$ 代入得

$$\Delta_r G_m^{\ominus}=\Delta_r G_m-RT\ln Q=\Delta_r G_m\pm 23\ \text{kJ/mol}$$

即用 $\Delta_r G_m^{\ominus}$ 作判据和用 $\Delta_r G_m$ 作判据，由瞬间浓度商引起±23 kJ/mol 的差值。所以(扣除浓度、压强影响后)$\Delta_r G_m^{\ominus}<-23$ kJ/mol，反应按正向进行；而 $\Delta_r G_m^{\ominus}>23$ kJ/mol，反应按逆向进行；$\Delta_r G_m^{\ominus}$ 介于−23 kJ/mol～23 kJ/mol 间的反应，可通过调控浓度商使反应朝着期望的方向进行。

若讨论的反应方程式为 A+B+C ══ D+E+F，设浓度改变范围仍是两个数量级，则 $Q_c=10^6$、10^{-6}，(298 K 时)$RT\ln Q=\pm 34$ kJ/mol。即 $\Delta_r G_m^{\ominus}<-34$ kJ/mol 时，正向反应较(也许是很)完全；$\Delta_r G_m^{\ominus}>34$ kJ/mol 时，逆向反应较(也许是很)完全；$\Delta_r G_m^{\ominus}$ 介于−34 kJ/mol～34 kJ/mol 间的反应，可控制浓度商使平衡按着期待的方向进行。有的教材认为这个范围是±20 kJ/mol，也有的认为是±40 kJ/mol。造成判据不同的原因可能是：反应方程式左、右两侧参与反应的物质数目及实际可改变浓度的范围不同。对于大多数的反应，方程式等号两侧各是二、三“分子”物质，因此可认为(298 K 时)$\Delta_r G_m^{\ominus}<-30$ kJ/mol 的正向反应较(也许是很)完全，$\Delta_r G_m^{\ominus}>30$ kJ/mol 的逆向反应较(也许是很)完全，而 $\Delta_r G_m^{\ominus}$ 介于−30 kJ/mol～30 kJ/mol 间的反应，可通过改变浓度商使平衡向着期待的方向进行。

2. 恒温，改变浓度、分压对平衡移动影响的计算和判断

$$\mathrm{A}\ +\ \mathrm{B}\rightleftharpoons\mathrm{C}\ +\ \mathrm{D}\quad K$$

平衡浓度(mol/L)　$c-x$　　$c-x$　　x　　x

则

$$x=\frac{cK\pm c\sqrt{K}}{(K-1)}$$

若 $K=10^{-4}$，① $c=0.100$ mol/L，则

$$x=\frac{10^{-5}-10^{-3}}{10^{-4}-1}=9.9\times10^{-4}\ \text{mol/L}$$

反应物转化率为

$$\frac{9.9\times10^{-4}\ \text{mol/L}}{0.100\ \text{mol/L}}\times100\%=0.99\%$$

② $c=1.00$ mol/L，则

$$x=\frac{10^{-4}-10^{-2}}{10^{-4}-1}=9.9\times10^{-3}\ \text{mol/L}$$

反应物转化率为 $$\frac{9.9\times10^{-3}\ \text{mol/L}}{1.00\ \text{mol/L}}\times100\%=0.99\%$$

由上述计算可知，对于一个特定 K（此处为 10^{-4}）的反应，因起始浓度不同，生成物浓度也不同（9.9×10^{-3} mol/L、9.9×10^{-4} mol/L），但它们的转化率相同[①]（均为 0.99%≈1%）。所以只要计算一种浓度的结果就可以了，现把 $c=0.100$ mol/L 对不同 K 计算的结果列于表 3-8。

表 3-8 A+B ⇌ C+D 起始浓度为 0.100 mol/L，不同 K 反应中的 x

K	$x/(\text{mol}\cdot\text{L}^{-1})$	$(c-x)/x$	A 参与反应的百分数
10^{-6}	$\approx10^{-4}$	10^3	$\frac{10^{-4}\ \text{mol/L}}{10^{-1}\ \text{mol/L}}\times100\%\approx0.1\%$
10^{-4}	$\approx10^{-3}$	10^2	$\frac{10^{-3}\ \text{mol/L}}{10^{-1}\ \text{mol/L}}\times100\%\approx1\%$
10^{-2}	$\approx10^{-2}$	10	$\frac{10^{-2}\ \text{mol/L}}{10^{-1}\ \text{mol/L}}\times100\%\approx10\%$
10^2	9.1×10^{-2}	9×10^{-2}	$\frac{9\times10^{-2}\ \text{mol/L}}{10^{-1}\ \text{mol/L}}\times100\%\approx90\%$
10^4	9.9×10^{-2}	9.9×10^{-2}	$\frac{9.9\times10^{-2}\ \text{mol/L}}{10^{-1}\ \text{mol/L}}\times100\%\approx99\%$
10^6	99.9×10^{-2}	9.99×10^{-2}	$\frac{9.99\times10^{-2}\ \text{mol/L}}{10^{-1}\ \text{mol/L}}\times100\%\approx99.9\%$

反应物浓度改变的范围在大多数情况下介于 10^0 mol/L～10^{-2} mol/L 间，并设发生反应是指生成物浓度≥10^{-2} mol/L，讨论如下：

(1) $K=10^6$ 和 10^{-6}　通常认为：有>99%反应物参与的反应是比较完全的，因此 $K>10^6$ 的反应是很完全的；只有 0.1%反应物参与反应的，不论初始浓度为 1.0 mol/L 还是 0.10 mol/L，它的 0.1%倍的浓度均<10^{-2} mol/L，所以 $K\leqslant10^{-6}$ 的反应“不能”发生。

(2) $K=10^4$ 和 10^{-4}　对于 $K=10^{-4}$，有约 1%反应物参与反应，当初始浓度为 1.0 mol/L、0.10 mol/L，则产物浓度为 10^{-2} mol/L、10^{-3} mol/L，即初始浓度>1 mol/L 时，能发生反应，而初始浓度为 0.10 mol/L 时，反应“不能”发生；对于 $K=10^4$，将有约 99%反应物参与反应，当初始浓度为 1.0 mol/L、0.10 mol/L 甚至 0.010 mol/L，产物浓

① 若反应方程式为 A ⇌ B+C，各种始态浓度达到的平衡态浓度各异，而且转化率不同，如弱酸、碱的电离平衡。

度依次为约 1 mol/L、约 0.1 mol/L、约 10^{-2} mol/L，反应都可能进行。

(3) $K=10^2$ 和 10^{-2} 对于 $K=10^{-2}$，有约 10%反应物参与反应，那么初始浓度为 1.0 mol/L、0.10 mol/L，产物浓度约 0.1 mol/L、约 0.01 mol/L，两个反应都能发生；对于 $K=10^2$，和初始浓度 1.0 mol/L、0.10 mol/L 相应的产物浓度为 0.9 mol/L、0.09 mol/L，反应也都能进行。

若反应平衡常数不同于表 3-8 中的 K，也可作出相应估计。

(4) $K=10^{-3}$ 介于 10^{-2} 和 10^{-4} 之间，则始浓度>1 mol/L，产物浓度>10^{-2} mol/L，反应能发生。如前述

$$AgCl+2NH_3\cdot H_2O \rightleftharpoons Ag(NH_3)_2^+ + Cl^- + 2H_2O \quad K=2.0\times10^{-3}$$

所以 AgCl 能溶于>约 1 mol/L $NH_3\cdot H_2O$ 中。若 $NH_3\cdot H_2O$ 始浓度为 0.100 mol/L，则相应 $Ag(NH_3)_2^+$ 浓度为 4×10^{-3} mol/L(<10^{-2} mol/L)，表明 AgCl“不溶于”0.10 mol/L $NH_3\cdot H_2O$。

(5) $K=10^{-5}$ 介于 10^{-4} 和 10^{-6} 之间，当反应物始浓度明显>1 mol/L，如 3 mol/L、4 mol/L，因反应物参与反应(的百分数)不多，可近似认为达平衡时，反应物浓度仍为约 3 mol/L、约 4 mol/L，则化学平衡计算式的分母$\approx\frac{1}{3^2}$、$\approx\frac{1}{4^2}$，和$\approx\frac{1}{10}$相似，因此把算式分母移到另一侧，即 $10\times K=10\times10^{-5}=10^{-4}$，和 $K\approx10^{-4}$ 相当，所以始浓度明显大于 3、4 mol/L 时，反应能进行。如前述

$$AgBr+2NH_3\cdot H_2O \rightleftharpoons Ag(NH_3)_2^+ + Br^- + 2H_2O \quad K=5.5\times10^{-6}$$

AgBr 能溶于>4 mol/L $NH_3\cdot H_2O$，而“不能”溶于 1、2 mol/L $NH_3\cdot H_2O$。**提请关注**，所谓“不溶”是指产物浓度<10^{-2} mol/L，而不是绝对不溶。

实验：混合 AgBr 和 1 mol/L $NH_3\cdot H_2O$ 并搅拌，待未溶 AgBr 沉降后，将上层清液转移到另一容器中，用 HNO_3 酸化，溶液出现混浊(AgBr)。表明 AgBr 也能溶于约 1 mol/L $NH_3\cdot H_2O$，只是溶解度较小。文献报道在 2 mol/L $NH_3\cdot H_2O$ 中 AgBr 溶解浓度为 7×10^{-3} mol/L。

以上介绍了对多个反应计算结果(大致)和实验事实相符的目的是，希望读者在学习过程中做了一定量计算题后，逐渐养成根据反应的平衡常数估计反应对浓度要求的习惯。为此再举两例如下：

(6) 多相反应的方程式是：

$$A(s)+B(aq) \rightleftharpoons C(s)+D(aq) \quad K=\frac{[D]}{[B]}$$

如

$$CaSO_4(s)+Ba^{2+}(aq) = BaSO_4(s)+Ca^{2+}(aq)$$

$$K=\frac{K_{sp}(CaSO_4)}{K_{sp}(BaSO_4)}=\frac{9.1\times10^{-6}}{1.1\times10^{-10}}=8.3\times10^4=\frac{[Ca^{2+}]}{[Ba^{2+}]}$$

由 K 值知 $CaSO_4$ 转化为 $BaSO_4$ 的反应非常完全。

$$BaSO_4(s)+CO_3^{2-}(aq) \rightleftharpoons BaCO_3(s)+SO_4^{2-}(aq)$$

$$K=\frac{K_{sp}(BaSO_4)}{K_{sp}(BaCO_3)}=\frac{1.1\times10^{-10}}{5.1\times10^{-9}}=2.2\times10^{-2}=\frac{[SO_4^{2-}]}{[CO_3^{2-}]}$$

需用浓 Na_2CO_3 溶液多次和 $BaSO_4$ 反应才能生成显著量的 $BaCO_3(s)$。

(7) $CaSO_4(s)+H^+(aq) \rightleftharpoons Ca^{2+}+HSO_4^-$

$$K=\frac{K_{sp}(CaSO_4)}{K_i(HSO_4^-)}=\frac{9.1\times10^{-6}}{1.0\times10^{-2}}=9.1\times10^{-4}=\frac{[Ca^{2+}][HSO_4^-]}{[H^+]}$$

设溶解达平衡时 $[H^+]=1.0$ mol/L，则 $[Ca^{2+}]=[HSO_4^-]\approx3\times10^{-2}$ mol/L($>10^{-2}$ mol/L)，事实是 $CaSO_4$ 能溶于约 1 mol/L HCl、1 mol/L HNO_3。

表 3-9 列出几种常见反应的 K 和反应的浓度(分压)。

表 3-9 几种常见反应的 K 和反应的浓度(分压)

反应方程式	K	反应情况，对始态浓度的要求
$H_2+Cl_2 = 2HCl$	$\approx10^{33}$	反应很完全，只剩余 H_2 或 Cl_2
$Cl_2+2NaBr(s) = Br_2+2NaCl(s)$	$\approx10^{9}$	反应很完全
$NO+\frac{1}{2}O_2 = NO_2$	$\approx10^{4}$	始态(NO)为 9.92%(*V*)、O_2 为 5.68%(*V*)，O_2 过量 0.15 倍
$SO_2+\frac{1}{2}O_2 = SO_3$	$\approx10^{3}$	始态(SO_2)为 7%(*V*)，O_2 为 11%(*V*)，O_2 过量 2.1 倍
$Fe^{3+}+I^- = Fe^{2+}+\frac{1}{2}I_2$	7.9×10^{3}	反应不完全，增大 Fe^{2+} 浓度可抑制右向反应
$Ag^++Fe^{2+} = Ag+Fe^{3+}$	3.2	Ag^+ 能氧化 Fe^{2+}，Fe^{3+} 也能氧化 Ag，但正、逆反应都不完全
$AgCl+2NH_3 = Ag(NH_3)_2^++Cl^-$	2.0×10^{-3}	AgCl 显著溶于 >1 mol/L $NH_3\cdot H_2O$，在 0.1 mol/L $NH_3\cdot H_2O$ 中溶解不多
$AgBr+2NH_3 = Ag(NH_3)_2^++Br^-$	5.5×10^{-6}	AgBr 能溶于 >4 mol/L $NH_3\cdot H_2O$，在 1 mol/L $NH_3\cdot H_2O$ 中溶解不多
$MnO_2+4H^++2Cl^- = Mn^{2+}+Cl_2+2H_2O$	3.9×10^{-5}	MnO_2 需和浓 HCl(>7 mol/L)作用制 Cl_2
$CH_3COOH+C_2H_5OH = CH_3COOC_2H_5+H_2O$	4	在 CH_3COOH 或 C_2H_5OH 过量时，发生酯化反应
$CO+H_2O = CO_2+H_2$	1.4 (1000 K)	H_2O 过量 3～5 倍时，使 CO 转化
$N_2+3H_2 = 2NH_3$	$\approx10^{-5}$	始态 N_2、H_2 分压约为 10^2 bar(以 1 bar 为基础，分压增大约 10^2 倍)
$AgI+2NH_3\cdot H_2O = Ag(NH_3)_2^++I^-+2H_2O$	$\approx10^{-9}$	即使用浓 $NH_3\cdot H_2O$，AgI 也不可能明显溶解

对表 3-9 中所列反应的说明：

（1）对其中四个气相反应：

$$NO+\frac{1}{2}O_2 = NO_2 \qquad K\approx 10^4$$

$$SO_2+\frac{1}{2}O_2 = SO_3 \qquad K\approx 10^3$$

$$CO+H_2O = CO_2+H_2 \qquad K\approx 1$$

$$N_2+3H_2 = 2NH_3 \qquad K\approx 10^{-5}$$

K 值从大到小，对反应物始态过量的要求从 0.15 倍到 2.1 倍，第三个反应为 3～5 倍——按说，增大更多倍 H_2O（即始态 CO 少），CO 转化更完全，但不符合化学工艺的要求，合成 NH_3 的 K 很小，所以要加大 N_2、H_2 的压强，约 10^2 bar。（若以压强 1 bar 为基点，则 N_2、H_2 压强各增大约 10^2 倍。）

（2）关于 MnO_2 不能和 1、2 mol/L HCl 反应制 Cl_2 是事实，请做下列实验：混合 MnO_2 和 1 mol/L HCl，微热，逸出的气体能使湿润的 KI-淀粉试纸显色（但“闻不到”Cl_2 气的气味），表明 MnO_2 不能和 1、2 mol/L HCl 制备 Cl_2，但并不是没有 Cl_2 生成。

（3）文献报道：16℃，AgI 在约 11 mol/L $NH_3 \cdot H_2O$ 中溶解浓度为 7.1×10^{-4} mol/L，所以说，AgI“不溶”于浓 $NH_3 \cdot H_2O$。

第四章　弱电解质电离平衡
难溶物沉淀溶解平衡

一、强、弱电解质　弱电解质电离平衡常数

1. 强电解质溶液

目前认为在稀溶液中强电解质完全电离，由于阴离子、阳离子间及离子和溶剂分子间作用，使离子在化学、物理性质中表现出表观浓度（活度，以 a 表示）和真实浓度（c）间有差别，两者关系为

$$a = \gamma c \quad (\gamma \text{ 为活度系数})$$

浓度越稀，离子间的相互作用越弱，活度系数（表 4-1）越接近 1.00。

表 4-1　不同浓度 HCl、HNO_3、KOH 溶液的活度系数

浓度/($mol \cdot L^{-1}$)	HCl	HNO_3	KOH
10^{-3}	0.97	0.97	—
10^{-2}	0.90	0.90	0.90
5×10^{-2}	0.83	0.82	0.82
10^{-1}	0.80	0.80	0.80

由表中数据知：0.10 mol/L HCl 的活度

$$a(H^+)=a(Cl^-)=0.10\ mol/L\times0.80=8.0\times10^{-2}\ mol/L$$

10^{-3} mol/L HCl 中，

$$a(H^+)=a(Cl^-)=10^{-3}\ mol/L\times0.97=9.7\times10^{-4}\ mol/L$$

按说在有关电离平衡等的计算中都应该用活度，如 0.10 mol/L HCl 中

$$a_{H^+}=0.10\ mol/L\times0.80=8.0\times10^{-2}\ mol/L$$

它的负对数 $pH=-\lg(8\times10^{-2})=1.1$，而不是 1.0。由于在基础化学阶段不要求活度，所以对稀溶液中离子的活度就直接用浓度表示，即 0.10 mol/L HCl 的 pH=1.00。

2. 弱电解质的电离平衡　弱电解质间的置换作用

一定温度下，弱酸、弱碱的稀溶液达平衡，有相应的电离平衡常数。表 4-2 中 K 值大小表示弱酸的相对强弱，通常把弱酸大致分成：中强酸，如 H_3PO_4、H_2SO_3（$K_1=1.3\times10^{-2}$）、$H_2C_2O_4$（$K_1=5.9\times10^{-2}$）、HSO_4^-（$K=1.0\times10^{-2}$）……；弱酸，如 HF、HCOOH

($K=1.8\times10^{-4}$)、CH_3COOH……；很弱酸，如 $HClO$、H_3BO_3（硼酸）、C_6H_5OH（苯酚）、$HAl(OH)_4$（铝酸）、HCO_3^-……

表 4-2　一些弱酸的电离平衡常数（室温）

H_3PO_4	HF	CH_3COOH	H_2CO_3	H_2S	$H_2PO_4^-$
6.92×10^{-3}	7.2×10^{-4}	1.74×10^{-5}	4.2×10^{-7}	1.3×10^{-7}	6.17×10^{-8}
$HClO$	H_3BO_3	C_6H_5OH	HCO_3^-	$HAl(OH)_4$	
3.4×10^{-8}	5.8×10^{-10}	1.6×10^{-10}	5.6×10^{-11}	2×10^{-11}	

一定浓度弱酸电离的程度可用电离度 α 表示，

$$\alpha=\frac{\text{电离了的弱酸的浓度}}{\text{弱酸的总浓度}}\times100\%$$

对于某种弱酸（K 为定值）而言，加水稀释时 α 增大，但 $c(H^+)$ 降低。如 0.100 mol/L、1.00×10^{-2} mol/L、1.00×10^{-3} mol/L CH_3COOH 溶液的 α 依次为：1.34%、4.32%、12.5%（依序增大），相应 $c(H^+)$ 为 1.34×10^{-3} mol/L、4.32×10^{-4} mol/L、1.25×10^{-4} mol/L（依序减小）。表 4-3 中列出强酸（HCl）、三种弱酸（K 依次为 10^{-2}、10^{-4}、10^{-6}）加水稀释同样倍数时的 α、$c(H^+)$ 及 pH 改变。

表 4-3　HCl、三种弱酸（$K=10^{-2}$、10^{-4}、10^{-6}）稀释时 α、$c(H^+)$ 及 pH 改变

酸	$c/(mol\cdot L^{-1})$	0.10	0.010	1.0×10^{-3}	1.0×10^{-4}
HCl	$c(H^+)/(mol\cdot L^{-1})$	0.10	0.010	1.0×10^{-3}	1.0×10^{-4}
	α/%	100	100	100	100
	pH	1.00	2.00	3.00	4.00
	pH 差	1.00	1.00	1.00	
HA ($K=10^{-2}$)	$c(H^+)/(mol\cdot L^{-1})$	2.7×10^{-2}	6.2×10^{-3}	9.0×10^{-4}	1.0×10^{-4}
	α/%	27	62	90	100
	pH	1.57	2.21	3.05	4.00
	pH 差	0.64	0.84	0.95	
HA ($K=10^{-4}$)	$c(H^+)/(mol\cdot L^{-1})$	3.2×10^{-3}	9.5×10^{-4}	2.7×10^{-4}	6.2×10^{-5}
	α/%	3.2	9.5	27	62
	pH	2.50	3.02	3.57	4.21
	pH 差	0.52	0.55	0.64	
HA ($K=10^{-6}$)	$c(H^+)/(mol\cdot L^{-1})$	3.2×10^{-4}	1.0×10^{-4}	3.2×10^{-5}	9.5×10^{-6}
	α/%	0.32	1.0	3.2	9.5
	pH	3.50	4.00	4.50	5.02
	pH 差	0.50	0.50	0.52	

由表 4-3 中数据可知：加水稀释同样倍数时，强酸溶液 pH 改变最大，弱酸中相对强的弱酸溶液的 pH 改变值大于相对弱的弱酸溶液的 pH 改变值。因 α 随浓度改变，一般不用 α 表示弱酸的相对强弱，而是用 K 值区别弱酸的相对强弱。

如若把“强酸置换出弱酸”扩展为“相对强酸置换出相对弱酸”，那么有关问题可借 K 的大小，判别不同酸间置换反应的方向。如把 CO_2 通入相对弱酸的可溶性盐中，如 $NaClO$、$NaB(OH)_4$（硼酸钠）、C_6H_5ONa、$NaAl(OH)_4$（铝酸钠）、Na_2CO_3 中分别形成 $HClO$、H_3BO_3、C_6H_5OH、$Al(OH)_3$、HCO_3^-。显然，两种弱酸的 K 相差越大，置换反应越安全，如上述生成 $HClO$ 的反应不如生成 C_6H_5OH 完全。又如若用 Na_2CO_3 溶液脱除气体中 SO_2（H_2SO_3 的 $K_1=1.3\times10^{-2}$，$K_2=6.3\times10^{-8}$），因 $1.3\times10^{-2}>4.2\times10^{-7}$（$H_2SO_3$ 的 K_1），脱除 SO_2 的反应式为：$2SO_2+H_2O+CO_3^{2-} \xlongequal{} 2HSO_3^-+CO_2$；若气体中 SO_2 不多，脱除 SO_2 的反应式为：$SO_2+H_2O+2CO_3^{2-} \xlongequal{} SO_3^{2-}+2HCO_3^-$。（请考虑，若把反应式写成：$SO_2+CO_3^{2-} \xlongequal{} SO_3^{2-}+CO_2$，合理吗？）

两种弱酸的 K 相近，可以互相置换，且互相置换的反应都不完全。如把 H_2S 通入 $NaHCO_3$ 溶液中，逸出的气体能使澄清的 $Ca(OH)_2$ 溶液显混浊，表明 H_2S 能从 HCO_3^- 中置换出 CO_2；把 CO_2 通入 $NaHS$ 溶液，逸出气体能使湿润 $Pb(CH_3COO)_2$ 试纸显色（PbS），表明 CO_2 能置换出 H_2S。既然两者能互相置换，表明相互间的置换反应都不完全。

3. 相对强酸和难（微）溶（相对）弱酸盐的反应

反应倾向除和两种弱酸电离常数之差有关外，还要涉及难（微）溶物的溶度积。

(1) 足量 CH_3COOH 能使 $CaCO_3$（$K_{sp}=2.5<10^{-9}$）完全转化成 CO_2，但 CH_3COOH 很难使 $Ca_3(PO_4)_2$（$K_{sp}=1.0\times10^{-25}$）转化为可溶性的 $Ca(H_2PO_4)_2$，原因有二：① $Ca_3(PO_4)_2$ 比 $CaCO_3$ 更难溶；② 虽然 CH_3COOH 酸性强于 H_2CO_3、$H_2PO_4^-$，和 $CaCO_3$ 反应生成的 CO_2 逸出，有助于平衡移动；再者反应形成的 CH_3COO^- 将抑制尚未参与反应 CH_3COOH 的电离。

(2) 通 CO_2 入 Na_2CO_3 溶液，可使大部分 CO_3^{2-} 转化为 HCO_3^-，但通 CO_2 入含 $CaCO_3$ 的溶液，虽然 $CaCO_3$ 溶解量增多[16℃，$p_{CO_2}\approx10^5\,Pa$，溶解量 0.108 g/100 g(液)]，仍属微溶。两个反应的平衡常数分别为

$$CO_3^{2-}+H_2CO_3 \xlongequal{} 2HCO_3^- \quad K=K_1/K_2=7.5\times10^3$$

$$CaCO_3+H_2CO_3 \xlongequal{} Ca^{2+}+2HCO_3^- \quad K=K_{sp}K_1/K_2=1.9\times10^{-5}$$

实际情况是：难（微）溶碳酸盐、草酸盐、亚硫酸盐、磷酸盐都能溶于强酸，如 $CaCO_3$ 和 HCl 的反应

$$CaCO_3+2H^+ \xlongequal{} Ca^{2+}+CO_2+H_2O \quad K=K_{sp}/K_1K_2=1.1\times10^8$$

但有些硫化物的 K_{sp} 太小（太难溶），如 CuS 为 6×10^{-36}、HgS 为 4×10^{-54}，即使在强酸中也不能溶解。

相对强碱和相对弱碱之间也存在着相互置换的关系，如 $NaOH$ 使 NH_4^+ 转化为 $NH_3\cdot H_2O$。氢氧化物除 Na^+、K^+、NH_4^+、Ba^{2+} 外，其他都是难（微）溶物，因此可根据氢氧化物的 K_{sp} 及反应条件判断反应完全程度。如混合 $NaOH$ 和 $MgSO_4$ 溶液能得到大量 $Mg(OH)_2$ 沉淀（是中强碱，$K_{sp}=1.8\times10^{-11}$）；但 $NH_3\cdot H_2O$ 和 $MgSO_4$ 作用，只能得到

少量 $Mg(OH)_2$ 沉淀。

$$Mg^{2+}+2NH_3\cdot H_2O \longrightarrow Mg(OH)_2+2NH_4^+ \quad K=(1.8\times10^{-5})^2/(1.8\times10^{-11})=18$$

因为 $NH_3\cdot H_2O$ 参与反应生成的 NH_4^+，将抑制 $NH_3\cdot H_2O$ 的电离，更何况 $Mg(OH)_2$ 并不是很难溶。若上实验中以 $FeCl_3$ 代替 $MgSO_4$，得到 $Fe(OH)_3$ 较多(为什么?)。又，往含 $Mg(OH)_2$ 的溶液中加 $FeCl_3$，白色 $Mg(OH)_2$ 将转化为红棕色的 $Fe(OH)_3$($K_{sp}=4\times10^{-38}$)，是因为 $Fe(OH)_3$ 比 $Mg(OH)_2$ 更难溶。

4. 温度对电离平衡的影响

由于电离平衡的热效应(吸收、释出)不大，大多数介于约 10 kJ/mol 和约 −10 kJ/mol 之间，所以温度对电离平衡的影响较小，室温(温度改变不大)讨论电离平衡时常忽略温度因素(表 4-4)。但有两个问题**提请关注**：

表 4-4　不同温度 $NH_3\cdot H_2O$ 的 K_b

T/℃	10	20	25	30	50
$K_b/(\times10^{-5})$	1.57	1.71	1.77	1.82	1.89

(1) H_2O 电离吸热较多，为 57 kJ/mol，所以 H_2O 的离子积$[H^+][OH^-]$随温度升高而加大，如 22℃ $K_w=10^{-14}$，99℃ $K_w=5.5\times10^{-13}$。同理，水解反应也和温度有关。

(2) 羧酸的电离常数在约 30℃～35℃时最大，如 CH_3COOH 0℃ $K=1.66\times10^{-5}$，22℃ $K=1.75\times10^{-5}$，60℃ $K=1.54\times10^{-5}$。

二、一元弱酸、弱碱溶液中的氢离子浓度、pH

本节将讨论和弱酸、弱碱溶液中氢离子浓度有关的三个问题：计算溶液的$[H^+]$、如何改变 $c(H^+)$、怎样维持 $c(H^+)$。

1. 计算一元弱酸溶液的氢离子浓度

一元弱酸用 HA 表示：

$$HA \rightleftharpoons H^+ + A^- \quad K$$

平衡态(mol/L)　$c(1-\alpha)$　$c\alpha$　$c\alpha$　(α 为电离度)

$c-x$　x　x　(x 为电离的浓度)

$$\frac{(c\alpha)^2}{c(1-\alpha)}=\frac{x^2}{c-x}=K \quad (x=c\alpha)$$

由于文献报道某酸的电离常数有多个，如室温 CH_3COOH 的 K 有 1.74×10^{-5}、1.80×10^{-5}、1.86×10^{-5}等，使用时只能选用其中之一(选用某 K 并不表明否定其他 K)，如本书选用 1.74×10^{-5}，就等于同时引入了误差；实验温度和文献不同，又有了一些误差；当有其他强电解质存在时，还有活度问题。根据实验情况，习惯上当 $\alpha\leqslant5\%$时，可用简化计算，即 $1-\alpha\approx1$，则 $\alpha=\sqrt{K/c}$。若把简化计算的上限 $\alpha=0.05$ 代入，得 $c/K\geqslant400$。即当弱酸(碱)实际浓度和电离常数的比例≥400,可按简化法计算。现把不同浓度 CH_3COOH 的电离度、氢离子浓度列于表 4-5 中。由表中数据可知:CH_3COOH(弱电解质)电离度(α)随浓度(c)降低而增大,但电离形成离子的浓度却减小了。

表 4-5 不同浓度 CH_3COOH 溶液的 α、$c(H^+)$

$c/(mol \cdot L^{-1})$	1.00	0.100	1.00×10^{-2}	1.00×10^{-3}	1.00×10^{-4}
$\alpha/\%$	0.417	1.32	4.17	12.3	33.9
$c(H^+)/(mol \cdot L^{-1})$	4.17×10^{-3}	1.32×10^{-3}	4.17×10^{-4}	1.23×10^{-4}	3.39×10^{-5}

若 $\alpha=50\%$,则 $c=2K$,即当弱酸实际浓度是电离常数的两倍时,弱电解质有 50%电离,也就是说,$c(CH_3COOH)>2\times1.74\times10^{-5}$时,$\alpha<50\%$,而 $c(CH_3COOH)<2\times1.74\times10^{-5}$时,$\alpha>50\%$。(无限稀释时,弱电解质 CH_3COOH 完全电离。)

以上对一元弱酸电离平衡讨论的结果,也能适用于一元弱碱的电离,如 $NH_3 \cdot H_2O$ 的 $K=1.8\times10^{-5}$,当 $c=2\times1.8\times10^{-5}$时,它的 $\alpha=50\%$……;同理,一元弱酸根(一元弱碱离子)的水解反应方程式和一元弱酸(碱)电离方程式相同。因此,上述讨论也适用于一元弱酸根(A^-)、一元弱碱离子的水解作用:

$$A^- + H_2O \longrightarrow HA + OH^- \quad K_h=\frac{K_w}{K_i} \quad (K_h \text{ 为水解常数})$$

为了便于理解,把几种一元弱酸电离与相应盐的水解性能汇于表 4-6。

表 4-6 一元弱酸电离、一元弱酸盐水解

0.10 mol/L HA			0.10 mol/L NaA		
K_i	$\alpha/(\%)$	$c(H^+)/(mol \cdot L^{-1})$	$K_h=K_w/K_i$	$h/(\%)$	$c(OH^-)/(mol \cdot L^{-1})$
10^{-5}	1.0	10^{-3}	10^{-9}	10^{-2}	10^{-5}
10^{-7}	0.10	10^{-4}	10^{-7}	0.10	10^{-4}
10^{-9}	10^{-2}	10^{-5}	10^{-5}	1.0	10^{-3}

弱酸电离平衡常数仅适于稀溶液(一般<1、2 mol/L)计算 $c(H^+)$,因此不能用电离平衡常数判断冰醋酸(100%)、浓 H_3PO_4 等的酸性。往冰醋酸、浓 H_3PO_4、浓 NaOH、浓 H_2SO_4(因后两者加水过程溶液的性能和 H_3PO_4 等相似,所以一并讨论)中逐渐加水时,电解质电离增多,离子浓度加大,溶液导电性增大。当加水超过一定量时(电离程度增大,电离形成离子的浓度减小),溶液的导电性由强而减弱,就是说有一个导电性最强的浓度范围,如 18℃,CH_3COOH 为 47%~48%,H_3PO_4 约 46%,H_2SO_4 34%~35%,NaOH 约 22%。(顺便提及,配制铅蓄电池用 H_2SO_4 的浓度 32%~34%,电解 NaOH 溶液制 H_2、O_2 时,浓度常控制在约 20%。)

2. 如何改变一元弱酸溶液的氢离子浓度

实验常遇到需要改变弱酸的 $c(H^+)$而又不影响运用的要求。通常改变弱酸溶液

$c(H^+)$有三种途径：① 改变弱酸的浓度，如加水稀释，$c(H^+)$随之减小。和稀释前弱酸比，H^+总量不变，但$c(H^+)$下降，不适于实际工作。② 加入强酸，如等体积混合0.20 mol/L CH_3COOH 和 0.20 mol/L HCl 溶液，由于混合溶液中强酸的H^+抑制CH_3COOH的电离，溶液的$c(H^+)=0.10$ mol/L。这个混合的结果相当于把等体积CH_3COOH加到HCl溶液中，因此可近似认为它稀释了HCl的浓度，所以不把它归为弱酸溶液$c(H^+)$的改变范畴。③ 加入相应弱酸的可溶盐（同名离子）溶液，如混合后溶液中CH_3COOH的浓度为c_1，CH_3COONa的浓度为c_2，则

$$CH_3COOH \rightleftharpoons CH_3COO^- + H^+ \quad K=1.74\times10^{-5}$$

平衡态(mol/L)　　c_1-x　　　c_2+x　　　x

由前知，$c/K\geqslant400$可用简化法计算，现又有CH_3COO^-抑制CH_3COOH电离，x将更小，所以$c_1-x\approx c_1$，$c_2+x\approx c_2$。若$c_1=c_2=0.10$ mol/L，则$[H^+]=1.74\times10^{-5}$ mol/L（pH=4.76），比0.10 mol/L CH_3COOH的$c(H^+)=1.32\times10^{-3}$ mol/L小了许多，但H^+总量未变，不影响运用。化学上把这种加入同名离子（上例中CH_3COO^-）引起弱酸溶液中$c(H^+)$显著改变的现象，叫做同离子效应。

不难想象，加入弱酸盐的浓度决定（原）弱酸溶液$c(H^+)$改变的幅度。从实际运用角度看，c_1/c_2常介于10到0.1之间，即弱酸浓度是弱酸盐浓度的10倍到0.1倍，相应溶液的$c(H^+)$从$10K$到$0.1K$，对CH_3COOH和CH_3COONa混合液而言，$c(H^+)$从1.74×10^{-4} mol/L到1.74×10^{-6} mol/L。上述混合溶液的$c(H^+)$也可按CH_3COO^-水解受CH_3COOH抑制讨论。

$$CH_3COO^- + H_2O \rightleftharpoons CH_3COOH + OH^- \quad K=\frac{K_w}{K_i}=5.7\times10^{-10}$$

平衡态(mol/L)　　$0.10-y$　　　$0.10+y$　　　y

解得　　　　$y=[OH^-]=5.8\times10^{-10}$ mol/L

同理，往弱碱（设为$NH_3\cdot H_2O$溶液）中加入NH_4^+（同名离子）盐，$c(OH^-)$也将有很大改变，但总OH^-不变，不影响运用。

3. *如何维持一元弱酸溶液的氢离子浓度*

实验中常需要$c(H^+)$基本不变的溶液，如人体血液pH正常值为7.35，血液每时每刻都在参与化学反应，若pH达到7.30和7.40，7.25和7.45，人就病了，所以维持pH≈7.35很重要。化学上把遇有少量（外加）酸、碱而溶液pH基本不变的溶液，叫缓冲溶液。

缓冲溶液由弱酸（碱）及其盐（含同名离子）组成，如CH_3COOH-CH_3COONa，$NH_3\cdot H_2O$-NH_4Cl。弱酸（碱）及其盐的浓度和溶液pH"基本不变"的规定：通常把遇有少量（外加）酸、碱溶液pH改变小于0.1者，视作"基本不变"。现以1.0 L溶液中含0.10 mol/L CH_3COOH和0.10 mol/L CH_3COONa的缓冲溶液为例，其$[H^+]=1.74\times10^{-5}$ mol/L，pH=4.76。若通入0.01 mol的HCl（设通HCl前后溶液体积不变），则有相应量CH_3COO^-转化为CH_3COOH，即$[CH_3COOH]=0.11$ mol/L，而$[CH_3COO^-]=$

0.09 mol/L,代入得 pH=4.67(和 4.76 差 0.09,不足 0.1);加 0.01 mol NaOH(设加 NaOH 前后溶液体积不变),将有 CH_3COOH 与之反应,即[CH_3COOH]=0.09 mol/L,[CH_3COO^-]=0.11 mol/L,代入得 pH=4.85(差 0.09,不足 0.1)。以上两例 pH 的差值均已接近 0.1,由此得出结论:少量外加酸、碱是指其物质的量是组成缓冲溶液弱酸、弱酸盐物质的量的约 10%,即遇到≤约 10%(mol)外加酸(碱),缓冲溶液的 pH 基本不变。

1.0 L 缓冲溶液中 CH_3COOH 浓度(0.100 mol/L)和 CH_3COONa 浓度(设为 0.010 mol/L)不同,溶液的 pH=3.76。设通入 0.001 mol HCl(溶液体积不变),则[CH_3COOH]=0.101 mol/L,[CH_3COO^-]=0.009 mol/L,代入得 pH=2.81(差 0.05,小于 0.1),pH"不变";加入 0.001 mol NaOH,pH=3.71(差<0.1),pH"不变"。**提请关注**,少量外加酸、碱是组成缓冲溶液弱酸及其盐物质的量小的物种的约 10%。

若缓冲溶液中弱酸及其盐的浓度相差 10^2 倍,如 0.100 mol/L 和 0.001 mol/L,则约 10%(外加少量)酸、碱为 10^{-4} mol,若通入的是 HCl(g),仅约 2~3 mL,若加入 NaOH,为 4×10^{-3} g,太少了,没有实际意义。通常弱酸及其盐物质的量比介于 10 和 0.1 之间,缓冲溶液的[H^+]介于 $10K$ 到 $0.1K$ 之间,或 $pH=pK\pm1.00$。

一元弱碱($NH_3\cdot H_2O$)及其盐(NH_4Cl)组成的缓冲溶液,

$$NH_3\cdot H_2O \rightleftharpoons NH_4^+ + OH^- \quad pOH=pK+\lg\frac{[NH_4^+]}{[NH_3\cdot H_2O]}$$

关于缓冲溶液的三个问题:

(1) 弱酸(碱)及其盐组成缓冲溶液的

$$pH=pK_a+\lg\frac{[A^-]}{[HA]},\quad pOH=pK_b+\lg\frac{[M^+]}{[MOH]}$$

或

$$pH=pK_a\pm1.00,\quad pOH=pK_b\pm1.00$$

因此可根据 pK 选择缓冲对(指弱酸、弱碱及其盐),如人体血液 pH=7.35,其中含有的一种缓冲对是 $H_2PO_4^-$($pK=7.21$)-HPO_4^{2-}。

若需 pH 为 1、2、12、13 的缓冲溶液,可直接用 HCl 或 NaOH 溶液。设 1.0L 0.10 mol/L HCl 的 pH=1.00,若通入 0.01 mol HCl(g)(为原 HCl 量的 10%),pH=0.96(差<0.1);若加入 0.01 mol NaOH(为 HCl 的 10%),pH=1.05(差<0.1)。

(2) 硼砂 $Na_2B_4O_5(OH)_4$ 是四硼酸盐,因水解形成等物质的量的 H_3BO_3 和 $B(OH)_4^-$(硼酸根),所以它的溶液具有缓冲作用。

$$B_4O_5(OH)_4^{2-}+H_2O = 2H_3BO_3+2B(OH)_4^-$$

$pH=pK=9.24$。(因硼砂溶液 pH 随温度变化较小,被用来校准 pH 计。)

(3) 血液中另一个缓冲对是 H_2CO_3-HCO_3^-,因为呼吸时会释出 CO_2,即 CO_2 在血液中的含量可以调节,所以两者(H_2CO_3 和 HCO_3^-)浓度比可超过 10∶1。

前面讨论同离子效应时强调把弱酸(碱)盐加到弱酸(碱)溶液中,配制缓冲溶液时强调按一定浓度混合弱酸(碱)及其盐,下面讨论强碱(酸)滴定弱酸(碱)过程中 $c(H^+)$的改变。以 NaOH 滴定 CH_3COOH 为例,滴定前溶液 pH 由 CH_3COOH 电离决定,开始滴入 NaOH,CH_3COOH 浓度下降,以及形成的 CH_3COO^- 抑制 CH_3COOH 电离,所以在同样滴定百分率的条件下,CH_3COOH(弱酸)溶液 $c(H^+)$改变大于 HCl(强酸)(表 4-7,图 4-1)。

表 4-7　0.1000 mol/L NaOH 滴定 20.00 mL 0.1000 mol/L HCl、CH_3COOH、HA($K_a=10^{-7}$)

<table>
<tr><th rowspan="2">V_{NaOH}/mL</th><th rowspan="2">酸被滴定的百分数/%</th><th colspan="3">溶液 pH</th></tr>
<tr><th>HCl</th><th>CH_3COOH</th><th>HA($K_a=10^{-7}$)</th></tr>
<tr><td>0</td><td>0</td><td>1.00</td><td>2.88</td><td>4.00</td></tr>
<tr><td>10.00</td><td>50.00</td><td>1.48</td><td>4.76</td><td>7.00</td></tr>
<tr><td>18.00</td><td>90.00</td><td>2.28</td><td>5.71</td><td>7.95</td></tr>
<tr><td>19.80</td><td>99.00</td><td>3.30</td><td>6.76</td><td>9.00</td></tr>
<tr><td>19.96</td><td>99.80</td><td>4.00</td><td>7.46</td><td rowspan="3">9.56
9.70
9.85
10.00
10.14 突跃</td></tr>
<tr><td>19.98
20.00
20.02</td><td>99.9
100.0
100.1</td><td>4.30
7.00
9.70 突跃</td><td>7.76
8.73
9.70 突跃</td></tr>
<tr><td>20.04</td><td>100.2</td><td>10.00</td><td>10.00</td></tr>
<tr><td>20.20</td><td>101.0</td><td>10.70</td><td>10.70</td><td>10.70</td></tr>
<tr><td>22.00</td><td>110.0</td><td>11.68</td><td>11.70</td><td>11.70</td></tr>
</table>

强碱滴定强酸,pH 突跃区间为 4.3～9.7,所以可用甲基橙或酚酞作指示剂;NaOH 滴定 CH_3COOH,pH 突跃区间在 7.7～9.7,应选用酚酞作指示剂;NaOH 滴定 HA($K_a=10^{-7}$),pH 突跃区间在 9.5～10.1,需用百里酚酞作指示剂(变色 pH 区间 9.4～10.6)。

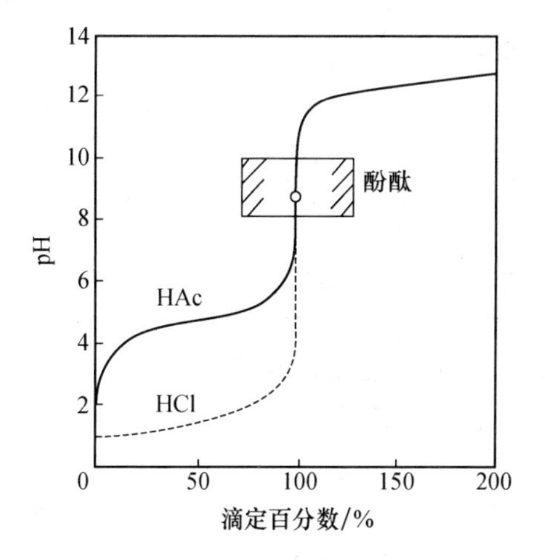

图 4-1　0.1000 mol/L NaOH 滴定 0.1000 mol/L HAc 的滴定曲线

由此推论可知,很弱的酸不能用 NaOH 滴定,因为 pH"突跃区间"内,没有相应的指示剂。若弱酸的电离常数为 K,浓度为 c(mol/L),当 $cK>10^{-8}$时可被滴定。

同理,用强酸(HCl)滴定弱碱($NH_3\cdot H_2O$),过程中因 $c(NH_3\cdot H_2O)$降低及形成的 NH_4^+ 抑制尚未被滴定 $NH_3\cdot H_2O$ 的电离,所以溶液的 $c(OH^-)$改变快,pH 突跃区间为 6～4,指示剂是甲基橙。同理,很弱碱不可能被强酸滴定。

三、多元弱酸　多元弱酸酸式盐在溶液中的平衡

1. 多元弱酸溶液的氢离子浓度

多元弱酸，如 H_2CO_3、H_3PO_4……，它们的电离都是分步进行的，每步都有相应的电离平衡常数，其中 $K_1>K_2$、$K_2>K_3$……。设 H_2CO_3 的起始浓度为 c，两步电离如下：

$$H_2CO_3 \rightleftharpoons H^+ + HCO_3^- \quad K_1=4.2\times10^{-7}$$

平衡态(mol/L)　$c-x$　　$x+y$　$x-y$

$$HCO_3^- \rightleftharpoons H^+ + CO_3^{2-} \quad K_2=5.6\times10^{-11}$$

平衡态(mol/L)　$x-y$　　$x+y$　y

式中 x 为第一步电离消耗 H_2CO_3 的浓度，y 为第二步电离消耗 HCO_3^- 的浓度。第二步电离的 K_2 较小，加上电离受到第一步电离形成的 H^+ 的抑制，所以 y 很小，即 $x-y\approx x+y\approx x$。就是说，多元弱酸溶液的 $c(H^+)$ 按一级电离处理，并且$[H^+]\approx[HCO_3^-]$。因为$[H^+]\approx[HCO_3^-]$，则由第二步电离平衡关系式：$\frac{[H^+][CO_3^{2-}]}{[HCO_3^-]}=K_2$，可知：酸根$[CO_3^{2-}]=K_2=5.6\times10^{-11}$ mol/L。

同理，H_3PO_4 是三元弱酸，分三步电离。溶液的 $c(H^+)$ 可按一级电离处理。因$[H^+]\approx[H_2PO_4^-]$，所以$[HPO_4^{2-}]\approx K_2=6.17\times10^{-8}$ mol/L(附：H_3PO_4 中的 HPO_4^{2-} 和二元弱酸 H_2CO_3 中的 CO_3^{2-} 相当)，有了$[H^+]$、$[HPO_4^{2-}]$及 K_3 就可求得$[PO_4^{3-}]$。

多元弱酸根的水解也是分步进行的，每步有各自的 K_h，并且 $K_{h_1}>K_{h_2}$，$K_{h_2}>K_{h_3}$……，因此溶液的$[OH^-]$按一级水解处理。对 Na_2CO_3 溶液而言，其$[H_2CO_3]\approx K_{h_2}$(表 4-8)。

表 4-8　H_2CO_3 溶液电离，Na_2CO_3 溶液水解

H_2CO_3 电离 $K_1=4.2\times10^{-7}$　$K_2=5.6\times10^{-11}$	CO_3^{2-} 水解 $K_{h_1}=1.8\times10^{-4}$　$K_{h_2}=2.4\times10^{-8}$
$[H^+]\approx[HCO_3^-]$，按一级电离	$[OH^-]\approx[HCO_3^-]$，按一级水解
$[CO_3^{2-}]\approx K_2$	$[H_2CO_3]\approx K_{h_2}$

二元弱酸中各种离子(通常称为型体)浓度的(从)大(到)小序：一般$[H_2A]>[HA^-]\approx[H^+]>[A^{2-}]$。其中$[OH^-]<[H^+]$是肯定的。**提请关注**，对于较强的二元弱酸如 $H_2C_2O_4$、H_2SO_3，电离形成的$[H^+]$较大，由$[H^+][OH^-]=10^{-14}$知$[OH^-]$较小，所以$[OH^-]<K_2$(即$[A^{2-}]$)；而对于较弱的二元弱酸，如 H_2CO_3、H_2S，电离形成的$[H^+]$较小，即溶液的$[OH^-]$略大，所以$[OH^-]>K_2$(即$[A^{2-}]$)。

2. 多元弱酸酸式盐溶液的氢离子浓度及同离子效应

若把多元弱酸视为有多个弱酸，如磷酸溶液由 H_3PO_4、$H_2PO_4^-$、HPO_4^{2-} 三种“弱酸”构成，由电离平衡关系式可知：它们相应的同离子，如 H_3PO_4 电离的同离子是 $H_2PO_4^-$，

$H_2PO_4^-$ 电离的同离子是 HPO_4^{2-}，HPO_4^{2-} 电离的同离子是 PO_4^{3-}。同理，H_2CO_3 和 HCO_3^- 电离的同离子分别是 HCO_3^- 和 CO_3^{2-}。

多元弱酸酸式盐溶液，以 KH_2PO_4 为例，溶于水完全电离成 K^+ 和 $H_2PO_4^-$，$H_2PO_4^-$ 既能电离，又能水解。

电离：　$H_2PO_4^- \rightleftharpoons H^+ + HPO_4^{2-}$　$K_2 = 6.18\times10^{-8}$

水解：　$H_2PO_4^- + H_2O \rightleftharpoons H_3PO_4 + OH^-$　$K_{h_3} = \dfrac{10^{-14}}{6.92\times10^{-3}} = 1.45\times10^{-12}$

根据 K_2(电离)>K_{h_3}(水解)，可知 KH_2PO_4 溶液呈酸性，具体 $c(H^+)$ 可按下列两个平衡处理：

物料平衡　$[K^+]=[H_3PO_4]+[H_2PO_4^-]+[HPO_4^{2-}]$

电荷平衡　$[K^+]+[H^+]=[H_2PO_4^-]+[OH^-]+2[HPO_4^{2-}]$　（因 HPO_4^{2-} 是－2 价，所以其电荷数为 $2[HPO_4^{2-}]$）

两式相减，经整理得

$$[H_3PO_4]+[H^+]=[OH^-]+[HPO_4^{2-}]$$

除$[H^+]$外，把其他三种型体都换成有$[H^+]$的算式，如$[OH^-]=\dfrac{K_w}{[H^+]}$，$[H_3PO_4]=\dfrac{[H^+][H_2PO_4^-]}{K_1}$，$[HPO_4^{2-}]=\dfrac{K_2[H_2PO_4^-]}{[H^+]}$，移项整理得

$$[H^+]=\sqrt{\frac{K_1K_2[H_2PO_4^-]+K_1K_w}{[H_2PO_4^-]+K_1}}$$

因 $H_2PO_4^-$ 的电离、水解都不大，所以其浓度可被视为原酸式盐的浓度 c，通常 c 比 K_1 大，(算式分子上)$K_2c>K_w$，(理论计算，只要大 20 倍)可按简化计算，即(算式分子上)$K_1K_2c+K_1K_w\approx K_1K_2c$，(算式分母)$c+K_1\approx c$，经简化得

$$[H^+]\approx\sqrt{K_1K_2}$$

若把关系式换成负对数，则

$$pH\approx\frac{1}{2}(pK_1+pK_2)$$

已知 H_3PO_4 的 $pK_1=2.16$，$pK_2=7.21$，$pK_3=12.32$，那么 KH_2PO_4 溶液的

$$pH\approx\frac{1}{2}(2.16+7.21)=4.69$$

提请关注，因 $H_2PO_4^-$ 发生电离、水解，即实际 $H_2PO_4^-$ 的浓度略小于 c，所以 $pH\approx4.6$。

同理，K_2HPO_4 溶液中 HPO_4^{2-} 既要水解，又要电离，同上可得

$$[H^+]\approx\sqrt{K_2K_3}$$

$$pH\approx\frac{1}{2}(pK_2+pK_3)$$

所以 K_2HPO_4 溶液的 $pH\approx9.7$。

多元弱碱，如 N_2H_4（肼）为二元弱碱，$K_{b_1}=3.0\times10^{-6}$（$pK_{b_1}=5.52$），$K_{b_2}=8.9\times10^{-16}$（$pK_{b_2}=15.05$），则其盐 N_2H_5Cl 溶液

$$[OH^-]\approx5.2\times10^{-11}\ \text{mol/L}$$

$$pOH\approx\frac{1}{2}(pK_{b_1}+pK_{b_2})\approx10.3$$

3. *多元弱酸及其酸式盐组成的缓冲溶液*

由前文知，弱酸及其盐组成缓冲溶液的 $pH=pK\pm1.00$，那么

由 H_3PO_4-$H_2PO_4^-$ 组成的缓冲溶液　$pH=2.16\pm1.00$

$H_2PO_4^-$-HPO_4^{2-} 组成的缓冲溶液　$pH=7.21\pm1.00$

HPO_4^{2-}-PO_4^{3-} 组成的缓冲溶液　$pH=12.32\pm1.00$

H_2CO_3-HCO_3^- 组成的缓冲溶液　$pH=6.38\pm1.00$

HCO_3^--CO_3^{2-} 组成的缓冲溶液　$pH=10.25\pm1.00$

……

四、一定 pH 条件下弱酸的型体

对一元弱酸，如醋酸的型体指 CH_3COOH、CH_3COO^-；对多元弱酸，如磷酸的型体是 H_3PO_4、$H_2PO_4^-$、HPO_4^{2-}、PO_4^{3-}。先讨论一元弱酸。

$$HA \rightleftharpoons H^+ + A^- \quad K$$

对平衡关系式两边取对数，移项得

$$pH=pK+\lg\frac{[A^-]}{[HA]}$$

每种弱酸有各自的 K，也就是有一定的 pK。如 CH_3COOH 的 $pK=4.76$，则 $pH=4.76+\lg\frac{[CH_3COO^-]}{[CH_3COOH]}$。$pH<4.76$ 时，$[CH_3COOH]$ 比 $[CH_3COO^-]$ 多，若是 3.76、2.76，则 $[CH_3COOH]$ 是 $[CH_3COO^-]$ 的 10 倍、100 倍；$pH=4.76$，$[CH_3COOH]=[CH_3COO^-]$；$pH>4.76$，若 pH 为 5.76、6.76，则 $[CH_3COO^-]$ 是 $[CH_3COOH]$ 的 10 倍、100 倍。溶液中 CH_3COOH 和 CH_3COO^- 总量为 1.00，不同 pH 条件下若各型体用分数表示，如 $pH=4.76$ 时，$[CH_3COOH]$ 和 $[CH_3COO^-]$ 各占 0.50，对画型体分数和 pH 得图 4-2。（具体运用的原理，在下面多元弱酸中一起讨论。）

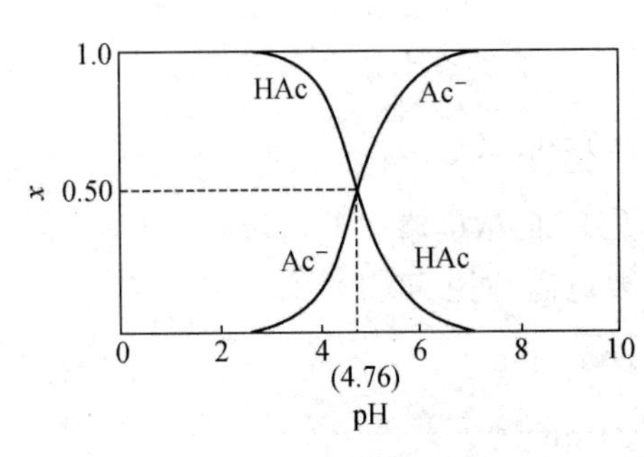

图 4-2　HAc 的型体分布图

若把多元弱酸当作由几种弱酸组成的溶液，以 H_3PO_4 为例：

$$H_3PO_4 \rightleftharpoons H^+ + H_2PO_4^- \quad pH = 2.16 + \lg \frac{[H_2PO_4^-]}{[H_3PO_4]}$$

$$H_2PO_4^- \rightleftharpoons H^+ + HPO_4^{2-} \quad pH = 7.21 + \lg \frac{[HPO_4^{2-}]}{[H_2PO_4^-]}$$

$$HPO_4^{2-} \rightleftharpoons H^+ + PO_4^{3-} \quad pH = 12.32 + \lg \frac{[PO_4^{3-}]}{[HPO_4^{2-}]}$$

对画磷酸型体分数和 pH 得图 4-3。$pH<2.16$ 时，$[H_3PO_4]$为主，化学上叫做 H_3PO_4 优势区；同理，$H_2PO_4^-$ 优势区：$2.16<pH<7.21$；HPO_4^{2-} 优势区：$7.21<pH<12.32$；$pH>12.32$ 是 PO_4^{3-} 的优势区。根据图 4-3，可以讨论以下几个问题。

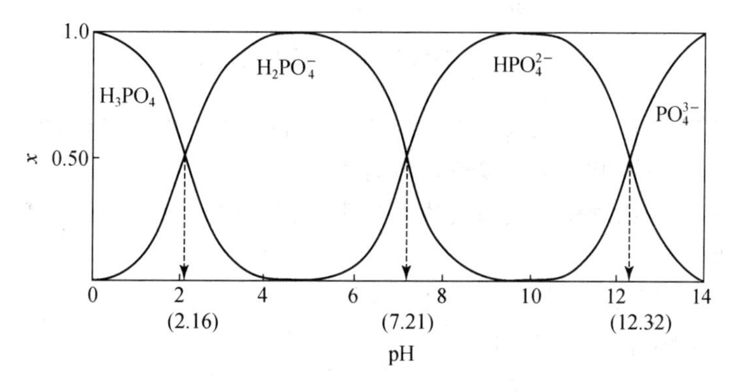

图 4-3 H_3PO_4 的型体分布图

(1) KH_2PO_4 溶液的 pH。溶液中 $H_2PO_4^-$ 既能电离，又能水解，(由 K_2、K_{h_3} 都不大可知)两个反应的量不大，就是说溶液中仍以 $H_2PO_4^-$ 为主，所以$[H_2PO_4^-]\approx c$。由图 4-3 知，$pH=2.16$ 时$[H_3PO_4]=[H_2PO_4^-]$，$pH=7.21$ 时$[H_2PO_4^-]=[HPO_4^{2-}]$，因此 $H_2PO_4^-$ 型体为主的 $pH\approx\frac{1}{2}(2.16+7.21)$；同理，$K_2HPO_4$ 溶液的 $pH\approx\frac{1}{2}(7.21+12.32)$，此处得到的 pH，和上节简化计算结果相似。

(2) 若以 H_3PO_4 为原料，和碱反应制备 NaH_2PO_4、Na_2HPO_4、Na_3PO_4。制 NaH_2PO_4 时，pH 应控制 $H_2PO_4^-$ 量为主的区间，即$\approx\frac{1}{2}(pK_1+pK_2)$；同理，制 Na_2HPO_4 时，相应 pH 控制在$\approx\frac{1}{2}(pK_2+pK_3)$；制备 Na_3PO_4，若控制 $pH=14.3$，此时$[PO_4^{3-}]$是$[HPO_4^{2-}]$的 100 倍，$pH=14.3$ 时 NaOH 浓度较大，有时析出的晶体中带有 NaOH，如 $Na_3PO_4\cdot\frac{1}{4}NaOH\cdot12H_2O$。

有一个问题提请考虑：文献报道，制 NaH_2PO_4 时，可用 NaOH 或 Na_2CO_3 和 H_3PO_4 反应；而制备 Na_2HPO_4，只能用 NaOH 和 H_3PO_4 反应，而不能用 Na_3CO_3，为什么？(H_2CO_3 的 $pK_1=6.38$，$pK_2=10.25$)

(3) 能否用强碱只中和 H_3PO_4 中"第一个 H^+"？若可以的话，该选用什么指示剂？只中和 H_3PO_4 中"第一个 H^+"，即要求 H_3PO_4 尽可能转化为 $H_2PO_4^-$，由图 4-3 知，$H_2PO_4^-$ 最大量在 $pH=\frac{1}{2}(2.16+7.21)=4.69$，可选用甲基橙作指示剂。

为简便起见，把图 4-3 简化为图 4-4，根据此图也能讨论以上提及的三个问题。不难想象，没有图，根据 pK_1、pK_2、pK_3 也能讨论以上三个问题。

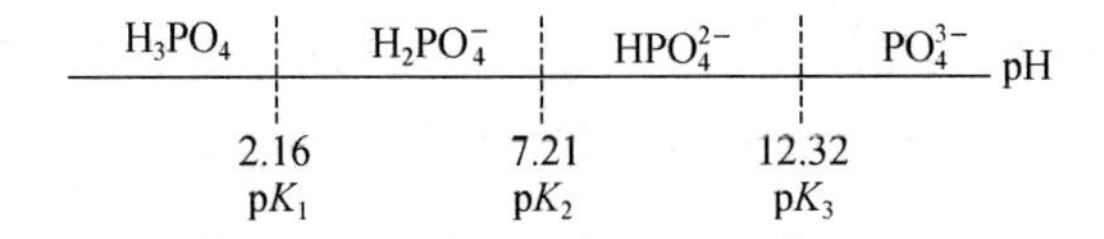

图 4-4 磷酸型体分布优势区域图

本节通过"作图(比较形象)、简化图"，到"没有图"的目的是，从参考书上找到有关的 K 后，便可作出相应的判断，下面以氨基酸为例。

为增大相对分子质量较大氨基酸的水溶性，把它们制成钠盐，如谷氨酸钠(味精)，或制成盐酸盐，如

甘氨酸盐 $[NH_3CH_2COOH]^+ Cl^-$

赖氨酸盐 $[NH_3CH_2CH_2CH_2CH_2CH(NH_3)COOH]^{2+} Cl_2^-$

谷氨酸盐 $[HOOCCH_2CH_2CH(NH_3)COOH]^+ Cl^-$

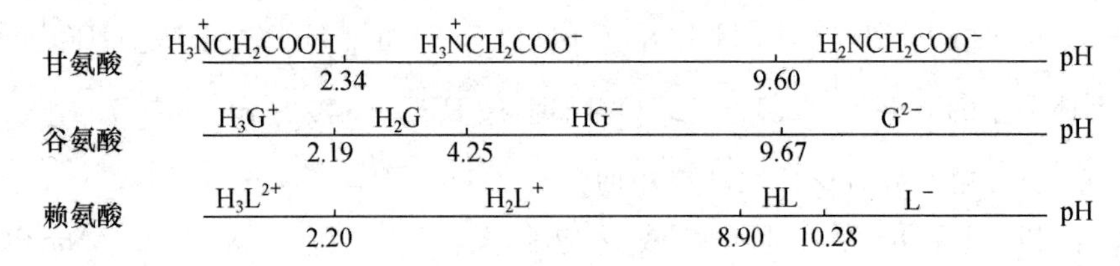

图 4-5 甘氨酸、谷氨酸、赖氨酸型体分布图

甘氨酸盐的阳离子为 $\overset{+}{N}H_3CH_2COOH$，能分步电离 2 个 H^+，$pK_1=2.34$，$pK_2=9.60$。$pH<2.34$ 时，以 $\overset{+}{N}H_3CH_2COOH$(阳离子)为主；$2.34<pH<9.60$ 时，以 $\overset{+}{N}H_3CH_2COO^-$[不带电荷型体最多时的 $pH=\frac{1}{2}(2.34+9.60)=5.97$ 叫等电点或等离点]为主；$pH>9.60$ 时，以 $NH_2CH_2COO^-$ 阴离子为主。

谷氨酸盐的阳离子以 H_3G^+ 代表，能电离 3 个 H^+，$pK_1=2.19$，$pK_2=4.25$，$pK_3=9.67$。$pH<2.19$，以 H_3G^+(+1 价阳离子)为主；$2.19<pH<4.25$，以 H_2G(不带电荷)为主；

4.25<pH<9.67，以 HG^-（−1 价阴离子）为主；pH>9.67，以 G^{2-}（−2 价阴离子为主）。

赖氨酸盐的阳离子以 H_3L^{2+}（+2 价阳离子）表示，三步电离常数为：$pK_1=2.20$，$pK_2=8.90$，$pK_3=10.28$。pH<2.20 时，以 H_3L^{2+} 为主；2.20<pH<8.90，以 H_2L^+（+1 价阳离子）为主；8.90<pH<10.28，以 HL（不带电荷）为主；pH>10.28，以 L^-（−1 价阴离子）为主。

氨基酸盐酸盐的阳离子可电离多个 H^+，并有相应的 pK 值，因此甘氨酸根（阳离子）相当于二元弱酸，谷氨酸根阳离子、赖氨酸根阳离子相当于三元弱酸。和多元弱酸不同的是，电离形成的有阳离子型体、电中性型体、阴离子型体。对含阴离子、中性分子、阳离子的溶液通入直流电，阴离子向阳极移动，阳离子向阴极移动，可将带不同电荷的氨基酸根型体分离——电泳。

请考虑下列问题：若溶液中含有甘氨酸、谷氨酸、赖氨酸，控制溶液 pH≈6，通以直流电，能达到分离的效果吗？

最后讨论，从多元弱酸分级电离常数的差值判断相应定量分析的误差。此前已讨论过用 NaOH 滴定 H_3PO_4 中 1(2) 个 H^+，分别选用甲基橙（酚酞）作指示剂，滴定误差有多大？

滴定 H_3PO_4 中第一个 H^+，应使 H_3PO_4 尽可能转变为 $H_2PO_4^-$，$H_2PO_4^-$ 最多时的 $pH=\frac{1}{2}(2.16+7.21)=4.69$，把 pH=4.69 分别代入

$$4.69=2.16+\lg\frac{[H_2PO_4^-]}{[H_3PO_4]}\quad 得\frac{[H_2PO_4^-]}{[H_3PO_4]}=338$$

$$4.69=7.21+\lg\frac{[HPO_4^{2-}]}{[H_2PO_4^-]}\quad 得\frac{[HPO_4^{2-}]}{[H_2PO_4^-]}=\frac{1}{338}$$

在 H_3PO_4、$H_2PO_4^-$、HPO_4^{2-} 三种型体中（附：pH=4.69 时，$[PO_4^{3-}]<10^{-7}$ mol/L，可忽略），$H_2PO_4^-$ 占 338/(338+1+1)=0.994，而 H_3PO_4、HPO_4^{2-} 共占 0.6%，定量分析指出这个滴定反应的误差为 0.6%。同理，可知 HPO_4^{2-} 最多时的 $pH=\frac{1}{2}(7.21+12.32)=9.77$，把 pH=9.77 代入

$$9.77=7.21+\lg\frac{[HPO_4^{2-}]}{[H_2PO_4]},\quad 9.77=12.32+\lg\frac{[PO_4^{3-}]}{[HPO_4^{2-}]}$$

（此时，$[H_3PO_4]<10^{-7}$ mol/L，可忽略），得 $[HPO_4^{2-}]$ 为 0.995%，（理论上）误差为 0.5%（图 4-4）。

用 HCl 滴定 CO_3^{2-} 首先生成 HCO_3^-（酚酞指示剂），换成甲基红作指示剂，继续滴加 HCl 使 HCO_3^- 转化为 H_2CO_3。在用酚酞作指示剂，滴定终点 $[HCO_3^-]$ 最大时，$pH=\frac{1}{2}(pK_1+pK_2)=\frac{1}{2}(6.38+10.25)=8.32$，把它代入

$$8.32=6.38+\lg\frac{[HCO_3^-]}{[H_2CO_3]}\quad 得\frac{[HCO_3^-]}{[H_2CO_3]}=87$$

$$8.32=10.25+\lg\frac{[CO_3^{2-}]}{[HCO_3^-]}\quad 得\frac{[CO_3^{2-}]}{[HCO_3^-]}=\frac{1}{87}$$

在 H_2CO_3、HCO_3^-、CO_3^{2-} 三种型体中，HCO_3^- 占 87/89＝0.978，(理论上)误差≈2%。

总之，可根据多元弱酸 K_1 和 K_2、K_2 和 K_3 的差值，(若能逐个滴定 H^+ 的话)判断误差。现以二元弱酸为例作一般性讨论：

若 H_2A 的 K_1 与 K_2 差 10^6，则 pK_1 和 pK_2 差 6，$\frac{1}{2}(pK_1+pK_2)$和 pK_1、pK_2 分别差 3，$[HA^-]$最多时占 1000/(1000＋1＋1)＝0.998，(理论上)误差为 0.2%。

若 K_1 和 K_2 差 10^5，则 pK_1 和 pK_2 差 5，两者平均值分别和 pK_1、pK_2 差 2.5(其反对数为 316)，$[HA^-]$最多时占 316/(316＋1＋1)＝0.994%，(理论)误差为 0.6%。

若 pK_1 和 pK_2 差 4，则$[HA^-]$最多时占 100/102＝0.98，误差 2%。

若 pK_1 和 pK_2 差 3，则$[HA^-]$最多时占 32/34＝0.94，误差为 6%，误差太大，没有意义。

由上可知，若多元弱酸 pK_1 与 pK_2 的差＜4(不包括略小者)，不能分步滴定 H^+，如酒石酸是二元弱酸，$pK_1=3.04$，$pK_2=4.37$(图 4-6)。因 $pK_2=4.37$(和 CH_3COOH 相近)，可用 NaOH 同时滴定其中 2 个 H^+(酚酞指示剂)。顺便提及，市售醋中含醋(以 CH_3COOH 为代表)量 4%～8%，其中除 CH_3COOH 外还含有酒石酸等，用 NaOH 滴定市售醋中醋酸含量实际上是总酸量。

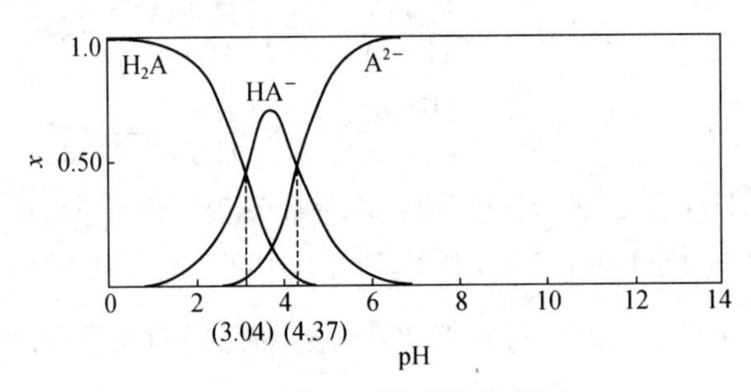

图 4-6 酒石酸的型体分布图

附：弱碱在一定 pH 条件下型体问题同上，不重复。

以上讨论同样也适用于其他有若干个连续 K 的问题，连续诸 K 差值大的，分步反应明显(定量分析基础)，如逐渐往 Na_3PO_4 溶液中滴加 HCl，分步反应是

$$PO_4^{3-}+H^+═HPO_4^{2-}$$

$$HPO_4^{2-}+H^+═H_2PO_4^-$$

$$H_2PO_4^-+H^+═H_3PO_4$$

HCl 逐滴加到 $Na_2C_4H_4O_6$(酒石酸钠)溶液中，酒石酸根 $C_4H_4O_6^{2-}$ 分步质子含有交叉(图 4-6)。连续两个 K 间差值越小，分步交叉越明显，如 Cu^{2+} 和 NH_3 分步配位的常数：

$$Cu^{2+} + NH_3 \rightleftharpoons Cu(NH_3)^{2+} \qquad \lg K_1 = 4.1$$

$$Cu(NH_3)^{2+} + NH_3 \rightleftharpoons Cu(NH_3)_2^{2+} \qquad \lg K_2 = 3.5$$

$$Cu(NH_3)_2^{2+} + NH_3 \rightleftharpoons Cu(NH_3)_3^{2+} \qquad \lg K_3 = 2.9$$

$$Cu(NH_3)_3^{2+} + NH_3 \rightleftharpoons Cu(NH_3)_4^{2+} \qquad \lg K_4 = 2.1$$

前后两个 K 相差不大，所以把 $NH_3 \cdot H_2O$ 逐滴加到 Cu^{2+} 溶液中，各步配位反应交叉明显(图 4-7)。当加入过量 $NH_3 \cdot H_2O$(Cu^{2+} 和 $NH_3 \cdot H_2O$ 物质的量比为 1∶>4)时，才可能主要以 $Cu(NH_3)_4^{2+}$ 型体存在。

同理，NH_3 和 Ag^+ 逐步配位常数为：$\lg K_1 = 4.00$，$\lg K_2 = 3.40$，把 $NH_3 \cdot H_2O$ 逐滴加到 Ag^+ 溶液的过程中，分步配位反应交叉明显，直到 $NH_3 \cdot H_2O$ 过量(Ag^+ 和 $NH_3 \cdot H_2O$ 物质的量比为 1∶>2)，才可能主要以 $Ag(NH_3)_2^+$ 型体存在。附：本书不准备讨论分步配位的问题，而是关注在有过量配位体(如上述 Cu^{2+} 和 $NH_3 \cdot H_2O$ 物质的量比为 1∶>4)条件下的平衡关系。

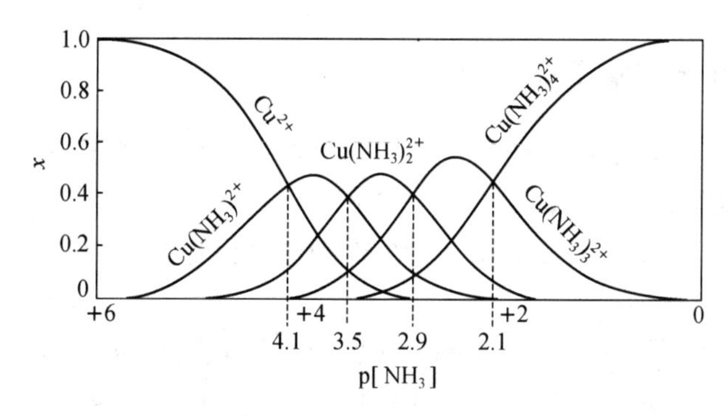

图 4-7 Cu^{2+} 和 NH_3 配位各种型体的分布

以上讨论，只关注平衡而未涉及电离达到平衡所需时间的理由是：电离速率很快，如 CH_3COOH 从开始电离到达平衡所需时间为 $(2\sim3)\times10^{-6}$ s，太快了，所以不讨论。现将水溶液中质子传递速率及电离平衡常数列于表 4-9 中，供参考。表 4-9 中，k_f、k_r 分别表示正、逆向反应的速率常数。

表 4-9 质子传递反应的速率常数、平衡常数(室温)*

反应式	$k_f/(mol^{-1} \cdot dm^3 \cdot s^{-1})$	$k_r/(mol^{-1} \cdot dm^3 \cdot s^{-1})$	K
$H^+ + OH^- \rightleftharpoons H_2O$	1.4×10^{11}	2.5×10^{-5}	1.8×10^{-16}
$H^+ + NH_3 \rightleftharpoons NH_4^+$	4.3×10^{10}	24	5.6×10^{-10}
$H^+ + HS^- \rightleftharpoons H_2S$	7.5×10^{10}	8.3×10^{3}	1.1×10^{-7}
$H^+ + CH_3COO^- \rightleftharpoons CH_3COOH$	4.5×10^{10}	8.4×10^{5}	1.9×10^{-5}
$H^+ + F^- \rightleftharpoons HF$	1.0×10^{10}	7×10^{7}	7×10^{-3}

续表

反应式	$k_f/(mol^{-1}\cdot dm^3\cdot s^{-1})$	$k_r/(mol^{-1}\cdot dm^3\cdot s^{-1})$	K
$H^+ SO_4^{2-} = HSO_4^-$	1×10^{11}	1×10^{9}	10^{-2}
$H^+ + H_2O = H_3O^+$	1×10^{10}	1×10^{10}	1
$OH^- + HATP^{3-} = H_2O + ATP^{4-}$ **	1.2×10^{9}	38	
$OH^- + NH_4^+ = H_2O + NH_3$	3.4×10^{10}	6×10^{5}	1.8×10^{-5}
$OH^- + HCO_3^- = H_2O + CO_3^{2-}$	6×10^{9}	1.2×10^{6}	2×10^{-4}
$OH^- + HPO_4^{2-} = H_2O + PO_4^{3-}$	2×10^{9}	4×10^{7}	2×10^{-2}
$OH^- + SO_2(NH_2)_2 =$ $H_2O + SO_2(NH_2)(NH^-)$	3×10^{9}	3×10^{9}	1

* Eigen, M., Angew. Chem. Int. Ed. 3. 1 (1964)

** ATP 为三磷酸腺苷根。

五、难溶物的沉淀溶解平衡

一定温度下，难溶物也能溶解，只是溶解度小。如 $BaSO_4$ $0.00024^{20°}$，AgCl $0.000152^{20°}$，$CaCO_3$ $0.0022^{18°}$，Ag_2CrO_4 $0.0034^{20°}$。

饱和溶液中相应离子浓度的乘积（含幂）为定值，称为溶（解）度（乘）积，以 K_{sp} 表示。如

$$AgCl(s) = Ag^+(aq) + Cl^-(aq) \quad K_{sp} = [Ag^+][Cl^-]$$

$$Ag_2CrO_4(s) = 2Ag^+(aq) + CrO_4^{2-}(aq) \quad K_{sp} = [Ag^+]^2[CrO_4^{2-}]$$

因为溶解平衡是多相平衡，所以 K_{sp} 和（平衡时）沉淀量无关。对于同类型难溶物，如 AgCl、AgBr、AgI 的 $K_{sp}=[Ag^+][X^-]$ 依次为 1.8×10^{-10}、5×10^{-13}、8.9×10^{-17}，表明三者中 AgI 最难溶。同理，AB 型的 $CaCO_3$（$K_{sp}=2.5\times10^{-9}$）比 $MgCO_3$（1.0×10^{-5}）难溶；AB_2 型的 $Fe(OH)_2$（8.0×10^{-16}）比 $Mg(OH)_2$（1.8×10^{-11}）难溶；AB_3 型的 $Fe(OH)_3$（4×10^{-38}）比 $Al(OH)_3$（1.3×10^{-33}）难溶。不同类型的难溶物，有时不能简单地根据 K_{sp} 判断相对难溶程度。如前述 Ag_2CrO_4 的溶解度比 AgCl 大，但 Ag_2CrO_4 的 $K_{sp}=2.0\times10^{-12}$ 却小于 AgCl（1.8×10^{-10}）。

难溶物溶解度和溶度积的关系，以 $BaSO_4$、Ag_2CrO_4、$CaCO_3$ 为例。

$$BaSO_4 = Ba^{2+} + SO_4^{2-} \text{①} \quad K_{sp} = [Ba^{2+}][SO_4^{2-}]$$

20℃溶解度为 0.00024 g，则 1.0 L H_2O 中溶解 0.0024 g，其物质的量浓度为

$$0.0024\,g \times \frac{1}{1.0\,L} \times \frac{1}{233\,g/mol} = 1.04\times10^{-5}\ mol/L$$

① 为简化起见，式中略去物质状态(aq)、(s)等。

$BaSO_4$ 是强酸强碱盐，溶解于水完全电离，则

$[Ba^{2+}][SO_4^{2-}]=(1.04\times10^{-5})^2=1.08\times10^{-10}\approx1.1\times10^{-10}$　（文献值：1.1×10^{-10}）

$$Ag_2CrO_4 = 2Ag^+ + CrO_4^{2-}$$

15℃溶解度为 0.0034 g，其物质的量浓度为

$$0.0034\ \text{g}\times\frac{1}{0.1\ \text{L}}\times\frac{1}{332\ \text{g/mol}}=1.0\times10^{-4}\ \text{mol/L}$$

$$[Ag^+]^2[CrO_4^{2-}]=(2\times1.0\times10^{-4})^2(1.0\times10^{-4})$$

$$=4\times10^{-12}\quad(\text{和文献值 }2.0\times10^{-12}\text{ 相近})$$

$$CaCO_3 = Ca^{2+} + CO_3^{2-}$$

18℃溶解度为 0.0022 g，其物质的量浓度为

$$0.0022\ \text{g}\times\frac{1}{0.1\ \text{L}}\times\frac{1}{100\ \text{g/mol}}=2.2\times10^{-4}\ \text{mol/L}$$

$$[Ca^{2+}][CO_3^{2-}]=(2.2\times10^{-4})^2=4.8\times10^{-8}$$

此值明显大于文献值 2.5×10^{-9}，为什么？

文献报道：室温（在没有 CO_2 的影响下），$CaCO_3$ 饱和溶液的 pH=8.3，表明溶解了的 CO_3^{2-} 发生水解反应，由 pH 和 pK_2（H_2CO_3 K_2 的负对数）关系式

$$8.3=10.25+\lg\frac{[CO_3^{2-}]}{[HCO_3^-]}$$

可知，CO_3^{2-} 水解成 HCO_3^- 反应较完全。CO_3^{2-} 浓度下降，促进 $CaCO_3$ 溶解，结果是 $[CO_3^{2-}]$有所下降，而$[Ca^{2+}]$（和 CO_3^{2-} 比）略有增大，即$[Ca^{2+}]\neq[CO_3^{2-}]$，但$[Ca^{2+}][CO_3^{2-}]=2.5\times10^{-9}$。

前述溶解了的 $BaSO_4$ 电离所得的 SO_4^{2-} 水解极弱（饱和 $BaSO_4$ 溶液 pH≈7.0），pH 和 pK（HSO_4^- 的 $K=1.0\times10^{-2}$）关系式为

$$7.0=2.0+\lg\frac{[SO_4^{2-}]}{[HSO_4^-]}$$

$[HSO_4^-]$很小，可忽略，所以$[Ba^{2+}][SO_4^{2-}]=1.1\times10^{-10}$。

若难溶物溶解了的阴离子、阳离子的水解反应可忽略，离子间其他作用弱到也可以忽略不计的情况下，那么可进行溶解度（S）和溶度积之间的互相换算：

AB 型的 $K_{sp}=S^2$，如 $BaSO_4$、AgCl、AgBr、AgI 等；

AB_2 型的 $K_{sp}=4S^3$，如 $Mg(OH)_2$、Ag_2CrO_4、CaF_2 等；

……

总的说来，符合以上可忽略条件的难溶物并不多，因而在大多数情况下不能直接进行 K_{sp} 和 S 间的换算。然而，同类型同种难溶物的 K_{sp} 表明物质相对难溶程度仍是正确的（表 4-10）。

表 4-10　某些同类型难溶物的溶度积(室温)

难溶物	$MgCO_3$	$CaCO_3$	PbS	CuS	$Mg(OH)_2$	$Fe(OH)_2$	$Al(OH)_3$	$Fe(OH)_3$
K_{sp}	1.0×10^{-5}	2.5×10^{-9}	1.0×10^{-28}	6×10^{-36}	1.8×10^{-11}	8×10^{-16}	1.3×10^{-33}	4×10^{-38}

有些难溶物的 K_{sp} 是由几个分步反应常数综合的结果，如 $Fe(OH)_2$ 的 K_{sp}。

$$Fe(OH)_2(s) \longrightarrow Fe(OH)_2(aq) \qquad K=7.2\times10^{-6}$$

$$Fe(OH)_2(aq) \longrightarrow Fe(OH)^+(aq)+OH^-(aq) \qquad K=1.0\times10^{-4}$$

$$+)\quad Fe(OH)^+(aq) \longrightarrow Fe^{2+}(aq)+OH^-(aq) \qquad K=2.5\times10^{-6}$$

$$Fe(OH)_2(s) \longrightarrow Fe^{2+}(aq)+2OH^-(aq) \qquad K=1.8\times10^{-15}$$

[引自 Mortimer,Chemistry,A Concept Approach(1967)]

从化学平衡看，由若干个反应式相加得到的(总)反应式的平衡常数是各反应式平衡常数的乘积是正确的。如把二元弱酸分步电离式合并(以 H_2CO_3 为例)：

$$H_2CO_3 \longrightarrow H^+ + HCO_3^- \qquad K_1=4.2\times10^{-7}$$

$$+)\quad HCO_3^- \longrightarrow H^+ + CO_3^{2-} \qquad K_2=5.6\times10^{-11}$$

$$H_2CO_3 \longrightarrow 2H^+ + CO_3^{2-} \qquad K=2.4\times10^{-17}$$

若 H_2CO_3 起始浓度为 c，达平衡时为 $c-x$，则$[H^+]=[HCO_3^-]=x$[前已提及，多元弱酸溶液的 $c(H^+)$ 按一级电离处理，$[CO_3^{2-}]\approx K_2$]。就是说，不能根据总反应式计量关系认为，在$[H_2CO_3]=c-x$ 时，$[H^+]=2x$，$[CO_3^{2-}]=x$；同理，不能根据总反应式：

$$Fe(OH)_2 \longrightarrow Fe^{2+} + 2OH^-$$

设定$[Fe^{2+}]=x$，$[OH^-]=2x$。为表明不能这样设定作以下计算，按 $Fe(OH)_2$ 溶解度为 $0.00067^{20°}$ 算得物质的量浓度为

$$\frac{0.00067\ g}{90\ g/mol\times0.1\ L}=7.4\times10^{-5}\ mol/L$$

$$[Fe^{2+}][OH^-]^2=(7.4\times10^{-5})(2\times7.4\times10^{-5})^2$$

$$=1.6\times10^{-12}$$ （比文献值大 3、4 个数量级）

若不注意这些因素，就可能得到错误的结果，如

$$Fe(OH)_3 \longrightarrow Fe^{3+} + 3OH^- \qquad K_{sp}=4\times10^{-38}$$

若设 $Fe(OH)_3$ 溶解度为 S，并错误地设定$[Fe^{3+}]=S$，$[OH^-]=3S$，则 $27S^4=4\times10^{-38}$，解得 $S=2\times10^{-10}$ mol/L，即$[OH^-]\approx6\times10^{-10}$ mol/L(pOH≈9.2，pH≈4.8)。此值比[$Fe(OH)_3$饱和溶液 pH=7.0]溶液$[OH^-]=10^{-7}$ mol/L 小了 2 个数量级，就是说水中 OH^- 必将显著抑制 $Fe(OH)_3$ 的溶解，但饱和溶液中$[Fe^{3+}][OH^-]^3=K_{sp}$还是正确的。

又如许多硫化物(以 MS 为代表)极难溶，溶液中$[S^{2-}]$很低，S^{2-} 水解常数较大，

$$S^{2-}+H_2O \longrightarrow HS^- + OH^- \qquad K=K_w/K_2=1.0\times10^{-14}/(7.1\times10^{-15})=1.4$$

难溶硫化物饱和溶液，$[OH^-]\approx10^{-7}$ mol/L，则$[HS^-]/[S^{2-}]\approx1.4\times10^7$，表明难溶 MS

溶解了的绝大部分 S^{2-} 转化为 HS^-，因此对于多数难溶的 MS，不能按 $K_{sp}=S^2$ 进行相互间换算。若不关注这些因素，可能得到很难想象的计算（运算是正确的）结果，如 HgS 的 $K_{sp}=4.0\times10^{-53}$，若 $K_{sp}=S^2$ 可得 $S=6.3\times10^{-27}$ mol/L，表明 1 L 溶液中有约 10^{-3} 个 S^{2-}，如何理解？！

以上讨论主要是想强调，对大多数难溶物不能按 $K_{sp}=S^2$（AB 型），$K_{sp}=4S^3$（AB_2 型）……进行相互间换算，但用 K_{sp} 判断沉淀生成平衡、溶解平衡仍然是正确的。以 MA 为例，若溶液中$[M^{n+}][A^{n-}]>K_{sp}$，将形成 MA 沉淀直到$[M^{n+}][A^{n-}]=K_{sp}$为止；若$[M^{n+}][A^{n-}]<K_{sp}$，则 MA 将溶解，直到$[M^{n+}][A^{n-}]=K_{sp}$为止。如等体积混合 0.20 mol/L $BaCl_2$ 溶液和 0.20 mol/L Na_2SO_4 溶液，混合液中$[Ba^{2+}]=0.10$ mol/L，$[SO_4^{2-}]=0.10$ mol/L，两者乘积 $10^{-2}>1.1\times10^{-10}$，有 $BaSO_4$ 沉淀生成，达到溶解平衡时$[Ba^{2+}][SO_4^{2-}]=1.1\times10^{-10}$，则$[Ba^{2+}]=[SO_4^{2-}]=1.05\times10^{-5}$ mol/L，因沉淀后$[Ba^{2+}]$很小，结论是完全沉淀；若把 $BaSO_4$ 放入 0.010 mol/L Na_2SO_4 溶液中，则（设 $BaSO_4$ 溶解度为 x）

$$BaSO_4 \rightleftharpoons Ba^{2+} + SO_4^{2-}$$

$$x \quad 0.010+x$$

$$[Ba^{2+}][SO_4^{2-}]=x(0.010+x)=1.1\times10^{-10}$$

解得 $x=1.1\times10^{-8}$ mol/L，即难溶物在含有同名离子的溶液中的溶解量降低。因此，常加适当过量的沉淀剂（如 Na_2SO_4）使 $BaSO_4$ 沉淀更为完全。

习惯上，沉淀完全是指被沉淀离子（如 SO_4^{2-}）$<10^{-5}$ mol/L（定性分析）、$<10^{-6}$ mol/L（定量分析）。这个规定是设离子的摩尔质量为 10^2 g/mol，则按定量分析要求的完全是 10^{-6} mol/L$\times10^2$ g/mol$=10^{-4}$ g/L，忽略 1 L 溶液中只含 0.1 mg（分析天平的感量）离子不会影响实验结果。（定性分析忽略 1 mg/L。）按上述习惯，不难理解一般很少用 Ca^{2+} 来沉淀 SO_4^{2-}（生成 $CaSO_4$，$K_{sp}=9.1\times10^{-6}$）。

强调适当过量是因为有些实验中沉淀剂过量较多时可能引起其他反应，请看以下三例。

（1）加 Cl^- 沉淀 Ag^+ 为 AgCl（1.8×10^{-10}）。若要求$[Ag^+]=10^{-5}$ mol/L、10^{-6} mol/L，相应$[Cl^-]=1.8\times10^{-5}$ mol/L、1.8×10^{-4} mol/L，就是说只要 Cl^- 略过量即可。实验表明：$[Cl^-]\approx10^{-3}$ mol/L，AgCl 沉淀最完全；$[Cl^-]>10^{-3}$ mol/L，因生成可溶性 $AgCl_2^-$ 而沉淀不完全（图 4-8）。

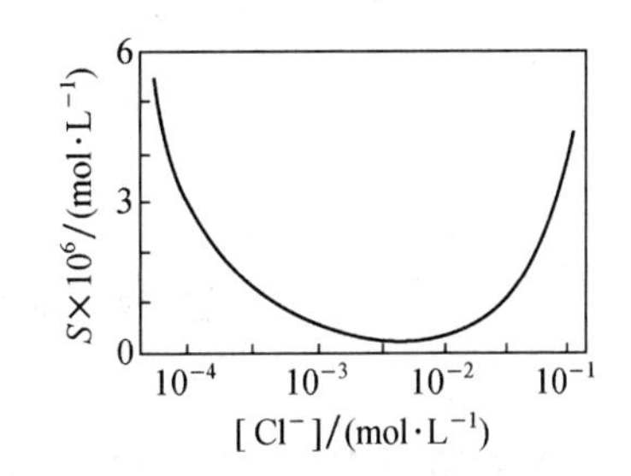

图 4-8　AgCl 溶解度和$[Cl^-]$的关系图

（2）$PbCl_2$ 为微溶物，适当过量 Cl^- 可使 $PbCl_2$ 沉淀比较完全（同离子效应）；过量 Cl^- 较多时，因生成 $PbCl_3^-$ 而沉淀又溶解（表 4-11）。同理，AgI 在过量 I^- 溶液（I^- 浓度逐渐增大）中开始溶解量下降，后因形成 AgI_2^- 而升高（表 4-12）。

表 4-11　$PbCl_2$ 在 HCl 溶液中的溶解度(0℃)

$c(HCl)/(g \cdot L^{-1})$	0	1.0	3.0	10	200	300
$c(PbCl_2)/(g \cdot L^{-1})$	5.83	3.60	1.60	1.20	5.20	17.5

表 4-12　AgI 在不同 $c(I^-)$ 溶液中的溶解度(20℃)

$c(KI)/(mol \cdot L^{-1})$	0.015	0.023	0.040	0.081	0.110	0.170
$c(AgI)/(mol \cdot L^{-1})$	10^{-5}	10^{-6}	6×10^{-6}	2×10^{-5}	4×10^{-5}	10^{-4}

(3) $CaSO_4$ 在 H_2SO_4 中的溶解因形成 HSO_4^- 而增大(表 4-13)。由此可知,不宜用 H_2SO_4 作沉淀剂以形成微溶的 $CaSO_4$。(可用 H_2SO_4 作沉淀剂得难溶的 $BaSO_4$。)

表 4-13　$CaSO_4$ 在 H_2SO_4 中的溶解度(10℃)

$c(H_2SO_4)/\%$	10	20	40
$c(CaSO_4)$ / g/100 g 液	0.0125	0.049	0.071

顺便提及,盐效应对溶解度的影响是:电解质溶液浓度大对溶解度影响大;同浓度电解质对 $BaSO_4(M^{2+}A^{2-})$ 影响比对 $AgCl(M^+A^-)$ 的影响大(图 4-9)。(只要求知道有盐效应。)

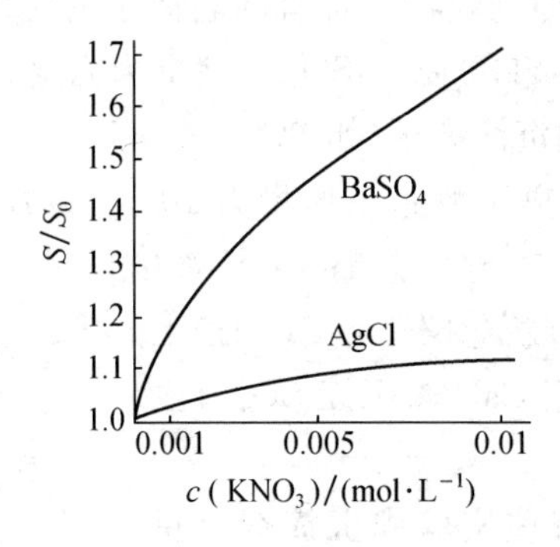

图 4-9　AgCl、$BaSO_4$ 的溶解度与 KNO_3 浓度关系

六、分步沉淀和沉淀转化

绝大多数生成沉淀反应的速度都很快,如 $AgNO_3$ 溶液滴入 NaCl 液中,立即生成 AgCl 沉淀。因此本节将根据 K_{sp} 讨论分步沉淀、沉淀转化,而不涉及反应速率问题。

1. 分步沉淀

把一种沉淀剂加到含有多种能与之形成沉淀的离子溶液中,最难溶的先沉淀,而后按 K_{sp} 增大序逐个沉淀,如 $AgNO_3$ 溶液逐滴加到含等浓度 Cl^-、Br^-、I^- 溶液中,首先生成 AgI 沉淀,接着是 AgBr,最后才是 AgCl 沉淀。下面通过 K_{sp} 的计算,讨论几个实例:

(1) $AgNO_3$ 逐渐加到含等浓度(0.10 mol/L)Cl^-、Br^-、I^- 溶液中(为简化起见,设加 $AgNO_3$ 前后溶液体积不变),由 AgX $K_{sp}=[Ag^+][X^-]$,可知开始生成 AgI、AgBr、AgCl 沉淀所需 $[Ag^+]=K_{sp}/[X^-]$,今 $[X^-]=0.10$ mol/L,把 AgI $K_{sp}=8.9\times10^{-17}$ 代入得 $[Ag^+]=8.9\times10^{-16}$ mol/L;开始生成 AgBr、AgCl 沉淀,$[Ag^+]$分别为 $5\times10^{-13}/0.10=5\times10^{-12}$ mol/L、$1.8\times10^{-10}/0.10=1.8\times10^{-9}$ mol/L。当$[Ag^+]$达到 8.9×10^{-16} mol/L 时,即生成 AgI。形成 AgI 沉淀时,溶液中$[I^-]$降低,需较高浓度的 Ag^+,才能继续形成 AgI 沉淀。在$[Ag^+]$达到 5×10^{-12} mol/L 之前,溶液中只有 AgI 沉淀溶解平衡。当$[Ag^+]$达到、超过 5×10^{-12} mol/L($<1.8\times10^{-9}$ mol/L)时 AgI、AgBr 一起沉淀,溶液中

$$[I^-]/[Br^-]=8.9\times10^{-17}/(5\times10^{-13})=1.8\times10^{-4}$$

接着当$[Ag^+]$达到、超过 1.8×10^{-9} mol/L,AgI、AgBr、AgCl 一起沉淀,溶液中

$$[Br^-]/[Cl^-]=5\times10^{-13}/(1.8\times10^{-10})=2.8\times10^{-3}$$

$$[I^-]/[Cl^-]=8.9\times10^{-17}/(1.8\times10^{-10})=4.9\times10^{-7}$$

(2) 把 NaOH 溶液滴加到含同浓度(0.10 mol/L)Mg^{2+}、Zn^{2+} 溶液中(设加 NaOH 前后溶液体积不变)。由$[OH^-]=\sqrt{K_{sp}/0.10}$可知,开始沉淀 $Zn(OH)_2$ 和 $Mg(OH)_2$ 所需的$[OH^-]$依次为

$$\sqrt{\frac{1.2\times10^{-17}}{0.10}}=1.1\times10^{-8}\ \text{mol/L},\quad \sqrt{\frac{1.8\times10^{-11}}{0.10}}=1.3\times10^{-5}\ \text{mol/L}$$

当 $Zn(OH)_2$ 和 $Mg(OH)_2$ 完全沉淀(设$[M^{2+}]=10^{-5}$ mol/L)时的

$$[OH^-]=\sqrt{\frac{1.2\times10^{-17}}{10^{-5}}}=1.1\times10^{-6}\ \text{mol/L}$$

和

$$[OH^-]=\sqrt{\frac{1.8\times10^{-11}}{10^{-5}}}=1.3\times10^{-3}\ \text{mol/L}$$

由此可知:当溶液中$[OH^-]\geqslant1.1\times10^{-8}$ mol/L($<1.3\times10^{-5}$ mol/L),溶液中只有 $Zn(OH)_2$ 沉淀溶解平衡;$[OH^-]\geqslant1.3\times10^{-5}$ mol/L,$Zn(OH)_2$、$Mg(OH)_2$ 同时沉淀,溶液中

$$[Zn^{2+}]/[Mg^{2+}]=1.2\times10^{-17}/(1.8\times10^{-11})=6.7\times10^{-5}$$

(3) 把 NaOH 液滴加到含 Al^{3+}、Fe^{3+}(浓度均为 0.10 mol/L)溶液中(设溶液体积不变),开始析出 $Fe(OH)_3$ 和 $Al(OH)_3$ 沉淀的

$$[OH^-]=\sqrt[3]{\frac{4\times10^{-38}}{0.10}}=7.4\times10^{-13}\ \text{mol/L}$$

和

$$[OH^-]=\sqrt[3]{\frac{1.3\times10^{-33}}{0.10}}=2.4\times10^{-11}\ \text{mol/L}$$

当 $Fe(OH)_3$ 和 $Al(OH)_3$ 完全沉淀时(设$[M^{3+}]=10^{-5}$ mol/L)

$$[OH^-]=\sqrt[3]{\frac{4\times10^{-38}}{10^{-5}}}=1.6\times10^{-11}\ mol/L$$

和
$$[OH^-]=\sqrt[3]{\frac{1.3\times10^{-33}}{10^{-5}}}=2.4\times10^{-9}\ mol/L$$

溶液中$[OH^-]\geqslant7.4\times10^{-13}$ mol/L($<2.4\times10^{-11}$ mol/L),只有$Fe(OH)_3$沉淀平衡;当$[OH^-]\geqslant2.4\times10^{-11}$ mol/L,$Fe(OH)_3$、$Al(OH)_3$一起沉淀,溶液中

$$[Fe^{3+}]/[Al^{3+}]=4\times10^{-38}/(1.3\times10^{-33})=3\times10^{-5}$$

由以上三例可知,讨论同类型难溶物(AB、AB_2、AB_3)分步沉淀的依据是它们的K_{sp},按K_{sp}从小到大依序沉淀,当存在两(或多)种沉淀溶解平衡时,相应离子浓度比取决于它们的K_{sp}。若难溶物(组成)类型不同,如$Fe(OH)_3$和$Mg(OH)_2$,开始沉淀、完全沉淀所需的$[OH^-]$同上。而同时沉淀出$Fe(OH)_3$、$Mg(OH)_2$时,相应离子浓度比:

$$3Mg(OH)_2 = 3Mg^{2+}+6OH^- \quad K_{sp}^3=(1.8\times10^{-11})^3=5.8\times10^{-33}$$

$$-)\quad 2Fe(OH)_3 = 2Fe^{2+}+6OH^- \quad K_{sp}^2=(4\times10^{-38})^2=16\times10^{-76}$$

$$3Mg(OH)_2+2Fe^{3+} = 2Fe(OH)_3+3Mg^{2+} \quad K=\frac{[Mg^{2+}]^3}{[Fe^{3+}]^2}=\frac{5.8\times10^{-33}}{16\times10^{-76}}=4\times10^{42}$$

$K\approx10^{42}$,表示用NaOH可把$Fe(OH)_3$和Mg^{2+}分离得很完全。

最后讨论一个定量分析实验(Mohr法):以K_2CrO_4为指示剂,在中性或弱碱性溶液中用$AgNO_3$滴定试液中Cl^-。首先析出白色AgCl沉淀(此时只有AgCl沉淀平衡)。开始析出Ag_2CrO_4沉淀(砖红色,$K_{sp}=2.0\times10^{-12}$),即达终点,终点时存在着AgCl、Ag_2CrO_4沉淀平衡。设终点时,$[Cl^-]=10^{-5}$ mol/L、10^{-6} mol/L。

$$Ag_2CrO_4 = 2Ag^++CrO_4^{2-} \quad K_{sp}=2.0\times10^{-12}$$

$$-)\quad 2AgCl = 2Ag^++2Cl^- \quad K_{sp}^2=(1.8\times10^{-10})^2=3.2\times10^{-20}$$

$$Ag_2CrO_4+2Cl^- = 2AgCl+CrO_4^{2-} \quad K=6.3\times10^7$$

即
$$[CrO_4^{2-}]/[Cl^-]^2=6.3\times10^7$$

把$[Cl^-]=10^{-5}$ mol/L代入得$[CrO_4^{2-}]=6.3\times10^{-3}$ mol/L(指示剂浓度);

$[Cl^-]=10^{-6}$ mol/L代入得$[CrO_4^{2-}]=6.3\times10^{-5}$ mol/L(指示剂浓度)。

设滴定终点,溶液体积为40 mL,为达到所需指示剂的浓度,加入x_1(mL,终点时$[Cl^-]=10^{-5}$ mol/L)、x_2(mL,终点时$[Cl^-]=10^{-6}$ mol/L)0.10 mol/L K_2CrO_4溶液,则

$$0.10\times x_1=(40.00+x_1)\times6.3\times10^{-3} \quad x_1=2.60\ mL$$

$$0.10\times x_2=(40.00+x_2)\times6.3\times10^{-5} \quad x_2=0.026\ mL$$

附:$[CrO_4^{2-}]=6.5\times10^{-5}$ mol/L,太稀了,而且0.025 mL(1滴≈0.04 mL)也无法量取,再则即使40 mL中CrO_4^{2-}全转化为Ag_2CrO_4,也只有0.8 mg,太少了,看不清楚。由此可知,这个定量分析实验只能使试液中$[Cl^-]$降到或略小于10^{-5} mol/L。也可以这样理解,控制指示剂(K_2CrO_4)的量就决定了试液中$[Cl^-]$下降的程度。

2. 沉淀转化

一种难溶物和一种沉淀剂作用形成另一种更难溶物的过程,叫沉淀转化。从反应倾向看,难溶物容易转变为更难溶物,而且溶度积间的差值越大,转化反应越完全。而转变为溶解度相近的另一难溶物,则是不完全的反应,请看两个实验的现象:

实验一:往含有 AgCl 的溶液中滴加 KI,就有白色沉淀转变为黄色(AgI)。当 AgCl 恰好全转变为 AgI 时,溶液中 AgCl、AgI 均处于平衡态,其中$[I^-]/[Cl^-]=4.9\times10^{-7}$,表明这个转化反应很完全。若再往含 AgI 沉淀的溶液中加 Na_2S,发生沉淀(AgI)转化,直到全部变成黑色 Ag_2S($K_{sp}=2\times10^{-49}$),恰好完全转变时(AgI、Ag_2S 均处于平衡态),两种离子浓度比为

$$[S^{2-}]/[I^-]^2=2\times10^{-49}/(8.9\times10^{-17})^2=3\times10^{-17}$$

可见,转化反应极为完全。总之,根据两种难溶物(含有相同阳离子或阴离子)的 K_{sp}之差(判断时关注幂),可知沉淀转化反应能否进行及进行的程度。

实验二:$AgNO_3$ 溶液滴入含 KCl、K_2CrO_4(浓度相近)的溶液中,(在均匀搅拌下)首先析出 AgCl(计算见前,这时只有 AgCl 沉淀溶解平衡),而后同时析出 AgCl 和 Ag_2CrO_4。若按下列步骤进行滴定:不搅拌并快速加入一定量(少于完全沉淀 AgCl 所需量)$AgNO_3$ 溶液,析出 AgCl 的同时得 Ag_2CrO_4 沉淀。这是因为局部溶液的$[Cl^-]$降低过快,即$[CrO_4^{2-}]$相对较高造成的,均匀搅拌,砖红色 Ag_2CrO_4 又转化为白色 AgCl。

沉淀转化的几个实例:

(1) 去除溶液中重金属离子的一种方法是,加入难溶的 FeS($K_{sp}=4\times10^{-19}$)。它和重金属离子的反应式为

$$FeS+M^{2+}=\!=\!=MS+Fe^{2+}$$

$$K=K_{sp}(FeS)/K_{sp}(MS)=4\times10^{-19}/K_{sp}(MS)$$

由 PbS、CuS、HgS 的 K_{sp}依次为:10^{-28}、6×10^{-36}、4×10^{-53},可知 FeS 转化为 PbS、CuS、HgS 的反应都很完全,即能使 Pb^{2+}、Cu^{2+}、Hg^{2+} 浓度降到很低。附:除去除杂反应形成 Fe^{2+} 的方法是,调节溶液的 pH≈3,并加适量 H_2O_2。

$$Fe^{2+}\xrightarrow[pH\approx3]{H_2O_2}Fe(OH)_3$$

许多常见 M^{n+},于 pH≈3 时还不能形成其他 $M(OH)_n$ 沉淀。

(2) 从天青石(主要成分 $SrSO_4$)、重晶石(主要成分 $BaSO_4$)制取锶盐、钡盐的一种方法是:矿粉和 Na_2CO_3 溶液反应,转化为 MCO_3(M 为 Sr、Ba),后者和 HCl、HNO_3 反应得 MCl_2、$M(NO_3)_2$。

天青石和 Na_2CO_3 的反应

$$SrSO_4+CO_3^{2-}=\!=\!=SrCO_3+SO_4^{2-}$$

$$K=K_{sp}(SrSO_4)/K_{sp}(SrCO_3)=2.5\times10^{-7}/(1.6\times10^{-9})=1.6\times10^2$$

达平衡时,浓度比$[SO_4^{2-}]/[CO_3^{2-}]=1.6\times10^2$,即 Na_2CO_3 的利用率很高。所以,只要一

次(沉淀)转化就可以了,过滤得 $SrCO_3$,再和 HCl、HNO_3 反应制备相应锶盐。

重晶石和 Na_2CO_3 的反应

$$BaSO_4 + CO_3^{2-} = BaCO_3 + SO_4^{2-}$$

$$K = K_{sp}(BaSO_4)/K_{sp}(BaCO_3) = 1.1\times10^{-10}/(5.1\times10^{-9}) = 2.2\times10^{-2}$$

达平衡时,$[SO_4^{2-}]/[CO_3^{2-}] = 2.2\times10^{-2}$,加入的 Na_2CO_3 的利用率不高。所以,要多次用浓 Na_2CO_3 处理重晶石,才能得到可利用量的 $BaCO_3$。过滤,用 HCl 处理制得 $BaCl_2$ 溶液。(未经沉淀转化的 $BaSO_4$ 可再和浓 Na_2CO_3 溶液反应……)

(3) 去除溶液中 S^{2-} 的一种方法是:加入难溶的 $CdCO_3$($K_{sp}=2.5\times10^{-14}$)和 S^{2-} 作用成 CdS($K_{sp}=8.0\times10^{-27}$)。

$$CdCO_3 + S^{2-} = CdS + CO_3^{2-} \quad K = K_{sp}(CdCO_3)/K_{sp}(CdS) = 3.1\times10^{12}$$

平衡时$[CO_3^{2-}]/[S^{2-}] = 3.1\times10^{12}$,转化反应极为完全,而且 CO_3^{2-} 不难处理。

七、电离平衡、溶度积平衡和配位平衡

本节根据 K_i、K_{sp} 及 β_n,讨论几类反应。

1. 难溶氢氧化物的形成和溶解

氢氧化物(除碱金属、Ba^{2+}、NH_4^+ 外)都是难(微)溶物,可用 NaOH、$NH_3\cdot H_2O$ 作沉淀剂和 M^{n+} 反应制得。

● 氢氧化钠作沉淀剂和 M^{n+} 的反应式

$$M^{n+} + nOH^- = M(OH)_n \quad K = 1/K_{sp}$$

难(微)溶氢氧化物的 K_{sp} 均小于 1,因此 $1/K_{sp}>1$,如 $Cu(OH)_2$ 的 $K_{sp}=2.6\times10^{-19}$,那么,

$$Cu^{2+} + 2OH^- = Cu(OH)_2 \quad K = 3.9\times10^{18}$$

是很完全的沉淀反应(表 4-14)。

表 4-14 M^{n+} 和 NaOH、$NH_3\cdot H_2O$ 反应的平衡常数(室温)

$M(OH)_n$	AgOH*	CuOH*	$Ca(OH)_2$	$Mg(OH)_2$	$Mn(OH)_2$	$Fe(OH)_2$
K_{sp}	2.0×10^{-8}	1×10^{-14}	5.5×10^{-6}	1.8×10^{-11}	4.0×10^{-14}	8.0×10^{-16}
$1/K_{sp}$	5.0×10^{7}	10^{14}	1.8×10^{5}	5.6×10^{10}	2.5×10^{13}	1.3×10^{15}
$\frac{K^n(NH_3\cdot H_2O)}{K_{sp}}$	9.0×10^{2}	1.8×10^{9}	5.8×10^{-5}	18	8.0×10^{3}	4.2×10^{5}
$M(OH)_n$	$La(OH)_3$	$Cr(OH)_3$	$Al(OH)_3$	$Fe(OH)_3$	$Th(OH)_4$	$Sn(OH)_4$
K_{sp}	1.6×10^{-19}	6×10^{-31}	1.3×10^{-33}	4×10^{-38}	1.3×10^{-45}	1×10^{-56}
$1/K_{sp}$	6.3×10^{18}	1.7×10^{30}	7.7×10^{32}	2.5×10^{37}	7.7×10^{44}	1×10^{56}
$\frac{K^n(NH_3\cdot H_2O)}{K_{sp}}$	3.7×10^{4}	9.9×10^{15}	4.5×10^{18}	1.5×10^{23}	8.1×10^{25}	1.1×10^{37}

* 室温 $2AgOH = Ag_2O + H_2O$,$2CuOH = Cu_2O + H_2O$,$Hg(OH)_2 = HgO + H_2O$。

难溶氢氧化物的某些性质：

(1) 总的说来，高价金属氢氧化物更为难溶，因此它们和 $NaOH$、$NH_3 \cdot H_2O$ 的沉淀反应更完全。同种元素高价氢氧化物溶解度显著低于低价氢氧化物，如 $Fe(OH)_3$ ($K_{sp} \approx 10^{-38}$)和 $Fe(OH)_2$ ($K_{sp} \approx 10^{-16}$)。

(2) 周期表中部元素的氢氧化物易脱水成相应的氧化物，如室温 AgOH、CuOH、$Hg(OH)_2$ 易转化成氧化物；$Cu(OH)_2$ 受热易转化成黑色的 CuO。[$Ca(OH)_2$ 在高温下才能转化为 CaO。]

(3) 某些元素的低价氢氧化物易被 O_2 氧化，如 $Fe(OH)_2$，周期表中位于铁左侧的 M(Ⅱ)，如 Mn(Ⅱ)、Cr(Ⅱ)、V(Ⅱ)的氢氧化物都极易被(空气中 O_2)氧化，而位于铁右侧的 $Co(OH)_2$ 仍能被 O_2 氧化，但(空气中 O_2)不能氧化 $Ni(OH)_2$。其中 Mn(Ⅱ)在碱性溶液中被氧化的反应既快又完全，被用于测定水中溶解氧量(D. O.)。实验步骤是：取一定体积水样，加入 $MnSO_4$ 和 NaOH，密封，搅拌。因为 $Mn(OH)_2$ 被 O_2 氧化的反应极为完全，当 $Mn(OH)_2$ 过量时，水样中的 O_2 消耗殆尽。

$$2Mn(OH)_2 + O_2 = 2MnO(OH)_2$$

开封，加入 KI 和 H_2SO_4，在酸性介质中 $MnO(OH_2)$ 氧化 I^- 为 I_2(也是很完全的反应)。

$$MnO(OH)_2 + 2I^- + 4H^+ = Mn^{2+} + I_2 + 3H_2O$$

再用已知浓度的 $Na_2S_2O_3$ 溶液滴定生成的 I_2(淀粉指示剂)：

$$2S_2O_3^{2-} + I_2 = S_4O_6^{2-} + 2I^-$$

根据消耗 $Na_2S_2O_3$ 的体积，$\left(2S_2O_3^{2-} \sim I_2 \sim \frac{1}{2}O_2\right)$可得一定体积水样中溶解氧量。

(4) 两性氢氧化物 $Al(OH)_3$、$Cr(OH)_3$、$Zn(OH)_2$、$Cu(OH)_2$……可和过量、一定浓度的 NaOH 反应。强调“一定浓度”是因为两性氢氧化物的酸性有较强、较弱之分，酸性较强的氢氧化物能和较稀 NaOH 反应，如 $Al(OH)_3$；酸性较弱的需和较浓 NaOH 反应，如 $Cu(OH)_2$。

● 氨水作沉淀剂和 M^{n+} 反应。

$$M^{n+} + nNH_3 \cdot H_2O = M(OH)_n + nNH_4^+ \quad K = K^n(NH_3 \cdot H_2O)/K_{sp}$$

$NH_3 \cdot H_2O$ 的 $K = 1.8 \times 10^{-5}$，对于 M^{2+}，$K^2 = 3.2 \times 10^{-10}$；对于 M^{3+}，$K^3 = 5.8 \times 10^{-15}$……。它和 M^{n+} 反应形成 $M(OH)_n$ 反应的平衡常数参考表 4-14，由反应的平衡常数知：

Ca^{2+} 不可能和 $NH_3 \cdot H_2O$ 生成 $Ca(OH)_2$。(附：因 $NH_3 \cdot H_2O$ 吸收空气中 CO_2，所以和 Ca^{2+} 反应时生成 $CaCO_3$ 沉淀。)

Ag^+、Mg^{2+}、Mn^{2+} 和 $NH_3 \cdot H_2O$ 的反应不如和 NaOH 反应完全，现象是沉淀量少。$Mg(OH)_2$、$Mn(OH)_2$ 能溶于较浓的铵盐溶液。

$$Mg(OH)_2 + 2NH_4^+ = Mg^{2+} + 2NH_3 \cdot H_2O \quad K = 5.6 \times 10^{-2}$$

其他常见金属离子，如 Fe^{3+}、Al^{3+}、Sn^{4+} 和 $NH_3 \cdot H_2O$ 反应得到氢氧化物沉淀的量，与用 NaOH 作沉淀剂时一样多，也表明难溶的 $Fe(OH)_3$、$Al(OH)_3$、$Sn(OH)_4$ 不会和

NH_4^+ 发生反应。

周期表中部金属元素，易和过量的 $NH_3 \cdot H_2O$ 形成配离子，如 $Ag(NH_3)_2^+$、$Cu(NH_3)_4^{2+}$、$Zn(NH_3)_4^{2+}$、$Co(NH_3)_6^{2+}$ 等。

● 难溶氢氧化物和强酸反应。

$$M(OH)_n + nH^+ \xlongequal{} M^{n+} + nH_2O \quad K = K_{sp}/K_w^n = (10^{14})^n K_{sp}$$

$n=1$、2、3、4 时 $(10^{14})^n$ 依次为：10^{14}、10^{28}、10^{42}、10^{56}，它们都大于 $M(OH)_n$ 的 K_{sp}。因此，所有的难溶氢氧化物都能溶于强酸，但溶解所需的 $c(H^+)$ 有很大的不同。对 $Fe(OH)_3$、$Al(OH_3)$、$Mg(OH)_2$ 和强酸反应的平衡常数依次为：4×10^4、1.3×10^9、1.8×10^{17}，溶解（使 $[M^{n+}] \geqslant 10^{-2}$ mol/L）$Fe(OH)_3$ 的 $pH<3$，溶解 $Al(OH)_3$ 的 $pH<5$，溶解 $Mg(OH)_2$ 的 $pH<9$。

2. 难溶弱酸盐

常见的难溶弱酸盐有硫化物、碳酸盐、草酸盐、硫酸盐（HSO_4^- $K=1.0\times10^{-2}$）、磷酸盐等。先讨论 M^{2+} 和二元弱酸（H_2A）的反应：

$$M^{2+} + H_2A \xlongequal{} MA + 2H^+ \quad K = K_1K_2(H_2A)/K_{sp}$$

各种二元弱酸的 K_1K_2 为定值，难溶弱酸盐 MA 也有一定的值（K_{sp}），因此由两者的比值就可判断反应的倾向。

● 碳酸盐 H_2CO_3 的

$$K_1K_2 = 4.2\times10^{-7}\times5.6\times10^{-11} = 2.4\times10^{-17}$$

常见难溶 MCO_3 的 K_{sp} 都大于约 10^{-17}，如 $MgCO_3(10^{-5})$、$CaCO_3(10^{-9})$，两者比值很小，因此通 CO_2 入 M^{2+} 盐溶液，都得不到 MCO_3 沉淀。

实验：CO_2 分别通入浓度（mol/L）相同的 $Pb(NO_3)_2$、$Pb(CH_3COO)_2$ 溶液，前者无沉淀，后者有 $PbCO_3$ 生成（$PbCO_3$ 就是这样制备的）。两者的差别是因为：H_2CO_3 转化为 $PbCO_3$ 时释出的 H^+ 和 CH_3COO^- 结合成 CH_3COOH 之故。为确证 CH_3COO^- 的作用，把 CH_3COONa 溶液加到通过 CO_2、澄清的 $Pb(NO_3)_2$ 溶液中，即有 $PbCO_3$ 析出。

提请关注，许多金属的草酸盐也难溶，而且某些金属草酸盐的 K_{sp} 和碳酸盐相近（表 4-15）。然而 $H_2C_2O_4$ 是中强酸，其

$$K_1K_2 = 5.9\times10^{-2}\times6.4\times10^{-5} = 3.8\times10^{-6}$$

（比 H_2CO_3 的 2.4×10^{-17} 大了许多），所以 M^{2+} 能和 $H_2C_2O_4$ 生成相应 MC_2O_4。如

$$BaCl_2 + H_2C_2O_4 \xlongequal{} BaC_2O_4 + 2HCl$$

（Ca^{2+}、Fe^{2+}、Pb^{2+} 等同此）。

表 4-15 某些难溶碳酸盐、草酸盐的 K_{sp}（室温）

	Mg^{2+}	Ba^{2+}	Ca^{2+}	Pb^{2+}
$K_{sp}(MCO_3)$	1×10^{-5}	5.1×10^{-9}	2.5×10^{-9}	1.6×10^{-15}
$K_{sp}(M_2C_2O_4)$	7.9×10^{-6}	1.6×10^{-7}	2.5×10^{-9}	3.2×10^{-11}

● 硫化物　H_2S 的

$$K_1K_2=1.3\times10^{-7}\times7.1\times10^{-15}=9.5\times10^{-22}$$

许多金属(周期表中位于铁的右侧)硫化物(表 4-16)比 10^{-21} 小,所以 H_2S 能和它们生成相应的 MS 沉淀,而且反应都比较完全。

$$M^{2+}+H_2S = MS+2H^+ \quad K=9.2\times10^{-22}/K_{sp}$$

表 4-16　硫化物的溶度积(室温)

MS	MnS	FeS	ZnS	CdS
K_{sp}(MS)	2×10^{-15}	4×10^{-19}	2×10^{-22}	8×10^{-27}
$9.2\times10^{-22}/K_{sp}$(MS)	4.6×10^{-7}	2.3×10^{-3}	4.6	1.2×10^{5}
MS	**PbS**	**CuS**	**Ag_2S**	**HgS**
K_{sp}(MS)	1×10^{-28}	6×10^{-36}	2×10^{-49}	4×10^{-53}
$9.2\times10^{-22}/K_{sp}$(MS)	9×10^{6}	2×10^{14}	4.6×10^{27}	2×10^{31}

关于硫化物性质:

(1) 由表 4-16 中 Zn^{2+} 和 H_2S 反应 $K=4.6$ 可知,H_2S 通入 $ZnSO_4$ 只能生成少量 ZnS,另一产物 H^+ 阻碍正向反应。若往溶液中加 CH_3COONa(CH_3COO^- 和 H^+ 结合成 CH_3COOH),将有多量的 ZnS 沉出。Mn^{2+} 和 H_2S 反应的 $K\approx10^{-7}$,太小,所以要用 Na_2S 和 $MnSO_4$ 反应制备 MnS。

(2) M^{3+} 和 H_2S 反应能否生成 M_2S_3 的判断

$$3H_2S = 6H^+ +3S^{2-} \quad (K_1K_2)^3=7.8\times10^{-64}$$
$$+)\quad 2M^{3+}+3S^{2-} = M_2S_3 \quad 1/K_{sp}$$
$$2M^{3+}+3H_2S = M_2S_3+6H^+ \quad K=7.8\times10^{-64}/K_{sp}$$

把 Bi_2S_3(硫化铋)$K_{sp}=1.6\times10^{-92}$、Sb_2S_3(硫化锑)$K_{sp}=2\times10^{-93}$ 代入得 4.9×10^{28}、3.8×10^{29}。实验事实是:通 H_2S 入 Bi^{3+}、Sb^{3+} 盐溶液,得 Bi_2S_3、Sb_2S_3 沉淀,而且反应很完全。

(3) 难溶硫化物与强酸反应的倾向

$$MS+2H^+ = M^{2+}+H_2S \quad K=K_{sp}/K_1K_2=\frac{K_{sp}}{9.2\times10^{-22}}$$

由表 4-16 中 K 可知其 $1/K$(即上反应的平衡常数的倒数),对 FeS $K=2.3\times10^4$,ZnS 的 $K=0.22$,表明它们能溶于稀的强酸。对 CdS $K=8.3\times10^{-6}$,能溶于约 3 mol/L HCl,但不易溶于约 3 mol/L $HClO_4$。按说 $HClO_4$ 提供 H^+ 倾向应强于同浓度的 HCl,可以想象 CdS 能溶于 HCl 表明 Cd^{2+} 和 Cl^- 间有配位反应 $Cd^{2+}+2Cl^- = CdCl_2$　$\beta_2=3.2\times10^2$(而 ClO_4^- 不和 Cd^{2+} 配位,ClO_4^- 作为配位体,其配位能力极弱),溶解反应式为

$$CdS+2HCl = CdCl_2+H_2S \quad K=2.7\times10^{-3}$$

对于 HgS $K=4\times10^{-53}$,它能溶于王水(1 体积浓 HNO_3 和 3 体积浓 HCl 的混合液)

$$3HgS+2HNO_3+12HCl \longrightarrow 3H_2HgCl_4+3S+2NO+4H_2O$$

其中 HNO_3 作氧化剂，HCl 中 Cl^- 为配位体。“双管齐下”才能使极难溶的 HgS 溶解。

● 磷酸盐　H_3PO_4 是三元酸，其 $K_1K_2K_3=2.1\times10^{-22}$，那么，

$$3M^+ +H_3PO_4 \longrightarrow M_3PO_4+3H^+ \qquad K=K_1K_2K_3/K_{sp}=2.1\times10^{-22}/K_{sp}$$

$$3M^{2+}+2H_3PO_4 \longrightarrow M_3(PO_4)_2+6H^+ \qquad K=(K_1K_2K_3)^2/K_{sp}=4.4\times10^{-44}/K_{sp}$$

$$M^{3+}+H_3PO_4 \longrightarrow MPO_4+3H^+ \qquad K=2.1\times10^{-22}/K_{sp}$$

M^+ 中 Ag_3PO_4 $K_{sp}\approx10^{-16}$，则 $K\approx10^{-6}$，所以 Ag^+ 不可能和 H_3PO_4 作用。

$M_3(PO_4)_2$ 中 K_{sp} 最小的是 $Pb_3(PO_4)_2$ $K_{sp}=3\times10^{-44}$，反应的 $K=1.5$，其余 $M_3(PO_4)_2$ 的 K_{sp} 明显大于 10^{-43}，所以常见的 M^{2+} 中，只有 Pb^{2+} 能和 H_3PO_4 生成 $Pb_3(PO_4)_2$ 沉淀，但反应不完全。

M^{3+} 中 La^{3+}（镧，57 号元素）的 $LaPO_4$ $K_{sp}=3.7\times10^{-23}$，和 H_3PO_4 反应的 $K=11$，所以 M^{3+} 中的 La^{3+}（及镧系元素，如 58 号元素铈 $CePO_4$ $K_{sp}=1.1\times10^{-24}$）能和 H_3PO_4 生成 $LaPO_4$ 沉淀（也是不完全的反应）。

● 硫酸盐和铬酸盐　因 SO_4^{2-} 和 CrO_4^{2-} 半径相近（分别为 230pm、240pm），同种金属这两种盐的 K_{sp} 相近（表 4-17），所以放在一起讨论。（H_2SO_4 是强酸）HSO_4^- 是弱酸 $K_i=1.0\times10^{-2}$，H_2CrO_4 是二元弱酸 $K_1K_2=4.1\times1.2\times10^{-7}=1.3\times10^{-6}$，则

$$M^{2+}+HSO_4^- \longrightarrow MSO_4+H^+ \qquad K=K_i/K_{sp}=10^{-2}/K_{sp}$$

$$M^{2+}+H_2CrO_4 \longrightarrow MCrO_4+2H^+ \qquad K=K_1K_2/K_{sp}=1.3\times10^{-6}/K_{sp}$$

由表 4-17 中数据知，能和 HSO_4^- 形成沉淀的是：Sr^{2+}、Pb^{2+}、Ba^{2+}（Ag^+ 只能得少量 Ag_2SO_4 沉淀）；能和 H_2CrO_4 形成 $MCrO_4$ 沉淀的是：Pb^{2+}、Ba^{2+}、Ag^+。

表 4-17　某些难溶硫酸盐、铬酸盐的 K_{sp}（室温）

	Sr^{2+}	Pb^{2+}	Ba^{2+}	Ag^+
$K_{sp}(MSO_4)$	2.5×10^{-7}	1.6×10^{-8}	1.1×10^{-10}	6.3×10^{-5}
$K_{sp}(MCrO_4)$	4×10^{-5}	2.8×10^{-13}	2.0×10^{-10}	2.0×10^{-12}

由于

$$2CrO_4^{2-}+2H^+ \longrightarrow Cr_2O_7^{2-}+H_2O \quad K=4.2\times10^{14}$$

所以难溶铬酸盐（比难溶硫酸盐）易溶于强酸，如

$$2Ag_2CrO_4+2H^+ \longrightarrow 4Ag^+ +Cr_2O_7^{2-}+H_2O$$

● Ca^{2+} 和 HCO_3^- 的反应

实验：等体积混合同浓度（0.1 mol/L，0.05 mol/L，0.03 mol/L）$CaCl_2$ 和 $NaHCO_3$ 溶液。0.1 mol/L 混合时有大量 $CaCO_3$ 沉淀；0.05 mol/L 混合时，有显著量 $CaCO_3$ 生成；0.03 mol/L 混合时，显混浊。就是说，Ca^{2+} 和 HCO_3^- 的反应比较完全。这个反应涉及三个平衡：

$$HCO_3^- \rightleftharpoons H^+ + CO_3^{2-} \qquad K_2 = 5.6 \times 10^{-11}$$

$$Ca^{2+} + CO_3^{2-} \rightleftharpoons CaCO_3 \qquad 1/K_{sp} = 1/(2.5 \times 10^{-9}) = 4.0 \times 10^8$$

$$+)\quad H^+ + HCO_3^- \rightleftharpoons H_2CO_3 \qquad 1/K_1 = 1/(4.2 \times 10^{-17}) = 2.4 \times 10^6$$

$$Ca^{2+} + 2HCO_3^- \rightleftharpoons CaCO_3 + H_2CO_3 \qquad K = 5.4 \times 10^4$$

Mg^{2+}和 HCO_3^- 反应的 $K=13$，表明 Mg^{2+}和 HCO_3^- 反应生成 $MgCO_3$（工业上在加热条件下，用这个反应制 $MgCO_3$）。

如若把上反应中 HCO_3^- 理解成多元弱酸酸式根，$CaCO_3$ 是正碳酸盐沉淀，那么就可取如下表述：用多元弱酸酸式根为沉淀剂制备正盐沉淀时，它起到两个作用：① $HA^- \rightleftharpoons H^+ + A^{2-}$，电离提供正酸根 A^{2-}；② 和电离释出的 H^+结合成弱酸，$H^+ + HA^- \rightleftharpoons H_2A$。这样的表述并未违背由 HCO_3^- 制备 MCO_3 反应的实质，还可用来讨论其他多元弱酸酸式根 HPO_4^{2-}、$H_2PO_4^-$、$HC_2O_4^-$、HSO_3^-……作沉淀剂制备正盐沉淀的反应，如

$3Mg^{2+} + 4HPO_4^{2-} \rightleftharpoons Mg_3(PO_4)_2 + 2H_2PO_4$　[$Mg_3(PO_4)_2$ 就是这样制备的]

$3Ag^+ + 2HPO_4^{2-} \rightleftharpoons Ag_3PO_4 + H_2PO_4^-$

$3Ag^+ + 3H_2PO_4^- \rightleftharpoons Ag_3PO_4 + 2H_3PO_4$　（能进行，但不完全）

$3Pb^{2+} + 4HPO_4^{2-} \rightleftharpoons Pb_3(PO_4)_2 + 2H_2PO_4^-$

$3Pb^{2+} + 6H_2PO_4^- \rightleftharpoons Pb_3(PO_4)_2 + 4H_3PO_4$

● 为什么不用可溶的正盐的溶液，如 Na_2CO_3、Na_3PO_4 作沉淀剂制备难溶正碳酸盐、正磷酸盐？因为用 Na_2CO_3、Na_3PO_4 作沉淀剂除生成 $CaCO_3$ 等正盐外，还可能形成碱式盐，如形成 $Mg_2(OH)_2CO_3$、$Ca_5(PO_4)_3(OH)$……，或氢氧化物（如 M^{3+} 和 Na_2CO_3 形成）$Fe(OH)_3$、$Al(OH)_3$。一般认为，金属氢氧化物溶解度很小者，易生成氢氧化物；若金属碳酸盐溶解度明显小于氢氧化物者，则生成正碳酸盐；若金属碳酸盐和氢氧化物溶解度相差有限，形成碱式碳酸盐。下面根据数据来理解这种性质。

Na_2CO_3 溶液因水解显碱性（表 4-18）。

表 4-18　Na_2CO_3 溶液中各型体的浓度

$c(CO_3^{2-})/(mol \cdot L^{-1})$	$[CO_3^{2-}]/(mol \cdot L^{-1})$	$[OH^-]=[HCO_3^-]/(mol \cdot L^{-1})$
1.0	1.0*	1.4×10^{-2}
0.10	0.10*	4.5×10^{-3}
1.0×10^{-2}	8.6×10^{-3}	1.4×10^{-3}

* 简化法计算的结果。

等体积混合等浓度（0.20 mol/L）MCl_2 和 Na_2CO_3 溶液，混合后两者浓度均下降为 0.10 mol/L，由表 4-18 知：0.10 mol/L Na_2CO_3 液中$[OH^-]=4.5 \times 10^{-3}$ mol/L，溶液中相应离子浓度乘积：$[M^{2+}][CO_3^{2-}]=10^{-2}$，$[M^{2+}][OH^-]^2=2 \times 10^{-6}$，把这两个离子积和它们的 K_{sp}相比，可粗略判知沉淀的成分（表 4-19），判断和实验事实基本相符。

表 4-19 M^{n+}和CO_3^{2-} 反应的产物

M^{n+}	$K_{sp}(MCO_3)$	$K_{sp}[M(OH)_n]$	沉淀物
Ca^{2+}	2.5×10^{-9} ($<10^{-2}$)	5.5×10^{-6} (略$>2\times10^{-6}$)	MCO_3(Sr^{2+}、Ba^{2+}、Ag^+、La^{3+}……)
Mg^{2+}	1.0×10^{-5} ($<10^{-2}$)	1.8×10^{-11} ($<2.0\times10^{-6}$)	$M_2(OH)_2CO_3$(Mg^{2+}、Zn^{2+}、Cu^{2+}、Pb^{2+}……)
Fe^{3+}	—	4×10^{-38} ($\ll9.1\times10^{-9}$)	$M(OH)_3$(Al^{3+}、Cr^{3+}、Fe^{3+})

运用以上方法判断产物组成时,请关注以下几个问题:

(1) 许多M^{n+}也能发生水解反应,因此实际$[M^{n+}]<c$(mol/L),所以,当离子乘积和K_{sp}间有显著差值时,判断的结果更可靠。如等体积混合 2.0 mol/L $CaCl_2$ 和 2.0 mol/L Na_2CO_3,混合液中$[Ca^{2+}][OH^-]^2=2\times10^{-4}$,"略"大于$Ca(OH)_2$的$K_{sp}$($5.5\times10^{-6}$),(反应开始,$Ca^{2+}$、$OH^-$浓度即下降)所以沉淀是$CaCO_3$。

(2) 碱式碳酸盐的组成与所用试剂浓度、加试剂顺序及温度有关,教材上用$Mg_2(OH)_2CO_3$化学式表示碱式碳酸盐仅表明沉淀中兼有"碱"和"盐",而不是它的实际组成(实际上某金属的碱式盐常不止这一种)。为此介绍两个实验和两个资料:

实验一:在试管中混合浓$CuSO_4$和浓Na_2CO_3生成碱式碳酸铜,混合稀$CuSO_4$和稀Na_2CO_3也形成碱式碳酸铜。搅拌均匀后把两支试管同时放入水浴中,加热,混合稀溶液得到的沉淀易变黑(CuO)。由此说明两种碱式盐的组成、性质不同,而且不是$Cu(OH)_2$和$CuCO_3$的混合沉淀。

实验二:室温混合$Pb(NO_3)_2$和K_2CrO_4得$PbCrO_4$(黄色)沉淀。混合热的$Pb(NO_3)_2$和K_2CrO_4溶液得到红色碱式铬酸铅$PbO\cdot PbCrO_4$。(升温,促进水解反应。)

资料一:$MgCl_2$和Na_2CO_3反应生成的碱式碳酸镁沉淀,在放置过程中沉淀会转变成$Mg(OH)_2$。(因没有碱式盐确切的K_{sp},所以无法从平衡常数讨论这个过程。)

资料二:冷、热混合浓、稀$CdCl_2$和Na_2CO_3溶液,得到沉淀的组成不同,混合两种试剂冷的浓溶液得$Cd(OH)_2\cdot10Cd(OH)_2\cdot2H_2O$沉淀,混合两种试剂冷的稀溶液得$Cd(OH)_2\cdot10CdCO_3\cdot3H_2O$沉淀,混合两种试剂热的浓溶液得$6Cd(OH)_2\cdot50CdCO_3\cdot11H_2O$沉淀,混合两种试剂热的稀溶液得$9Cd(OH)_2\cdot50CdCO_3\cdot12H_2O$沉淀。

总之,碱式盐是一大类多种组成、性质各异的化合物,它的组成和各金属氢氧化物、盐的溶解性差别有关(虽不能进行定量的讨论,但似乎是可信任的)。下面讨论$Na_2C_2O_4$、Na_3PO_4、Na_2S分别和M^{n+}的反应。

① M^{n+}和$Na_2C_2O_4$溶液 因

$$C_2O_4^{2-}+H_2O \rightleftharpoons HC_2O_4^-+OH^-$$

$$K_h=\frac{K_w}{K_2}=\frac{10^{-14}}{6.4\times10^{-5}}=1.6\times10^{-10}$$

水解很弱，即溶液中[OH^-]较小（$<10^{-5}$ mol/L），所以 M^{n+} 和 $C_2O_4^{2-}$ 作用生成正盐沉淀 MC_2O_4。

② M^{n+} 和 Na_3PO_4 溶液　因

$$PO_4^{3-} + H_2O \longrightarrow HPO_4^{2-} + OH^-$$

$$K_h = \frac{K_w}{K_3} = \frac{10^{-14}}{4.8 \times 10^{-13}} = 2.1 \times 10^{-2}$$

（比 CO_3^{2-} 的 $K_{h_1} = 1.8 \times 10^{-4}$ 大了许多），溶液中[OH^-]较大，所以 $CaCl_2$、$MgCl_2$ 分别和 Na_3PO_4 溶液反应时得碱式磷酸盐，如

$$5Ca^{2+} + 4PO_4^{3-} + H_2O \longrightarrow Ca_5(PO_4)_3(OH) + HPO_4^{2-}$$

附：制备 $Ca_3(PO_4)_2$、$Mg_3(PO_4)_2$ 需用 Na_2HPO_4[其中 $c(OH^-)$ 低于同浓度 Na_3PO_4 溶液中的 $c(OH^-)$]作沉淀剂，如

$$3Mg^{2+} + 4HPO_4^{2-} \longrightarrow Mg_3(PO_4)_2 + 2H_2PO_4^-$$

③ M^{n+} 和 Na_2S 溶液　虽然

$$S^{2-} + H_2O \longrightarrow HS^- + OH^-$$

$$K = \frac{K_w}{K_2} = \frac{10^{-14}}{7.1 \times 10^{-15}} = 1.4$$

S^{2-} 水解倾向较强，溶液中[OH^-]相当大（0.1 mol/L Na_2S 的水解度>90%），但由于 MS 的溶解度很小（附：各种金属的难溶盐中，常是硫化物最难溶），所以 M^{n+} 和 Na_2S 溶液作用生成 MS，而不是碱式硫化物。

最后再讨论两个问题：多种金属硫酸盐溶液和 NaOH 溶液反应，得到碱式硫酸盐而不是氢氧化物。如

$$2Cu^{2+} + 2OH^- + SO_4^{2-} \longrightarrow Cu_2(OH)_2SO_4$$

再则，有些氢氧化物具有确定的组成，如 NaOH、$Ba(OH)_2$……；有些氢氧化物的组成不定，如 $Fe(OH)_3$、$Al(OH)_3$……可用 $M_2O_3 \cdot nH_2O$ 表示，$n=3$ 时为 $Fe(OH)_3$、$Al(OH)_3$，$n=1$ 时为 FeO(OH)、AlO(OH)。开始生成的沉淀中 $n>3$，放置过程或加热，n 下降。随 n 下降，氢氧化物溶解性降低，如氢氧化物有颜色的话，颜色还会加深。

实验：室温，混合 $FeCl_3$ 和 NaOH 溶液得 $Fe(OH)_3$，把它均分成两份，在均匀搅拌条件下，往一份中滴加 HCl 溶液，记录使 $Fe(OH_3)$ 完全溶解所加 HCl 的滴数（设为 a 滴）；小心对另一份加热至沸并保持沸腾一段时间，沉淀颜色加深，冷到室温，边搅拌边滴加 HCl，到 $Fe(OH)_3$ 完全溶解，所加 HCl 的滴数>a 滴。（加热保持沸腾时间的长短决定和 a 滴数差别的大小。）

还有些金属没有如一般书写的化学式为 $M(OH)_n$ 的氢氧化物。如氢氧化亚锡的实际组成是 $3SnO \cdot H_2O$[而没有 $Sn(OH)_2$]；Pb(Ⅱ)盐溶液和 KOH 或 $NH_3 \cdot H_2O$ 反应得到的所谓氢氧化铅（因反应条件不同）可能是：$PbO \cdot Pb(OH)_2$、$5PbO \cdot 2H_2O$、$3PbO \cdot H_2O$。

八、关于难(微)溶物的几个问题

1. 生成沉淀反应的速率

绝大多数生成沉淀的反应都很快,如 Ba^{2+} 和 SO_4^{2-}、Ag^+ 和 Cl^-、Fe^{3+} 和 OH^-。反应速率可用“立竿见影”来形容,所以此前根据 K_{sp} 讨论沉淀生成与溶解、分步沉淀、沉淀转化时都未提反应速率,但是也有极少数生成沉淀的反应速率并非“立竿见影”。

实验:混合 $BaCl_2$ 溶液和 $H_2C_2O_4$ 溶液,经过一段时间(约半分钟)才析出 BaC_2O_4 ($K_{sp}=1.6\times10^{-7}$)沉淀,而混合 $BaCl_2$ 溶液和 $Na_2C_2O_4$ 溶液,立即生成 BaC_2O_4 沉淀。

虽然有极少数生成沉淀反应略慢一些,仍能按 K_{sp} 讨论相关的问题。

2. 难溶物(设为 AB)的溶解有多个过程

$$AB(s) \longrightarrow AB(aq) \quad (\text{固有溶解度,以 } S^0 \text{ 表示})$$

$$AB(aq) \longrightarrow A^{n+}(aq)+B^{n-}(aq) \quad K_D=\frac{[A^{n+}][B^{n-}]}{[AB(aq)]}$$

若溶液中没有影响沉淀溶解平衡的其他反应,则当难溶物的溶解度为 S 时,则

$$S=S^0+[A^{n+}]=S^0+[B^{n-}]$$

对大多数难溶物的 S^0 较小,而且在饱和溶液中为定值,所以一般可忽略,即

$$S=[A^{n+}]=[B^{n-}] \quad \text{及} \quad K_{sp}=[A^{n+}][B^{n-}]$$

若 S^0 不是很小,将对 S 与 K_{sp} 间关系产生影响,以 $CaSO_4$ 为例讨论如下。

室温,$CaSO_4$ 的溶解度为 0.21^{25°,其浓度为

$$0.21\ \text{g}\times\frac{1}{0.10\ \text{L}}\times\frac{1}{136\ \text{g/mol}}=1.5\times10^{-2}\ \text{mol/L}$$

则 $[Ca^{2+}][SO_4^{2-}]=2.3\times10^{-4}$,和 $CaSO_4$ 的 $K_{sp}=9.1\times10^{-6}$(文献值)差一个数量级。为什么?

$$CaSO_4(s) \longrightarrow CaSO_4(aq) \quad K_s(\text{固有溶解度,为 }1.5\times10^{-2}\ \text{mol/L})$$

$$CaSO_4(aq) \longrightarrow Ca^{2+}(aq)+SO_4^{2-}(aq) \quad K_D=\frac{[Ca^{2+}][SO_4^{2-}]}{[CaSO_4(aq)]}=5.2\times10^{-3}$$

$$1.5\times10^{-2}\ \text{mol/L}-c \qquad c \qquad c$$

代入解得 $c=[Ca^{2+}]=[SO_4^{2-}]=6.5\times10^{-3}$ mol/L,则 $[Ca^{2+}][SO_4^{2-}]=4.2\times10^{-5}$。由此可知,$CaSO_4$ 固有溶解度

$$[CaSO_4(aq)]=1.5\times10^{-2}\ \text{mol/L}-6.5\times10^{-3}\ \text{mol/L}=8.5\times10^{-3}\ \text{mol/L}$$

即饱和溶液中 $[CaSO_4(aq)]$ 占 $CaSO_4$ 溶解总量的

$$\frac{8.5\times10^{-3}\ \text{mol/L}}{1.5\times10^{-2}\ \text{mol/L}}\times100\%=57\%$$

因此,不能在 $CaSO_4$ 的溶解度和溶度积常数间进行简单换算。

查得 $CaCO_3$ 的溶解度为 $0.0022\ \text{g}^{18^\circ}$(无 CO_2 干扰)、$0.0065\ \text{g}^{20^\circ}$(空气中 CO_2 影响)。

若按 0.0022 g 计算，其浓度为

$$0.0022\,\mathrm{g}\times\frac{1}{0.10\,\mathrm{L}}\times\frac{1}{100\,\mathrm{g/mol}}=2.2\times10^{-4}\ \mathrm{mol/L}$$

则$[Ca^{2+}][CO_3^{2-}]=4.8\times10^{-8}$，和文献值 2.5×10^{-9} 差一个数量级。为什么？

实验：加热蒸馏水至沸并保持一段时间(驱赶 CO_2)，迅冷，分盛两支试管中，往一支试管中加少量 $CaCO_3$(化学纯)，加塞(减弱 CO_2 的影响)，振荡，待未溶 $CaCO_3$ 沉降后，用精密 pH 试纸测试 pH，$CaCO_3$ 溶液的 pH 略大于蒸馏水的 pH(文献报道：室温饱和 $CaCO_3$ 溶液——在没有 CO_2 干扰下——$pH\approx8.3$)，显然是溶解了的 CO_3^{2-} 发生了水解平衡：

$$CO_3^{2-}+H_2O \rightleftharpoons HCO_3^-+OH^- \quad K=1.8\times10^{-4}$$

$$\frac{[HCO_3^-]}{[CO_3^{2-}]}=\frac{1.8\times10^{-4}}{[OH^-]}$$

若 pH=8，即$[OH^-]=10^{-6}$ mol/L，则$\frac{[HCO_3^-]}{[CO_3^{2-}]}\approx1.8\times10^2$，即溶解了的 CO_3^{2-} 的水解反应相当完全，$[CO_3^{2-}]$下降，促进 $CaCO_3$ 溶解。同理，Ca^{2+}也能水解(很弱)：

$$Ca^{2+}+H_2O \rightleftharpoons Ca(OH)^++H^+ \quad K=\frac{1.0\times10^{-14}}{5.0\times10^{-2}}=2.0\times10^{-13}$$

又因 Ca^{2+}、CO_3^{2-} 的水解互相影响，使水解程度(比 Ca^{2+}、CO_3^{2-} 单独水解)略有增大。总结果是，Ca^{2+}、CO_3^{2-} 浓度略有降低，且$[Ca^{2+}]\neq[CO_3^{2-}]$，但在饱和溶液中$[Ca^{2+}][CO_3^{2-}]=2.5\times10^{-9}$。

总之，只有当难(微)溶物溶解发生较完全的电离，离子间不发生不可忽略的相互作用，如 $BaSO_4$、AgCl、$Mg(OH)_2$、Ag_2CrO_4 等才可以进行 K_{sp}与 S 间的相互换算。然而，饱和溶液中相应离子浓度乘积(含幂)为定值——溶度积常数，可被用于判断能否沉淀、溶解、分步沉淀、沉淀转化等也是事实。

3. *难(微)溶物溶解度与盐效应*

本书不讨论表观浓度(活度)，但要介绍盐效应的有关实验(以获得感性知识)。

实验：称取两份 0.4 g $CaSO_4\cdot2H_2O$，分别放入 100 mL 蒸馏水、100 mL 10% NH_4NO_3 或 100 mL 10% NH_4Cl 溶液中，振荡。$CaSO_4\cdot2H_2O$ 在 H_2O 中未全溶，而在 NH_4NO_3 或 NH_4Cl 溶液中完全溶解。这个实验事实就是盐效应引起的，溶液中 Ca^{2+}、SO_4^{2-} 周围有大量其他离子，在一定程度上阻碍了 Ca^{2+} 与 SO_4^{2-} 的结合，所以溶解度增大(表 4-20)。

表 4-20　$CaSO_4\cdot2H_2O$ 在 NH_4Cl 溶液、NH_4NO_3 溶液中的溶解度(25℃)

$NH_4B/(g\cdot L^{-1})$		0	40	80	100	200	300	375
$CaSO_4$	在 NH_4Cl 中	2.08	7.00	8.50	9.10	10.85	10.10	7.40
	在 NH_4NO_3 中	2.08	5.10	7.00	7.65	9.85	10.80	—

顺便介绍一个和活度有关，又很直观的实验：混合 $FeCl_3$ 溶液和 KSCN 溶液得血红色 $Fe(NCS)_3$。

$$FeCl_3 + 3KSCN = Fe(NCS)_3 + 3KCl$$

若往溶液中加适量 $FeCl_3$ 或 KSCN，平衡右移，颜色加深；若往溶液中加 KCl(1 mol/L)，红色变浅。这后一个实验现象曾被认为是平衡左移的结果。若往血红色溶液中加 NH_4NO_3 或 $NaNO_3$(均为 1 mol/L)，溶液颜色也变浅，显然是大量 NH_4^+(Na^+)、NO_3^- 影响了 Fe^{3+} 和 SCN^- 间的作用。并且由后一个实验结果可知，加入 KCl 也是大量 K^+、Cl^- 影响 Fe^{3+} 和 SCN^- 的结合，而不是一般意义上的平衡移动。

4. 溶解度和溶液极性的关系

无机化合物在弱极性、非极性溶剂中溶解度较小。前已提及 H_2O 和 C_2H_5OH 混合形成溶剂的极性弱于 H_2O 而强于 C_2H_5OH，许多无机物在 C_2H_5OH-H_2O 中的溶解度低于它们在水中的溶解度。

实验：往饱和 $CaSO_4$ 溶液中滴加 C_2H_5OH，溶液显混浊(表 4-21)。

表 4-21 $CaSO_4$ 在 C_2H_5OH-H_2O 中溶解度(25℃)

C_2H_5OH/%(V)	0	3.91	10.0	19.76	28.66	32.97	40.97
$\frac{CaSO_4}{g/100\,g\,液}$	0.208	0.131	0.097	0.021	0.0082	0.0052	0.0024

第五章　氧化还原反应　电极电势

元素氧化态(氧化数)有改变的反应是氧化还原反应。氧化还原反应和得、失(传递)电子有关,所以和电化学有关。

一、氧化数(氧化态)　氧化还原反应方程式的配平

1. 氧化数(氧化态)

电解熔融 NaCl 时,通过 1 mol 电子得 1 mol Na 和 0.5 mol Cl_2;电解熔融 $MgCl_2$,通过 2 mol 电子得 1 mol Mg 和 1 mol Cl_2。由此可知,NaCl 中是 Na^+ 和 Cl^-,$MgCl_2$ 中 Mg 是 +2 价,Cl 是 −1 价。分别电解 1 mol $KMnO_4$、$K_2Cr_2O_7$ 溶液,当通过 5 mol 电子得 1 mol Mn^{2+},通过 6 mol 电子得 2 mol Cr^{3+},因此把 $KMnO_4$ 中 Mn 定为 +7 价,$K_2Cr_2O_7$ 中 Cr 为 +6 价。同理,把 SO_4^{2-} 中 S 定为 +6 价,NO_3^- 中 N 为 +5 价。问题是:+5、+6、+7 价和上述 +1、+2、−1 价不同。1 mol Na^+ 和它所得 1 mol 电子成 1 mol Na 一致,1 mol 电子为 1 mol Na^+ 得到。实验事实是,5 mol(6 mol)电子和 1 mol MnO_4^-($Cr_2O_7^{2-}$)反应得 1 mol Mn^{2+}(2 mol Cr^{3+}),问题是这 5(6) mol 电子全是由 Mn(Cr)得到的吗?无法证实或否定。再则若把 MnO_4^-($Cr_2O_7^{2-}$)中 Mn(Cr)理解为 +7(+6)价,可靠吗?以锰(活泼金属)为例,1 mol Mn 丢失 2 mol 电子成 Mn^{2+} 是可能的;丢失 4 mol 电子成 Mn^{4+} 就很困难了;丢失 7 mol 电子成 Mn^{7+} 是不可能的,即使有"Mn^{7+}"离子,电正性太强,也不可能和 O^{2-} 形成较稳定的 Mn^{7+} 和 O^{2-} 的键。化学上根据实验结果提出氧化数——某元素在物质中氧化态,它规定:化合物中金属的氧化态为正。如 Na+1,Mg+2,Al+3,以及 O 为 −2,H 为 +1,单质中元素的氧化态为"零",化合物中各元素的氧化态代数和为零,离子中各元素氧化态代数和离子的价态一致,因此可知 MnO_4^- 中 Mn 的氧化态为 +7,$Cr_2O_7^{2-}$ 中 Cr 为 +6,SO_4^{2-} 中 S 为 +6,NO_3^- 中 N 为 +5,等等。

提请关注,氧化态为 +7……并不表明形成化合物时,该元素原子共丢失 7 个电子……,这样可以说明 1 mol MnO_4^- 得 5 mol 电子生成 1 mol Mn^{2+},但并未回答:5 mol 电子被 Mn 或(和)O 原子如何分配的。既然是以一个"集团"(如 MnO_4^-,$Cr_2O_7^{2-}$)参与氧化还原反应时得、失若干个电子为实验依据,那么有时候原子的氧化数可以不是整数,如 K 和 O_3 生成 KO_3(臭氧化钾),其间 1 mol K 丢失的 1 mol 电子为 O_3 所得,成 O_3^-,所以每个 O 原子的氧化态为 $-\frac{1}{3}$。同理,KO_2(超氧化钾)中 O 原子氧化态为 $-\frac{1}{2}$,K_2O_2(过氧化钾)中 O 的氧化态为 −1。后两者和 CO_2 反应时,K、C 原子的氧化态未变,而是 O_2^{2-}、O_2^- 发生自氧化还原反应:

$$2\text{“}O_2^{2-}\text{”} = 2\text{“}O^{2-}\text{”} + O_2$$

$$2\text{“}O_2^{-}\text{”} = \text{“}O^{2-}\text{”} + \frac{3}{2}O_2$$

就是说若作为供氧剂，那么 KO_2 供氧量是等摩尔 K_2O_2 的 1.5 倍。又如 $S_2O_3^{2-}$（硫代硫酸根）结构中两个 S 原子并不相同，由于反应中它们作为一个整体参与得、失电子，所以可认为每个 S 原子的氧化态为+2（S 原子氧化态相同，并不等于承认两个 S 原子在结构中所处位置相同），它和 I_2 的反应式是

$$2S_2O_3^{2-} + I_2 = S_4O_6^{2-} + 2I^-$$

$S_4O_6^{2-}$ 是连四硫酸根，它的结构式为 $^-O_3S—S—S—SO_3^-$，其中的 S 原子两两相同，它是由 2 mol $S_2O_3^{2-}$ 和 1 mol I_2（反应中得 2 mol 电子）反应生成 1 mol $S_4O_6^{2-}$ 的，其中 S 原子的氧化态为+2.5。（四个 S 的氧化态相同，并不表明四个 S 原子在结构中是相同的。）

有机化学反应常是官能团的转变，因此可简化为只需考虑官能团中主要是 C 原子氧化态的改变。如 CH_4 中 C 原子的氧化态为−4（C 的电负性为 2.5，大于 H 的电负性 2.1），若被 0.5 mol O_2 氧化成 CH_3OH，C 的氧化态为−2；再和 0.5 mol O_2 反应得 HCHO，其中 C 的氧化态为 0（零）；继续和 $\frac{1}{2}$ mol O_2 作用生成 HCOOH，其中 C 的氧化态为+2，氧化还原反应关系式是

$$CH_4 \xrightarrow{\frac{1}{2}O_2} CH_3OH \xrightarrow{\frac{1}{2}O_2} HCHO \xrightarrow{\frac{1}{2}O_2} HCOOH$$

若是 C_2H_6 依次和 0.5 mol O_2 反应，氧化还原反应只发生在—CH_3（C 的氧化态为−3）上，所以 CH_3CH_2OH 中 C 的氧化态为−1，CH_3CHO 中 C 的氧化态为+1，CH_3COOH 中 C 的氧化态为+3。这样，比把 C_2H_6 中每个 C 原子氧化态都作为−3，C_2H_5OH 中每个 C 原子氧化态为−2，CH_3CHO 中每个 C 原子氧化态为−1，CH_3COOH 中每个 C 原子氧化态为 0（零）方便多了。同理，R—CH_3 若依次和 0.5 mol O_2 反应，C 原子氧化态将由 $-3 \to -1 \to +1 \to +3$。至今有机化学中判断氧化还原反应仍保留着得 O、失 O 的方法。被氧化就是产物中 H 原子数减少，如 $CH_3OH \longrightarrow HCHO$，或产物中 O 原子数增多，如 $HCHO \longrightarrow HCOOH$；被还原，产物中 O 原子数减少，如 $HCOOH \longrightarrow HCHO$，或 H 原子数增加，如 $HCHO \longrightarrow CH_3OH$。如葡萄糖中醛基被氧化成羧基的反应，若简化为 $RCHO \xrightarrow{-2e^-} RCOOH$，则需和 $2Ag(NH_3)_2^+$ 作用生成 2Ag，或和 $2Cu(OH)_2$ 作用生成 Cu_2O。再如照相术中用对苯二酚 HO—⬡—OH 还原（底片上）被感光的 AgBr，本身被氧化成苯醌 O═⬡═O，它比对苯二酚少了 2 个 H 原子，所以反应时对苯二酚和 AgBr 物质的量比为 1∶2。

2. 氧化还原方程式的配平

根据实验事实配平氧化还原方程式，一般分两步进行，① 根据原子氧化态升高和降

低的总数相同，得到氧化剂和还原剂间物质的量比；② 根据物质不灭凑平反应方程式。先举三个实例：

Cu 和浓 HNO_3 反应的产物是 $Cu(NO_3)_2$（Cu 的氧化态从 0→+2，1 mol Cu 失 2 mol 电子）和 NO_2（N 的氧化态从+5→+4，1 mol NO_3^- 得 1 mol 电子），两者物质的量比为：1(Cu)∶2(HNO_3)。2 mol NO_3^-→2 mol NO_2，释出 2 mol "O^{2-}"（未参与电子得失），在酸性溶液中将和 4 mol H^+ 生成 2 mol H_2O，所以反应方程式为

$$Cu+4HNO_3 = Cu(NO_3)_2+2NO_2+2H_2O$$

在 NaOH 溶液中 Cl_2 发生自氧化还原反应，生成 NaCl（0.5 mol Cl_2 得 1 mol 电子）和 $NaClO_3$（0.5 mol Cl_2 失 5 mol 电子），两者物质的量比为 5∶1。产物 1 mol $NaClO_3$ 中的 3 mol "O^{2-}"（未参与电子得失），在碱性溶液中只能由两倍量 OH^-，即 6 mol OH^- 提供，所以反应方程式为

$$3Cl_2+6NaOH = NaClO_3+5NaCl+3H_2O$$

在酸性条件下，H_2S 和 SO_2 反应生成 S，H_2S 被氧化成 S（S 原子氧化态从−2→0），SO_2 被还原为 S（S 原子氧化态从+4→0），所以两者物质的量比为 2∶1，SO_2 转化为 S 释出 2 个"O^{2-}"（未参与电子得失），在酸性溶液中需和 $4H^+$ 结合成 H_2O，所以反应方程式为

$$2H_2S+SO_2 = 3S+2H_2O$$

既然配平氧化还原方程可分成两步进行，那么每步应关注什么问题？

氧化剂、还原剂电子得失总数相等，在 Cu 和浓 HNO_3 反应方程式中，HNO_3 既是氧化剂，还要起到凑平电荷的作用，配平了的反应式中，4 mol HNO_3 只有 2 mol HNO_3 起氧化剂的作用。同理，MnO_2 和浓 HCl 反应制备 Cl_2 的反应式中，4HCl 中只有 2HCl 起还原剂的作用，另外 2HCl 起凑平电荷的作用。

$$MnO_2+4HCl = MnCl_2+Cl_2+2H_2O$$

并不表明，方程式中 4 mol HNO_3(HCl)都是氧化(还原)剂。

再则，在计算氧化剂、还原剂得失电子数"前"，先凑平氧化态发生改变的原子的数目。如 $FeSO_4$ 中 Fe^{2+} 被氧化成 $Fe_2(SO_4)_3$ 的两种表示方式：

$$FeSO_4 \xrightarrow{-e^-} \frac{1}{2}Fe_2(SO_4)_3, \quad 2FeSO_4 \xrightarrow{-2e^-} Fe_2(SO_4)_3$$

这样可能给配平方程式带来很大的方便。下面以 FeS_2 被氧化成 Fe_2O_3、SO_2 为例：1 mol FeS_2 被氧化，必生成 0.5 mol Fe_2O_3 和 2 mol SO_2[①]，即

$$FeS_2+O_2 \longrightarrow \frac{1}{2}Fe_2O_3+2SO_2$$

1 mol FeS_2 中 Fe 的氧化态为+2，被氧化成 0.5 mol Fe_2O_3，失 1 mol 电子；两个 S 氧化态

① O 原子氧化态也发生了改变，因两种产物中都有 O，不像 FeS_2 那样容易凑平。

均为-1，被氧化成2 mol SO_2（氧化态为$+4$），共失10 mol电子，即1 mol FeS_2被氧化共失11 mol电子，而1 mol O_2被还原得4 mol电子，所以

$$4FeS_2+11O_2 = 2Fe_2O_3+8SO_2$$

实际上硫酸厂的沸腾炉，FeS_2也有被氧化成Fe_3O_4的。配平方程式时，若设生成1 mol Fe_3O_4，那么必消耗3 mol FeS_2，同时生成6 mol SO_2，凑的结果是

$$3FeS_2+O_2 \longrightarrow Fe_3O_4+6SO_2$$

3 mol FeS_2生成1 mol Fe_3O_4和6 mol SO_2共失32 mol电子，所以反应式为

$$3FeS_2+8O_2 = Fe_3O_6+6SO_2$$

得、失电子总数相等步骤完成后，凑平（按物质不灭）可选一种参与反应但未有得失电子的原子为依据，水溶液中氧化还原反应可选“O^{2-}”，无非是反应方程式左侧“O^{2-}”有余（Cu和HNO_3反应）、缺O^{2-}（Cl_2在NaOH中的反应）。若是前者，在酸性条件下，多余的“O^{2-}”和$2H^+$生成H_2O；在近中性、碱性条件下，多余的“O^{2-}”和H_2O成$2OH^-$；若反应物侧缺“O^{2-}”，那么在水溶液中只能由H_2O、OH^-提供，$H_2O \longrightarrow$“O^{2-}”$+2H^+$（酸性、近中性溶液中）或$2OH^- \longrightarrow$“O^{2-}”$+H_2O$（碱性溶液中）。具体实例参考表5-1。

表5-1 根据反应物侧“O^{2-}”缺失或有余，凑平方程式实例

反应物侧“O^{2-}”有余		实 例
酸性	“O^{2-}”$+2H^+ = H_2O$	$MnO_4^-+5Fe^{2+}+8H^+ = Mn^{2+}+5Fe^{3+}+4H_2O$
近中性	“O^{2-}”$+H_2O = 2OH^-$	$2MnO_4^-+3SO_3^{2-}+H_2O = 2MnO_2+3SO_4^{2-}+2OH^-$
碱性	“O^{2-}”$+H_2O = 2OH^-$	$2MnO_4^{2-}+ClO^-+H_2O = 2MnO_4^-+Cl^-+2OH^-$
反应物侧缺“O^{2-}”		**实 例**
酸性	$H_2O =$ “O^{2-}”$+2H^+$	$6MnO_4^-+10Cr^{3+}+11H_2O = 6Mn^{2+}+5Cr_2O_7^{2-}+22H^+$
近中性	$H_2O =$ “O^{2-}”$+2H^+$	$2MnO_4^-+3Mn^{2+}+2H_2O = 5MnO_2+4H^+$
碱性	$2OH^- =$ “O^{2-}”$+H_2O$	$3Cl_2+6OH^- = ClO_3^-+5Cl^-+3H_2O$

下面讨论几个实例：

(1) 有两种原子的氧化态升高（降低），若氧化剂或（和）还原剂原子间有一定的关系，则可配平。如上述FeS_2中Fe、S原子的氧化态都升高了，“一定关系”是指反应物、生成物方面Fe、S原子个数比必是1∶2，所以可把FeS_2当作一种物质计算其得失电子数。又如HgS在O_2中反应生成Hg（氧化态从$+2 \to 0$）和SO_2（S的氧化态从$-2 \to +4$），1 mol HgS参与反应（净）失4 mol电子，恰好和1 mol O_2参与反应得电子数相同，所以反应方程式是

$$HgS+O_2 = Hg+SO_2$$

再请看一道较复杂的配平题：

$$P+CuSO_4+H_2O \longrightarrow Cu_3P+H_3PO_4+H_2SO_4$$

其中1 mol P被氧化成H_3PO_4（1 mol P失5 mol电子），1 mol P还和3 mol Cu^{2+}形成1 mol Cu_3P（1 mol P得3 mol电子，3 mol Cu^{2+}得3 mol电子），共得6 mol电子，由得、失电子数相等可知（配平时分别书写作为氧化剂、还原剂P原子的计量数，而后合并。这样，不容

易出错)：

$$6P + 5P + 15CuSO_4 + H_2O \longrightarrow 5Cu_3P + 6H_3PO_4 + H_2SO_4$$

由式中 $6P \rightarrow 6H_3PO_4$ 可知反应物侧缺 24 mol "O^{2-}"，由表 5-1 知在酸性溶液中需加 24 mol H_2O，凑平后得

$$11P + 15CuSO_4 + 24H_2O = 5Cu_3P + 6H_3PO_4 + 15H_2SO_4$$

若两种原子被氧化或(和)还原产物间没有一看便知物质的量间的关系，这类反应若不知道实验结果，无法配平。因不知道事实，则可能有多种配平的结果，如 N_2H_4(肼，N 的氧化态为−2，H 为+1)受热分解为 NH_3(N 为−3)、N_2(N 为 0)、H_2(H 为 0)，三者间没有"一目了然"的原子个数间关系，因而有多种配平了的反应方程式，如

$$7N_2H_4 = 8NH_3 + 3N_2 + 2H_2$$

$$8N_2H_4 = 10NH_3 + 3N_2 + H_2$$

$$9N_2H_4 = 10NH_3 + 4N_2 + 3H_2$$

$$5N_2H_4 = 6NH_3 + 2N_2 + 2H_2$$

……

只有知道实际产物(如已知产物中 N_2 与 H_2 物质的量比为 3：2)时，才能确定第一个反应方程式和事实相符。再则，知道产物中 N_2 和 H_2 物质的量比为 3：2，可把 $3N_2$(氧化态从−2→0，共失 12 mol 电子)和 $2H_2$(由+1→0，共得 4 mol 电子)当作一种物质计算其得、失电子数，即生成"$3N_2$ 和 $2H_2$"共失 8 mol 电子，必和失 8 mol 电子形成8 mol NH_3 匹配。

这种情况是很多的，如 Zn 和 HNO_3 作用时，Zn 被氧化只生成 Zn^{2+}，HNO_3 被还原的产物往往兼有 NO_2、NO，甚至 N_2、NH_4^+、H_2。配平时先按生成 NO_2、NO……逐个配平，再根据实验结果对各个反应式乘以相应的百分率，而后叠加在一起就是总反应方程式。

(2) 必要时可设某些原子的氧化数。当遇到某个反应物或生成物中原子的氧化态无法判定时，可设定它们的氧化态。

从结构知：FeS_2 由 Fe^{2+} 和 S_2^{2-} 构成，所以 1 mol FeS_2 被氧化成 0.5 mol Fe_2O_3、2 mol SO_2 共失 11 mol 电子。如若不知道结构，可以把 Fe 的氧化态定为+4(生成0.5 mol Fe_2O_3，得 1 mol 电子)、S 的氧化态定为−2(形成 2 mol SO_2，共失 12 mol 电子)，就是说，1 mol FeS_2 被氧化(净)失电子仍为 11 mol(后续配平略)。或者设定 Fe 和 S 的氧化态均为 0(这样 FeS_2 仍为电中性)，前者被氧化成 0.5 mol Fe_2O_3 失 3 mol 电子，后者被氧化成 2 mol SO_2 失 8 mol 电子，净失电子数仍为 11 mol。若设 Fe 的氧化态为+1，S 为−0.5，或 Fe 为+3，S 为−1.5……，结果都相同。就是说，各种设定不影响 1 mol FeS_2 参与反应失 11 mol 电子，这是可设定原子氧化态的基础。

请看如何配平下列反应方程式：

$$S_2Cl_2 + NH_3 \longrightarrow S_4N_4 + S_8 + NH_4Cl$$

式中 S_2Cl_2 等四种物质中各原子的氧化态都容易判定。S_4N_4 中 N 的电负性为 3.0，S 的电负性为 2.5，初步判定 N 的氧化态为负值，若是−1、−2、−3，则相应 S 的氧化态为

+1、+2、+3，下面分别按+1、-1(这样可认为 $2S_2Cl_2 \rightarrow S_4N_4$ 过程中S原子未有电子"得失"，使配平简化)；+3、-3(这样可认为 $4NH_3 \rightarrow S_4N_4$ 过程中N原子未参与电子得失，使配平简化)；再则生成1 mol S_8，消耗4 mol S_2Cl_2，过程中得8 mol电子，所以

① $S_4^{+}N_4^{-}$： $4S_2Cl_2+2S_2Cl_2+4NH_3 \longrightarrow S_4N_4+S_8+NH_4Cl$（$-2e^-\times4$；$+8e^-$）

反应物侧共12个 Cl^-(未参与电子得失)，所以生成物侧必有 $12NH_4Cl$，而生成 $12NH_4Cl$ 需(未参与电子得失的) $12NH_3$，所以反应方程式为

$$6S_2Cl_2+16NH_3 = S_4N_4+S_8+12NH_4Cl$$

② $S_4^{3+}N_4^{3-}$： $4S_2Cl_2+2S_2Cl_2+4NH_3 \longrightarrow S_4N_4+S_8+NH_4Cl$（$-2e^-\times4$；$+e^-\times8$）

后续凑平可根据未参与电子得失的 Cl^-，即生成 $12NH_4Cl$(还要加 $12NH_3$)，得

$$6S_2Cl_2+16NH_3 = S_4N_4+S_8+12NH_4Cl$$

总之，由 $2S_2Cl_2$ 和 $4NH_3$ 生成1 mol S_4N_4 得8 mol电子是确定的(这是实验事实)，所以根据各种设定配平的反应方程式相同。读者如有兴趣可设 $S_4^{0}N_4^{0}$、$S_4^{2+}N_4^{2-}$ 甚至 $S_4^{2-}N_4^{2+}$，配平的方程式还是不变。就是说，必要时可设定化合物中各原子的氧化态。

最后，介绍按物质不灭凑(配)平氧化还原方程式。例如1 mol $KClO_3$ 热分解必得1 mol KCl和1.5 mol O_2，所以反应为

$$KClO_3 = KCl+\frac{3}{2}O_2 \quad 或 \quad 2KClO_3 = 2KCl+3O_2$$

又如1 mol HNO_3 见光分解得1 mol NO_2(N原子平衡)、0.5 mol H_2O(H原子平衡)，再由O原子数差值 $3-2-0.5=0.5$ 可知其为0.25 mol O_2，所以 HNO_3 分解反应式(×4)为

$$4HNO_3 = 4NO_2+2H_2O+O_2$$

再如 $KMnO_4$ 热分解得 K_2MnO_4、MnO_2、O_2 的反应方程式为

$$KMnO_4 = \frac{1}{2}K_2MnO_4+\frac{1}{2}MnO_2+\frac{1}{2}O_2$$

对于配平某些无法判定某原子被氧化或还原的反应时，按物质不灭方法凑平是可取的，如

$$P_4+P_2I_4+H_2O \longrightarrow PH_4I+H_3PO_4$$

P原子在四种含磷物质中的氧化态是明确的，它们是0(P)、+2(P_2I_4)、-3(PH_4I)、+5(H_3PO_4)，但无法确定是P或(和)P_2I_4 被还原为 PH_4I，被氧化成 H_3PO_4。用物质不灭方法凑平是可行的，先按在反应式左、右侧只出现一次的原子"配平"。1 mol H_3PO_4 中O原子数必和4 mol H_2O 匹配，O原子凑平了，有5 mol H^+"剩余"；它和 $\frac{5}{4}$ mol PH_4I 中H

原子数匹配；PH_4I 中 $\frac{5}{4}$ mol I，必由 $\frac{5}{16}$ mol P_2I_4 而来；最后凑平 P 原子数，得 $\frac{13}{32}$ mol P_4。所以反应式为

$$\frac{13}{32}P_4+\frac{5}{16}P_2I_4+4H_2O = \frac{5}{4}PH_4I+H_3PO_4$$

即
$$13P_4+10P_2I_4+128H_2O = 40PH_4I+32H_3PO_4$$

附：由配平了的反应方程式还是无法判定：40 mol PH_4I 中的 P 是全部源于 $13P_4$（共 52 mol P）；还是既源于 P_4，也源于 P_2I_4，然而配平的方程式和实验事实是一致的。

对于有一定配平经验的人，按物质不灭凑平反应方程式并不复杂。如

$$K_2Cr_2O_7+FeSO_4+H_2SO_4 \longrightarrow K_2SO_4+Cr_2(SO_4)_3+Fe_2(SO_4)_3+H_2O$$

设 1 mol $K_2Cr_2O_7$ 被还原（在 H_2SO_4 溶液中），必得 1 mol K_2SO_4、1 mol $Cr_2(SO_4)_3$ 和 7 mol H_2O；7 mol H_2O 中 H 原子必由 7 mol H_2SO_4 而来，7 mol H_2SO_4 中[1 mol K_2SO_4、1 mol $Fe_2(SO_4)_3$ 中已有 4 mol SO_4^{2-}]有 3 mol SO_4^{2-} 和 6 mol $FeSO_4$ 生成 3 mol $Fe_2(SO_4)_3$，则凑平了的反应方程式为

$$K_2Cr_2O_7+6FeSO_4+7H_2SO_4 = K_2SO_4+Cr_2(SO_4)_3+3Fe_2(SO_4)_3+7H_2O$$

二、电极电势　水溶液中的氧化还原反应

1. 金属在水溶液中的活动序——M(s)转化成 M^{n+}(aq)的倾向

把 Zn 片放入水液中，金属中 Zn^{2+} 将进入溶液成 Zn^{2+}(aq)，开始转化为 Zn^{2+}(aq)的反应速率较明显，随后因 Zn 片带负电荷使反应速率减慢；另一方面，因溶液中 Zn^{2+}(aq)略增，回到金属成 Zn 速率加快，最终达到平衡态。不难想象，因异号电荷相吸，在 Zn 片附近形成双电层[图 5-1(a)]（极上多余的电子虽很少，却是肯定有的），距离≈10^{-8} m。Cu 片插入溶液也能形成双电层[图 5-1(b)]。连接 Zn 片和 Cu 片使之成通路，将有 e^- 从 Zn 片流向 Cu 片，这样，有利于 $Zn(s) = Zn^{2+}(aq)+2e^-$，Cu 片上的过程恰好相反，发生 $Cu^{2+}(aq)+2e^- = Cu$。e^- 从 Zn 片流向 Cu 片不断进行直到平衡。电化学上把 $Zn(s) = Zn^{2+}(aq)+2e^-$，$Cu^{2+}(aq)+2e^- = Cu$ 称为电极半反应或半电池（因为各是电池的一半）反应。半电池反应的倾向和金属的“活泼性”、离子浓度、温度等因素有关。在 298 K，$[M^{n+}]$为单位浓度（1 mol/L）时，半电池反应的倾向和金属“活泼性”有关。实验只能够测定两个半电池间的电位差。为得到半电池的电势，必须有一个相对标准的半电池——标准氢电极：

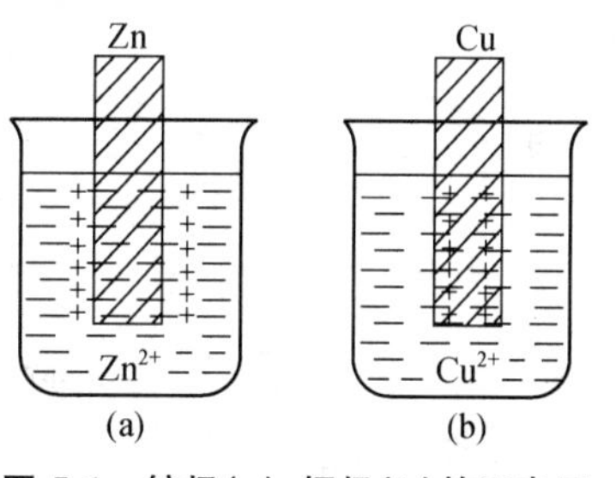

图 5-1　锌极(a)、铜极(b)的双电层

$$2H^+(1\ mol/L)+2e^- = H_2(1.01\times10^5\ Pa)$$

（用镀铂黑的铂片作电极，图 5-2），并规定其电势为 0（零），连接 Zn^{2+}(1 mol/L)/Zn 极和

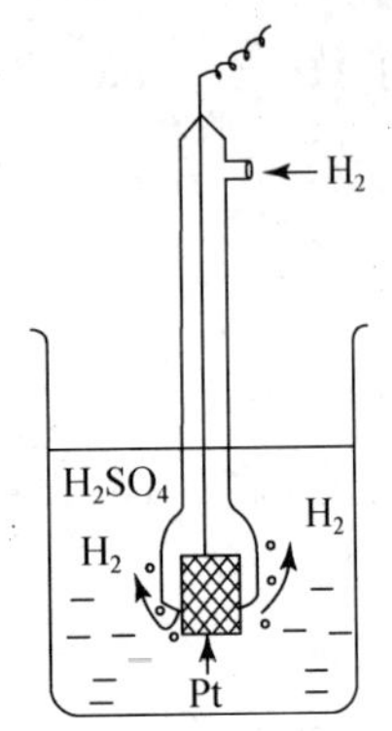

图 5-2 标准氢电极

标准氢电极成通路，测定电位差为 0.76 V，电子是从 Zn^{2+}/Zn 极流向氢电极，所以 Zn^{2+}(1 mol/L)/Zn 极的标准电极电势 $E^\ominus=-0.76\ V$；连接氢电极和 Cu^{2+}(1 mol/L)/Cu 极，电子从氢极流向铜极，两极电位差 0.34 V，所以

$$Cu^{2+}+2e^- = Cu \quad E^\ominus=0.34\ V$$

同理，可得

$$Fe^{2+}+2e^- = Fe \quad E^\ominus=-0.44\ V$$

$$Ag^{+}+e^- = Ag \quad E^\ominus=0.80\ V$$

……

两个半电池构成原电池的电子从相对活泼金属极流向相对不活泼金属极，原电池的电动势是相对不活泼金属的 $E^\ominus$ 减相对活泼金属的 $E^\ominus$，如 Zn-Fe 构成原电池的电动势 $E^\ominus=-0.44\ V-(-0.76\ V)=0.32\ V$，Fe-Cu 构成原电池的 $E^\ominus=0.34\ V-(-0.44\ V)=0.78\ V$。显然，电动势越大，原电池的反应越完全。

金属转化成 M^{n+}(aq)，即金属的离子化倾向的能量可由热化学循环讨论(图 5-3)。

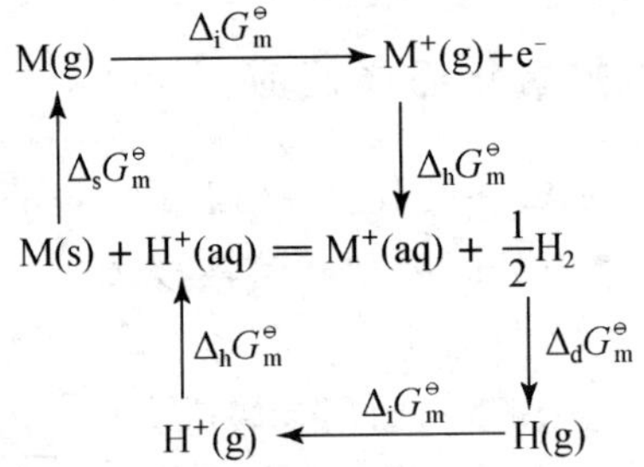

$M(g) \xrightarrow{\Delta_i G_m^\ominus} M^+(g)+e^-$

$\Delta_s G_m^\ominus$　　$\Delta_h G_m^\ominus$

$M(s)+H^+(aq) = M^+(aq)+\frac{1}{2}H_2$

$\Delta_h G_m^\ominus$　　$\Delta_d G_m^\ominus$

$H^+(g) \xleftarrow{\Delta_i G_m^\ominus} H(g)$

图 5-3 M 离子化过程的 $\Delta G_m^\ominus$

右下角 s、i、d、h 分别表示升华(sublimation)、电离(ionization)、解离(dissociation)、水合(hydration)

$$M(s) = M^+(aq)+e^- \quad \Delta_r G_m^\ominus=\Delta_s G_m^\ominus+\Delta_i G_m^\ominus+\Delta_h G_m^\ominus$$

$$H^+(aq)+e^- = \frac{1}{2}H_2 \quad \Delta_r G_m^\ominus=-\left(\frac{1}{2}\Delta_d G_m^\ominus+\Delta_i G_m^\ominus+\Delta_h G_m^\ominus\right)$$

以 Li 为例，

$$\Delta_r G_m^\ominus=[128.0+523.0+(-510.5)]\ kJ/mol=140.5\ kJ/mol$$

已知 $\Delta_r G_m^\ominus(H)=-431.7\ kJ/mol$，所以反应的

$$\Delta_r G_m^\ominus=[40.5+(-431.7)]\ kJ/mol=-291.2\ kJ/mol$$

由 $\Delta_r G_m^\ominus=-nFE^\ominus$，$n$ 为得失电子数，F 为 1 mol 电子电量 $1.60\times10^{-19}\ C\times6.02\times10^{23}=9.65\times10^4\ C$(库仑)，得 Li 和 H^+ 反应的 $E^\ominus=3.02\ V$。按国际规定：半电池反应书写成还原过程，即

$$Li^+(aq)(氧化型)+e^- = Li(s)(还原型) \quad E^\ominus_{Li^+/Li}=-3.02\ V$$

导致 $E^{\ominus}_{Li^+/Li} < E^{\ominus}_{Na^+/Na}$ 的主要因素是 Li^+(g)水合释能多(表 5-2)。同理，ⅡA 族 M^{2+}(g)水合释能大，一定程度上补偿了 M(g)电离吸能多，致使 $E^{\ominus}_{M^{2+}/M}$ 也较小(表 5-2)。

表 5-2　碱金属、碱土金属、某些金属的电极电势

	Li	Na	K	Rb	Cs	Ca	Sr	Ba
$\Delta_s G^{\ominus}_m/(kJ \cdot mol^{-1})$	128.0	77.8	61.1	54.0	51.1	142.7	110.1	143.1
$\Delta_i G^{\ominus}_m/(kJ \cdot mol^{-1})$	523.0	497.9	418.4	404.6	377.4	1736.4	1615.0	1472.8
$\Delta_h G^{\ominus}_m/(kJ \cdot mol^{-1})$	−510.5	−410.0	−336.0	−314.6	−282.4	−1589.9	−1422.6	−1318.0
$\frac{\Delta_r G^{\ominus}_m(M)}{(kJ \cdot mol^{-1})}$	140.5	165.7	143.5	144	146.1	289.2	302.4	297.9
$\frac{\Delta_r G^{\ominus}_m(H)}{(kJ \cdot mol^{-1})}$	−431.7	−431.7	−431.7	−431.7	−431.7	−431.7 ×2	−431.7 ×2	−431.7 ×2
$\frac{\Delta_r G^{\ominus}_m(H)+\Delta_r G^{\ominus}_m(M)}{(kJ \cdot mol^{-1})}$	−291.2	−266.0	−288.2	−287.7	−285.6	−574.2	−561	−565.5
计算 $E^{\ominus}$/V	−3.02	−2.76	−2.99	−2.98	−2.96	−2.98	−2.91	−2.93
标准电势 $E^{\ominus}$/V	−3.03	−2.713	−2.925	−2.925	−2.923	−2.87	−2.89	−2.91

	Al	Zn	Fe	Sn	Pb	Cu	Hg
$\Delta_s H^{\ominus}_m/(kJ \cdot mol^{-1})$	314	131	405	301	194	341	61,(l)→(g)
$\Delta_i H^{\ominus}_m/(kJ \cdot mol^{-1})$	5140	2639	2320	2121	2166	2704	2817
$\Delta_h H^{\ominus}_m/(kJ \cdot mol^{-1})$	−4660	−2044	−1920	−1554	−1480	−2100	−1854
$\Delta_r H^{\ominus}_m/(kJ \cdot mol^{-1})$	794	726	805	868	880	954	1024
$E^{\ominus}$/V	−1.60	−0.76	−0.44	−0.14	−0.126	0.34	0.845

注：用 $\Delta_r H^{\ominus}_m$ 判断，和 $\Delta_r G^{\ominus}_m$ 数值相差约 5%，无碍于判断金属成水合离子倾向的顺序。

运用金属离子化倾向序列(即金属活动序)时，**提请关注**：

(1) 对于变价金属，它们在序列中的位置是指形成低价水合离子，如 Mn^{2+}、Fe^{2+}、Hg_2^{2+}……，如 $E^{\ominus}_{Hg_2^{2+}/Hg}=0.79$ V 比 $E^{\ominus}_{Ag^+/Ag}=0.80$ V 小，所以在活动序中 Hg 位于 Ag 前。若按 $E^{\ominus}_{Hg^{2+}/Hg}=0.85$ V，Hg 应位于 Ag 之后。确定铜所在的位置是 $E^{\ominus}_{Cu^{2+}/Cu}=0.34$ V，而不是 $E^{\ominus}_{Cu^+/Cu}=0.52$ V，理由是 Cu^+ 在水溶液中不稳定，发生歧化反应：

$$2Cu^+ = Cu^{2+} + Cu \quad K=1.3\times10^6$$

(2) 金属离子化倾向序列是化学平衡的数据，和反应速率无关，如碱金属中 $E^{\ominus}_{Li^+/Li} < E^{\ominus}_{K^+/K} < E^{\ominus}_{Na^+/Na}$，即 Li 的离子化倾向最强。

实验：取金属 Li、Na、K 各一块，分别投入水中，K 反应剧烈，即熔化成珠，在水面上边转边游动；Na 开始反应不剧烈，待熔融成珠后，反应剧烈，在水面上边转边游；Li 和 H_2O 的反应始终比较平稳。原因是：碱金属和水反应释热，使低熔点(63.2℃)的 K 很快熔融，后续反应释热使钾液珠转动(相当于不断更换和水反应的表面)、游动(起到了相当于搅拌的作用)。若钾量稍大，还可能燃烧。Na 的熔点(97.8℃)高于 K，待反应释热积累到一定程度才熔融成珠，成珠后反应剧烈(理由同上)；Li 的熔点更高(180.5℃)，在水面上不可能熔融成珠，即反应过程中既不更换表面，也不能起到类似的搅拌作用，所以反应平稳。为审核上述观点是否可信，可做下列实验：把一小块 Na 放入浓(近饱和)NaOH 溶液中，反应产物 NaOH 扩散困难，所以反应平稳。(因为反应平稳，释热量不足以使 Na 熔融)表明实际反应速率还和其他因素有关。

(3) 金属在水溶液中的离子化倾向序列，不能用于判断不是水溶液中反应的倾向。如 H_2 能和 PbO 反应得 Pb，是因为形成 $H_2O(g)$ 释热量(−242 kJ/mol)比形成 PbO(−219 kJ/mol)多。然而 Pb 的离子化倾向强于 H_2。

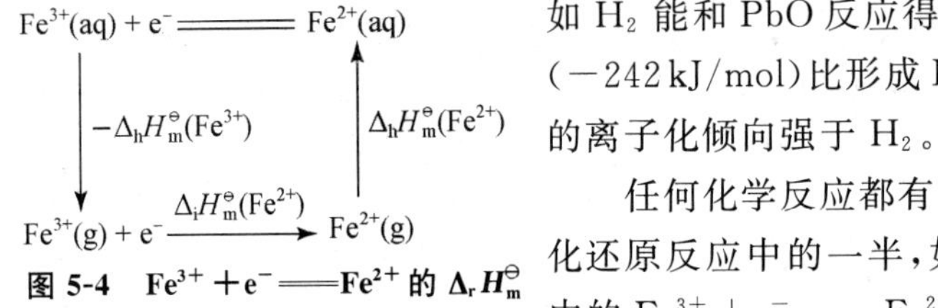

图 5-4 $Fe^{3+} + e^- \longrightarrow Fe^{2+}$ 的 $\Delta_r H_m^\ominus$

任何化学反应都有相应能量的改变，如若把其他氧化还原反应中的一半，如 $Zn + 2Fe^{3+} \longrightarrow Zn^{2+} + 2Fe^{2+}$ 中的 $Fe^{3+} + e^- \longrightarrow Fe^{2+}$ 反应的能量求出，并把它按大、小序排入表 5-3 中，就得到水溶液中氧化还原反应的 $E^\ominus$。由图 5-4 知：

$$\Delta_r H_m^\ominus = -\Delta_h H_m^\ominus(Fe^{2+}) + [-\Delta_i H_m^\ominus(Fe^{2+})] + \Delta_h H_m^\ominus(Fe^{2+})$$
$$= [-1920 + (-2957) + 4376]\ \text{kJ/mol} = 501\ \text{kJ/mol}$$

大于表 5-2 中 Cu^{2+}/Cu 的 477 kJ/mol($\Delta_r H_m^\ominus = 954$ kJ/mol，因铜是+2，所以要除 2)。这样可得到水溶液中半反应(氧化还原反应的一半)的 $E^\ominus$(表 5-3)。运用 $E^\ominus$ 可判断氧化还原反应方向，除前已提及：因为电子从 $E^\ominus$ 小(代数值)的半反应流向 $E^\ominus$ 大的半反应，所以反应的电动势是 $E^\ominus$ 大的半反应减 $E^\ominus$ 小的半反应外，还请关注：

表 5-3 某些反应的标准电极电势* (298 K)

电极反应 氧化型 $+ne^- \longrightarrow$ 还原型	标准电势 $E^\ominus$/V
$Zn^{2+} + 2e^- \longrightarrow Zn$	−0.76
$Fe^{2+} + 2e^- \longrightarrow Fe$	−0.44
$Cu(OH)_2 + 2e^- \longrightarrow Cu + 2OH^-$	−0.22
$2H^+ + 2e^- \longrightarrow H_2$	0
$Cu^{2+} + 2e^- \longrightarrow Cu$	0.34
$I_2 + 2e^- \longrightarrow 2I^-$	0.54
$Fe^{3+} + e^- \longrightarrow Fe^{2+}$	0.77
$Ag^+ + e^- \longrightarrow Ag$	0.80
$Br_2 + 2e^- \longrightarrow 2Br^-$	1.08
$MnO_2 + 4H^+ + 2e^- \longrightarrow Mn^{2+} + 2H_2O$	1.23
$Cl_2 + 2e^- \longrightarrow 2Cl^-$	1.36
$MnO_4^- + 8H^+ + 5e^- \longrightarrow Mn^{2+} + 4H_2O$	1.49

* $E^\ominus$<0.5 V～0.7 V，半反应中的还原型通常作还原剂，如 Zn；$E^\ominus$>0.5 V～0.7 V，半反应中的氧化型通常作氧化剂，如 Cl_2。$E^\ominus$ 在 0.5 V～0.7 V 及其邻近者，如 $E^\ominus_{I_2/I^-}$、$E^\ominus_{Fe^{3+}/Fe^{2+}}$，其氧化型($I_2$、$Fe^{3+}$)常被用作氧化剂，还原型($I^-$、$Fe^{2+}$)被用作还原剂。

(1) 选对电势，如氧化还原反应中 Fe^{2+} 作还原剂，则应选 $E^{\ominus}=0.77\ V$；若 Fe^{2+} 是氧化剂，选 $E^{\ominus}=-0.44\ V$。

(2) 注意酸碱性，如在酸性介质中用 Cu(Ⅱ)作氧化剂，选用 $E_A^{\ominus}=0.34\ V$；碱性溶液中 $Cu(OH)_2$ 作氧化剂的 $E_B^{\ominus}=-0.22\ V$。在半反应中有 H^+、OH^- 者表明是在酸性、碱性中的标准电势；式中有 Fe^{3+}、Zn^{2+} 等，也是酸性电势 $E_A^{\ominus}$，有 ClO^- 等的是碱性电势 $E_B^{\ominus}$（右下角 A 表示酸，B 表示碱）。

(3) 两个半反应电势差越大，反应越完全。如 Cl_2 氧化 I^-，$Cl_2+2I^- = 2Cl^-+I_2$，$E^{\ominus}=1.36\ V-0.54\ V=0.82\ V$ 比 Cl_2 氧化 Br^-，$Cl_2+2Br^- = 2Cl^-+Br_2$，$E^{\ominus}=1.36\ V-1.08\ V=0.28\ V$ 更完全。

根据 $E^{\ominus}$ 判断氧化还原反应完全程度，可用（$E^{\ominus}$ 大的）氧化剂半反应，如 $Ce^{4+}+e^- = Ce^{3+}$ 减（$E^{\ominus}$ 小的）还原剂的半反应，如 $Fe^{3+}+e^- = Fe^{2+}$，得到反应式 $Ce^{4+}+Fe^{2+} = Ce^{3+}+Fe^{3+}$ 的 $E^{\ominus}=E^{\ominus}_{(氧)}-E^{\ominus}_{(还)}$ 判断。若用 Ox、R 分别代表氧化型、还原型，则氧化还原反应的通式为

$$Ox_1(Ce^{4+})+R_2(Fe^{2+}) = R_1(Ce^{3+})+Ox_2(Fe^{3+})$$

设反应达到平衡时，R_1、Ox_2 的浓度分别为 Ox_1、R_2 的 100 倍（≥100 倍）的为完全的反应，则反应的 $K\geqslant 10^4$；若 R_1、Ox_2 的浓度不足 Ox_1、R_2 的 10^{-2}（$\leqslant 10^{-2}$），为未进行的反应，其 $K\leqslant 10^{-4}$；那么 $10^4>K>10^{-4}$ 的反应，可借改变参与反应物质的浓度或（和）压强使之向着期望的方向进行。

298 K 时把 $\Delta_r G_m^{\ominus}=-RT\ln K=-nFE^{\ominus}$ 的有关数据代入、化简得 $E^{\ominus}=\dfrac{0.059}{n}\lg K$。为简化起见把 $0.059\approx 0.060$，并把 $K\geqslant 10^4$ 等代入得“完全”反应的 $E^{\ominus}\geqslant 0.24\ V/n$，“不能进行”反应的 $E^{\ominus}\leqslant -0.24\ V/n$。氧化还原反应最少得失 1 个电子，即 $n=1$，则“完全”反应的 $E^{\ominus}\geqslant 0.24\ V$①；$n=2$，$E^{\ominus}\geqslant 0.12\ V$……（表 5-4）。

表 5-4　氧化还原反应和 $E^{\ominus}$ 的关系（298 K）

n	“完全”反应	“不完全”反应	“不能”反应
1	≥0.24 V	$0.24\ V>E^{\ominus}>-0.24\ V$	≤−0.24 V
2	≥0.12 V	$0.12\ V>E^{\ominus}>-0.12\ V$	≤−0.12 V
3	≥0.08 V	$0.08\ V>E^{\ominus}>-0.08\ V$	≤−0.08 V
4	≥0.06 V	$0.06\ V>E^{\ominus}>-0.06\ V$	≤−0.06 V

判据很简单，它能否适于反应中氧化型、还原型计量数不是 1∶1 的情况呢？如下列三个反应式（设“完全”反应的生成物浓度和反应物浓度之比仍为≥100 倍）：

① 若设完全反应 R_1、Ox_2 的浓度分别为 Ox_1、R_2 的 1000 倍（≥1000 倍），则 $K\geqslant 10^6$，简化为 $E^{\ominus}\geqslant 0.36\ V$，表 5-4 中判据应为 ≥0.36 V（$n=1$），≥0.18 V（$n=2$）……

① $2Ox_1+R_2 = 2R_1+Ox_2$　$K\geqslant 10^6$(“完全”),$K\leqslant 10^{-6}$(“不能”)

② $3Ox_1+R_2 = 3R_1+Ox_2$　$K\geqslant 10^8$(“完全”),$K\leqslant 10^{-8}$(“不能”)

③ $3Ox_1+2R_2 = 3R_1+2Ox_2$　$K\geqslant 10^{10}$(“完全”),$K\leqslant 10^{-10}$(“不能”)

把①式 $K\geqslant 10^6$ 代入得 $E^\ominus\geqslant 0.36\ V$,当 Ox_1 得 1 个电子,R_2 失 2 个电子,即 $n=2$,$E^\ominus\geqslant 0.18\ V$;$Ox_1$ 得 2 个电子,R_2 失 4 个电子,$n=4$,则 $E^\ominus\geqslant 0.09\ V$。

同理,把②式 $K\geqslant 10^8$ 代入得 $E^\ominus\geqslant 0.48\ V$,$n=3$($Ox_1$ 得 1 个电子,R_2 失 3 个电子)时,$E^\ominus\geqslant 0.16\ V$。

把③式 $K\geqslant 10^{10}$ 代入得 $E^\ominus\geqslant 0.60\ V$,$n=6$($Ox_1$ 得 2 个电子,R_1 失 3 个电子)时,$E^\ominus\geqslant 0.10\ V$。

由上可知,当得失电子数为 1、2,即 $n=2$ 的判据是 $n=1(0.24\ V)$ 和 $n=2(0.12\ V)$ 的平均值 $\frac{1}{2}(0.24\ V+0.12\ V)=0.18\ V$;得失电子数为 1、3,$n=3$ 的判据是 $n=1(0.24\ V)$ 和 $n=3(0.08\ V)$ 的平均值 $\frac{1}{2}(0.24\ V+0.08\ V)=0.16\ V$……就是说表 5-4 中的判据可用于 298 K 时水溶液中各种氧化还原反应,如:Zn 和 Fe^{2+} 的反应,$n=2$,$E^\ominus=0.32\ V$;Cl_2 和 Br^- 的反应,$n=2$,$E^\ominus=0.28\ V$ 都是“完全”的反应。I_2 和 Cl^- 的反应,$n=2$,$E^\ominus=-0.86\ V$,反应不可能发生。Fe^{3+} 和 I^- 的反应,

$$Fe^{3+}+I^- = Fe^{2+}+\frac{1}{2}I_2$$

$$n=1,\quad E^\ominus=0.77\ V-0.54\ V=0.23\ V$$

是不完全的反应,$K=7.9\times 10^3$,增大 Fe^{2+} 的浓度,将抑制右向反应。实验:等体积混合 0.01 mol/L $FeCl_3$ 和 0.01 mol/L KI 溶液,颜色显示有 I_2 生成。把溶液均分成两份,往一份中加少量 1 mol/L $FeSO_4$,另一份加(和 $FeSO_4$)等体积水,混匀,现象是:加 $FeSO_4$ 溶液中 I_2 的颜色更浅,表明 Fe^{2+} 抑制右向反应的事实。

MnO_2 和浓 HCl 反应制 Cl_2,是因为 MnO_2 的氧化性($E^\ominus=1.23\ V$)略弱于 Cl_2($E^\ominus=1.36\ V$),“略弱”(即表 5-4 中不完全反应)可借改变参与反应物质的浓度或(和)压强,使反应向着期待的方向进行,所以 MnO_2 需和浓 HCl 反应制 Cl_2。因为反应不完全,制备 Cl_2 后,溶液中还留有一定量 HCl。

Fe^{3+} 和 Ag 的反应,

$$Fe^{3+}+Ag = Fe^{2+}+Ag^+$$

$$n=1,\quad E^\ominus=0.77\ V-0.80\ V=-0.03\ V,\ K=[Fe^{2+}][Ag^+]/[Fe^{3+}]=0.31$$

表明 Fe^{3+} 氧化 Ag(正向),Ag^+ 氧化 Fe^{2+}(逆向)反应都不完全,但都能进行。如 Fe^{3+} 能溶解试管壁上的银镜。[若用同浓度的 $Fe(NO_3)_3$、$FeCl_3$,后者反应较为完全,因形成 AgCl。]

下面讨论 $E^\ominus$ 的运用。

2. 金属和酸、碱的反应　非金属和氧化性酸的反应

(1) 金属和 HCl、稀 H_2SO_4 的反应　通式为

$$M+nH^+ = M^{n+}+\frac{n}{2}H_2$$

从理论上讲,$E^\ominus$ 为负值的金属,如 Zn、Fe 等都能和 HCl、H_2SO_4(稀)反应。

纯 Zn 和稀 H_2SO_4 反应很慢,是因为 H_2 在 Zn 上有较大的超电势(≈0.6 V),(从效果上看,相当于)抵消了反应的电动势(0.76 V)。粗 Zn 中可能含 Cu,和酸(稀 H_2SO_4)反应的方程式仍是 $Zn+2H^+ = Zn^{2+}+H_2$,H_2 将在 Cu 表面释出,而 H_2 在 Cu 上的超电势≈0.4 V(抵消不多),所以释 H_2 较快;若把制成的 Zn-Hg[把 Zn 放入 $Hg(NO_3)_2$ 溶液片刻,取出、洗净,Zn 表面有 Hg]放入稀 H_2SO_4,释 H_2 更少,这是因为 H_2 在 Hg 上超电势≈0.9 V(比 0.76 V 还大)之故。

超电势(表 5-5)在氧化还原反应、电化学工业中很重要,举例如下:

表 5-5　$c(H^+)=1$ mol/L H_2SO_4 中,H_2 的超电势(V)

电流密度/(A·cm^{-2})	10^{-3}	10^{-2}	10^{-1}
铂黑	0.01	0.03	0.04
Cu	0.48	0.58	0.80
Zn	0.72	0.75	1.06
Hg	0.78	0.93	1.03
Pb	0.52	1.09	1.18

① 镀锌是在水溶液中进行的,在被镀金属(如铁)表层析出锌后,因 H_2 在锌上超电势大,就不易释 H_2 了。电镀过程的实验现象是:刚放入铁质镀件(阴极)时有大量 H_2 释出,随后(由于镀上了锌)释 H_2 量逐渐减少,当铁件表层镀上一薄层锌时,只有极少量 H_2 释出。(电镀液中对 Cu^{2+} 的含量有严格要求,若 Cu^{2+} 浓度稍大,在镀件上析出铜后,在镀出铜的部位将持续释 H_2,镀件不合格。)

② 铅蓄电池充电后,负极为铅,因 H_2 在铅上超电势较大,所以充了电的铅蓄电池能在一定时间内有“供电”的性能。

③ 酸性溶液中用 Zn-Hg 作还原剂,它的还原性和用 Zn 作还原剂相同,优点是能使 Zn 和 H^+ 的反应降到最低程度。

④ 用 Hg 作阴极电解 NaCl 溶液,除在阴极形成钠汞齐(在另一反应室中钠汞齐和热水反应得 NaOH,汞可循环使用)外,使 H^+ 在 Hg 阴极(超电势大)被还原为 H_2(在 Hg 上超电势大),降到最低程度。

⑤ 电解 NaCl 溶液,按说在阳极上释出 O_2 的倾向强于释出 Cl_2,但由于 O_2 在石墨阳极上超电势比 Cl_2 在石墨阳极上超电势大,所以释出 Cl_2[O_2 含量<1%(体积)]。

附:纯锌和稀 HCl 反应,释 H_2 速率相当快。文献报道,H_2 在 Zn 上的超电势,在

HCl 中比在 $c(H^+)$ 相同的 H_2SO_4 中低。

(2) 金属和 HNO_3 的反应　HNO_3 具有氧化性，和 M 反应时可能被还原为 NO_2、NO……，相应的标准电势为

$$NO_3^- + 2H^+ + e^- = NO_2 + H_2O \qquad E^\ominus = 0.80\ V$$
$$NO_3^- + 3H^+ + 2e^- = HNO_2 + H_2O \qquad E^\ominus = 0.94\ V$$
$$NO_3^- + 4H^+ + 3e^- = NO + 2H_2O \qquad E^\ominus = 0.96\ V$$
$$2NO_3^- + 10H^+ + 8e^- = N_2O + 5H_2O \qquad E^\ominus = 1.12\ V$$
$$2NO_3^- + 12H^+ + 10e^- = N_2 + 6H_2O \qquad E^\ominus = 1.25\ V$$
$$NO_3^- + 10H^+ + 8e^- = NH_4^+ + 3H_2O \qquad E^\ominus = 0.88\ V$$

因此，HNO_3 能氧化 $E^\ominus <$ 约 0.9 V 的金属，而且往往有多种被还原的产物。一般说来，浓 HNO_3 被还原产物以 NO_2 为主，稀 HNO_3 被还原产物以 NO 为主。

M 和 HNO_3(12～16 mol/L)，还原产物以 NO_2 为主；

M 和 HNO_3(4～8 mol/L)，还原产物以 NO 为主；

M($E^\ominus <$ 0 V)和 HNO_3(<1 mol/L)，还原产物以 NH_4^+ 为主；

Mg、Zn 和稀 HNO_3，产物中还有 H_2。

提请关注，由 $E^\ominus$ 作判断，只能得到反应倾向及完全程度的结论，与速率无必然联系。如 $E^\ominus_{NO_3^-/N_2} = 1.25\ V$ 最大，但并不表明被还原产物以 N_2 为主。

浓 HNO_3 和 Cu 作用，反应一旦启动，速率迅速加快。目前认为速率迅速加快的原因是反应过程生成 HNO_2(HNO_2 的氧化性强于 HNO_3，氧化速率也快)之故。关于 HNO_2 的生成及反应，一种观点是：

$$2NO_2 + H_2O = H^+ + NO_3^- + HNO_2$$
$$Cu + 2HNO_2 + 2H^+ = Cu^{2+} + 2NO + 2H_2O$$
$$2NO + 4H^+ + 4NO_3^- = 6NO_2 + 2H_2O$$

支持这种观点的实验是：溶有 NO_2 的浓 HNO_3(保存不当、久置的浓 HNO_3 显黄色或红棕色)和 M 反应，一开始反应速率就很快(因为已经有 HNO_2)；若向浓 HNO_3 中加能和 HNO_2 反应的 $CO(NH_2)_2$，则 M(如 Cu、Zn)开始和浓 HNO_3 的反应速率会减慢。

$$CO(NH_2)_2 + 2HNO_2 = 2N_2 + CO_2 + 3H_2O$$

再则对于变价金属，反应时若 HNO_3 过量，则可能形成高价，如 $Fe \rightarrow Fe^{3+}$、$Hg \rightarrow Hg^{2+}$。对此可理解为，过量的 HNO_3 氧化 Fe^{2+}、Hg_2^{2+} 的结果；若金属过量，则产物为低价，如 Fe^{2+}、Hg_2^{2+}。可以理解为，即使 HNO_3 把 Fe、Hg 氧化成高价 Fe^{3+}、Hg^{2+}，它们将和过量金属作用形成低价，如 $2Fe^{3+} + Fe = 3Fe^{2+}$，$Hg^{2+} + Hg = Hg_2^{2+}$。Sn 和稀 HNO_3 反应生成 $Sn(NO_3)_2$，而和浓 HNO_3 反应时，不论 Sn 是否过量，都生成 β-锡酸 $SnO_2 \cdot nH_2O$。(因 β-锡酸是固态物，不易被 Sn 还原。然而在酸性溶液中 Sn^{4+} 能发生：

$Sn^{4+}+Sn \longrightarrow 2Sn^{2+}$ 反应。）

顺便提及：浓 H_2SO_4 和 M 反应时，随 H_2SO_4 浓度由浓变稀，被还原产物先后以 SO_2、S、H_2S、H_2 为主。如 Sn 和 H_2SO_4 反应，被还原产物列于表 5-6 中。

表 5-6　和 Sn 反应时，H_2SO_4 被还原的产物

$c(H_2SO_4)/\%$	H_2SO_4 被还原的产物	
	20℃～25℃	110℃～120℃
95	少量 S，痕量 SO_2	SO_2 和 S，痕量 H_2S
84.5	少量 S，痕量 SO_2	SO_2，少量 S、H_2S、H_2
64.5	—	H_2S，痕量 SO_2
52	—	H_2S，痕量 SO_2
30	H_2	—

（3）金属和混合酸的反应

① 王水　因 HNO_3 具有强氧化性，HCl 中 Cl^- 具有配位作用，所以王水能溶解很稳定的金属，如

$$Au+HNO_3+4HCl \longrightarrow HAuCl_4+NO+2H_2O$$

实验表明：1 体积浓 HNO_3 和 3 体积浓 HCl 配成的王水，对金属、难溶物（如 HgS）的作用最强。若体积比不是 1∶3，甚至往浓 HNO_3 中加一定量 NaCl 或往浓 HCl 中加一定量 KNO_3 得到的溶液也具有氧化性、配位作用，所以也能起到类似于王水的作用。

② 浓 HNO_3 和 HF 混合酸　因 F^- 与某些金属配位能力较强，所以可用 HNO_3 和 HF 的混合酸溶解连王水都无法溶解的 Nb（铌）和 Ta（钽）。

$$M+5HNO_3+7HF \longrightarrow H_2MF_7+5NO_2+5H_2O \quad (M 为 Nb、Ta)$$

其他如浓 HNO_3 和浓 H_3PO_4 混合液（起到使 Al 减慢反应的作用）用作处理铝件表面的化学抛光液（提高铝件表面的光洁度）；浓 H_2SO_4 和浓 HNO_3 的混合液被用于有机物的硝化反应……

（4）金属和强碱溶液的反应　如 Al 和 NaOH 反应生成 $Al(OH)_4^-$ 和 H_2：

$$2Al+2OH^-+6H_2O \longrightarrow 2Al(OH)_4^-+3H_2$$

其中

$$2H_2O+2e^- \longrightarrow 2OH^-+H_2 \quad E^\ominus=-0.83\ V$$

因此能和 NaOH 作用的金属需具有两个条件：$E_B^\ominus<-0.83$ V，及氢氧化物具有两性——但绝大多数 $M(OH)_n$ 为难溶物，即使金属的 $E_B^\ominus<-0.83$ V，如 Mg 等，和 OH^- 反应生成的 $M(OH)_n$ 将覆盖于金属表层，阻碍反应进行——将和 NaOH 反应生成可溶物，能使反应持续进行，如

$$Al(OH)_4^-+3e^- \longrightarrow Al+4OH^- \quad E_B^\ominus=-2.35\ V$$

$$Zn(OH)_4^{2-}+2e^- \longrightarrow Zn+4OH^- \quad E_B^\ominus=-1.25\ V$$

$$Cr(OH)_4^- + 3e^- \Longrightarrow Cr + 4OH^- \qquad E_B^{\ominus} = -1.3\ V$$

$$Sn(OH)_3^- + 2e^- \Longrightarrow Sn + 3OH^- \qquad E_B^{\ominus} = -0.91\ V$$

即 Al、Zn、Cr、Sn 都能和 NaOH 反应。顺便提及，$Fe(OH)_2 + 2e^- \Longrightarrow Fe + 2OH^-$ 的 $E^{\ominus} = -0.88\ V$，虽然小于 $-0.83\ V$，但可能因表层 $Fe(OH)_2$ 阻碍内层的 Fe 和 NaOH 反应，所以常用铁质容器储存 NaOH；再则虽然 $Cu(OH)_2$ 为两性，因 $Cu(OH)_2 + 2e^- \Longrightarrow Cu + 2OH^-$ 的 $E_B^{\ominus} = -0.22\ V$ 比 $-0.83\ V$ 大了许多，所以 Cu 也不能和 NaOH 反应。

（5）非金属和氧化性酸（HNO_3、浓 H_2SO_4）的反应

$$S + 2HNO_3 \Longrightarrow H_2SO_4 + 2NO$$

$$3C + 4HNO_3 \Longrightarrow 3CO_2 + 4NO + 2H_2O$$

$$3P + 5HNO_3 + 2H_2O \Longrightarrow 3H_3PO_4 + 5NO$$

$$3I_2 + 10HNO_3 \Longrightarrow 6HIO_3 + 10NO + 2H_2O$$

$$S + 2H_2SO_4 \Longrightarrow 3SO_2 + 2H_2O$$

$$C + 2H_2SO_4 \Longrightarrow CO_2 + 2SO_2 + 2H_2O$$

非金属元素和 HNO_3 反应，产物中非金属元素的氧化态或与非金属直接和 O_2 反应产物相同，如 P、C；或高于直接和 O_2 反应的产物，如 S。还有不能和 O_2 直接反应的非金属（如 I_2），却能和 HNO_3（较浓）反应。

HNO_3（较浓，>6 mol/L）能氧化 I_2 为 HIO_3，因为用的是较浓 HNO_3，所以不能用只适于判断稀溶液中反应倾向的 $E^{\ominus}$。同理，也不能用适用于稀 H_2SO_4 的半反应

$$SO_4^{2-} + 4H^+ + 2e^- \Longrightarrow SO_2 + 2H_2O \quad E^{\ominus} = 0.17\ V$$

判断浓 H_2SO_4 参与的反应的倾向。如浓 H_2SO_4 能氧化 Br^- 为 Br_2（$E^{\ominus}_{Br_2/Br^-} = 1.08\ V$，比 0.17 V 大 0.91 V），那么如何把握“浓”、“稀”？不同反应中浓、稀“标准”不同，如能氧化 I^- 为 I_2 的浓 H_2SO_4 的浓度显然低于氧化 Br^- 为 Br_2 的浓 H_2SO_4 的浓度。就是说，没有区分“浓”、“稀”的统一标准。然而大量实验事实表明，当所用试剂的浓度低于 1、2 mol/L 时，用 $E^{\ominus}$ 判断的结果和实验事实基本相符。

3. 由已知半反应的 $E^{\ominus}$ 求另一个半反应的 $E^{\ominus}$

前已提及，两个反应相加（减）得到反应式的 $\Delta_r G_m^{\ominus}$ 是两个反应 $\Delta_r G_m^{\ominus}$ 之和（差），再运用 $\Delta_r G_m^{\ominus} = -nFE^{\ominus}$ 可解决这个问题。

（1）已知

$$Fe^{3+} + e^- \Longrightarrow Fe^{2+} \quad E^{\ominus} = 0.77\ V, \quad \Delta_r G_m^{\ominus} = -0.77F$$

$$+)\quad Fe^{2+} + 2e^- \Longrightarrow Fe \quad E^{\ominus} = -0.44\ V, \quad \Delta_r G_m^{\ominus} = -2\times(-0.44F) = 0.88F$$

$$Fe^{3+} + 3e^- \Longrightarrow Fe \qquad \Delta_r G_m^{\ominus} = 0.11F = -3E^{\ominus}F$$

解得 $E^{\ominus} = -0.037\ V$。以上计算不能用 $E^{\ominus}$ 直接加减的原因是：一种能量由两个因素组成，如水从高处落下时所做的功和水量、落差有关，其中落差和水量无关，称为势因子，和量（水量）有关的叫量因子。同理，某温度下，压强为 10^5 Pa、1.000 L 气体和另一个容积为 0.010 L、气压为 2×10^5 Pa 的容器通过活塞相连，打开活塞，（从效果上看）气体从 0.010 L

容器向1 L容器扩散，即压强为势因子，达平衡时气体压强为

$$\frac{1.000\ \text{L}\times 10^5\ \text{Pa}+0.010\ \text{L}\times 2\times 10^5\ \text{Pa}}{1.000\ \text{L}+0.010\ \text{L}}=1.01\times 10^5\ \text{Pa}$$

同理，在 $\Delta_r G_m^\ominus=-nFE^\ominus$ 中 $E^\ominus$ 为势因子，不能直接加减，只能在兼顾两者情况下进行计算，就像上例中达平衡时的压强。

(2) 已知

$$ClO_3^- + 6H^+ + 5e^- \Longrightarrow \frac{1}{2}Cl_2 + 3H_2O \quad \Delta_r G_m^\ominus=-5\times 1.47F=-7.35F$$

$$+)\quad \frac{1}{2}Cl_2 + e^- \Longrightarrow Cl^- \quad \Delta_r G_m^\ominus=-1.36F$$

$$ClO_3^- + 6H^+ + 6e^- \Longrightarrow Cl^- + 3H_2O \quad \Delta_r G_m^\ominus=-8.71F$$

由 $\Delta_r G_m^\ominus=-8.71F=-6E^\ominus F$，得 $E^\ominus=1.45$ V。

4. Latimer 电势图

从左到右按某元素氧化态由高到低排序（$E_A^\ominus$ 和 $E_B^\ominus$ 分列），并把相应的标准电势写在连线上，如氯的 Latimer 电势图：

酸性：　$ClO_4^- \xrightarrow{1.19} ClO_3^- \xrightarrow{1.21} HClO_2 \xrightarrow{1.65} HClO \xrightarrow{1.63} Cl_2 \xrightarrow{1.36} Cl^-$

碱性：　$ClO_4^- \xrightarrow{0.36} ClO_3^- \xrightarrow{0.33} ClO_2^- \xrightarrow{0.66} ClO^- \xrightarrow{0.40} Cl_2 \xrightarrow{1.36} Cl^-$

若相邻两个电势左边大于右边，如

$$HClO + H^+ + e^- \Longrightarrow \frac{1}{2}Cl_2 + H_2O \quad E_A^\ominus=1.63\ \text{V}$$

和

$$\frac{1}{2}Cl_2 + e^- \Longrightarrow Cl^- \quad E^\ominus=1.36\ \text{V}$$

则 $E^\ominus=1.63\ \text{V}-1.36\ \text{V}=0.27\ \text{V}(n=1)$反应方程式为

$$HClO + Cl^- + H^+ \Longrightarrow Cl_2 + H_2O$$

从效果上看是：高氧化态物和低氧化态物反应形成中间氧化态物，称为归中反应；若右边电势大于左边电势，如

$$\frac{1}{2}Cl_2 + e^- \Longrightarrow Cl^- \quad E^\ominus=1.36\ \text{V}$$

和

$$ClO^- + H_2O + e^- \Longrightarrow \frac{1}{2}Cl_2 + 2OH^- \quad E_B^\ominus=0.40\ \text{V}$$

则 $E^\ominus=1.36\ \text{V}-0.40\ \text{V}=0.96\ \text{V}(n=1)$，发生的反应是

$$Cl_2 + 2OH^- \Longrightarrow Cl^- + ClO^- + H_2O$$

即 Cl_2 的自氧化还原反应，亦称歧化反应。下面再举一个归中反应、一个歧化反应：由 Fe 的 Latimer 电势图

$$Fe^{3+} \xrightarrow{0.77} Fe^{2+} \xrightarrow{-0.44} Fe$$

知 $E^{\ominus}=0.77\ V-(-0.44\ V)=1.21\ V(n=2)$，发生归中反应的方程式为

$$2Fe^{3+}+Fe \longrightarrow 3Fe^{2+}$$

同理，由

$$MnO_4^- \xrightarrow{0.56} MnO_4^{2-} \xrightarrow{2.26} MnO_2$$

知 $E^{\ominus}=2.26\ V-0.56\ V=1.70\ V$，$n=2$，歧化反应方程式为

$$3MnO_4^{2-}+4H^+ \longrightarrow 2MnO_4^-+MnO_2+2H_2O$$

5. 氧化还原反应的速率

速率有快、有慢(表 5-7)，而且和反应完全程度间没有必然联系。如在酸性介质中，MnO_4^- 氧化 $H_2C_2O_4$、氧化 Fe^{2+} 的反应：

$$2MnO_4^-+5H_2C_2O_4+6H^+ \longrightarrow 2Mn^{2+}+10CO_2+8H_2O$$

$$E^{\ominus}=1.49\ V-(-0.49\ V)=1.98\ V \quad (n=10)$$

$$MnO_4^-+5Fe^{2+}+8H^+ \longrightarrow Mn^{2+}+5Fe^{3+}+4H_2O$$

$$E^{\ominus}=1.49\ V-0.77\ V=0.72\ V \quad (n=5)$$

前者反应比后者更完全，但后者反应速率快，前者(开始时)反应速率慢，(因产物 Mn^{2+} 是这个反应的催化剂)随后反应速率加快。

表 5-7 混合后 99.9%参与反应的时间和催化剂

反应物(混合后为 0.1 mol/L)	反应时间/s	催化剂	$E^{\ominus}$/V
$Ce^{4+}+Fe^{2+}$(0.5 mol/L H_2SO_4)	10^{-2}	—	0.84
$Cu^{2+}+I^-$(pH=3～4)	≈1	—	0.32
$IO_4^-+I^-$($\rightarrow IO_3^-+I_2$)	≈1	—	1.16
MnO_4^- 和 Fe^{2+}(H_2SO_4)	≈1	—	0.72
$Fe^{3+}+Sn^{2+}$(H_2SO_4)	很慢	Cl^-	0.62
$MnO_4^-+H_2C_2O_4$	很慢	Mn^{2+}	1.98
$IO_3^-+I^-$(pH>7)	很慢	H^+	0.66
$H_3AsO_3+I_2$(pH<5)	>100	OH^-	1.46
$Ce^{4+}+Sn^{2+}$(1 mol/L H_2SO_4)	≈100	—	1.3

氧化型微粒与还原型微粒碰撞时互相传递电子，碰撞瞬间可完成一两个电子的传递，如

$$Sn^{2+}+2Fe^{3+} \longrightarrow Sn^{4+}+2Fe^{2+}$$

三个微粒(Sn^{4+} 和 $2Fe^{3+}$)瞬间碰撞在一起并完成电子传递的可能性极小，文献报道，这个反应分成两步进行(每步碰撞传递一个电子)：

$$Sn^{2+}+Fe^{3+} \longrightarrow Sn^{3+}+Fe^{2+}$$

$$Sn^{3+} + Fe^{3+} = Sn^{4+} + Fe^{2+}$$

总之，氧化型、还原型参与反应时若得、失多个电子，常是分步进行的。请看下面的实验：

$$6BrO_3^- + 5I^- + 6H^+ = 5IO_3^- + 3Br_2 + 3H_2O$$

I^- 被氧化成 IO_3^-，丢失 6 个电子，反应不可能一步完成。实验：把 KI 液滴加到饱和 $KBrO_3$（H_2SO_4 酸化）液中，可观察到期间有 I_2 生成（溶液颜色），随即（I_2 被氧化成 HIO_3）I_2 色退去。又，前述 Mn(Ⅱ)是 MnO_4^- 和 $H_2C_2O_4$ 反应的催化剂，催化机理为（括号中罗马数是氧化态）

$$\mathrm{Mn(VII)} \xrightarrow{\mathrm{Mn(II)}} \mathrm{Mn(VI)} + \mathrm{Mn(III)}$$

$$\mathrm{Mn(VI)} \xrightarrow{\mathrm{Mn(II)}} \mathrm{Mn(IV)}$$

$$\mathrm{Mn(IV)} \xrightarrow{\mathrm{Mn(II)}} \mathrm{Mn(III)}$$

$$\mathrm{Mn(III)} \xrightarrow{nC_2O_4^{2-}} \mathrm{Mn(C_2O_4)}_n^{(3-2n)} \longrightarrow \mathrm{Mn(II)} + 2nCO_2$$

为确证这个过程可做两个实验：① 把 H_2SO_4 和 $H_2C_2O_4$ 的混合液均分成两份，往一份中加 0.5 mL $MnSO_4$，而后分别往两份溶液中各加 1 滴 $KMnO_4$ 溶液，含 $MnSO_4$ 的溶液中退色快，证 Mn^{2+} 是催化剂；② 配制如上两份溶液，往一份中加浓 H_3PO_4［它能和Mn(Ⅲ)配位］，而后各加一滴 $KMnO_4$ 溶液，加有 H_3PO_4 的溶液退色慢，证明过程中有 Mn(Ⅲ)。

三、影响氧化还原反应的因素

此前讨论都是用标准电极电势判断反应倾向，事实是温度、浓度、压强改变都将对反应产生影响。本节重点讨论浓度的影响。

1. 氧化型、还原型浓度对反应的影响

浓度对电极电势的影响，对半反应，

$$Ox + ne^- = R \quad E = E^\ominus + \frac{0.059}{n}\lg\frac{[Ox]}{[R]} \quad (298\,K)$$

对氧化还原反应：

$$Ox_1 + R_2 = R_1 + Ox_2 \quad E = E^\ominus + \frac{0.059}{n}\lg\frac{[R_1][Ox_2]}{[Ox_1][R_2]} \quad (298\,K)$$

两个算式称为 Nernst 方程，式中后一项相当于此前曾讨论过的实际参与反应各物浓度、压强（含幂）的比值（即 Q）。

半反应大致可分成三种：① $Fe^{2+} + e^- = Fe$，$S + 2e^- = S^{2-}$，即只有氧化型（Fe^{2+}）或还原型（S^{2-}）的浓度可变；② $Fe^{3+} + e^- = Fe^{2+}$，氧化型、还原型的浓度都可变；③ $MnO_4^- + 8H^+ + 5e^- = Mn^{2+} + 4H_2O$，除氧化型（$MnO_4^-$）、还原型（$Mn^{2+}$）外，还有其他物质（$H^+$）浓度的改变。

对于第一种，以 $M^{n+} + ne^- = M$ 为例，

$$E = E^\ominus + \frac{0.059}{n}\lg[M^{n+}]$$

前已提及，大多数(溶液中)的反应，浓度改变介于1、2 mol/L～10^{-2} mol/L之间，若把$[M^{n+}]=1$ mol/L代入，则$E=E^{\ominus}$；把$[M^{n+}]=0.10$ mol/L代入，则$E=E^{\ominus}-\frac{0.059}{n}$，对于$Ag^+$ ($n=1$)，E比$E^{\ominus}$小0.06 V(把0.059近似为0.06)，对于Mg^{2+} ($n=2$)，E比$E^{\ominus}$小0.03 V，对于Al^{3+} ($n=3$)，E比$E^{\ominus}$小0.02 V；把$[M^{n+}]=10^{-2}$ mol/L代入，则$E=E^{\ominus}-\frac{0.059}{n}\times 2$，则$n=1$、2、3时，$E$依次比$E^{\ominus}$小0.12 V、0.06 V、0.03 V。这些数值比表5-4中作为"判据"的$E^{\ominus}$小，所以，当氧化型或(和)还原型的浓度改变(2个数量级以内)，表5-4中"判据"仍有效。

对于第二种，以$Fe^{3+}+e^- = Fe^{2+}$、$Sn^{4+}+2e^- = Sn^{2+}$为例，

$$E=0.77+0.059\lg\frac{[Fe^{3+}]}{[Fe^{2+}]},\quad E=0.14+\frac{0.059}{2}\lg\frac{[Sn^{4+}]}{[Sn^{2+}]}$$

若氧化型、还原型的浓度改变介于1 mol/L～10^{-2} mol/L之间，则$\frac{[Fe^{3+}]}{[Fe^{2+}]}$、$\frac{[Sn^{4+}]}{[Sn^{2+}]}$介于$10^2$～$10^{-2}$之间。对于前者($n=1$)，$E$比$E^{\ominus}$从大0.12 V到小0.12 V；对于后者($n=2$)，$E$比$E^{\ominus}$从大0.06 V到小0.06 V。改变值比表5-4中用作判据的$E^{\ominus}$小，就是说表5-4判据有效。说明：进行I^-和Fe^{3+}间反应($E^{\ominus}=0.77\text{ V}-0.54\text{ V}=0.23\text{ V}$)时，两者始浓度(一般说来)相近，如0.1 mol/L Fe^{3+}和0.1 mol/L I^-反应，10^{-2} mol/L Fe^{3+}和10^{-2} mol/L I^-反应，因为两个半反应E和$E^{\ominus}$的差值同步减小(虽然减小值不同)，所以表5-4判据仍然有效。实验中很难遇上用10^{-2} mol/L Fe^{3+} (E比$E^{\ominus}$小0.12 V)和1 mol/L I^- ($E^{\ominus}=E=0.54$ V)(两者浓度相差100倍)反应的情况。

对于第三种电极反应，$MnO_4^-+8H^++5e^- = Mn^{2+}+4H_2O$，

$$E=1.49+\frac{0.059}{5}\lg\frac{[MnO_4^-][H^+]^8}{[Mn^{2+}]}$$

把等号右侧后一项分解成

$$\frac{0.059}{5}\lg\frac{[MnO_4^-]}{[Mn^{2+}]}+\frac{0.059}{5}\lg[H^+]^8$$

前者$\frac{[MnO_4^-]}{[Mn^{2+}]}$不会太大或太小已如前述。而后者$[H^+]$改变量可超过2个数量级，加之还有8次幂，如$[H^+]$从1 mol/L降为$10^{-5}$ mol/L，则$[H^+]^8$从1降为10^{-40}，代入$\frac{0.059}{5}\lg[H^+]^8$得(从0下降为)$-0.47$ V，这个差值超出表5-4中判据，所以酸碱性对氧化还原反应有很大的影响。

2. 酸碱性对反应的影响

酸碱性对氧化还原反应的影响大致有两类：产物不同，如MnO_4^-被SO_3^{2-}还原，在碱性介质中得MnO_4^{2-}，近中性介质中得MnO_2，酸性介质中生成Mn^{2+}(这类实例不多)；酸性介质中反应方向和碱性介质中反应方向相反(大量实例)，如：

$$3X_2 \underset{H^+}{\overset{OH^-}{\rightleftharpoons}} XO_3^- + 5X^-$$

$$3S \underset{H^+}{\overset{OH^-}{\rightleftharpoons}} SO_3^{2-} + 2S^{2-}$$

$$Fe(\text{III}) + I^- \underset{OH^-}{\overset{H^+}{\rightleftharpoons}} Fe(\text{II}) + \frac{1}{2}I_2$$

$$Pb(\text{II}) + Cl_2 \underset{H^+}{\overset{OH^-}{\rightleftharpoons}} PbO_2 + 2Cl^-$$

下面先介绍两个氧化还原反应的机理，再讨论酸性、碱性对氧化还原反应的影响。

实验测得下列反应

$$ClO_3^- + 6X^- + 6H^+ \xlongequal{} Cl^- + 3X_2 + 3H_2O \quad (X\text{ 为 }Br、I)$$

的速度是：$k[ClO_3^-][X^-][H^+]^2$，反应机理的起始步骤被认为是

$$2H^+ + ClO_3^- \rightleftharpoons H_2ClO_3^+ \quad (\text{快})$$

$$X^- + H_2ClO_3^+ \longrightarrow XClO_2 + H_2O \quad (\text{慢})$$

$$X^- + XClO_2 \longrightarrow X_2 + ClO_2^- \quad (\text{快})$$

ClO_2^- 被一系列快速反应步骤还原为 Cl^-。

芳烃 ArH 的硝化反应机理为

$$HNO_3 + H^+ \rightleftharpoons NO_2^+ + H_2O \quad (\text{快})$$

$$NO_2^+ + ArH \longrightarrow ArNO_2 + H^+ \quad (\text{慢})$$

（在 HNO_3-H_2SO_4-H_2O 混合物中，NO_2^+ 离子能用 Raman 光谱检出。）

酸碱性对氧化还原反应（化学平衡）的影响，以 $XO_3^- + 5X^- + 6H^+ \xlongequal{} 3X_2 + 3H_2O$ 为例。它由两个“半反应”合并而成：

$$X_2 + 2e^- \xlongequal{} 2X^- \quad E^\ominus = 1.36\ V(Cl)、1.08\ V(Br)、0.54\ V(I)$$

$$XO_3^- + 6H^+ + 5e^- \xlongequal{} \frac{1}{2}X_2 + 3H_2O \quad E^\ominus = 1.47\ V(Cl)、1.51\ V(Br)、1.20\ V(I)$$

在酸性介质中，XO_3^- 和 X^- 反应的

$$E^\ominus = 1.47\ V - 1.36\ V = 0.11\ V \quad (n=5)(Cl)$$

$$E^\ominus = 1.51\ V - 1.08\ V = 0.43\ V \quad (n=5)(Br)$$

$$E^\ominus = 1.20\ V - 0.54\ V = 0.66\ V \quad (n=5)(I)$$

由 $E^\ominus$ 知 IO_3^- 和 I^- 生成 I_2 反应最完全，由 $E^\ominus$ 求得三个反应的 K 依次为 2.1×10^9、2.8×10^{36}、8.5×10^{55}。

在碱性介质中，因 HX、HXO_3（HIO_3 不是强酸，$K=0.16$）都是强酸，所以 X^-、XO_3^-（IO_3^- 除外）浓度不随 pH 改变，X_2 为单质，也不随 pH 改变，所以 $X_2 + 2e^- \xlongequal{} 2X^-$ 的标准电极电势不随 pH 改变，即 $E_A^\ominus = E_B^\ominus$。而 XO_3^- 和 X_2 反应的 Nernst 方程为

$$E = E^\ominus + \frac{0.059}{5}\lg\frac{[XO_3^-][H^+]^6}{[X_2]^{1/2}} = E^\ominus + \frac{0.059}{5}\lg\frac{[XO_3^-]}{[X_2]^{1/2}} + \frac{0.059}{5}\lg[H^+]^6$$

其中等号右侧第二项不随 pH 改变，因此可设为定值；把第三项改为 -0.0708pH。标准电势在酸性溶液中 $c(H^+)=1\ \text{mol/L}$，pH=0；碱性溶液中 $c(OH^-)=1\ \text{mol/L}$，pH=14，因此 $E_B^\ominus$ 比 $E_A^\ominus$ 小 $0.0708\times14=0.99\ \text{V}$。所以

$$E_B^\ominus=1.47\ \text{V}-0.99\ \text{V}=0.48\ \text{V}\quad(\text{Cl})$$

$$E_B^\ominus=1.51\ \text{V}-0.99\ \text{V}=0.52\ \text{V}\quad(\text{Br})$$

$$E_B^\ominus=1.20\ \text{V}-0.99\ \text{V}=0.21\ \text{V}\quad(\text{I})$$

（因 HIO_3 不是强酸，实际是 0.20 V），所以在碱性介质中，X_2 发生歧化反应。

$$3X_2+6OH^- \xlongequal{} XO_3^-+5X^-+3H_2O$$

$$E^\ominus=1.36\ \text{V}-0.48\ \text{V}=0.88\ \text{V}\quad(n=5)(\text{Cl})$$

$$E^\ominus=1.08\ \text{V}-0.52\ \text{V}=0.56\ \text{V}\quad(n=5)(\text{Br})$$

$$E^\ominus=0.54\ \text{V}-0.20\ \text{V}=0.34\ \text{V}\quad(n=5)(\text{I})$$

相应 $K=3.8\times10^{74}$、2.9×10^{47}、6.5×10^{28}，即 Cl_2 的歧化反应最完全。对以上计算结果作 E-pH 图（图 5-5），$E_{X_2/X^-}^\ominus$ 和 $E_{XO_3^-/X_2}^\ominus$ 两线分别相交于 pH≈1.6(Cl)、6.1(Br)、9.3(I)，表明在 pH<1.6 时，ClO_3^- 能氧化 Cl^-；pH>1.6 时，Cl_2 发生歧化反应（pH=6.1 对溴，pH=9.3 对碘的反应影响相同，不赘述）。两线交点的 pH 也可从平衡关系式求得，如

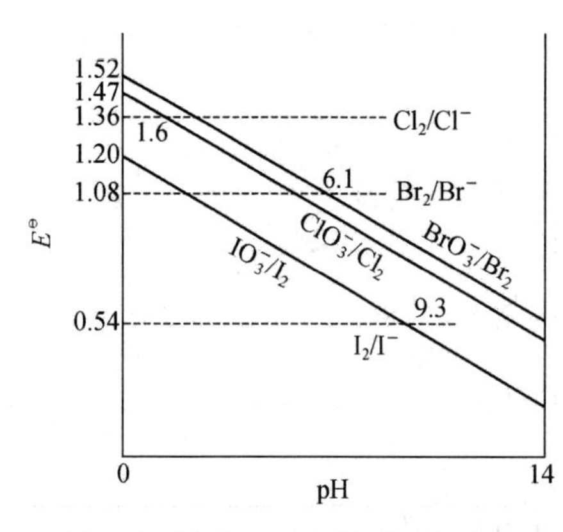

图 5-5　XO_3^-/X_2、X_2/X^- 的 E-pH 图

$$\frac{[Cl_2]^3}{[ClO_3^-][Cl^-]^5[H^+]^6}=2.1\times10^9$$

移项得

$$\frac{[Cl_2]^3}{[ClO_3^-][Cl^-]^5}=2.1\times10^9[H^+]^6$$

前曾提及 $\frac{[Cl_2]^3}{[ClO_3^-][Cl^-]^5}=1$ 时，表明正、逆反应处于“势均力敌”状态（和图 5-5 中交点相当），则 $[H^+]=2.8\times10^{-2}\ \text{mol/L}$，pH≈1.5。**提请关注**，导致反应方向相反所谓的“酸性”、“碱性”，不是以 pH=7 为分界的。同理，由 $E_{SO_2/S}^\ominus(0.45\ \text{V})>E_{S/H_2S}^\ominus(0.14\ \text{V})$ 可知，将发生

$$SO_2+2H_2S \xlongequal{} 3S+2H_2O$$

由 $E_{SO_3^{2-}/S}^\ominus(-0.66\ \text{V})<E_{S/S^{2-}}^\ominus(-0.51\ \text{V})$ 可知，能发生

$$3S+6OH^- \xlongequal{} SO_3^{2-}+2S^{2-}+3H_2O$$

这个反应“酸性”、“碱性”的分界在 pH≈10。其实酸性、碱性对不是氧化还原反应的影响也是很显著的，如

$$Ca^{2+}+CO_2 \underset{H^+}{\overset{OH^-}{\rightleftharpoons}} CaCO_3,\quad Fe^{3+} \underset{H^+}{\overset{OH^-}{\rightleftharpoons}} Fe(OH)_3\cdots\cdots$$

原因都是 $[H^+]$ 可从 1 mol/L 降低为 10^{-14} mol/L，再则反应式中 H^+、OH^- 的计量数往往

不是1，就是说$[H^+]^n$改变大所致。

再从Gibbs自由能变讨论H^+、OH^-对半反应电极电势$\Delta_r G_m^\ominus = -nFE^\ominus$的影响。

氧化剂常是元素高氧化态的氧化物(PbO_2、CrO_3)、含氧酸(H_5IO_6、HClO、HNO_3)、含氧酸盐($NaBiO_3$、$K_2S_2O_8$、$KMnO_4$、$K_2Cr_2O_7$、$KClO_3$)，得电子被还原为相应元素低氧化态化合物时“释出”未参与电子得失的“O^{2-}”，如1 mol ClO_3^-得5 mol e^-生成0.5 mol Cl_2，“释出”3 mol“O^{2-}”，它和$H^+(aq)$、$H_2O(l)$反应的$\Delta_r G_m^\ominus$分别为：

酸性溶液中：　　$3\text{“}O^{2-}\text{”} + 6H^+(aq) \longrightarrow 3H_2O(l)$

$\Delta_r G_m^\ominus = 3\times(-237\ kJ/mol) - 0 - 3\Delta_r G_m^\ominus(\text{“}O^{2-}\text{”}) = -711\ kJ/mol - 3\Delta_r G_m^\ominus(\text{“}O^{2-}\text{”})$①

碱性溶液中：　　$3\text{“}O^{2-}\text{”} + 3H_2O(l) \longrightarrow 6OH^-(aq)$

$$\begin{aligned}\Delta_r G_m^\ominus &= 6\times(-157\ kJ/mol) - 3\times(-237\ kJ/mol) - 3\Delta_r G_m^\ominus(\text{“}O^{2-}\text{”})\\ &= -231\ kJ/mol - 3\Delta_r G_m^\ominus(\text{“}O^{2-}\text{”})\end{aligned}$$②

酸性溶液中$\Delta_r G_m^\ominus$降低(减小的代数值)更多，所以，H^+有利于$ClO_3^-(aq)$得电子。举例如下：

例一：　　$ClO_3^-(aq) + 6H^+(aq) + 5e^- \longrightarrow \frac{1}{2}Cl_2(g) + 3H_2O(l)$

$\Delta_r G_m^\ominus = 3\times(-237.0\ kJ/mol) + 0 - 0 - (-2.6\ kJ/mol) = -708.4\ kJ/mol$

由$\Delta_r G_m^\ominus = -nFE_A^\ominus$得$E_A^\ominus = -708400/(-5\times 96500) = 1.47\ V$。

$$ClO_3^-(aq) + 3H_2O(l) + 5e^- \longrightarrow \frac{1}{2}Cl_2(g) + 6OH^-(aq)$$

$\Delta_r G_m^\ominus = 6\times(-157.0\ kJ/mol) + 0 - 3\times(-237.0\ kJ/mol) - (-2.6\ kJ/mol) = -228.4\ kJ/mol$

由$\Delta_r G_m^\ominus = -nFE_B^\ominus$得$E_B^\ominus = -228400/(-5\times 96500) = 0.47\ V$(文献值0.48 V)。

结论：酸性($E_A^\ominus = 1.47\ V$)对$ClO_3^-(aq)$作氧化剂比碱性($E_B^\ominus = 0.48\ V$)有利。

例二：$ClO_4^- + 2H^+ + 2e^- \longrightarrow ClO_3^- + H_2O$　(为简化未标aq，l等，下同)

$\Delta_r G_m^\ominus = -237\ kJ/mol + (-2.6\ kJ/mol) - 0 - (-10.3\ kJ/mol) = -229.3\ kJ/mol$

$$E_A^\ominus = -229300/(-2\times 96500) = 1.19\ V$$

$$ClO_4^- + H_2O + 2e^- \longrightarrow ClO_3^- + 2OH^-$$

$$\begin{aligned}\Delta_r G_m^\ominus &= 2\times(-157.0\ kJ/mol) + (-2.6\ kJ/mol) - (-237.0\ kJ/mol) - (-10.3\ kJ/mol)\\ &= -69.3\ kJ/mol\end{aligned}$$

$$E_B^\ominus = -69300/(-2\times 96500) = 0.36\ V$$

同上，$E_A^\ominus > E_B^\ominus$，酸性对$ClO_4^-$作氧化剂有利。

例三：　　$H_2O_2 + 2H^+ + 2e^- \longrightarrow 2H_2O$

$\Delta_r G_m^\ominus = 2\times(-237.0\ kJ/mol) - 0 - (-132.0\ kJ/mol) = -342.0\ kJ/mol$

$$E_A^\ominus = -342000/(-2\times 96500) = 1.77\ V$$

$HO_2^- + H_2O + 2e^- \longrightarrow 3OH^-$　(H_2O_2为弱酸，在碱性中以HO_2^-存在)

---

①② 水溶液中没有O^{2-}，所以用$\Delta_r G_m^\ominus(\text{“}O^{2-}\text{”})$表示。比较酸、碱性中$\Delta_r G_m^\ominus$时，两式中$3\times\Delta_r G_m^\ominus(\text{“}O^{2-}\text{”})$相消。

$$\Delta_r G_m^\ominus = 3\times(-157\ \text{kJ/mol}) - (-237\ \text{kJ/mol}) - (-65\ \text{kJ/mol}) = -169\ \text{kJ/mol}$$

$$E_B^\ominus = -169000/(-2\times 96500) = 0.88\ \text{V}\quad(\text{文献值}\ 0.88\ \text{V})$$

同上，$E_A^\ominus > E_B^\ominus$，酸性对 H_2O_2 作氧化剂有利。

结论：酸性对氧化剂有利(表 5-8)。顺便提及，其逆反应是低氧化态化合物失电子被氧化，碱性有利。

表 5-8 某些电极反应的 $E_A^\ominus$、$E_B^\ominus$

	ClO_3^-/Cl_2	S(Ⅳ)/S(0)	N(Ⅴ)/N(Ⅲ)	N(Ⅲ)/N(0)	$NaBiO_3$/Bi(Ⅲ)	PbO_2/Pb(Ⅱ)
$E_A^\ominus$/V	1.47	0.45	0.94	1.45	1.60	1.46
$E_B^\ominus$/V	0.48	−0.61	0.01	0.42	—	0.28
	FeO_4^{2-}/Fe(Ⅲ)	Fe(Ⅲ)/Fe(Ⅱ)	Cr(Ⅵ)/Cr(Ⅲ)	MnO_4^{2-}/MnO_2	MnO_2/Mn(Ⅱ)	Sn(Ⅳ)/Sn(Ⅱ)
$E_A^\ominus$/V	1.9	0.77	1.33	2.26	1.23	0.15
$E_B^\ominus$/V	0.9	−0.56	−0.13	0.60	−0.05	−0.93
	CO_2/HCOOH	HCOOH/HCHO	$HCHO/CH_3OH$	CH_3OH/CH_4	$PbO_2/PbSO_4$	$PbSO_4$/Pb
$E_A^\ominus$/V	−0.196	−0.01	0.19	0.58	1.685	0.356
$E_B^\ominus$/V	−1.01	−1.07	−0.59	−0.25	—	—

若半反应中氧化型、还原型的浓度不随酸、碱性改变，如单质(Fe、Cl_2)、强酸的酸根(Cl^-、Br^-、I^-)、可溶性强碱的金属离子(Na^+、K^+)，则 $E_A^\ominus = E_B^\ominus$。如：

$X_2 + 2e^- \longrightarrow 2X^-$　　$E^\ominus = 1.36$ V(Cl)、1.08 V(Br)、0.54 V(I)

$Na^+ + e^- \longrightarrow Na$　　$E^\ominus = -2.71$ V

$S_2O_8^{2-} + 2e^- \longrightarrow 2SO_4^{2-}$　　$E^\ominus = 2.00$ V

$MnO_4^- + e^- \longrightarrow MnO_4^{2-}$　　$E^\ominus = 0.56$ V①

对 $E_A^\ominus = E_B^\ominus$ 的半反应常用 $E^\ominus$ 表示。

由表 5-8 可知：酸性对氧化剂有利，碱性对还原剂有利。然而一个氧化还原反应是在酸性或碱性中进行的，如何确定反应的介质条件？既然酸性对氧化剂(得电子反应)有利，那么制备强氧化剂要在碱性条件(不利于氧化剂的氧化性)中进行。问题是选用什么物质为氧化剂。大致有三类：

(1) $E_A^\ominus = E_B^\ominus$ 的氧化剂，如 Cl_2(Br_2、I_2 氧化性弱且价格贵，所以不常用)。

				$E^\ominus = E^\ominus_{(氧)} - E^\ominus_{(还)}$
Cl_2		ClO_3^-		1.36 V−0.48 V=0.88 V
Pb(Ⅱ)	$+OH^- + Cl_2 \longrightarrow$	PbO_2	$+Cl^-$	1.36 V−0.28 V=1.08 V
Bi(Ⅲ)		$NaBiO_3$		—
Fe(Ⅲ)		FeO_4^{2-}		1.36 V−0.9 V=0.46 V

附：$E^\ominus_{ClO_3^-/Cl_2}$、$E^\ominus_{Cl_2/Cl^-}$ 随 pH 改变参考图 5-5。

---

① 有人认为这是 $E_B^\ominus$，而 $MnO_4^- + 2H^+ + e^- \longrightarrow HMnO_4^-$　$E_A^\ominus = 0.90$ V。

顺便提及，① 因酸性对氧化剂有利，所以上述四个反应在酸性介质中按逆向进行。

$$\left.\begin{matrix} ClO_3^- \\ PbO_2 \\ NaBiO_3 \\ FeO_4^{2-} \end{matrix}\right. + H^+ + Cl^- \longrightarrow \left.\begin{matrix} Cl_2 \\ Pb^{2+} \\ Bi^{3+} \\ Fe^{3+} \end{matrix}\right. + Cl_2 \quad \begin{matrix} E^\ominus = 1.47\ V - 1.36\ V = 0.11\ V \\ E^\ominus = 1.46\ V - 1.36\ V = 0.10\ V \\ E^\ominus = 1.60\ V - 1.36\ V = 0.24\ V \\ E^\ominus = 1.90\ V - 1.36\ V = 0.54\ V \end{matrix}$$

② $K_2S_2O_8$ 是强氧化剂，能氧化 Mn^{2+} 为 MnO_4^-，但因其 $E_A^\ominus = E_B^\ominus = 2.00\ V$，并且没有 $E > 2\ V$ 的恰当的氧化剂，所以只能用电解的方法制备：

$$2SO_4^{2-} - 2e^- = S_2O_8^{2-}$$

$S_2O_8^{2-}$ 的氧化性很强，但氧化速度不很快，有时还要借助于催化剂，如 Ag^+ 催化下 $S_2O_8^{2-}$ 氧化 Mn^{2+} 为 MnO_4^-。

(2) 氧化剂的氧化性随 pH 增大而减弱，减弱程度可根据 Nernst 方程判知(298 K、对半反应)：

$$E = E^\ominus + \frac{0.059}{n}\lg\frac{[氧化型]}{[还原型]}$$

$$H_2O_2 + 2H^+ + 2e^- = 2H_2O \qquad E = 1.77\ V + \frac{0.059}{2}\lg[H_2O_2][H^+]^2$$

$$MnO_4^- + 8H^+ + 5e^- = Mn^{2+} + 4H_2O \quad E = 1.49\ V + \frac{0.059}{5}\lg\frac{[MnO_4^-][H^+]^8}{[Mn^{2+}]}$$

$$Cr_2O_7^{2-} + 14H^+ + 6e^- = 2Cr^{3+} + 7H_2O \qquad E = 1.33\ V + + \frac{0.059}{6}\lg\frac{[Cr_2O_7^{2-}][H^+]^{14}}{[Cr^{3+}]^2}$$

在 pH＝0～5 之间，H_2O_2、MnO_4^-、Mn^{2+}、$Cr_2O_7^{2-}$、Cr^{3+} 诸型体的浓度均不随 pH 改变，可被视为定值，则半反应减弱程度可按 E 和 pH 关系判知，对

$$E_{H_2O_2/H_2O} \qquad \frac{0.059}{2}\lg[H^+]^2 = -0.059\,pH$$

$$E_{MnO_4^-/Mn^{2+}} \qquad \frac{0.059}{5}\lg[H^+]^8 = -0.059 \times 1.6\,pH$$

$$E_{Cr_2O_7^{2-}/Cr^{3+}} \qquad \frac{0.059}{6}\lg[H^+]^{14} = -0.059 \times 2.33\,pH$$

把 pH＝0、1、3、5 代入得到三个半反应的电极电势值，列于下表中：

	pH＝0	pH＝1	pH＝3	pH＝5	pH＝0 和 pH＝5 的差值
$E_{H_2O_2/H_2O}$/V	1.77	1.71	1.59	1.47	0.30
$E_{MnO_4^-/Mn^{2+}}$/V	1.49	1.39	1.20	1.02	0.53
$E_{Cr_2O_7^{2-}/Cr^{3+}}$/V	1.33	1.19	0.92	0.64	0.69

H_2O_2 的氧化性强，随 pH 增大氧化性减弱“慢”，所以常以 H_2O_2 作氧化剂。(反应完成后，多余的 H_2O_2 受热分解 $2H_2O_2 = 2H_2O + O_2$，不会给反应体系增添杂质。)

顺便介绍用 $KMnO_4$、$K_2Cr_2O_7$ 作氧化剂时的问题。

$KMnO_4$ 被还原为 Mn^{2+} 的过程消耗 H^+，(若没有外加酸)溶液的 pH 逐渐增大，MnO_4^- 有可能被还原为 MnO_2。

实验：把稀(约 0.02 mol/L)$KMnO_4$ 溶液滴加到 H_2S 溶液中，开始退成无色并有 S 生成，不久生成 MnO_2 和 S。

$$2MnO_4^- + 5H_2S + 6H^+ \xlongequal{\quad} 2Mn^{2+} + 5S + 8H_2O \quad (消耗酸)$$

$$2MnO_4^- + 3H_2S + 2H^+ \xlongequal{\quad} 2MnO_2 + 3S + 4H_2O$$

即使在有外加酸的条件下，加入的 $KMnO_4$ 也将和先前反应生成的 Mn^{2+} 发生归中反应(歧化的逆反应)：

$$2MnO_4^- + 3Mn^{2+} + 2H_2O \xlongequal{\quad} 5MnO_2 + 4H^+$$

实验：把 $KMnO_4$ 溶液滴入 $MnSO_4$ 溶液中，生成 MnO_2(溶液的 pH 减小)。

总之，用 $KMnO_4$ 作氧化剂要注意实验条件。如用 $KMnO_4$ 溶液滴定 $FeSO_4$(含足量 H_2SO_4)溶液，当滴入一(或半)滴 $KMnO_4$，溶液呈现浅红色(半分钟内不退色)，即达终点。此时无过量(到一定浓度)的 $KMnO_4$，所以不会生成 MnO_2。

$K_2Cr_2O_7$ 作氧化剂需酸性条件，如在酸性条件下氧化 C_2H_5OH，根据颜色的改变[Cr(Ⅲ)为蓝绿色]判定是否“醉驾”。这个检测反应需用 H_2SO_4，而不宜用 HCl，因为前者反应速率快，后者慢。

实验：取两份 C_2H_5OH，分别和 H_2SO_4(2 mol/L)、HCl(4 mol/L)混匀，同时滴加等量 $K_2Cr_2O_7$ 溶液。前者很快变色，后者在几分钟后变色。

H_2SO_4、HCl 都能满足反应对 H^+ 的要求，反应速率不同，应和 SO_4^{2-}、Cl^- 有关。目前认为：在 H_2SO_4 溶液中，$Cr_2O_7^{2-} + 2SO_4^{2-} + 2H^+ \xlongequal{\quad} 2CrO_3SO_4^{2-} + H_2O$，由 $CrO_3SO_4^{2-}$ 氧化 C_2H_5OH；在 HCl 溶液中，$Cr_2O_7^{2-} + 2Cl^- + H^+ \xlongequal{\quad} 2CrO_3Cl^- + H_2O$，由 CrO_3Cl^- 氧化 C_2H_5OH。因 CrO_3Cl^- 比 $CrO_3SO_4^{2-}$“稳定”，所以反应速率快慢不等。

(3) 用 O_2 作氧化剂。优点：既作氧化剂，又提供所需的“O^{2-}”。升高温度可加快反应速率，所以在高温、碱性条件下(已不是水溶液中的反应，不能用水溶液中电极电势判断)，O_2 能氧化 V_2O_3、Cr_2O_3 等成高氧化态的化合物。如

$$V_2O_3 + O_2 + 2NaOH \xlongequal{\quad} 2NaVO_3 + H_2O$$

$$2Cr_2O_3 + 3O_2 + 8NaOH \xlongequal{\quad} 4Na_2CrO_4 + 4H_2O$$

实验室中，为了加快反应速率，可用 $KClO_3$、KNO_3 作氧化剂(受热分解释 O_2)。

总之，在碱性条件下(水溶液、不是水溶液都可)，低氧化态元素的化合物易被氧化成高氧化态化合物，而且往往是该元素的最高氧化态，如 $NaBiO_3$、PbO_2、Na_2CrO_4、$NaVO_3$。一个例外是：在碱性条件下 MnO_2 被氧化成 MnO_4^{2-}，而不是 MnO_4^-。可能原因为二：高温(>180℃)$KMnO_4$(s)分解成 K_2MnO_4(s)，在碱性水溶液[$c(OH^-) > 4$ mol/L]中 MnO_4^- 转化为 MnO_4^{2-}。

$$4MnO_4^- + 4OH^- \xlongequal{\quad} 4MnO_4^{2-} + O_2 + 2H_2O$$

酸性有利于氧化剂的氧化性，如前述在酸性介质中 PbO_2 氧化 Cl^- 为 Cl_2，$Cr_2O_7^{2-}$ 氧化 Br^- 为 Br_2……，所以制备强还原剂，如 Sn^{2+}、Cr^{2+}、Ti^{3+} 等都是在酸性溶液中进行的，通常用 Zn-Hg 作还原剂，如

$$2TiO^{2+} + Zn + 4H^+ \xlongequal{\quad} 2Ti^{3+} + Zn^{2+} + 2H_2O$$

$$2Cr^{3+} + Zn \xlongequal{\quad} 2Cr^{2+} + Zn^{2+}$$

……

酸碱性对反应的影响是由 $[H^+]^n$ 改变大、降低能量引起的，那么，生成难溶物、稳定的配离子也将对反应产生显著影响。

3. *形成沉淀对氧化还原反应的影响*

以 $Ag^+ + e^- \xlongequal{\quad} Ag$，$E^\ominus = 0.80\ V$ 为例，

$$E = 0.80 + 0.059\ \lg[Ag^+]$$

若把 Ag 片分别放入 1 mol/L KCl、1 mol/L KBr、1 mol/L KI 溶液中，达平衡时 $[Ag^+][X^-] = K_{sp}$，今 $[X^-] = 1$ mol/L，所以 $[Ag^+]$ 依次为：1.8×10^{-10} mol/L(KCl 中)、5×10^{-13} mol/L(KBr 中)、8.9×10^{-17} mol/L(KI 中)，分别代入 Nernst 方程得 $E^\ominus$ 为：0.22 V(KCl 中)、0.07 V(KBr 中)、−0.15 V(KI 中)。溶解度越小，$E^\ominus$ 改变值越大（说明：因 $[X^-] = 1$ mol/L，所以也是标准电极电势）。有 I^- 时，$E^\ominus < 0$ V，所以 Ag 能从 HI 溶液中置换出 H_2。

$$2Ag + 2HI \xlongequal{\quad} 2AgI + H_2$$

在碱性介质中，对于二价金属，设 $[OH^-] = 1$ mol/L，则

$$[M^{2+}] = \frac{K_{sp}}{[OH^-]^2} = K_{sp}$$

$M(OH)_2$ 的 K_{sp} 越小，其 $E_A^\ominus$ 与 $E_B^\ominus$ 差值越大（表 5-9）。对于多价态的金属离子，如

$$Fe^{3+} + e^- \xlongequal{\quad} Fe^{2+} \qquad E = 0.77 + 0.059\lg\frac{[Fe^{3+}]}{[Fe^{2+}]}$$

设半反应达平衡时 $[OH^-] = 1$ mol/L，则 $[Fe^{3+}] = K_{sp}/[OH^-]^3 = K_{sp}$，$[Fe^{2+}] = K_{sp}/[OH^-]^2 = K_{sp}$，已知高氧化态氢氧化物的 K_{sp} 显著小于(同元素)低氧化态氢氧化物的 K_{sp}，所以 $E_B^\ominus$ 比 $E_A^\ominus$ 小了许多（表 5-10）。

表 5-9　几种金属的 $E_A^\ominus$ 与 $E_B^\ominus$(298 K)

	Ca(Ⅱ)/Ca	Mg(Ⅱ)/Mg	Fe(Ⅱ)/Fe	Zn(Ⅱ)/Zn
$E_A^\ominus$/V	−2.87	−2.37	−0.44	−0.76
$E_B^\ominus$/V	−3.03	−2.69	−0.88	−1.24
$E^\ominus$ 差值	0.16	0.32	0.44	0.48
$M(OH)_2$ K_{sp}	$\approx 10^{-6}$	$\approx 10^{-11}$	$\approx 10^{-16}$	$\approx 10^{-17}$

表 5-10 几种变价金属的 $E_A^\ominus$ 和 $E_B^\ominus$

	$Fe(OH)_2$	$Fe(OH)_3$	$Co(OH)_2$	$Co(OH)_3$	$Ce(OH)_3$	$Ce(OH)_4$	$CuOH$	$Cu(OH)_2$
K_{sp}	10^{-16}	10^{-38}	10^{-16}	10^{-43}	10^{-23}	10^{-56}	10^{-14}	10^{-19}
K_{sp}相差倍数	10^{22}		10^{27}		10^{33}		10^{5}	
$E^\ominus$/V	0.77(A)*	−0.55(B)*	1.84(A)	0.17(B)	1.62(A)	−0.34(B)	0.15(A)	−0.08(B)
$E^\ominus$差/V	1.32		1.67		1.96		0.23	

* A、B 表示酸性、碱性。

由表 5-10 数据可知：低氧化态金属在碱性介质中(和在酸性介质中比)易被氧化，如 $Fe(OH)_2$、$Co(OH)_2$(碱性介质)易被氧化成高氧化态氢氧化物。或者说，在碱性介质中高氧化态金属的氢氧化物，如 $Fe(OH)_3$、$Co(OH)_3$ 的氧化性不强。那么，为什么还能用"$Cu(OH)_2$ 氧化 RCHO"？在碱性介质中，Cu(Ⅱ)的氧化性是减弱了($E_A^\ominus$ 和 $E_B^\ominus$ 仅差 0.23 V，表 5-10)，但 RCHO 的还原性增强，如

$$HCOOH + 2H^+ + 2e^- \longrightarrow HCHO + H_2O \quad E_A^\ominus = -0.01\,V$$

$$HCOO^- + 2H_2O + 2e^- \longrightarrow HCHO + 3OH^- \quad E_B^\ominus = -1.07\,V$$

$E_A^\ominus$ 和 $E_B^\ominus$ 差 1.06 V，就是说，碱性对 RCHO 还原性增强更显著，不仅补偿了 $Cu(OH)_2/Cu_2O$ 的损失(0.23 V)，而且有余。

4. 形成配离子对氧化还原反应的影响

以下分别按只有氧化型能形成配离子，如 $Ag^+ + e^- \longrightarrow Ag$ 为例，以及氧化型、还原型都能形成配离子，如 $Fe^{3+} + e^- \longrightarrow Fe^{2+}$ 为例讨论。

$Ag(NH_3)_2^+$、$Ag(S_2O_3)_2^{3-}$、$Ag(CN)_2^-$ 的稳定常数依次为 1.1×10^7、4×10^{13}、1.3×10^{21}，当$[Ag(NH_3)_2^+]=[NH_3\cdot H_2O]=1\,mol/L$，则$[Ag^+]=1/K=9.1\times10^{-8}\,mol/L$，代入 Nernst 方程得 $E^\ominus=0.38\,V$；当$[Ag(S_2O_3)_2^{3-}]=[S_2O_3^{2-}]=1\,mol/L$ 时，$[Ag^+]=2.5\times10^{-14}\,mol/L$，相应 $E^\ominus=0\,V$；当$[Ag(CN)_2^-]=[CN^-]=1\,mol/L$ 时，$[Ag^+]=7.7\times10^{-22}\,mol/L$，相应 $E^\ominus=-0.44\,V$。配离子越稳定，$E^\ominus$越小，越有利于 Ag 被氧化。

和 Ag^+ 相比，$Ag(NH_3)_2^+$ 的氧化性减弱了(0.80 V−0.38 V=)0.42 V，而在碱性介质中 RCHO 还原性增强更多(增强 1.06 V)，所以能发生银镜反应——析出银的晶粒数增多快，而析出晶粒成长速率慢[这和用 $Ag(CN)_2^-$ 作电镀银的电镀液相似]，得到光滑的银镜。如若反应速率太快，就得不到银镜。实验：$AgNO_3$ 滴入 NaOH 液得 Ag_2O 沉淀，加入葡萄糖，沉淀"立即"由褐色(Ag_2O)转变为浅灰色(Ag)。

和银同族的 Au，也能形成极稳定的 $Au(CN)_2^-$ ($\beta_2=2\times10^{38}$)，Au 在 CN^- 溶液中的 $E^\ominus_{Au(CN)_2^-/Au}=-0.60\,V$，所以在 CN^- 溶液中 Au 可被 O_2 氧化。从含金矿石中提 Au 的一种方法是：矿石粉用 0.3% KCN 溶液浸泡，被 O_2 氧化成 $Au(CN)_2^-$(进入溶液)，

$$4Au + 8CN^- + O_2 + 2H_2O \longrightarrow 4Au(CN)_2^- + 4OH^-$$

而后用 Zn 置换出 Au，

$$Zn + 2Au(CN)_2^- \longequal Zn(CN)_4^{2-} + 2Au$$

对于氧化型、还原型都能和同种配位体形成配离子的反应，以 $Fe^{3+} + e^- \longequal Fe^{2+}$，$E^\ominus = 0.77\ V$ 为例。如 Fe(Ⅲ)形成的配离子更稳定，就效果而言相当于 Fe(Ⅲ)浓度下降更多，所以 $E^\ominus < 0.77\ V$。如 $Fe(CN)_6^{3-}$ 的 $\beta_6 = 10^{42}$ 比 $Fe(CN)_6^{4-}$ 的 $\beta_6 = 10^{35}$ 大，所以 $E^\ominus_{Fe(CN)_6^{3-}/Fe(CN)_6^{4-}} = 0.35\ V$；若 Fe(Ⅱ)形成的配离子更稳定，相当于 Fe(Ⅱ)浓度下降更多，则 $E^\ominus > 0.77\ V$，如配体为邻二氮菲（方程式中以 L 表示）。

$$FeL_3^{3+} + e^- \longequal FeL_3^{2+} \quad E^\ominus = 1.06\ V$$

四、电化学简介

水溶液中的电化学反应（电解、电镀……）和电极电势有关。

1. 分解电势

在装置中电解 $c(H^+) = 1\ mol/L$ 的 H_2SO_4 溶液，逐渐升高外电势：如在 1.0 V 时，由电流表指针可知有电流通过，随即降到很低；继续提升外电势，情况类似；当外电势增大到一定值时，就有电流持续通过电解槽，这个电势就是该电解质溶液的分解电势（表 5-11，图 5-6 中的 D）。

表 5-11　$c(H^+) = 1\ mol/L$ 酸，$c(OH^-) = 1\ mol/L$ 碱的分解电势（298 K）

酸	分解电势	碱	分解电势
$HClO_4$	1.65 V	NaOH	1.69 V
H_2SO_4	1.67 V	KOH	1.67 V
HNO_3	1.69 V		

电解 $c(H^+) = 1\ mol/L$ 强酸的标准电极电势

$$2H^+ + 2e^- \longequal H_2 \quad E^\ominus = 0\ V$$

$$\frac{1}{2}O_2 + 2H^+ + 2e^- \longequal H_2O \quad E^\ominus = 1.23\ V$$

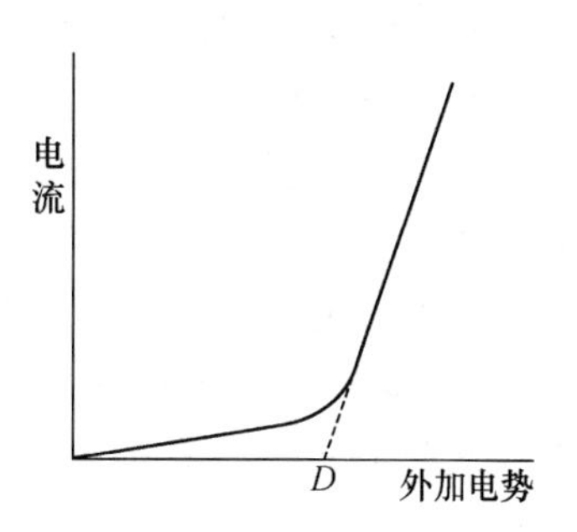

图 5-6　分解电势

两者差为 1.23 V。按说，外加电势达到 1.23 V 就可能发生电解反应，为什么分解电势≈1.67 V？（1.67 V－1.23 V＝0.44 V，叫超电势。）标准电势是化学平衡的数据，只适用于电流强度 $I \approx 10^{-8} \sim 10^{-9}\ A$ 的实验（因为电流极小，所以参与电极反应离子浓度的改变也很小，可近似认为浓度不变）。实际电解需提高外加电势（不再是化学平衡）。以影响阴极反应 $2H^+ + 2e^- \longequal H_2$ 的因素为例，简单介绍超电势。发生在电极表面的反应：

$$H^+ + e^- \rightleftharpoons H, \quad H + H \rightleftharpoons H_2$$

要减弱 H_2 发生逆反应；电解过程阴极邻近微区内 $c(H^+)$ 下降；为克服电解质溶液的电

阻，以及其他因素都要求提高外电势，所以分解电势大于理论电势。

2. 电化学实例

(1) 电解精铜　普通冶炼得的精铜的纯度为98%～99.5%，对许多用途不合格，所以要电解精制。精铜为阳极，阴极为电解铜薄片，电解质溶液中 $CuSO_4$(≈100 g/L)、H_2SO_4(≈200 g/L)，通电电解，阳极反应 $Cu-2e^- = Cu^{2+}$，精铜中比Cu易失电子的杂质金属，如Zn也以 Zn^{2+} 进入溶液，“活泼性”不如Cu的杂质，如Au、Ag等沉于阳极底部(阳极泥)；阴极反应：$Cu^{2+}+2e^- = Cu$，槽电势0.3 V～0.35 V，电解铜的纯度高于99.85%(表5-12)。

表5-12　电解精炼铜，阳极中几种元素的去向(%)

元　素	进入电解液	进入阳极泥	进入阴极
Cu	1～2	0.03～0.1	98～99
Zn	100	—	—
Fe	100	—	—
Sn、Pb	2	≈98	1
Ag	2	97～98	<1.6
Au	1	99	<0.5
Pt	1	≈100	0.05

(2) 电解NaCl溶液　Cl^-、OH^- 均可在阳极被氧化，两者的电极电势：

$$Cl_2+2e^- = 2Cl^- \quad E^\ominus=1.36\ V$$

$$O_2+2H_2O+4e^- = 4OH^- \quad E=0.82\ V\ (NaCl液中[OH^-]=10^{-7}\ mol/L)$$

按说由电势看，应该是 OH^- 放电先于 Cl^-，但由于 O_2 在石墨极上超电势比 Cl_2 大了许多，如 $I=1000\ A/m^2$ 时，(298 K)Cl_2 在石墨上的超电势为0.25 V，而 O_2 的超电势为1.09 V，所以在石墨阳极上 Cl^- 先于 OH^- 放电。

(3) 此前曾提及，根据 H_2 在Hg上超电势大，用Zn-Hg作还原剂在酸性介质中制备强还原剂。锰-锌干电池中，也加入少量Hg，能起到干电池在放置、待用过程中，减弱Zn和具酸性的电解质 NH_4Cl 间的反应。因此，废干电池污染环境还和Hg有关。

(4) 离子膜法电解NaCl溶液　用阳离子交换膜分隔阴极室和阳极室。一种阳离子交换膜是 RSO_3Na(R为高分子)，RSO_3^- 是固定基，Na^+ 为对离子，只允许阳离子 Na^+ 通过(图5-7)。电解时，往阳极室添加NaCl溶液，$2Cl^- -2e^- = Cl_2$，Na^+ 通过膜进入阴极室；往阴极室加水，$2H_2O+2e^- = H_2+2OH^-$，得纯的NaOH溶液。其他实例见图5-8。

(5) 电化学用于处理废水　电化学阴极还原可使废水中有害的重金属离子浓度降到约1 mg/L(低于许多重金属离子排放标准)；还原性物质，如剧毒的 CN^-，被氧化成 OCN^-(氰酸根)，再在碱性溶液中分解；脂肪醛、酮等在阳极上被氧化成 CO_2、H_2O。若被处理物质的浓度太低，可用间接氧化的方法，往废液中加少量 Ag^+、Co^{2+}，它们在阳极被

氧化成 Ag^{2+} ($E^{\ominus}_{Ag^{2+}/Ag^{+}}=1.98$ V)、Co^{3+} ($E^{\ominus}_{Co^{3+}/Co^{2+}}=1.84$ V)，再由 Ag^{2+}、Co^{3+} 氧化低浓度有机物，被还原的 Ag^{+}、Co^{2+} 又在阳极被氧化……

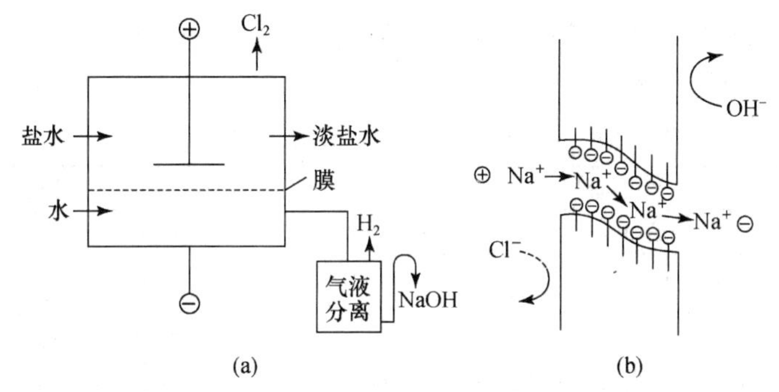

图 5-7　离子膜法(a)，电解时阳离子膜(b)示意图

有阴离子膜(A)、阳离子膜(C)时，电解 Na_2SO_4 可得 NaOH 和 H_2SO_4[图 5-8(a)]；电解 $NaNO_3$ 和 KCl 得 KNO_3 和 NaCl[图 5-8(b)]。

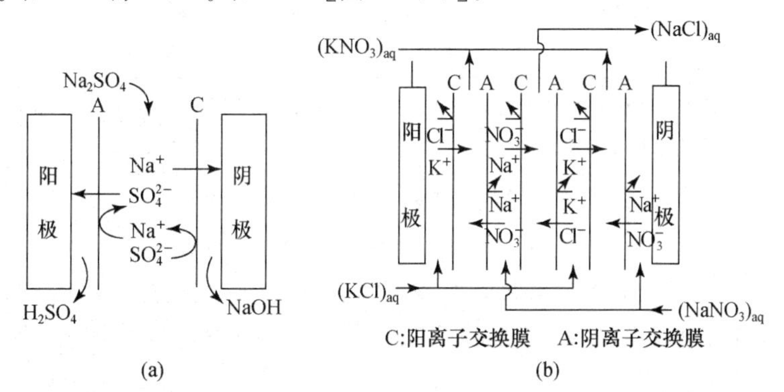

图 5-8　电化学膜基分离示意图：(a) Na_2SO_4，(b) $NaNO_3$ 和 KCl

五、非水溶液中氧化还原反应简介

较重要的非水溶液有液氨、C_2H_5OH……，甚至熔融液。以液氨为例，液氨中存在着质子传递反应：

$$NH_3+NH_3 = NH_2^-+NH_4^+ \quad K=10^{-27}(-33℃)$$

在液氨中规定的相对标准电势是

$$2NH_4^++2e^- = 2NH_3+H_2 \quad E^{\ominus}=0\text{ V}$$

金属在液氨中离子化[成氨合离子 $M^{n+}_{(amm)}$]的焓变(图 5-9)

$$\Delta_r H_m^{\ominus}=\Delta_s H_m^{\ominus}+\Delta_i H_m^{\ominus}+\Delta_{amm} H_m^{\ominus}$$

式中 s、i、amm 分别表示升华、电离、氨合。这和金属在水中离子化倾向仅是 $\Delta_{amm}H_m^{\ominus}$ 和 $\Delta_h H_m^{\ominus}$ 不同。不难想

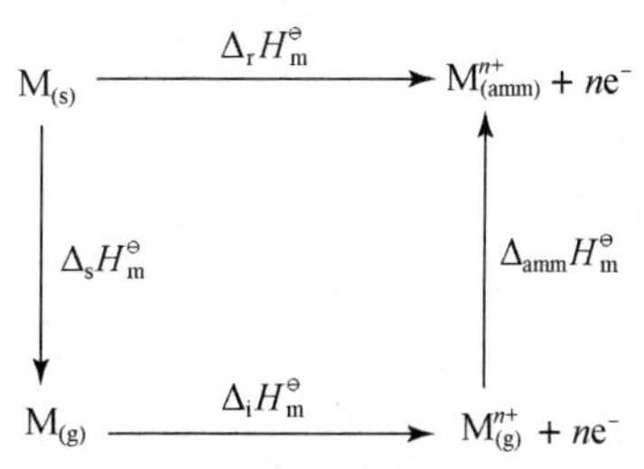

图 5-9　液氨中金属离子化 $\Delta_r H_m^{\ominus}$

象：M^{n+}(g)水合释能多的，往往氨合释热也多，事实是 M^{n+} 水合释能的改变“大体上”和氨合释能改变相似，因此金属在液氨中的活动顺序“大体上”和水溶液中活动顺序相当(表 5-13)，所以可参考水液中金属的活动序判断液氨溶液中的置换反应。如 AgI 可溶于液氨中的溶解度为 206.8 g。

表 5-13　金属在水、液氨中的溶剂合能、电极电势

	溶剂合能/($kJ\cdot mol^{-1}$)		标准电极电势/V	
	H_2O	NH_3	H_2O	NH_3
Li^+/Li	−515	556	−3.05	−2.34
K^+/K	−321	−351	−2.93	−2.04
Ca^{2+}/Ca	−1592	−1686	−2.87	−2.17
Na^+/Na	−405	−439	−2.71	−1.89
H^+/H_2	—	—	0	0
Ag^+/Ag	−475	−577*	0.80	0.76
Hg^{2+}/Hg	−1853	−2050*	0.84	0.67

* 因 Ag^+、Hg^{2+} 氨合释能多，和水合能差 100、200 kJ/mol，而 Li^+、K^+ 仅差 30、40 kJ/mol，所以 Ag、Hg 在液氨中的(和在水中比)形成 $M^{n+}_{(amm)}$ 倾向要大些。

$$Na+AgI \xlongequal{} NaI+Ag$$

$$2Na+Cu(NO_3)_2 \xlongequal{} 2NaNO_3+Cu$$

水中、液氨中的标准电极电势都是在规定一相对标准电极电势得到的，那么，讨论熔融盐(也是非水溶液)中电极反应，也应规定一相对标准电极，如在 NaCl-KCl 熔融液中规定：

$$Na^+ + e^- \xlongequal{} Na \quad E^\ominus = 0\ V(700℃)$$

其他金属的电极电势见表 5-14。(金属 $E^\ominus$ 增大序，大体上和水中活动序相似。)

表 5-14　700℃在 NaCl-KCl 熔融液中金属的电极电势

半反应	Na^+/Na	Mg^{2+}/Mg	Al^{3+}/Al	Zn^{2+}/Zn	Pb^{2+}/Pb	Cu^{2+}/Cu	Ag^+/Ag
电极电势/V	0	0.61	1.35	1.63	2.10	2.86	2.46

电解熔融物制备活泼金属钠，如早期电解熔融 NaOH 制 Na 的阴极反应：

$$4Na^+ + 4e^- \xlongequal{} 4Na$$

阳极反应：

$$4OH^- - 4e^- \xlongequal{} O_2 + 2H_2O$$

方法的优点：NaOH 熔融温度低(>300℃)，缺点：NaOH 价格贵，电解得到 Na(50%)将和阳极产物 H_2O 反应，所以理论电流效率为 50%，实际电流效率更低。20 世纪 20 年代逐渐改为电解 NaCl(熔融)制 Na，期间主要是解决了电解质的问题。NaCl 的熔点为

801℃，在如此高温度下，阳极产物 Cl_2 的腐蚀性很强，阴极产物 Na 在 NaCl 熔液中溶解度较大[可达 2.8%(mol)]，溶于熔液中的 Na 将和阳极产物 Cl_2 反应，浮于熔融液表层的 Na 还会和空气中 O_2 剧烈反应。降低电解温度可大大缓解以上几个问题。根据溶液凝固点下降的性质，可往熔融 NaCl 中加 KCl 或(和)$CaCl_2$(因为 K、Ca 的离子化倾向强于 Na，所以 K^+、Ca^{2+} 被还原倾向弱于 Na^+)，可使熔融液温度下降到 580℃～600℃，加入的 KCl、$CaCl_2$ 叫助熔剂。

电解熔融液一般都加助熔剂以达到降低熔融温度的目的，如电解铝时在 Al_2O_3 中加 Na_3AlF_6 等，电解 $MgCl_2$ 时加 NaCl 或(和)$CaCl_2$，电解 LiCl 时加 KCl，等等。由于加的助熔剂量大，所以电解得到的金属中可能含某些杂质。如电解得到的 Na 中含少量(<1%)K 或(和)Ca；电解生成的 Li 中含少量(<1%)的 K。如若所加助熔剂中 M^{n+} 和熔融物中主体 M^{n+} 被还原的倾向相差较大，如 Al_2O_3 中的 Na^+，那么电解得到的 Al(含有杂质是肯定的)不可能含有 Na。

第六章　含氧酸及其盐

本章介绍含氧酸及其盐的某些性质、含氧酸盐的热分解反应。

一、含氧酸(盐)的命名

含氧酸(盐)按成酸元素氧化态由高到低称为高某酸(盐)、某酸(盐)、亚某酸(盐)、次某酸(盐)(表6-1);元素某氧化态含氧酸(盐),因水量不同又有正某酸(盐)、焦某酸(盐)、偏某酸(盐)。

表6-1　含氧酸命名

化学式	氧化态	名　称	实　例		
H_mAO_{n+1}	多一个O原子	过某酸*			H_2SO_5
	$2n-m+2$	高某酸*		$HClO_4$	
$H_{m-1}AO_n$	$2n-m+1$	高某酸	$HMnO_4$		
H_mAO_n	$2n-m$	某酸	H_2MnO_4	$HClO_3$	H_2SO_4
H_mAO_{n-1}	$2n-m-2$	亚某酸	H_2MnO_3	$HClO_2$	H_2SO_3
H_mAO_{n-2}	$2n-m-4$	次某酸		$HClO$	

* 按照我国命名法,结构中有过氧键的叫过某酸,否则叫高某酸。

以元素硫为例介绍含氧酸(盐)的命名:

(1) 含氧酸中硫有三配位的亚硫酸(盐),四配位的硫酸(盐),二配位的次硫酸(盐),如Na_2SO_2。

(2) 成酸元素原子直接相连的叫连某酸(盐),如(HO)OSSO(OH),两个S原子直接相连,每个S原子为三配位,叫连二亚硫酸(盐);$(HO)O_2SSO_2(OH)$中两个S原子直接相连,每个S原子为四配位,叫连二硫酸(盐)。

(3) 成酸元素原子通过O原子相连,$(HO)O_2SOSO_2(OH)$,每个S原子为四配位,叫焦硫酸(盐)。

(4) 含氧酸(盐)中含过氧键的,叫过酸(盐),如$(HO)O_2S(OOH)$叫过一硫酸,$(HO)O_2SOOSO_2(OH)$叫过二硫酸。

(5) 含氧酸中配位O原子被S原子取代,O_3SS^{2-}(即$S_2O_3^{2-}$)叫硫代硫酸根。

(6) 含氧酸分子中去掉—OH基后剩余的基叫酰基,若某酸全部—OH均已去掉时,就从酸名命名为某酰,如SO_2Cl_2硫酰氯,$COCl_2$碳酰氯(俗名光气);若只去掉一部分一OH基(不是全部)，叫某酸几酰(基)("基"通常可略去)，如$(HO)_2PO$一磷酸一酰，$(HO)CrO_2$铬酸一酰，$(HO)C_2O_2$草酸一酰，HSO_3Cl硫酸一酰氯(俗名氯磺酸)。

附：我国命名法规定，含氧酸中OH数和成酸元素氧化态相同的，如$B(OH)_3$叫原硼酸，H_4SiO_4叫原硅酸(命名时常省略"原")。原酸不同于正酸，如H_2SO_4叫正硫酸，H_3PO_4叫正磷酸(命名时通常省略"正")。

二、含氧酸的性质

1. 酸性

元素氧化态高的含氧酸的酸性强于氧化态低的含氧酸。如$HClO_4$是极强酸，$HClO_3$是强酸，$HClO_2$是弱酸，HClO是极弱酸；HNO_3、H_2SO_4是强酸，HNO_2、H_2SO_3是弱酸。Pauling提出，若把含氧酸化学式写成$AO_a(OH)_b$，a值越大，含氧酸的酸性越强。当$a=3$，如$ClO_3(OH)$是极强酸，$K_i>10^7$；$a=2$，如$NO_2(OH)$、$SO_2(OH)_2$是强酸，$K_i\approx10^2\sim10^4$；$a=1$，如$PO(OH)_3$、$SO(OH)_2$是弱酸，$K_i\approx10^{-2}\sim10^{-4}$；$a=0$，如$Cl(OH)$、$B(OH)_3$、$Si(OH)_4$是极弱酸，$K_i<10^{-7}$(表6-2)。

表6-2　含氧酸的pK(室温)

极弱酸	弱　酸	强　酸	极强酸
$Cl(OH)$　7.2	$ClO(OH)$　2.0	$ClO_2(OH)$　−1.4	$ClO_3(OH)$　−10
$Br(OH)$　8.7	$NO(OH)$　3.3	$NO_2(OH)$　−1.4	
$I(OH)$　10.0	$IO(OH)_5$　1.6	$IO_2(OH)$　0.8	
$B(OH)_3$　9.2	$PO(OH)_3$　2.1	$SeO_2(OH)_2$　<0	
$Si(OH)_4$　10.0	$SO(OH)_2$　1.6	$SO_2(OH)_2$　<0	
$Ge(OH)_4$　8.6	$CO(OH)_2$　3.9		

磷的含氧酸的酸性是：H_3PO_4酸性略弱于$H_3PO_3(K_1=5.0\times10^{-2})$、$H_3PO_2(K=1.0\times10^{-2})$。它和其他含氧酸酸性规律不同的原因是，不论磷在含氧酸(盐)中的氧化态有多大，它的配位数都是4，

$$(HO)_2P(=O)(OH)\ (磷酸)\qquad (HO)_2P(=O)H\ (亚磷酸)\qquad (HO)P(=O)H_2\ (次磷酸)$$

(其中P和H的电负性相同，都是2.1。)

此外，缩合含氧酸的酸性略强于未经缩合含氧酸的酸性。如

$$2H_2CrO_4-H_2O=\!=\!=H_2Cr_2O_7$$

H_2CrO_4的$K_1=0.16$，$K_2=3.2\times10^{-7}$，$H_2Cr_2O_7$ $K_2=0.85$。其他如

$$2H_3PO_4-H_2O=\!=\!=H_4P_2O_7(焦磷酸)\quad K_1=3.0\times10^{-2}$$

$$H_3PO_4-H_2O=\!=\!=HPO_3(偏磷酸)\quad K_1=10^{-1}$$

$$4H_3BO_3(K=5.8\times10^{-10})-5H_2O=\!=\!=H_2B_4O_7(四硼酸)\quad K_1\approx10^{-4}$$

在一定条件下，正酸（盐）可以和（脱水）缩合酸（盐）共存于同一溶液中，如 CrO_4^{2-} 和 $Cr_2O_7^{2-}$ 共存，只是在一定 pH 条件下以 CrO_4^{2-} 或 $Cr_2O_7^{2-}$ 为主。硼酸和缩合硼酸共存，当 $c(H_3BO_3)<0.5$ mol/L 时，有显著量缩合硼酸；$c(H_3BO_3)<0.1$mol/L 时，缩合硼酸很少。

关于含氧酸的酸性，还有两个问题：

(1) 按 Pauling 的观点，碳酸 $CO(OH)_2$ 的 pK 应为 2～4，实际 pK_1>6。其实 H_2CO_3 的 $K_1=1.3\times10^{-4}$（表 6-2 中 pK_1=3.9），由于溶解于 H_2O 的 CO_2 只有 1/600 转化为 H_2CO_3，所以实际情况是

$$CO_2+H_2O \longrightarrow H_2CO_3 \quad K=1/600=1.7\times10^{-3}$$

$$+)\quad H_2CO_3 \longrightarrow H^+ + HCO_3^- \quad K_1=1.3\times10^{-4}$$

$$CO_2+H_2O \longrightarrow H^+ + HCO_3^- \quad K=2.2\times10^{-7}$$

即

$$\frac{[H^+][HCO_3^-]}{[CO_2+H_2CO_3]}=2.2\times10^{-7}$$

若按实际$[H_2CO_3]$计算，pK=3.9。

(2) 同主族元素最高氧化态含氧酸的酸性从二周期到三周期减弱，从三周期到四周期含氧酸的酸性相近或略强，四周期到五周期含氧酸的酸性显著减弱（表 6-3）。副族元素从上到下含氧酸的酸性减弱，如 H_2SO_4 强酸，H_2CrO_4 $K_1=0.16$，H_2MoO_4 $K_1=1.8\times10^{-4}$。

表 6-3 主族元素最高氧化态含氧酸的电离常数

$B(OH)_3$ 5.8×10^{-10}	H_2CO_3 4.2×10^{-7}			
$Al(OH)_3$ 2×10^{-11}	H_4SiO_4 10^{-10}	H_3PO_4 7.6×10^{-3}	H_2SO_4 $1.0\times10^{-2}(K_2)$	$HClO_4$ $\approx10^{10}$
$Ga(OH)_3$ 1.2×10^{-7}	H_4GeO_4 2.5×10^{-9}	H_3AsO_4 6.3×10^{-3}	H_2SeO_4 $1.2\times10^{-2}(K_2)$	$HBrO_4$ $\approx10^{10}$
			H_6TeO_6 2×10^{-8}	H_5IO_6 5×10^{-4}

2. 含氧酸（盐）的热稳定性

含氧酸的热稳定性不如相应的含氧酸盐，如 H_2CO_3 易分解，浓 HNO_3 见光易分解，而碳酸盐、硝酸盐（相对而言）较为稳定。含氧酸及其盐稳定性的差别，主要是 H^+、M^{n+} 不同引起的。因异性相吸，M^{n+} 和酸根阴离子（的配位 O 氧子）互相靠近，由于 M^{n+} 外围也有电子和 O 原子互相排斥，所以两者间不可能靠得很近。H^+ 则不同，没有电子，因此它不仅能和含氧酸根中配位 O 原子靠近，而且还能钻入配位 O 原子，(从效果上看，相当于)削弱了这个 O 原子和成酸元素原子间的结合，所以含氧酸（尤其是在受热时）较易分解。

3. 含氧酸（盐）的氧化还原性

对于具有多种氧化态的元素，最高氧化态含氧酸只有氧化性（本身被还原），如 HNO_3、浓 H_2SO_4、$HMnO_4$、$H_2Cr_2O_7$、“$HBiO_3$”（铋酸）、“$H_2Pb(OH)_6$”（铅酸）具有较强氧化性。中间氧化态的含氧酸兼有氧化性和还原性，究竟以氧化性或还原性为主，可根

据熟悉的含氧酸的性质推论，如已知 HNO_3 有较强的氧化性(被还原为 NO_2、HNO_2 等)，那么，HNO_2 不可能有强还原性；稀 H_2SO_4(中 S 元素)的氧化性很弱，则 H_2SO_3 有较强的还原性；H_3PO_4 的氧化性极弱，那么，H_3PO_3、H_3PO_2 有很强的还原性。

关于含氧酸的氧化还原性的问题还有：

(1) 同周期元素最高氧化态含氧酸的氧化性，从右到左逐渐减弱，如 $HClO_4$ 氧化性强于 H_2SO_4。主族元素，二周期到三周期氧化性减弱，如 HNO_3 和 H_3PO_4。三周期到四周期氧化性增强，如浓 H_3PO_4 能和 KI 生成 HI，而在酸性介质中 H_3AsO_4 能氧化 I^- 为 I_2；浓 H_2SO_4 和 NaCl 反应生成 HCl，而 H_2SeO_4($\approx 50\%$)能氧化 Cl^- 为 Cl_2；$HBrO_4$ 能氧化 Mn^{2+} 为 MnO_4^-，但 $HClO_4$ 不能把 Mn^{2+} 氧化成 MnO_4^-。副族元素，从上到下氧化性减弱。具体见表 6-4。

表 6-4　主族元素、副族元素最高氧化态含氧酸的电势(298K)

主族元素			
	$E^{\ominus}_{H_3PO_4/H_3PO_3}=-0.28\ V$	$E^{\ominus}_{SO_4^{2-}/H_2SO_3}=0.17\ V$	$E^{\ominus}_{ClO_4^-/ClO_3^-}=1.19\ V$
$E^{\ominus}_{GeO_2/Ge^{2+}}=-0.3\ V$	$E^{\ominus}_{H_3AsO_4/As^{3+}}=0.56\ V$	$E^{\ominus}_{SeO_4^{2-}/H_2SeO_3}=1.15\ V$	$E^{\ominus}_{BrO_4^-/BrO_3^-}=1.76\ V$
$E^{\ominus}_{Sn^{4+}/Sn^{2+}}=0.15\ V$	$E^{\ominus}_{Sb_2O_5/Sb^{3+}}\ -0.58\ V$	$E^{\ominus}_{H_6TeO_6/H_2TeO_3}=1.02\ V$	$E^{\ominus}_{H_5IO_6/HIO_3}=1.70\ V$
$E^{\ominus}_{PbO_2/Pb^{2+}}=1.46\ V$	$E^{\ominus}_{Bi_2O_5/Bi^{3+}}=1.60\ V$		

副族元素		
$E^{\ominus}_{VO_2^+/VO^{2+}}=1.00\ V$	$E^{\ominus}_{Cr_2O_7^{2-}/Cr^{3+}}=1.33\ V$	$E^{\ominus}_{MnO_4^-/MnO_2}=1.695\ V$
$E^{\ominus}_{Nb_2O_5/Nb^{3+}}=-0.1\ V$	$E^{\ominus}_{H_2MoO_4/MoO_2^+}=0.4\ V$	
	$E^{\ominus}_{WO_3/W_2O_5}=-0.03\ V$	$E^{\ominus}_{ReO_4^-/ReO_2}=0.4\ V$

(2) 中间氧化态含氧酸的氧化性，有比高氧化态含氧酸强的，如 HNO_2($E^{\ominus}_{HNO_2/NO}=1.0\ V$)、$H_2SO_3$($E^{\ominus}_{H_2SO_3/S}=0.45\ V$)、$HClO_3$($E^{\ominus}_{ClO_3^-/Cl_2}=1.47\ V$)，也有比高氧化态含氧酸弱的，如 MnO_2 的氧化性($E^{\ominus}_{MnO_2/Mn^{2+}}=1.23\ V$)弱于 MnO_4^-($E^{\ominus}_{MnO_4^-/Mn^{2+}}=1.49\ V$)。

三、硫的含氧酸及其盐

硫的含氧酸及其盐比较齐全，所以以它为例讨论硫及相关含氧酸(盐)的性质。

1. 连二亚硫酸钠 $Na_2S_2O_4$、连二硫酸钠 $Na_2S_2O_6$

$S_2O_4^{2-}$ 中 S 的氧化态为+3，可用 Zn-Hg 还原 H_2SO_3 制得。

$$2SO_2+Zn = S_2O_4^{2-}+Zn^{2+}$$

由制备反应(具有还原性的 SO_2 被还原)知，$S_2O_4^{2-}$ 的还原性很强(强于 H_2SO_3)。它的水溶液被 O_2 氧化的速率很快，反应也很完全，被用于除去水中的 O_2。

$$S_2O_4^{2-}+O_2+H_2O = HSO_4^-+HSO_3^-$$

所以往溶液中加 $Na_2S_2O_4\cdot 2H_2O$，除 O_2 后，只要还有剩余的话，这个溶液即处于(或保险是)还原性(O_2 极少)环境,因此工业名称为保险粉。

$S_2O_6^{2-}$ 中 S 的氧化态为+5,所以要用氧化剂 MnO_2 和 H_2SO_3 溶液的反应制备。

$$3SO_2 + 2MnO_2 = MnSO_4 + MnS_2O_6$$

它的氧化性、还原性都不很明显。

在酸性条件下,结构中的 S—S 键将断裂,$H_2S_2O_4$ 分解成 H_2SO_3 和 S,$H_2S_2O_6$ 分解成 H_2SO_4 和 H_2SO_3。固态盐受热分解的反应方程是

$$2Na_2S_2O_4 = Na_2S_2O_3 + Na_2SO_3 + SO_2$$

$$Na_2S_2O_6 = Na_2SO_4 + SO_2$$

因为 S—S 单键键能低(表 6-5,其中除 $H_3C—CH_3$ 键能大外,都较低),在酸性条件,尤其是受热条件下,非金属元素原子间单键容易断裂(只有在高能量条件下,$H_3C—CH_3$ 才断裂),发生自氧化还原反应。其他实例如

$$Cl_2 + 2OH^- = Cl^- + ClO^- + H_2O$$

$$H_2O_2 = H_2O + \frac{1}{2}O_2$$

$$H_2S_2 = H_2S + S$$

……

表 6-5　A—A 单键键能(kJ/mol)

$H_3C—CH_3$ 346	$H_2N—NH_2$ 247	HOOH 207	F—F 155
	P—P(P_4) 201	S—S(S_8) 226	Cl—Cl 240

按照硫的连酸盐的性质,讨论连二磷酸 $H_4P_2O_6$,即$(HO)_2OP—PO(OH)_2$。P 的氧化态为+4,结构中的 P—P 键不够稳定,在酸性条件下发生自氧化还原反应。

$$H_4P_2O_6 + H_2O = H_3PO_4 + H_3PO_3$$

同理,草酸(HO)OC—CO(OH)结构中有 C—C 单键(不如 $H_3C—CH_3$ 稳定),C 的氧化态为+3(从结构看,草酸可称为"连二碳酸"),受热或在浓 H_2SO_4 作用下发生自氧化还原反应(生成等摩尔 CO 和 CO_2)。

$$H_2C_2O_4 = CO_2 + CO + H_2O$$

顺便提及,$O_2N—NO_2$(即 N_2O_4)间 N—N 键也不稳定,受热即分解为 NO_2。这是因为虽然分子中电子数为奇数(17),还能稳定存在,所以有的文献把 NO_2 称为长命的自由基(还有 NO)。

2. 焦硫酸盐

它的阴离子为 $^-O_3SOSO_3^-$,如 $K_2S_2O_7$。酸式硫酸盐脱水得焦硫酸盐,以 $KHSO_4$ 为例。

$$KSO_3\boxed{OH + H}OSO_3K \xrightarrow{-H_2O} K_2S_2O_7$$

若把焦硫酸盐的化学式写成 $K_2SO_4 \cdot SO_3$,即把它视为含有硫酸酐的硫酸钾,就不难想

象,它能和碱性氧化物反应。如

$$3K_2S_2O_7 + Fe_2O_3 = 3K_2SO_4 + Fe_2(SO_4)_3$$

赤铁矿(主要成分 Fe_2O_3)不溶于酸,要用焦硫酸盐与之反应(盐比酸稳定,所以用 $K_2S_2O_7$ 作试剂的反应温度高)生成可溶性 $Fe_2(SO_4)_3$,再进行后续反应,如测定矿石中铁的含量。

磷酸有两种酸式盐,MH_2PO_4、M_2HPO_4,相互间可能发生三种缩水反应。

(1) 磷酸一氢盐脱水,如

$$K_2PO_3\boxed{OH + H}OPO_3K_2 \xrightarrow{-H_2O} K_4P_2O_7\text{(焦磷酸钾)}$$

若把 $3K_4P_2O_7$ 写成含有磷酸酐的磷酸钾 $4K_3PO_4 \cdot P_2O_5$,可见它也能和碱性氧化物反应,如

$$3K_4P_2O_7 + Al_2O_3 = 2AlPO_4 + 4K_3PO_4$$

用焦磷酸钾比用焦硫酸钾进行上述反应的效率更高(因反应温度高),但因焦磷酸盐价格贵,所以不常用。

(2) 磷酸二氢盐脱水:磷酸二氢盐中有两个 OH,即 $KPO_2(OH)_2$,若脱一次水,

$$KHPO_3\boxed{OH + H}OPO_3HK \xrightarrow{-H_2O} K_2H_2P_2O_7$$

产物为酸式焦磷酸钾;若脱二次水,形成链状的偏磷酸盐。

$$\boxed{H}\overset{K}{OPO_2}\boxed{OH + H}\overset{K}{OPO_2}\boxed{OH + H}\overset{K}{OPO_2}\boxed{OH} + \cdots \xrightarrow{-nH_2O} -\overset{K}{OPO_2}\overset{K}{OPO_2}\overset{K}{OPO_2}O-$$

偏磷酸钾 KPO_3 是长链结构,所以它的溶液能使蛋白凝聚。

(3) 磷酸二氢盐和磷酸一氢盐(物质的量比为 1∶2)缩合为三磷酸盐 $K_5P_3O_{10}$。

$$K_2PO_3\boxed{OH + H}\overset{K}{OPO_2}\boxed{OH + H}OPO_3K_2 \xrightarrow{-2H_2O} K_5P_3O_{10}$$

三磷酸钠 $Na_5P_3O_{10}$ 可以和硬水中 Ca^{2+}、Mg^{2+} 配位(1∶1 配离子的稳定常数为 4×10^8 和 1.3×10^8),所以曾被用作硬水软化剂。经 $Na_5P_3O_{10}$ 软化的水,便于使用,但因排放水中磷含量较高引起"水体富营养化"的环境问题——造成水生植物疯长——已限制在洗衣粉等中添加磷酸盐。

总之,酸式含氧酸盐可能发生(脱水)缩合反应(讨论时把

$$2HClO_4 - H_2O = Cl_2O_7$$

$$2HMnO_4 - H_2O = Mn_2O_7$$

$$2HNO_3 - H_2O = N_2O_5$$

也归入缩合反应),那么缩合产物在水溶液中会否分解?

Cl_2O_7、Mn_2O_7 遇水,立即分解并释放大量热,若 Cl_2O_7 量大,还可能发生爆炸。

$$Cl_2O_7 + H_2O = 2HClO_4 \quad \Delta_r H_m^\ominus = -114.2\ \text{kJ/mol}$$

在搅拌的条件下,把 $K_2S_2O_7$ 放入水中,溶解吸热,溶解后约 3 分钟出现放热过程,表明 $K_2S_2O_7$ 分解。

$$K_2S_2O_7 + H_2O = 2KHSO_4$$

KPO_3、$K_4P_2O_7$ 在水中溶解后，(室温，没有外加酸)完全分解约需一年。

$$K_4P_2O_7 + H_2O = 2K_2HPO_4$$

$$KPO_3 + H_2O = KH_2PO_4$$

又，酸式含氧酸盐脱水是吸热过程，则脱水产物和水反应是释热过程。人体中能量充裕时形成三磷酸腺苷(ATP)把能量储存起来(生物化学上把形成的缩合磷酸键叫储能键)，需要能量时再转化为二磷酸腺苷(ADP)、一磷酸腺苷(AMP)，在 25℃，pH=7.4，$[Mg^{2+}]=10^{-4}$ mol/L 时

$$ATP^{4-} + H_2O = ADP^{3-} + HPO_4^{2-} + H^+ \qquad \Delta_r G_m^\ominus = -40.9\ \text{kJ/mol}$$

$$K = 1.3\times10^7$$

$$ATP^{4-} + H_2O = AMP^{2-} + HP_2O_7^{3-} + H^+ \qquad \Delta_r G_m^\ominus = -43.5\ \text{kJ/mol}$$

$$K = 4.2\times10^7$$

缩合含氧酸，相邻两个电离常数如 K_1 与 K_2 间差值较小，如 $H_4P_2O_7$ 的结构为

```
HO           OH
   \        /
HO—P—O—P—OH
   //        \\
  O           O
```

K_1 是四个 P—OH 中任何一个发生电离(设是左边的一个 POH)；K_2 则是和另一个 P 相连的 POH(右边)电离的概率更大，所以 K_1 和 K_2 差值小；K_3 不论是左或右边的 POH 电离，它和 K_1、K_2 的差值较大；K_4 是最后一个 POH 电离，略小于 K_3。($K_1=3.0\times10^{-2}$，$K_2=4.4\times10^{-3}$，$K_3=2.5\times10^{-9}$，$K_4=5.6\times10^{-10}$。)

硼砂 $Na_2B_4O_7\cdot10H_2O$ 是缩合硼酸盐，也可认为它是含有硼酸酐的硼酸盐 $2NaBO_2\cdot B_2O_3$，因此硼砂也能和碱性氧化物反应。这个性质有多种用途，其中三种是：

(1) 焊药中有硼砂，焊接时，它和欲焊金属表层的氧化物反应(起到清除氧化物的作用)形成偏硼酸盐熔体，覆盖于欲焊部位(起到隔绝空气的作用)，有利于焊接。

(2) 生产搪瓷时加硼砂，它和某有色的氧化物反应形成有色的硼酸盐。因硼砂易熔融，使生产搪瓷能在温度不很高的条件下进行。

(3) 因为某些金属硼酸盐有特征的颜色，如铜盐为红色，镍盐为绿色等。定性分析常根据试样和硼砂反应产物的颜色判定可能含有某种金属。

3. 过二硫酸盐

命名法规定：由两个一价酰基取代 H—O—O—H 中的氢而成的过酸，叫过二某酸，如 HSO_3OOSO_3H 为过二硫酸；只有一个一价酰基被取代而成的过酸，叫过一某酸，如 $HOOSO_3H$ 为过一硫酸。

在酸性介质中，过二硫酸盐 $K_2S_2O_8$、$(NH_4)_2S_2O_8$ 是很强的氧化剂，能氧化 Mn^{2+} 为 MnO_4^-。

$$2Mn^{2+} + 5S_2O_8^{2-} + 8H_2O = 2MnO_4^- + 10SO_4^{2-} + 16H^+$$

$$E^{\ominus}=2.00\ V-1.49\ V=0.51\ V$$

因为 $K_2S_2O_8$ 具有很强的氧化性，所以只能用电解的方法制备。电解质溶液为 H_2SO_4 和 K_2SO_4。阳极反应式为

$$2SO_4^{2-}-2e^-=\!=\!=S_2O_8^{2-}$$

制得的过二硫酸盐，曾是生产 H_2O_2 的原料，在酸性介质中水解成 SO_5^{2-}（过一硫酸根），接着水解得 H_2O_2。

$$S_2O_8^{2-}+H_2O=\!=\!=SO_5^{2-}+SO_4^{2-}+2H^+$$

$$SO_5^{2-}+H_2O=\!=\!=SO_4^{2-}+H_2O_2$$

过二硫酸盐的氧化性极强，而氧化速率有快（如氧化 Fe^{2+}、CN^-……），也有较慢的（如氧化 Mn^{2+}、$S_2O_3^{2-}$……）。对于后者，反应时需加催化剂，如 $AgNO_3$ 是 $S_2O_8^{2-}$ 氧化 Mn^{2+} 的催化剂，催化机理是

$$S_2O_8^{2-}+Ag^+=\!=\!=2SO_4^{2-}+Ag^{3+}\quad（慢）$$

$$Ag^{3+}+还原剂=\!=\!=Ag^++被氧化产物\quad（快）$$

过二磷酸盐 $K_2P_2O_8$，也具有氧化性，但用途不大。

4. 硫代硫酸盐

作为试剂有 $Na_2S_2O_3\cdot 5H_2O$（俗称大苏打、海波）和 $3K_3S_2O_3\cdot 5H_2O$ 两种。把硫磺粉加到 Na_2SO_3 溶液中加热，冷却，析出 $Na_2S_2O_3\cdot 5H_2O$ 晶体。

$$Na_2SO_3+S=\!=\!=Na_2S_2O_3$$

若用放射性同位素硫 S^*，和不含放射性同位素硫的 Na_2SO_3 反应生成 $Na_2SS^*O_3$，后者经酸化生成 H_2SO_3 和 S^*。

$$SS^*O_3^{2-}+2H^+=\!=\!=H_2SO_3+S^*$$

析出的硫具有放射性，而 H_2SO_3 中 S 没有放射性，由此可见 $S_2O_3^{2-}$ 中两个 S 原子（在结构上）并不相同。

$Na_2S_2O_3$ 有三个主要的性质：

(1) 遇酸（$pH<4$）分解析出硫　可以认为这是一个（硫的）自氧化还原反应，$S_2O_3^{2-}$ 中 S 的氧化态为 +2，一半被氧化成 H_2SO_3(+4)，另一半被还原成 S(0)。

$$S_2O_3^{2-}+2H^+=\!=\!=H_2SO_3+S$$

(2) 定影剂　$Na_2S_2O_3$ 浓溶液是照相术上的定影剂，用于溶解相纸上未感光的 AgX，如

$$AgBr+2S_2O_3^{2-}=\!=\!=Ag(S_2O_3)_2^{3-}+Br^-$$

顺便提及，$S_2O_3^{2-}$ 也能和 Cu^+、Cd^{2+}、Hg^{2+}、Pb^{2+}（位于周期表中偏右）发生配位作用。

(3) 还原性　与强氧化剂，如 MnO_4^-、Cl_2、Br_2 作用，被氧化成 SO_4^{2-}，如

$$S_2O_3^{2-}+4Cl_2+5H_2O=\!=\!=2SO_4^{2-}+8Cl^-+10H^+$$

这个反应被用于脱除被 Cl_2 漂白时（难免）残留在织物上的 Cl_2，其中 $Na_2S_2O_3$ 叫脱氯剂。

与中等强度的氧化剂，如 I_2 生成 $S_4O_6^{2-}$（连四硫酸根 $^-O_3SSSSO_3^-$）。

$$I_2 + 2S_2O_3^{2-} = 2I^- + S_4O_6^{2-}$$

这是一个重要的定量分析反应。这个反应不能在强酸、强碱条件下进行。因为 I_2 在碱性介质中发生歧化反应，而在酸性介质中 $S_2O_3^{2-}$ 分解析 S 和 H_2SO_3，后者和 I_2 的反应式为

$$H_2SO_3 + I_2 + H_2O = H_2SO_4 + 2HI$$

其中 I_2 和 H_2SO_3 计量数比为 1∶1，而与反应式中 I_2 和 $S_2O_3^{2-}$ 计量数比为 1∶2，分析数据就不准了。然而当滴加 $Na_2S_2O_3$ 溶液的速度不是很快，而且搅拌均匀，即使 I_2 溶液中的 $c(H^+) \approx 3$ mol/L，仍能得到定量的结果；另一方面，滴加 I_2 溶液入 $Na_2S_2O_3$ 溶液，溶液的 pH 可高达 11。后两个实例都说明，I_2 和 $S_2O_3^{2-}$ 反应的速率比 I_2 歧化、$Na_2S_2O_3$ 遇酸分解的速率快。

四、含氧酸盐受热时发生的反应

含氧酸盐受热时可能发生两类反应：热分解反应和自氧化还原反应。

1. 含氧酸盐热分解反应的类型

就热分解反应的产物，可分为以下四类：

（1）生成相应的氧化物

$$CaCO_3 = CaO + CO_2$$

$$Fe_2(SO_4)_3 = Fe_2O_3 + 3SO_3$$

这类反应的特点是：元素的氧化态均无改变，在一定条件下（至少从理论上）可发生逆反应；热分解反应是熵增过程（升温有利于热分解反应），而逆反应为焓降过程。

某些金属，如碱土金属氢氧化物受热脱水也具有上述两个特点：元素氧化态不变及可逆，所以也可以把它们归入这类[虽然 $Ca(OH)_2$ 不是含氧酸盐]。

$$Ca(OH)_2 = CaO + H_2O$$

（2）生成 O_2 和另一种化合物

$$2KClO_3 = 2KCl + 3O_2$$

$$2KNO_3 = 2KNO_2 + O_2$$

这是不可逆反应。它的实际意义是生成 O_2，供反应之需。

（3）生成 O_2 和氧化物

$$2Cu(NO_3)_2 = 2CuO + 4NO_2 + O_2$$

$$2CaSO_4 = 2CaO + 2SO_2 + O_2$$

对于这类反应，应关注分解产物间还可能发生的氧化还原反应，如 $Fe(NO_3)_2$ 分解产物 NO_2、O_2，具有氧化性，而“FeO”具有还原性，所以分解反应的方程式为

$$4Fe(NO_3)_2 = 2Fe_2O_3 + 8NO_2 + O_2$$

与此类似的有

$$2FeSO_4 \xlongequal{} Fe_2O_3 + SO_3 + SO_2$$
$$3MnCO_3 \xlongequal{} Mn_3O_4 + 2CO_2 + CO$$

此外，贵金属氧化物对热不稳定，热分解产物中有金属。

$$2AgNO_3 \xlongequal{} 2Ag + 2NO_2 + O_2$$

（4）生成碱式盐

$$2PbCO_3 \xlongequal{} PbO \cdot PbCO_3 + CO_2$$

2. 非金属含氧酸盐热分解反应的“推动力”

为什么上述第一类 $CaCO_3 \xlongequal{} CaO + CO_2$ 和第二类 $2KClO_3 \xlongequal{} 2KCl + 3O_2$ 反应的产物不同？

设受热时，$KClO_3$ 像 $CaCO_3$ 那样，而 $CaCO_3$ 像 $KClO_3$ 那样分解，那么两个反应式应该是

$$“2KClO_3 \xlongequal{} K_2O + Cl_2O_5”$$
$$“2CaCO_3 \xlongequal{} 2CaC + 3O_2”$$

由于 $\Delta_f H_m^\ominus(KCl) = -436$ kJ/mol 比 $\frac{1}{2}\Delta_f H_m^\ominus(K_2O) = -181$ kJ/mol 能量低了许多[应在 K 量相同的情况下比较 $\Delta_f H_m^\ominus$，所以用 $\frac{1}{2}\Delta_f H_m^\ominus(K_2O)$]，就是说，热分解反应的“推动力”是能量降低的过程。再看第二个设想的反应式，虽未能找到 CaC 的生成焓，不难想象，即使有 CaC，它的能量也比 CaO 高，加上 CO_2 能量较低，再次表明热分解反应的“推动力”是能量降低的过程。Merkowity, M. M. [Nucl. and Inorg. Chem., 25, 407(1963)] 总结了 23 种金属高氯酸盐热分解产物的规律：若金属氯化物的能量更低，$\Delta_f G_m^\ominus(MCl) - \frac{1}{2}\Delta_r G_m^\ominus(M_2O) < -80$ kJ/mol 者，则反应的固态产物为氯化物，如 NaCl、KCl、$BaCl_2$、AgCl……；若氧化物的能量更低，$\Delta_f G_m^\ominus(MO) - \Delta_f G_m^\ominus(MCl_2) < 0$，则固态产物为氧化物，如 Al_2O_3、Fe_2O_3……；若氧化物的能量和氯化物相近，则产物中兼有氧化物和氯化物，如 $Mg(ClO_4)_2$。在 O_2 气氛下于 391℃ 加热 $Mg(ClO_4)_2$ 24 小时，残留固体中有 80.3%（物质的量）$Mg(ClO_4)_2$ 未分解和 MgO 7.2%，$MgCl_2$ 12.5%；若在 Ar 气氛下加热，三种物质的摩尔分数依次为：78.5%，5.3%，16.2%；若在 600℃ 下分解，三种物质的质量分数依次为：0.5%，93.4%，6.1%。（引用文献数据是为了说明热分解产物和温度、反应条件有关。）

Partington[A Textbook of Inorganic Chemistry, 361(1939)]总结溴酸盐热分解反应的产物也有三种：① 溴化物能量低的形成溴化物和 O_2，如 $KBrO_3$、$AgBrO_3$……；② 氧化物能量低的形成氧化物、溴、氧（可理解为是溴的氧化物受热分解的产物），如 $Mg(BrO_3)_2$、$Al(BrO_3)_3$、$Zn(BrO_3)_2$……；③ 氧化物、溴化物能量相近者，则产物中兼有氧化物和溴化物，如 $Pb(BrO_3)_2$、$Cu(BrO_3)_2$。

总之，热分解反应的“推动力”是能量降低的过程。那么，如何判别氧化物还是氯

(溴)化物的能量低呢？请参考第二章。

3. 氯酸盐热分解反应的类型

目前报道，氯酸盐受热时的反应至少有 6 种类型(从热力学角度分析)。

(1) $2MClO_3 = 2MCl + 3O_2$

(2) $2MClO_3 = M_2O + Cl_2 + \frac{5}{2}O_2$

(3) $4MClO_3 = 3MClO_4 + MCl$

(4) $2MClO_3 = 2MClO_2 + O_2$

(5) $MClO_3 + \frac{1}{2}O_2 = MClO_4$

(6) $2MClO_3 = MClO_4 + MClO_2$

6 个反应的 $\Delta_r H_m^\ominus$ 列于表 6-6。

表 6-6 几种金属氯酸盐 $MClO_3$ 热分解反应的 $\Delta_r H_m^\ominus$(kJ/mol)

	$\Delta_r H_m^\ominus(1)$	$\Delta_r H_m^\ominus(2)$	$\Delta_r H_m^\ominus(3)$	$\Delta_r H_m^\ominus(4)$	$\Delta_r H_m^\ominus(5)$	$\Delta_r H_m^\ominus(6)$
$LiClO_3$	−115.9	−5.0	−94.3	—	−90.8	—
$NaClO_3$	−52.3	150.6	−33.3	38.0	−27.2	5.0
$KClO_3$	−42	210.5	−35.9	—	−42.3	—
$Ba(ClO_3)_2$	−49.9	101.9	—	296.9	−23.2	13.0
$AgClO_3$	−102.8	103.3	−32.1	271.7	−8.5	7.0

由 $\Delta_r H_m^\ominus(1)$ 均为较小的负值，可知五种氯酸盐最终分解产物都是氯化物。$\Delta_r H_m^\ominus(2)$ 除 $LiClO_3$ 外都是正值，因正反应熵增显著，所以 $LiClO_3$、$KClO_3$ 热分解(固态)产物中还有 Li_2O(因为 Li_2O $\Delta_f H_m^\ominus = -596$ kJ/mol)、K_2O(因为分解温度高，$T\Delta_r S_m^\ominus$ 影响大)，如

$$4KClO_3 = 2K_2O + 2Cl_2 + 5O_2$$

$\Delta_r H_m^\ominus(3)$ 均为负值，表明 $MClO_3$ 受热时可能发生自氧化还原反应，$NaClO_3$、$KClO_3$ 受热过程中有两个释热过程，第一个放热过程是反应(3)，接着 $NaClO_4$、$KClO_4$ 分解成 NaCl、KCl 和 O_2 是第二个放热反应。$\Delta_r H_m^\ominus(5)$ 均为负值(并不很小)，并且正向是熵减过程，所以 $MClO_3$ 不可能直接和 O_2 生成 $MClO_4$。由 $\Delta_r H_m^\ominus(4)$ 和 $\Delta_r H_m^\ominus(6)$ 可知，这两类反应不易进行。总之，这五种氯酸盐受热形成的固态产物往往不是单一物质，也就是说，气态产物虽不全是 O_2，然而固态产物以 MCl 为主、气态产物以 O_2 为主是确定无疑的。

4. 其他非金属含氧酸盐的热分解

由于金属氧化物的 $\Delta_f H_m^\ominus$ 显著小于(代数值)相应硫化物、氮化物、磷化物、碳化物，所以硫酸盐、硝酸盐、磷酸盐、碳酸盐热分解生成的固态物是氧化物。如

$$Fe_2(SO_4)_3 = Fe_2O_3 + 3SO_3$$

$$CaCO_3 = CaO + CO_2$$

总结如下：

（1）硫酸盐热分解反应

$$CuSO_4 \xlongequal{600℃} CuO + SO_3$$

$$CaSO_4 \xlongequal{1200℃} CaO + SO_2 + \frac{1}{2}O_2$$

$$2FeSO_4 \xlongequal{480℃} Fe_2O_3 + SO_3 + SO_2$$

600℃时 $CuSO_4$ 分解的气态产物是 SO_3，1200℃时 $CaSO_4$ 分解的气态产物为 SO_2 和 O_2。在第二章中曾提及 $SO_2 + \frac{1}{2}O_2 \xlongequal{} SO_3$ 于 758℃时 $K=1$，所以约 600℃时以 SO_3 为主，约 1200℃时（即使生成 SO_3，在 1200℃也分解了）以 SO_2 和 O_2 为主。

因为温度升高，SO_3 有分解倾向，即 SO_3 有氧化性，遇到具有还原性的 FeO 将发生氧化还原反应，所以 $FeSO_4$ 于约 480℃分解的产物为 Fe_2O_3，供制造磁性材料。

综上所述，硫酸盐热分解反应通式为

$$MSO_4 \xlongequal{} MO + SO_3$$

若分解温度显著高于 758℃，则以 SO_2、O_2 为主；若 MO 具有还原性，则将和 SO_3 发生氧化还原反应；若是贵金属硫酸盐，热分解产物中有金属，如

$$Ag_2SO_4 \xlongequal{} 2Ag + SO_3 + \frac{1}{2}O_2$$

（2）硝酸盐热分解反应　通式为

$$M(NO_3)_2 \xlongequal{} MO + 2NO_2 + \frac{1}{2}O_2$$

[附：硝酸酐室温就分解 $N_2O_5 \xlongequal{} 2NO_2 + \frac{1}{2}O_2$，所以气态生成物物质的量比为 $4(NO_2):1(O_2)$]，如

$$Zn(NO_3)_2 \xlongequal{} ZnO + 2NO_2 + \frac{1}{2}O_2$$

NO_2、O_2 在加热的条件下都有氧化性，因此将和具有还原性的 MO 反应，如

$$2Fe(NO_3)_2 \xlongequal{} Fe_2O_3 + 4NO_2$$

附：从气态产物看，无法判定这个反应中的氧化剂是 O_2 或 NO_2。若氧化剂是 NO_2，它被 FeO 还原为 NO 后，还能和 O_2 形成 NO_2；若氧化剂是 O_2，则另一气态产物是 NO_2。

$NO + \frac{1}{2}O_2 \xlongequal{} NO_2$，$K=1$ 的温度≈500℃。一般硝酸盐热分解温度 300℃～400℃，所以气态产物以 NO_2、O_2 为主，如若分解温度显著高于 500℃，则气态产物以 NO、O_2 为主（冷却时两者又结合成 NO_2）；若温度高于 950℃，NO 将分解为 N_2 和 O_2（冷却时不可能互相化合），因此 $NaNO_3$、KNO_3 在高温分解的反应通式为

$$2MNO_3 \xlongequal{>1100℃} M_2O + N_2 + \frac{5}{2}O_2$$

(附：用 KNO_3 制造的炸药，爆炸时温度很高，生成固态产物为 K_2O)

贵金属硝酸盐热分解产物中有单质。

$$AgNO_3 \longrightarrow Ag + NO_2 + \frac{1}{2}O_2$$

(3) 碳酸盐热分解反应　通式为

$$MCO_3 \longrightarrow MO + CO_2$$

因 $CO_2 \longrightarrow CO + \frac{1}{2}O_2$，$K=1$ 的温度极高，所以碳酸盐热分解的气态产物是 CO_2。

CO_2 的氧化性很弱，只有在遇到极强还原剂如 MnO 时才可能发生氧化还原反应(这类实例不多)，如

$$3MnCO_3 \longrightarrow Mn_3O_4 + 2CO_2 + CO$$

顺便提及，草酸根中 C—C 键不够牢固，受热易断裂(发生自氧化还原反应)，温度不很高时生成碳酸盐和 CO，更高温下分解为氧化物和 CO_2，如

$$CaC_2O_4 \longrightarrow CaCO_3 + CO, \quad CaCO_3 \longrightarrow CaO + CO_2$$

两式合并得

$$CaC_2O_4 \longrightarrow CaO + CO_2 + CO$$

附：含氧酸盐的热分解反应除少数氯酸盐(表 6-6)、溴酸盐热分解是释热过程外，都是吸热反应，只能在高温下($T\Delta_r S_m^\ominus$ 的贡献)才能进行。对磷酸盐而言，因 P_2O_5 要在高温下才能挥发，所以磷酸盐热分解温度很高。对硅酸盐，以 $CaSiO_3$ 为例，

$$CaSiO_3 \longrightarrow CaO + SiO_2 \quad \Delta_r H_m^\ominus = 84\ kJ/mol$$

这个吸热反应又无显著熵增的帮助(CaO、SiO_2 都不挥发)，所以 $CaSiO_3$ 不发生热分解反应。按照这个观点(指升温对熵增反应有利)，可探讨金属含氧酸盐的热分解反应。

实验事实：$KMnO_4$(158 g/mol)在 180℃ 加热失重 10.04%，240℃ 加热失重 15.02%。在这两个反应中，失重是释出气态物(O_2)(熵增的促进作用，又由 158 g/mol×0.1≈16 g/mol，可知 1 mol $KMnO_4$ 受热失重约 10%，即释 0.5 mol O_2；失重 15%，即释 0.75 mol O_2)，两个反应方程式为

$$2KMnO_4 \xrightarrow{180℃} K_2MnO_4 + MnO_2 + O_2$$

$$2KMnO_4 \xrightarrow{240℃} K_2Mn_2O_5 + \frac{3}{2}O_2$$

同理，$K_2Cr_2O_7$ 因受热释 O_2(熵增)也能发生热分解反应。

$$2K_2Cr_2O_7 \longrightarrow 2K_2CrO_4 + Cr_2O_3 + \frac{3}{2}O_2$$

若类似于酸酐的金属氧化物，如 TiO_2 不易挥发(或分解)，那么它的含氧酸盐，如 $CaTiO_3$，不易发生热分解反应。

5. 元素的中间氧化态含氧酸(盐)受热时的反应

受热时可能发生自氧化还原反应。如

$$3NaClO \xlongequal{\triangle} NaClO_3 + 2NaCl$$

$$4KClO_3 \xlongequal{\triangle} 3KClO_4 + KCl$$

这类反应没有气态物参与，那么反应的“动力”应是焓变(表 6-7)。由表中数据知

$$KXO_3 \xlongequal{\quad} \frac{3}{4}KXO_4 + \frac{1}{4}KX$$

$\Delta_r H_m^\ominus = -35.2$ kJ/mol(Cl)、41.8 kJ/mol(Br)、72.4 kJ/mol(I)，即 $KClO_3$ 受热发生自氧化还原反应。同理：

$$NaClO_3 \xlongequal{\quad} \frac{3}{4}NaClO_4 + \frac{1}{4}NaCl \quad \Delta_r H_m^\ominus = -33\ \text{kJ/mol}$$

又

$$Na_2SO_3 \xlongequal{\quad} \frac{1}{4}Na_2S + \frac{3}{4}Na_2SO_4 \quad \Delta_r H_m^\ominus = -40\ \text{kJ/mol}$$

即 Na_2SO_3 也能发生自氧化还原反应。

表 6-7　氯、溴、碘、硫、磷某些化合物的 $\Delta_f H_m$ (kJ/mol)

	Cl	Br	I	S		P	
KXO_4	−432	−287	−461	Na_2SO_4	−1384	Na_3PO_4	−1925
KXO_3	−398	−360	−500	Na_2SO_3	−1090	Na_2HPO_3	−1414
KX	−436	−392	−328	Na_2S	−373	PH_3^*	9.3

* PH_3 的 $S_m^\ominus = 210$ J/K · mol。

实验：称两份质量相同的 $Na_2SO_3 \cdot 7H_2O$。一份溶于水并测其 pH。另一份放在坩埚中用酒精喷灯强热一段时间，冷却后，把坩埚中的固态物溶于水并测 pH。后者 pH 明显大于前者，可证有 Na_2S(H_2S 的酸性弱于 H_2SO_3)生成。

NaH_2PO_2(次磷酸钠)、Na_2HPO_3(亚磷酸钠)受热发生自氧化还原反应得磷酸钠和气态膦(PH_3)。

$$4Na_2HPO_3 \xlongequal{\quad} 2Na_3PO_4 + Na_2HPO_4 + PH_3$$

$$2NaH_2PO_2 \xlongequal{\quad} Na_2HPO_4 + PH_3$$

导致氯、硫、磷中间氧化态发生自氧化还原反应的“动力”不完全相同。对于氯，产物 $MClO_4$、MCl 的 $\Delta_f H_m^\ominus$ 都低于 $MClO_3$；对于硫，一种产物 Na_2SO_4($\Delta_f H_m^\ominus = -1384$ kJ/mol)能量低于 Na_2SO_3(−1070 kJ/mol)，另一种产物 Na_2S(−373 kJ/mol)能量较高，就生成物总能量看，还是降低了；对于磷，NaH_2PO_2、Na_2HPO_3 的自氧化还原反应是吸热过程，虽然膦 PH_3 是吸热化合物(9.2 kJ/mol)，但由于它是气体，(熵增)促进反应的进行。由此可见，应从 $\Delta_r G_m$ 而不仅是 $\Delta_r H_m$ 判断反应的倾向。

6. *铵盐的热分解反应*

铵盐对热的稳定性不同于相应的钠、钾盐，如 NH_4HCO_3 在室温就会分解(俗称气肥)，而 $NaHCO_3$、$KHCO_3$ 室温不发生分解。

$KClO_4$ 热分解反应的活化能 E_a=240 kJ/mol,它和 ClO_4^- 中 Cl—O 键键能(≈250 kJ/mol)相近,化学上把活化能和反应物中某化学键键能相近的情况,认为反应是从断这根化学键开始的,即 $KClO_4$ 热分解反应始于断一根 Cl—O 键。NH_4ClO_4 热分解反应的 E_a=120 kJ/mol(另一文献值为 100 kJ/mol),比 250 kJ/mol 小了许多,所以分解反应不是始于断一根 Cl—O 键。目前认为反应始于质子转移。

$$NH_4A = NH_3 + HA$$

按照这个观点可知铵盐(包括含氧酸盐和非含氧酸盐)热分解反应的性质。

(1) 设不同铵盐中 NH_4^+ 给予质子的倾向相近,则铵盐的热稳定性与酸根的质子合能(表 6-8),$A^-(g)+H^+(g)$ ══ $HA(g)$有关。质子合过程释能越多,它的铵盐越不稳定,热分解温度越低。如:

卤化铵中 NH_4F 热分解温度最低,NH_4I 热分解温度最高。

已知 NH_4HCO_3 在室温分解,则$(NH_4)_2CO_3$(CO_3^{2-} 亲和质子的倾向强于 HCO_3^-)对热更不稳定。试剂碳酸铵是碳酸氢铵和氨基甲酸铵的混合物,溶于水,使用时微热,后者转化为$(NH_4)_2CO_3$。

$$NH_2COONH_4 + H_2O = (NH_4)_2CO_3$$

已知 $H_2PO_4^-$、HPO_4^{2-}、PO_4^{3-} 亲和质子的倾向依序增强,所以$(NH_4)_3PO_4$ 热分解温度最低(40℃),$(NH_4)_2HPO_4$ 次之(140℃),$NH_4H_2PO_4$ 最高(170℃)。

总之,可以根据 A^- 与 H^+ 结合的倾向判断相应铵盐的热稳定性,如 NH_4HS 中“SH^-”的质子化倾向比$(NH_4)_2SO_4$ 中 SO_4^{2-} 的质子化倾向强了许多,所以 NH_4HS 易分解。

$$NH_4HS(s) = NH_3(g) + H_2S(g) \quad K = p_{H_2S} \cdot p_{NH_3}$$

24℃,$K=9.4\times10^{-2}$ 达平衡时 $p_{H_2O}=p_{NH_3}=3.14\times10^4$ Pa≈0.31 atm,而$(NH_4)_2SO_4$ 于 357℃仅部分分解释 NH_3(另一产物为 NH_4HSO_4)。

表 6-8 $A^- + H^+$ ══ HA 的 $\Delta_r H_m^\ominus$ (kJ/mol)

CH_3^- −1644	NH_2^- −1703	OH^- −1660	F^- −1556
	PH_2^- −1544	SH^- −1469	Cl^- −1397
		SeH^- −1414	Br^- −1356
			I^- −1314

引自:乔利著,王盛水译.无机化学原理.北京:高等教育出版社,1988:125.

提请关注,本节讨论的是质子合能,它不同于水溶液中 $H^+(aq)$和 $A^-(aq)$的结合,如 H_2CO_3 的 $K_2=5.6\times10^{-11}$,H_3PO_4 的 $K_3=4.8\times10^{-13}$,则 PO_4^{3-} 的水解倾向($K_{h_1}=2.1\times10^{-2}$)强于 CO_3^{2-}($K_{h_1}=1.8\times10^{-4}$)。根据水解常数[近似于 $A^-(aq)$和 $H^+(aq)$结合的倾向]无法理解,为什么能制得较纯的$(NH_4)_3PO_4$,而无法得到较纯的$(NH_4)_2CO_3$。

(2) 温度升高，NH_3 会分解，即 NH_3 有还原性。若“HA”有氧化性，热分解同时发生氧化还原反应，如 HNO_2、HNO_3 有氧化性，所以

$$NH_4NO_2 \xlongequal{\triangle} N_2 + 2H_2O$$

对于这个反应的产物可作如下理解：从反应物化学式看，NH_4NO_2“分解”成等物质的量的“NH_3”和“HNO_2”，元素 N 在前者中氧化态为 -3，在后者中为 $+3$，所以生成氧化态为 0 的 N_2。按照这样的判断不难了解某些铵盐受热分解的产物。如：

$$NH_4NO_3 \xlongequal{\quad} N_2O + 2H_2O$$

这是制笑气(N_2O)的反应方程式。笑气是吸热化合物($\Delta_f H_m^\ominus = 81.6\ kJ/mol$)，温度升高发生分解(熵增)，所以 NH_4NO_3 作为炸药，发生的反应为

$$NH_4NO_3 \xlongequal{\quad} N_2 + \frac{1}{2}O_2 + 2H_2O$$

又如：

$$(NH_4)_2Cr_2O_7 \xlongequal{\quad} N_2 + Cr_2O_3 + 4H_2O$$

$$NH_4MnO_4 \xlongequal{\quad} \frac{1}{2}N_2 + MnO_2 + 2H_2O$$

$$(NH_4)_2MnO_4 \xlongequal{\quad} N_2 + Mn + 4H_2O$$

然而实际反应要复杂得多，举两例如下：

① NH_4VO_3(偏钒酸铵)热分解最终产物为 V_2O_5(棕黄色)，反应过程中固态呈现深色(一般认为是 NH_3 还原 V_2O_5 为低氧化态钒的氧化物，如 VO_2 为黑色)，深色物再和 O_2(空气中)反应生成 V_2O_5。

② NH_4ClO_4 热分解反应的产物，因条件而异。

200℃～300℃ $\quad 4NH_4ClO_4 \xlongequal{\quad} 2Cl_2 + 2N_2O + 3O_2 + 8H_2O$

350℃～400℃ $\quad 2NH_4ClO_4 \xlongequal{\quad} Cl_2 + 2NO + O_2 + 4H_2O$

450℃，低压 $\quad 2NH_4ClO_4 \xlongequal{\quad} Cl_2 + 2NO + O_2 + 4H_2O$

高压 $\quad 4NH_4ClO_4 \xlongequal{\quad} 2N_2 + 4HCl + 5O_2 + 6H_2O$

因 NH_4ClO_4 分解形成多种气态产物(其中有 O_2)，所以被用作炸药(NH_4ClO_4 和 C)、火箭推进剂(NH_4ClO_4 75%，燃料 20%，其他 5%)。

需要说明，本节讨论的第一个反应的“产物”是“NH_3”和“HNO_2”，这样写是为了便于理解，并不表明热分解反应确是首先生成“NH_3”和“HNO_2”，而后才是两者间的反应。又如，由 NH_4ClO_4 和燃料制成的火箭推进剂，可理解为 NH_4ClO_4 分解释出的 O_2 和燃料反应，但并不表明这就是实际过程。

(3) $NH_4Cl(s)$分别和 Fe、FeO、CaO、$CuCl_2$ 受热时的反应，可把 $NH_4Cl(s)$受热视为“NH_3”和“HCl”(用“ ”表示，是想强调实际反应过程并不一定是这样的)，则四个反应的方程式(方程式只表示始态物和终态物及相互间的计量关系)为

$$Fe+2NH_4Cl \xlongequal{} FeCl_2+H_2+2NH_3$$

$$FeO+2NH_4Cl \xlongequal{} FeCl_2+H_2O+2NH_3$$

$$CaO+2NH_4Cl \xlongequal{} CaCl_2+2NH_3+H_2O$$ （制 NH_3 的反应式）

$$3CuCl_2+NH_4Cl \xlongequal{} 3CuCl+\frac{1}{2}N_2+4HCl$$

五、含氧酸盐热分解反应温度(高低)的(定性)判断

先以碱土金属碳酸盐热分解温度为例，再根据共性讨论其他含氧酸盐、其他化合物热分解温度高低的判断。碱土金属碳酸盐热分解反应的焓变、熵变见表 6-9。四个热分解反应的熵变相近，因此可从焓变判断，$MgCO_3$ 热分解吸热最少，所以热分解温度最低，$\Delta_r G_m^\ominus=0$，$K=p_{CO_2}=101325$ Pa 的 $T=813$ K$=540$℃。$BaCO_3$ 热分解反应温度最高。

表 6-9　碱土金属碳酸盐热分解反应的焓变、熵变

		$MCO_3 \xlongequal{} MO+CO_2$			$\Delta_r H_m^\ominus$ /(kJ·mol^{-1})	$\Delta_r S_m^\ominus$ /(J·K^{-1}·mol^{-1})	$K=1$ 的温度/K
Mg	$\Delta_f H_m^\ominus$/(kJ·mol^{-1})	−1112.9	−601.8	−393.5	117.6		813(实)
	$S_m^\ominus$/(J·K^{-1}·mol^{-1})	66	27	214		175	
Ca	$\Delta_f H_m^\ominus$/(kJ·mol^{-1})	−1207.0	−635.6	−393.5	177.9		1173(实)
	$S_m^\ominus$/(J·K^{-1}·mol^{-1})	93	40	214		161	
Sr	$\Delta_f H_m^\ominus$/(kJ·mol^{-1})	−1221.3	−590.4	−393.5	237.4		1562(实)
	$S_m^\ominus$/(J·K^{-1}·mol^{-1})	97	54	214		171	
Ba	$\Delta_f H_m^\ominus$/(kJ·mol^{-1})	−1218.8	−558.2	−393.5	267.1		1633
	$S_m^\ominus$/(J·K^{-1}·mol^{-1})	112	70	214		172	

四个反应的热化学循环($\Delta_r H_m^\ominus$)如图 6-1 所示。

$$\Delta_r H_m^\ominus(MgCO_3)=-U(MgCO_3)+U(MgO)+\Delta_r H_m^\ominus(1)$$

$$\Delta_r H_m^\ominus(CaCO_3)=-U(CaCO_3)+U(CaO)+\Delta_r H_m^\ominus(1)$$

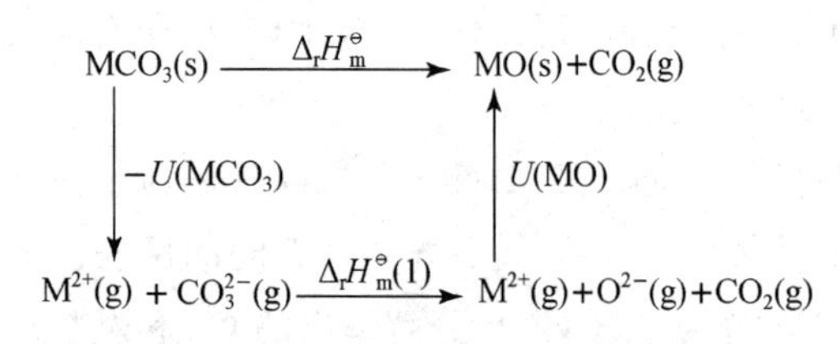

图 6-1　MCO_3 热分解反应热化学循环

比较两个反应的 $\Delta_r H_m^\ominus$，因 $\Delta_r H_m^\ominus(1)$［是 $CO_3^{2-}(g) \xlongequal{} O^{2-}(g)+CO_2(g)$ 的焓变］相同，所以两者 $\Delta_r H_m^\ominus$ 差主要和 $U(MO)$ 与 $U(MCO_3)$ 有关。由表 6-10 中数据可知，$U(MgO)$ 比 $U(MgCO_3)$ 大 749 kJ/mol，而 $U(CaO)$ 比 $U(CaCO_3)$ 仅大 637 kJ/mol，即因 $U(MgO)$ 大导致 MgO 能量低，所以 $MgCO_3$ 热分解反应吸热量小于 $CaCO_3$；又，$U(SrO)$ 比 $U(SrCO_3)$ 大 489 kJ/mol(比钙的差值 637 kJ/mol 小)，$U(BaO)$ 比 $U(BaCO_3)$ 大 427 kJ/mol(比锶的差值 489 kJ/mol 小)，

所以 $SrCO_3$ 热分解温度高于 $CaCO_3$，而 $BaCO_3$ 热分解温度又高于 $SrCO_3$。

表 6-10　某些化合物的 $\Delta_f H_m^\ominus$、U 及其差值

	MgO	CaO	SrO	BaO	MgO 和 BaO 之差
$\Delta_f H_m^\ominus/(kJ \cdot mol^{-1})$	−601.8	−635.6	−590.4	−558.2	MgO 小　43.6 kJ/mol
$U/(kJ \cdot mol^{-1})$	3929	3477	3209	3042	MgO 大　887 kJ/mol
	$MgCO_3$	$CaCO_3$	$SrCO_3$	$BaCO_3$	$MgCO_3$ 和 $BaCO_3$ 之差
$\Delta_f H_m^\ominus/(kJ \cdot mol^{-1})$	−1112.9	−1207.0	−1221.3	−1218.8	$MgCO_3$ 大　105.9 kJ/mol
$U/(kJ \cdot mol^{-1})$	3180	2840	2720	2615	$MgCO_3$ 大　565 kJ/mol
	$MgSO_4$	$CaSO_4$	$SrSO_4$	$BaSO_4$	$CaSO_4$ 和 $BaSO_4$ 之差
$\Delta_f H_m^\ominus/(kJ \cdot mol^{-1})$	−1278.2	−1432.7	−1444.7	−1465.2	$CaSO_4$ 大　32.5 kJ/mol
$U/(kJ \cdot mol^{-1})$	2972	2689	2577	2469	$CaSO_4$ 大　220 kJ/mol
	Li_2O	Na_2O	K_2O	Rb_2O	Li_2O 和 Rb_2O 之差
$\Delta_f H_m^\ominus/(kJ \cdot mol^{-1})$	−600.4	−415.9	−361.5	−330.5	Li_2O 小　269.9 kJ/mol
$U/(kJ \cdot mol^{-1})$	2895	2516	2329	2146	Li_2O 大　749 kJ/mol
	Li_2O_2	Na_2O_2	K_2O_2	Rb_2O_2	Li_2O_2 和 Rb_2O_2 之差
$\Delta_f H_m^\ominus/(kJ \cdot mol^{-1})$	−644.4	−505	−493.7	−425.5	Li_2O_2 小　218.9 kJ/mol
$U/(kJ \cdot mol^{-1})$	2592	2309	2114	2008	Li_2O_2 大　584 kJ/mol
	LiO_2	NaO_2	KO_2	RbO_2	LiO_2 和 RbO_2 之差
$\Delta_f H_m^\ominus/(kJ \cdot mol^{-1})$	−238.5	−259.8	−282.8	−287.9	LiO_2 大　49.4 kJ/mol
$U/(kJ \cdot mol^{-1})$	879	799	703	678	LiO_2 大　201 kJ/mol

钙、锶、钡的硫酸盐热分解反应的 $\Delta_r H_m^\ominus$、$\Delta_r S_m^\ominus$ 列于表 6-11，硫酸盐的 U 参见表 6-10。热化学循环和图 6-1 同（图 6-2）。因 $U(CaO)$ 和 $U(CaSO_4)$ 差最大（788 kJ/mol），$U(BaO)$ 和 $U(BaSO_4)$ 差最小（573 kJ/mol），所以硫酸盐热分解温度依 $CaSO_4$、$SrSO_4$、$BaSO_4$ 序升高。

表 6-11　钙、锶、钡硫酸盐热分解反应的焓变、熵变

		MSO_4 ═══	MO +	SO_2 +	$\frac{1}{2}O_2$	$\Delta_r H_m^\ominus/(kJ \cdot mol^{-1})$	$\Delta_r S_m^\ominus/(J \cdot K^{-1} \cdot mol^{-1})$
Ca	$\Delta_f H_m^\ominus/(kJ \cdot mol^{-1})$	−1432.7	−635.6	−296.1	0	501	
	$S_m^\ominus/(J \cdot K^{-1} \cdot mol^{-1})$	107	40	249	$\frac{1}{2}\times 205$		285
Sr	$\Delta_f H_m^\ominus/(kJ \cdot mol^{-1})$	−1444.7	−590.4	−296.1	0	558.3	
	$S_m^\ominus/(J \cdot K^{-1} \cdot mol^{-1})$	122	54	249	$\frac{1}{2}\times 205$		284
Ba	$\Delta_f H_m^\ominus/(kJ \cdot mol^{-1})$	−1465.2	−558.2	−296.1	0	610.9	
	$S_m^\ominus/(J \cdot K^{-1} \cdot mol^{-1})$	132	70	249	$\frac{1}{2}\times 205$		290

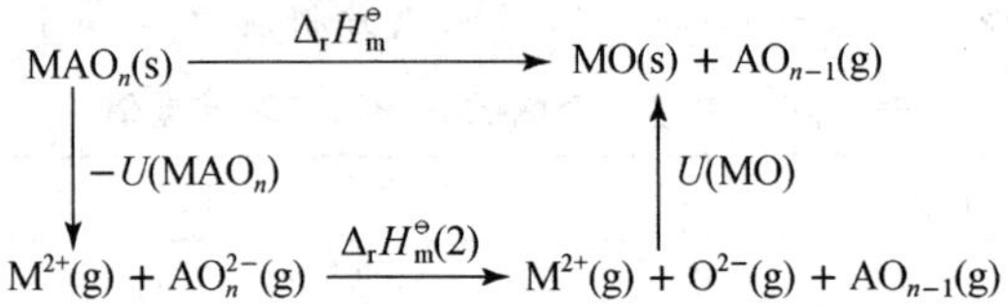

$$\begin{array}{ccc} MAO_n(s) & \xrightarrow{\Delta_r H_m^\ominus} & MO(s) + AO_{n-1}(g) \\ \downarrow -U(MAO_n) & & \uparrow U(MO) \\ M^{2+}(g) + AO_n^{2-}(g) & \xrightarrow{\Delta_r H_m^\ominus(2)} & M^{2+}(g) + O^{2-}(g) + AO_{n-1}(g) \end{array}$$

图 6-2 其他含氧酸盐热分解反应热化学循环

讨论以上两例的热分解温度,都是以晶格能为依据的,影响晶格能的多种因素之一是库仑能$\left(\propto\frac{q^+q^-}{r}\right)$。对 MO、$MCO_3$、$MSO_4$ 而言,q^+、q^- 相同,则库仑能$\propto\frac{1}{r}$(r 为晶体中阴离子半径和邻近阳离子半径之和)。对 MgO,$r=65\ pm+140\ pm=205\ pm$,对 $MgCO_3$,$r=65\ pm+185\ pm=250\ pm$,则 MgO 的库仑能$\left(\propto\frac{1}{205}\right)>MgCO_3$ 的库仑能$\left(\propto\frac{1}{250}\right)$,所以 $U(MgO)>U(MgCO_3)$。同理,(已知 Ca^{2+} 的半径为 99 pm)CaO 的库仑能$\left(\propto\frac{1}{239}\right)>$ $CaCO_3$ 的库仑能$\left(\propto\frac{1}{284}\right)$,即 $U(CaO)>U(CaCO_3)$。同理,$U(SrO)>U(SrCO_3)$,$U(BaO)>U(BaCO_3)$。又,比较 MO 和 MCO_3 库仑能的差值,可知 U_{MgO} 和 U_{MgCO_3} 差值最大,所以 $MgCO_3 = MgO+CO_2$ 吸热最少,$CaCO_3$ 其次,$SrCO_3$ 又次……如果把上述讨论中的 CO_3^{2-}(还有 SO_4^{2-} 等)视为大阴离子,而 O^{2-} 是小阴离子,则小阳离子和小阴离子构成晶体的晶格能大于大阳离子和大阴离子构成晶体的晶格能。因此,小阳离子和大阴离子($MgCO_3$)构成晶体分解为小阳离子和小阴离子(MgO)构成晶体时吸热少,而由大阳离子和大阴离子($CaCO_3$)构成晶体分解为大阳离子和小阴离子(CaO)构成晶体时吸热多,分解温度高。同理,比较 $CaCO_3$ 和 $SrCO_3$ 时,Ca^{2+} 是小阳离子,比较 $SrCO_3$ 和 $BaCO_3$ 时,Sr^{2+} 为小阳离子,所以 $BaCO_3$ 热分解温度最高。**提请关注**,所谓"大""小"是相对的。

SO_4^{2-}、NO_3^- 等和 O^{2-} 比,都属大阴离子,因此硫酸盐热分解温度也是依 $CaSO_4$、$SrSO_4$、$BaSO_4$ 序升高;KNO_3 分解温度高于 $NaNO_3$,$Ba(NO_3)_2$ 分解温度高于 $Ca(NO_3)_2$……(表 6-12)。

表 6-12 几种非金属含氧酸盐热分解反应的温度

硝酸盐	亚硝酸盐	碳酸盐
$LiNO_3$ 474℃*	$LiNO_2$ 185℃	$BeCO_3$ 25℃**
$NaNO_3$ 525℃*	$NaNO_2$>320℃	$MgCO_3$ 540℃*
KNO_3 536℃*	KNO_2>350℃	$CaCO_3$ 900℃*
$AgNO_3$>212℃	$AgNO_2$ 100℃	$ZnCO_3$ 350℃*
$Ca(NO_3)_2$ 561℃	$Ca(NO_2)_2$ 561℃	$PbCO_3$ 300℃*

续表

硫酸盐	氯酸盐	高氯酸盐
$MgSO_4$ 895℃	$LiClO_3$ 270℃	$KClO_4$ 510℃
$CaSO_4$ 1149℃	$AgClO_3$ 270℃	$AgClO_4$ 486℃
$CoSO_4$ 708℃	$Sr(ClO_3)_2$ 290℃	$TlClO_4$ >266℃
$MnSO_4$ 758℃	$Ba(ClO_3)_2$ 300℃	$Mg(ClO_4)_2$ 250℃
$Mn_2(SO_4)_3$ 300℃	$Cr(ClO_3)_3$ 极不稳定	$Ba(ClO_4)_2$ 440℃

* 分解气态产物 $p \approx 1.01 \times 10^5$ Pa。

** 产物为碱式盐。

提请关注：(1)从参考书上查得热分解反应温度所依据的实验情况不尽相同。如 $NaNO_3$、KNO_3 分解气体 $p_{O_2}=1.01\times10^5$ Pa 的温度为 525℃、536℃，由此可知 KNO_3(对热)比 $NaNO_3$ 稳定；$AgNO_3$ 在>212℃时分解，未注明实验结果，所以不宜由此得出对热而言 $AgNO_3$ 不如 $NaNO_3$、KNO_3 稳定的结论。为此，列出 $Fe_2(SO_4)_3$ 分解温度下分解气态产物的压强(表 6-13)。

$$Fe_2(SO_4)_3 = Fe_2O_3 + 3SO_3, \quad SO_3 = SO_2 + \frac{1}{2}O_2$$

$$p = p_{SO_3} + p_{SO_2} + p_{O_2}$$

表 6-13　不同温度下，$Fe_2(SO_4)_3$ 热分解生成气体的压强

T/℃	550	600	650	700	721
p/kPa	0.8	3.47	14.3	59.3	100

(2) 查得第三副族 $Sc_2(SO_4)_3$、$Y_2(SO_4)_3$、$La_2(SO_4)_3$ 900℃分解形成气体的压强依次为 1.5×10^3 Pa、4.0×10^2 Pa、2.7×10^2 Pa，由此可得到结论：小阳离子 Sc 的硫酸盐分解温度最低，大阳离子 Y、La 的硫酸盐分解温度升高。(这个结论和 $CaSO_4$、$SrSO_4$、$BaSO_4$ 分解温度升高是一样的。)

(3) 碱金属分别和 O_2 反应生成 Li_2O、Na_2O_2、KO_2，其中 O_2^-、O_2^{2-} 半径大于 O^{2-}，从化合价看 2 个 O_2^- 和 1 个 O_2^{2-} 相当，因此可认为 O_2^- 半径大于 O_2^{2-}。碱金属中 Li^+ 半径最小(60 pm)，所以和小阴离子 O^{2-} 构成晶体(Li_2O)的能量低；Na^+ 半径居中(95 pm)，所以 Na_2O_2 比较稳定，也可以理解为 NaO_2 易分解；K^+ 半径较大(133 pm)，所以 KO_2 对热比较稳定。由此不难推论：① RbO_2(半径 148 pm)比较稳定。② 臭氧阴离子 O_3^- 半径更大，所以 K、Rb、Cs 可和 O_3 形成 MO_3，而 NaO_3、LiO_3 不稳定(推论和事实相符)。文献报道，在液氨中 Li 能和 O_3 形成 $LiO_3\cdot4NH_3$，那是因为以氨合锂离子(相当于阳离子半径"增大"了)存在于晶体之中。③ I_2 和 I^- 形成 I_3^-(大阴离子)，不难理解能和大阳离子 K^+ 形成 KI_3 晶体，而没有 NaI_3 晶体。但是在水溶液中，NaI、KI 都能和 I_2 形成 I_3^-。

$$I_2 + I^- \longrightarrow I_3^- \quad K = 7.2 \times 10^2$$

增大 I_2 的溶解量；叠氮离子，N_3^- 是大阴离子，所以 $Ba(N_3)_2$ 比 $Ca(N_3)_2$ 稳定；$Ba(N_3)_2$ 分解的温度 $3Ba(N_3)_2 \longrightarrow Ba_3N_2 + 8N_2$ 高于 $Ca(N_3)_2$。

六、p 区元素最高氧化态含氧酸(盐)的性质

讨论 p 区主族元素最高氧化态含氧酸（盐）的性质需和碱金属、碱土金属、卤化物比较，所以先作简单介绍。

1. 碱金属族（M^+）、碱土金属族（M^{2+}）、硼族（A^{3+}）、碳族（A^{4+}）、氮族（A^{3-}）、氧族（A^{2-}）、卤族（X^-）化合物的性质

由离子构成化合物的性质与离子的价态、半径及离子构型有关。

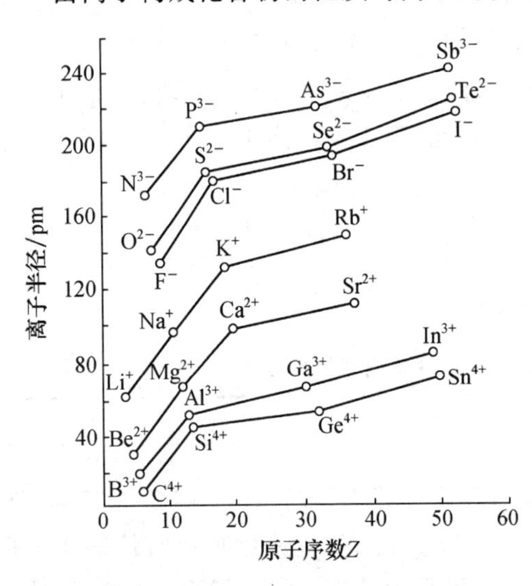

图 6-3　主族元素离子半径和原子序数图

(1) 碱金属族离子 M^+ 的价数相同；离子构型除 Li^+ 为 $2e^-$ 外，其余都是 $8e^-$；Li^+ 的离子半径（表 6-14）约为 Na^+ 的 2/3，Na^+ 约为 K^+ 的 0.7，而 K^+、Rb^+、Cs^+ 的半径差值小。因此，可预料 Li^+ 化合物性质和其他碱金属化合物性质既相似，如 LiOH 是较强的碱，许多锂化合物可溶于水……，也有不相似，如能和 N_2 形成 Li_3N，LiCl 溶液加热过程中水解成 LiOH 和 HCl。

$$LiCl + H_2O \longrightarrow LiOH + HCl\uparrow$$

……

（后两个性质和镁相似）。钠的化合物性质和钾的化合物性质相似是主要的，也有差异。大致有以下三个方面：

表 6-14　主族元素的离子半径(pm)

ⅠA	ⅡA	ⅢA	ⅣA	ⅤA	ⅥA	ⅦA
Li^+ 60	Be^{2+} 31	B^{3+} 20	C^{4+} 15	N^{3-} 171	O^{2-} 140	F^- 136
Na^+ 95	Mg^{2+} 65	Al^{3+} 50	Si^{4+} 41	P^{3-} 212	S^{2-} 184	Cl^- 181
K^+ 133	Ca^{2+} 99	Ga^{3+} 62	Ge^{4+} 53	As^{3-} 222	Se^{2-} 198	Br^- 196
Rb^+ 148	Sr^{2+} 113	In^{3+} 81	Sn^{4+} 71	Sb^{3-} 245	Te^{2-} 221	I^- 216
Cs^+ 169	Ba^{2+} 135	Tl^{3+} 95	Pb^{4+} 84			

① 含结晶水的钠的化合物多于相应钾、铷、铯盐，如室温 $Na_2SO_4 \cdot 10H_2O$，而 K_2SO_4 无结晶水；≤0.15℃有 $NaCl \cdot 2H_2O$，而 KCl 无结晶水（表 6-15）。顺便提及，含结晶水的

锂化合物多于相应钠盐。如室温 $LiCl \cdot nH_2O(n=1,2,3)$、$Li_2SO_4 \cdot H_2O$ 等。**提请关注**，含结晶水的化合物多，不是含的结晶水的数目多。

② 总的说来，钠化合物的水溶度比相应钾盐大(表 6-15)。

表 6-15 某些钠盐、钾盐的结晶水数和水溶度[0℃，g/100 g(H_2O)]

	$Cr_2O_7^{2-}$		SO_4^{2-}		NO_3^-		I^-		CO_3^{2-}	
	$\cdot nH_2O$	S	$\cdot nH_2O$	S	$\cdot nH_2O$	S	$\cdot nH_2O$	S	$\cdot nH_2O$	S
Na^+	2	183	10	12.0	0	73	2	158.7	10	18.9
K^+	0	5.0	0	7.35	0	13.3	0	127.5	2	147

③ 钠盐吸潮倾向(不是潮解)强于相应钾盐，所以要用 KNO_3、$KClO_3$ 制炸药、焰火(不能用 $NaNO_3$、$NaClO_3$)。

同理，Be^{2+} 化合物的某些性质和对角线(位置)的 Al^{3+} 相似，如 $Be(OH)_2$ 和 $Al(OH)_3$ 都是两性物；镁化合物性质既和钙化合物相似，也有差异(Mg^{2+} 半径约为 Ca^{2+} 的 0.65)，如 $Mg(OH)_2$ 碱性弱于 $Ca(OH)_2$，$MgSO_4 \cdot 7H_2O$ 易溶于水……

“B^{3+}”的性质与对角线(位置)的“Si^{4+}”相似，如 H_3BO_3 的 $K_i \approx 10^{-10}$、H_4SiO_4 的 $K_i \approx 10^{-10}$；然而 Al^{3+}(三周期)和 Ga^{3+}(四周期)半径相近，而离子构型不同，所以 Al^{3+} 和 Ga^{3+} 化合物性质的差异比 Na^+ 和 K^+、Mg^{2+} 和 Ca^{2+} 间的差异大；同理，Si^{4+} 和 Ge^{4+} 化合物的差异也较明显。

(2) 阴离子　四种卤离子的价数、构型都相同，因此卤化物性质差异主要是由半径差引起的。F^- 半径约是 Cl^- 的 0.75，所以氟化物的许多性质不同于其他(相应)卤化物(水溶度已在第一章中提及)，而氯化物、溴化物、碘化物性质相近。同理，氧化物性质和硫化物、硒化物、碲化物的差异较为明显。

(3) 关于氮族、氧族、卤族元素的最高价化合物　卤素原子若失 $7e^-$ 成“X^{7+}”(至今尚未制得“X^{7+}”化合物，因此这只是假设)，则“F^{7+}”为 $2e^-$ 构型，“Cl^{7+}”为 $8e^-$，“Br^{7+}”、“I^{7+}”均为 $18e^-$，所以卤族元素最高正价化合物从上到下变化规律不同于碱金属、碱土金属。同理，氧族、氮族元素也有类似的情况。

总之，周期表中第二周期元素性质和第三周期同族元素性质有较明显的差异，第三周期元素性质和第四周期元素性质从 Al^{3+} 到 Ga^{3+} 性质改变规律不同于从 Na^+ 到 K^+、Mg^{2+} 到 Ca^{2+} 的变化规律。同理，“Si^{4+}”到“Ge^{4+}”、“P^{5+}”到“As^{5+}”、“S^{6+}”到“Se^{6+}”、“Cl^{7+}”到“Br^{7+}”性质变化规律也不同于 Na^+ 到 K^+、Mg^{2+} 到 Ca^{2+}。

2. 四周期 p 区元素最高氧化态化合物的性质

(1) 溴(Ⅶ)化合物　1968 年 Appelman 借放射性元素($^{83}_{34}Se$)首次合成高溴酸盐：

$$^{83}_{34}SeO_4^{2-} \xrightarrow{\beta} {}^{83}_{35}BrO_4^-(t_{\frac{1}{2}}=22.5\,min) \xrightarrow{\beta} {}^{83}_{36}Kr(t_{\frac{1}{2}}=2.39\,h)$$

目前用 F_2、XeF_2 氧化 BrO_3^- 成 BrO_4^-。

$$XeF_2 + BrO_3^- + 2OH^- \longrightarrow BrO_4^- + 2F^- + Xe + H_2O$$

1968年前都是用加热溴酸盐的方法制备高溴酸盐(这种思路可能源于上节讨论过的 $4KClO_3 \longrightarrow 3KClO_4 + KCl$)。1965年有一篇文献,作者制备了17种金属溴酸盐,并分别对它们进行加热实验,结果都没有得到高溴酸盐。这篇文献在制备高溴酸盐这个问题上的贡献是:“此路不通”。待到后来合成高溴酸盐并测定其性能后才知道,$KBrO_4$ 的 $\Delta_f H_m^{\ominus}$(−287.4 kJ/mol)(代数值)高于 $KBrO_3$ 的 $\Delta_f H_m^{\ominus}$(−359.8 kJ/mol),即 $KBrO_4$ 能量高于 $KBrO_3$[$KClO_4$ 能量($\Delta_f H_m^{\ominus}$=−432 kJ/mol)低于 $KClO_3$($\Delta_f H_m^{\ominus} \approx$−392 kJ/mol)],溴酸盐受热不可能转化为高溴酸盐,主要是因为高溴酸盐能量较高之故。再则单独测试四种盐的分解释 O_2 反应的温度:$KClO_4$ 为534℃,高于 $KClO_3$ 分解温度(472℃)(英国早期法典把用 $KClO_4$ 制造的炸药叫“安全炸药”),而 $KBrO_4$ 分解温度(275℃)低于 $KBrO_3$ 的分解温度。

总之,Br(Ⅶ)化合物能量高于相应Cl(Ⅶ)化合物。

(2) 硒(Ⅵ)化合物 按

$$\begin{array}{lcccc} & SO_2 & + \frac{1}{2}O_2 & \longrightarrow & SO_3 \quad \Delta_r H_m^{\ominus} = -99\ \text{kJ/mol} \\ \Delta_f H_m^{\ominus}/(\text{kJ}\cdot\text{mol}^{-1}) & -296 & & & -395 \end{array}$$

方法,用 SeO_2($\Delta_f H_m^{\ominus}$=−230 kJ/mol)和 O_2 反应制备 SeO_3($\Delta_f H_m^{\ominus}$=−173 kJ/mol)不能如愿。因为后一个反应是焓增($\Delta_r H_m^{\ominus}$ 为正)、熵减($\Delta_r S_m^{\ominus}$ 为负)的过程,是在任何温度下都不能自发的反应。所以要用其他反应制备 SeO_3,如

$$H_2SeO_3 + H_2O_2 \longrightarrow H_2SeO_4 + H_2O$$

$$2H_2SeO_4 + P_4O_{10} \longrightarrow 2SeO_3 + 4HPO_3$$

$$K_2SeO_4 + SO_3 \longrightarrow K_2SO_4 + SeO_3$$

硫(Ⅵ)化合物性质不同于硒(Ⅵ)化合物,也是因为硒(Ⅵ)化合物能量高的原因。现将某些S(Ⅳ、Ⅵ)、Se(Ⅳ、Ⅵ)化合物的 $\Delta_f H_m^{\ominus}$、$\Delta_f G_m^{\ominus}$ 列于表6-16。顺便提及,TeO_3(s)($\Delta_f H_m^{\ominus}$=−348 kJ/mol)也不能通过 O_2 氧化 TeO_2(−525 kJ/mol)的反应制备。

表6-16 某些S(Ⅳ、Ⅵ)、Se(Ⅳ、Ⅵ)化合物的 $\Delta_f H_m^{\ominus}$、$\Delta_f G_m^{\ominus}$(298 K)

	SO_2(g)	SO_3(g)	SeO_2(s)	SeO_3(s)
$\Delta_f H_m^{\ominus}/(\text{kJ}\cdot\text{mol}^{-1})$	−296	−395	−230	−173
差值/($\text{kJ}\cdot\text{mol}^{-1}$)	99		−57	
	H_2SO_3(aq)	HSO_4^-(aq)	H_2SeO_3(aq)	H_2SeO_4(aq)
$\Delta_f G_m^{\ominus}/(\text{kJ}\cdot\text{mol}^{-1})$	−538	−753	−424	−453
差值/($\text{kJ}\cdot\text{mol}^{-1}$)	215		29	

(3) 砷(Ⅴ)化合物 砷在(过量)空气中燃烧生成 As_4O_6($\Delta_f H_m^{\ominus}$=−1314 kJ/mol)和少量 As_2O_5(−915 kJ/mol),而磷在(过量)空气中燃烧形成的是 P_4O_{10}[$\Delta_f H_m^{\ominus}$=−3012 kJ/mol,

试剂级 P_4O_{10} 中含少量 P_4O_6（-1130 kJ/mol），是 P 被 O_2 氧化太快之故]。由 $\Delta_f H_m^\ominus$ 可知两者不同的原因：P_4O_{10} 能量比 P_4O_6 能量低了许多，而 As_2O_5 能量比 As_4O_6 低得有限之故。附：As_2O_5 可用氧化剂（Cl_2、HNO_3、王水……）氧化三氧化二砷得到。

1976 年以前，按照 $PCl_3 + Cl_2 = PCl_5$ 方法，用 Cl_2 氧化 $AsCl_3$ 制 $AsCl_5$，均未成功。有人基于这个反应是熵减过程，于是在 -105℃用紫外线辐照 $AsCl_3$ 和 Cl_2（沸点 -35℃）的混合物，获得 $AsCl_5$。温度上升到 -50℃，$AsCl_5$ 就完全分解了。而

$$PCl_5(g) = PCl_3(g) + Cl_2(g)$$

$\Delta_r G_m^\ominus = 0$，$K=1$ 的温度 $T \approx 230$℃，表明 $AsCl_5$ 的能量高于 PCl_5。

(4) 锗(Ⅳ)化合物　Ge(Ⅳ)化合物的生成焓 $GeO_2(s)$ 为 -590 kJ/mol、$GeCl_4(l)$ 为 -569 kJ/mol，分别大于（代数值）Si(Ⅳ)的相应化合物 $SiO_2(s)$ -859 kJ/mol、$SiCl_4(l)$ -660 kJ/mol。又，一定条件下 $GeCl_4$ 能被 Ge 还原为 $GeCl_2$，而 $SiCl_4$ 很难发生类似的反应。

(5) 镓(Ⅲ)化合物　在水溶液中 Ga 的离子化倾向弱于 Al，$E^\ominus_{Ga^{3+}/Ga} = -0.53$ V、$E^\ominus_{Al^{3+}/Al} = -1.66$ V。$Ga(OH)_3$ 也是两性氢氧化物，其酸性强于 $Al(OH)_3$。这两种情况，和同族内从上到下金属性（如碱金属、碱土金属）增强、含氧酸（从第二周期到第三周期）酸性减弱规律不符。再则镓(Ⅲ)化合物的生成焓大于（代数值）相应的 Al(Ⅲ)化合物，如 Ga_2O_3 为 -1080 kJ/mol，而 Al_2O_3 为 -1670 kJ/mol。

附：镓是分散元素，主要分散在铝土矿（主要成分 Al_2O_3）中，提取镓的原料是提取铝后的母液：铝土矿经 NaOH 处理得 $Al(OH)_4^-$ 及 $Ga(OH)_4^-$，在控制条件下通入 CO_2，首先析出 $Al(OH)_3$，$Ga(OH)_4^-$ 残留在母液中。母液经处理后再和铝土矿反应……如此往复，母液中 $Ga(OH)_4^-$ 含量提高到一定程度，就成为提镓的原料。上述析出 $Al(OH)_3$ 的过程是相对于 H_2CO_3 而言，$Al(OH)_3$、$Ga(OH)_3$ 都是更弱的酸，（根据相对强酸置换相对弱酸）所以 H_2CO_3 首先和更弱的弱酸根 $Al(OH)_4^-$ 反应。[$Al(OH)_3$、$Ga(OH)_3$ 的 K_{sp} 相近。]

Ga(Ⅲ)、Ge(Ⅳ)、As(Ⅴ)、Se(Ⅵ)、Br(Ⅶ)化合物的能量都分别高于三周期 Al(Ⅲ)、Si(Ⅳ)、P(Ⅴ)、S(Ⅵ)、Cl(Ⅶ)，应和 p 区元素从三周期到四周期同族元素原子核电荷增大 18（而 Na 到 K，Mg 到 Ca 核电荷只增大 8）有关。从 21 号 Sc（钪）开始电子填充到 3d 轨道（次外层）上，出现钪系收缩，第三周期到第四周期同族元素原子半径、离子半径（参见表 6-14）增大有限，原子核对外层电子的引力较强，所以高氧化态化合物的能量较高。三、四周期 p 区元素最高氧化态含氧酸及其盐的性质归纳如下：

① 含氧酸的酸性　$HBrO_4$ 和 $HClO_4$ 相近，都是很强酸；H_2SeO_4 和 H_2SO_4 都是强酸，$HSeO_4^-$ 和 HSO_4^- 的 K 相近；H_3AsO_4 和 H_3PO_4 都是中强酸并且 K_1 相近；H_4GeO_4 酸性略强于 H_4SiO_4，$Ga(OH)_3$ 酸性略强于 $Al(OH)_3$（有关 K 参考表 6-3）。非最高氧化态含氧酸的酸性，四周期弱于三周期。如 $HBrO_3$ 只是强酸，略弱于 $HClO_3$；H_2SeO_3（$K_1 = 2.7 \times 10^{-3}$）略弱于 H_2SO_3（$K_1 = 1.3 \times 10^{-2}$）。H_3PO_3 略强于 H_3PO_4，是由于结构

不同引起的(参考本章第一节)。

② 三、四周期同族元素最高氧化态含氧酸根半径相近,如 PO_4^{3-}、AsO_4^{3-} 的热化学半径分别为 138 pm、148 pm,所以三、四周期同族元素最高氧化态含氧酸盐的水溶性相近[表 6-17(a),表 6-17(b)]。$KBrO_4$ 和 $KClO_4$ 相似,室温水溶度都较小。**提请关注**,"溶解性相似"是指"可溶"或"难溶"相似,而不是指水溶度相近,也不涉及其他性质,如 Ag_3PO_4 为黄色物,Ag_3AsO_4 呈棕色。

表 6-17(a) 磷酸盐、砷酸盐的溶度积

	Mg^{2+}	Ca^{2+}	Ba^{2+}	Zn^{2+}	Fe^{3+}
PO_4^{3-}	6×10^{-28}	2×10^{-28}	3×10^{-23}	1×10^{-32}	1.3×10^{-22}
AsO_4^{3-}	2×10^{-20}	1×10^{-19}	8×10^{-21}	1.6×10^{-25}	1×10^{-20}

表 6-17(b) 硫酸盐、硒酸盐的溶解度[298 K,g/100 g(H_2O)]

	Ba^{2+}	$Ca^{2+}\cdot 2H_2O$*	$Cu^{2+}\cdot 5H_2O$	K^+	$Mg^{2+}\cdot 7H_2O$	$Na^+\cdot 10H_2O$	Rb^+
SO_4^{2-}	2.4×10^{-4}	0.21	20.7	12.0	36.4	28.0	50.9
SeO_4^{2-}	8×10^{-3}	7.39	43	112.1	29.98	57.9	158.9

* $2H_2O$ 表示 $CaSO_4\cdot 2H_2O$,$CaSeO_4\cdot 2H_2O$,余同。

③ 含氧酸的氧化性 四周期含氧酸(的能量高)强于三周期同族元素的含氧酸(参见表 6-4)。$HBrO_4$ 氧化 Mn^{2+} 为 MnO_4^-,而 $HClO_4$ 不能;H_2SeO_4(>50%)氧化 Cl^- 为 Cl_2,而浓 H_2SO_4 和 NaCl 反应生成 HCl;H_3AsO_4 氧化 I^- 为 I_2,而 H_3PO_4 和 NaI 生成 HI;Ge(Ⅳ)可被还原为 Ge(Ⅱ),而 Si(Ⅳ)不易被还原。

3. 五周期 p 区元素最高氧化态含氧酸及其盐的性质

五周期 p 区元素原子的次外层也是 $18e^-$,因原子半径较大,最高氧化态含氧酸为六配位,$H_2Sn(OH)_6$、$HSb(OH)_6$、H_6TeO_6、H_5IO_6(正高碘酸)、H_4XeO_6(高氙酸),它们都不是强酸,至今尚未得到$H_2Sn(OH)_6$、$HSb(OH)_6$,但它们的盐确实存在,如 $NaSb(OH)_6$。因为含氧酸(盐)组成和三、四周期含氧酸(盐)不同,无法比较它们和三、四周期同族元素相应化合物的溶解性,然而除个别盐(钠、钾盐)可溶外,它们都是难溶盐。

H_5IO_6 氧化性很强,能氧化 Mn^{2+} 为 MnO_4^-;H_6TeO_6 氧化 Cl^- 为 Cl_2;在酸性条件下 Sb(Ⅴ)氧化 I^- 为 I_2。就是说,它们的氧化性都分别强于三周期同族元素最高氧化态含氧酸。

4. 六周期 p 区元素最高氧化态化合物的性质

第六周期砹(At,卤族)、钋(Po,氧族)是极少量的放射性元素,所以本节讨论 Bi(V)、Pb(Ⅳ)、Tl(Ⅲ)化合物的性质。

(1) 铋酸钠 至今,对于铋酸是否存在尚有争论,所以无法讨论它的酸性。$NaBiO_3$ 是一种试剂,在酸性介质中具有强氧化性,能把 Mn^{2+} 氧化成 MnO_4^-。

$$5NaBiO_3 + 2Mn^{2+} + 14H^+ = 5Na^+ + 5Bi^{3+} + 2MnO_4^- + 7H_2O$$

(2) 二氧化铅　至今未能获得铅酸，但有铅酸盐 $MPb(OH)_6$。常使用的是 PbO_2。

① PbO_2 能量高($\Delta_f H_m^\ominus = -277$ kJ/mol)，对热不稳定，受热分解为 Pb_2O_3、Pb_3O_4(亮红色，俗称铅丹)，接着成 PbO。分解反应是熵增过程。[$\Delta_f H_m^\ominus(SnO_2) = -581$ kJ/mol，SnO_2 受热不易分解。]

② 室温，PbO_2 和浓 HCl 形成黄色溶液($PbCl_4$)，受热释 Cl_2 并成无色溶液。($SnCl_4$ 对热比较稳定。)

$$PbCl_4 = PbCl_2 + Cl_2$$

③ 在较浓的 H_2SO_4 溶液中，PbO_2 氧化 Mn^{2+} 为 MnO_4^-。

(3) 铊(Ⅲ)化合物　和铝相同，Tl(Ⅲ)能形成 $Tl(OH)_3$、Tl_2O_3、TlX_3(X 为 F、Cl、Br)。因为 Tl(Ⅲ)有较强的氧化性，所以没有 Tl_2S_3、TlI_3(因 S^{2-}、I^- 还原性较强，文献上的 TlI_3 是 $Tl^+I_3^-$)。Tl(Ⅰ)化合物比 Al(Ⅰ)、Ga(Ⅰ)、In(Ⅰ)化合物稳定，TlOH 是强碱，难溶盐(和银盐类似)有 TlX(Cl、Br、I)、TlSCN、Tl_2S，可溶化合物和碱金属化合物相似。

六周期 p 区元素最高氧化态化合物能量高，和外数第三层(即 4f)填满电子有关，即从 Sb 到 Bi、Sn 到 Pb、In 到 Tl，原子核电荷增大了 32。当 4f、5d 轨道充满电子后，$6s^2$ 能量低，Hg 的第一电离能为 1007 kJ/mol，居于所有金属之首，化学上把填满 4f、5d 后的 $6s^2$ 叫惰性电子对。不难想象，周期表中位于 Hg 后的 Tl、Pb、Bi 丢失 $6s^2$ 电子也较难，即 Tl 的 I_2、I_3，Pb 的 I_3、I_4，Bi 的 I_4、I_5 较大(表 6-18)。丢失 6p 轨道上电子的电离能，(族内)从上到下减小；丢失 $6s^2$ 的电离能，(族内)从上到下呈现锯齿状变化(图 6-4)，所以二、四、六周期(p 区元素)最高氧化态含氧酸的氧化性较强。

表 6-18　硼族、碳族、氮族元素原子的电离能(kJ/mol)

电离能	B	Al	Ga	In	Tl
I_1	801	578	579	558	589
I_1+I_2	6087	4591	4942	4526	4849
$I_1+I_2+I_3$	6888	5169	5521	5084	5438
电离能	C	Si	Ge	Sn	Pb
I_1+I_2	3439	2364	2299	2121	2166
I_3+I_4	10844	7587	7712	6873	7175
$I_1+I_2+I_3+I_4$	14283	9951	10011	8994	9341
电离能	N	P	As	Sb	Bi
$I_1+I_2+I_3$	8836	5827	5477	4867	4779
I_4+I_5	16920	11231	10880	9660	9770
$I_1+I_2+I_3+I_4+I_5$	25756	17058	16357	14527	14549

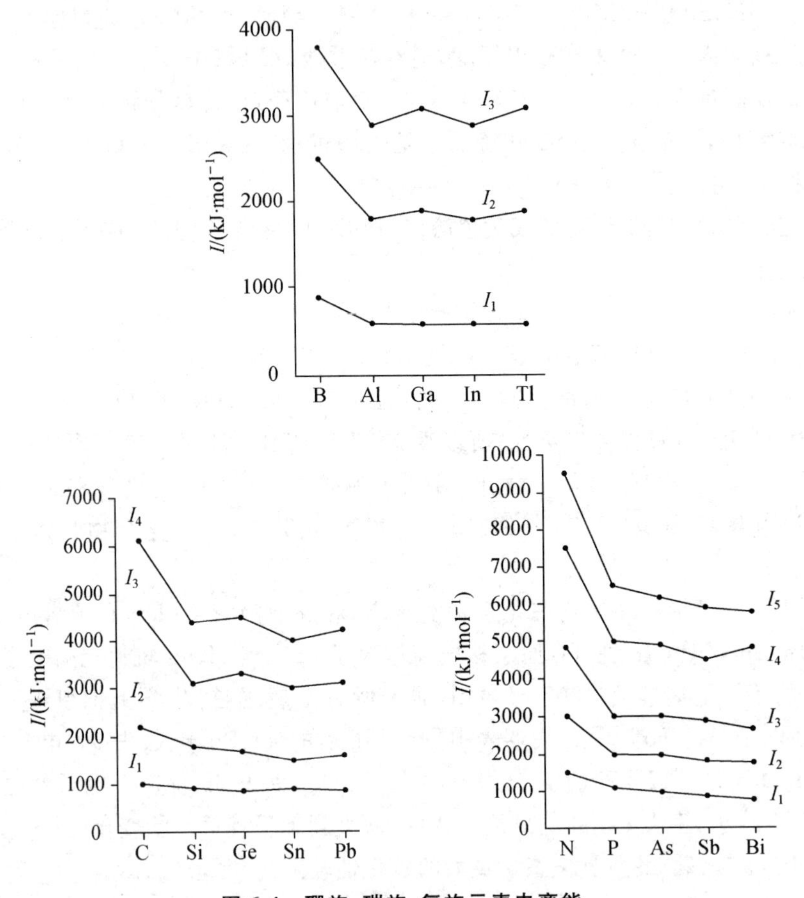

图 6-4 硼族、碳族、氮族元素电离能

5. 次级周期性

根据以上性质,俄国化学家 Biron(1915 年)提出次级周期性(secondary periodicity)。现以氮族元素最高氧化态含氧酸为例:

二周期	HNO_3	强酸	强氧化性
三周期	H_3PO_4	中强酸	氧化性极弱
四周期	H_3AsO_4	中强酸	氧化性略强
五周期	$HSb(OH)_6$	弱酸	氧化性略强
六周期	Bi_2O_5(?)	—	氧化性极强

二、四、六周期元素性质和三、五周期元素性质从上到下呈现锯齿状变化(二、四、六周期最高氧化态含氧酸的能量较高)。

次级周期性在其他化合物中也有体现。如

(1) $SF_6(g)$、$SeF_6(g)$、$TeF_6(g)$的 $\Delta_f H_m^{\ominus}$ 依次为:-1096 kJ/mol、-1029 kJ/mol、

$-1318\ kJ/mol$。四周期 $SeF_6(g)$能量(代数值)最高。

(2) 碳族

$$\begin{matrix} \geqslant C-X & & \longrightarrow & \geqslant C-H \\ \geqslant Si-X & & \not\longrightarrow & \geqslant Si-H \\ \geqslant Ge-X & +Zn & \longrightarrow & \geqslant Ge-H \\ \geqslant Sn-X & & \not\longrightarrow & \geqslant Sn-H \end{matrix}$$

(3) 族内(从上到下)氧化物的 $\Delta_f H_m^\ominus$ 呈现锯齿状改变,以硼族、碳族、氮族(表 6-19)元素为例。

表 6-19　硼族、碳族、氮族、硫属最高氧化态氧化物的 $\Delta_f H_m^\ominus$(kJ/mol)

二周期	B_2O_3 −1281		$CO_2(g)$ −393.5		$N_2O_5(s)$ −41.8			
三周期	Al_2O_3 −1670		SiO_2 −859		P_2O_5 −1506		$SO_3(g)$ −395	
四周期	Sc_2O_3 −1906	Ga_2O_3 −1091	TiO_2 −945	GeO_2 −537	V_2O_5 −1561	As_2O_5 −915	CrO_3 −610	SeO_3 −173
五周期	Y_2O_3 −1758	In_2O_3 −917	ZrO_2 −1094	SnO_2 −581	Nb_2O_5 −1938	Sb_2O_5 −981	MoO_3 −754	TeO_3 −348
六周期	La_2O_3 −1793	Tl_2O_3 −354	HfO_2 −1113	PbO_2 −277	Ta_2O_5 −2092	Bi_2O_5 (?)	WO_3 −840	

注:(1) B_2O_3　Al_2O_3　Ga_2O_3　In_2O_3　Tl_2O_3:二、四、六周期 $\Delta_f H_m^\ominus$大(代数值),能量高(锯齿状)。
CO_2　SiO_2　GeO_2　SnO_2　PbO_2:同上(锯齿状)。
N_2O_5　P_2O_5　As_2O_5　Sb_2O_5　Bi_2O_5(?):同上(锯齿状)。
SO_3　SeO_3　TeO_3:同上(锯齿状)。

另外,次高氧化态氧化物:CO(−110.5)、SiO(−438)、GeO(−255)、SnO(−286)、PbO(−217)(锯齿状)。N_2O_3 等同。

(2) CO_2　SiO_2　TiO_2　ZrO_2　H_fO_2:从左到右,$\Delta_f H_m^\ominus$ 减小(代数值),能量降低。
N_2O_5　P_2O_5　V_2O_5　Nb_2O_5　Ta_2O_5:同上。
SO_3　CrO_3　MoO_3　WO_3:同上。

p 区元素非最高氧化态化合物(族内从上到下)变化情况又如何?其他族元素(族内)变化有无锯齿状的改变?

(1) p 区元素非最高氧化态化合物有多种情况,如 HXO_3、HXO_2、HXO,它们的性质改变各不相同,现以次高氧化态含氧酸(如 HXO_3、H_2SO_3、HNO_2……)、氧化物(如 TeO_2)、离子(如 SbO^+)为例,它们的电极电势(酸性)列于表 6-20。由表中数据可知:次高氧化态含氧酸等也有锯齿状改变。

表 6-20　p 区元素含氧酸(盐)、单质、氢的化合物的电极电势 $E_A^\ominus$(V,298K)

$CO_2 \xrightarrow{-0.116} CO \xrightarrow{0.51} C \xrightarrow{0.13} CH_4$ （CO_2—C：0.198）	$NO_3 \xrightarrow{0.94} HNO_2 \xrightarrow{1.45} N_2 \xrightarrow{0.27} NH_4^+$
$H_2SiO_3 \xrightarrow{-0.86} Si \xrightarrow{0.102} SiH_4$	$H_3PO_4 \xrightarrow{-0.276} H_3PO_3 \xrightarrow{-0.50} P \xrightarrow{-0.065} PH_3$
$GeO_2 \xrightarrow{-0.3} Ge^{2+} \xrightarrow{0} Ge \xrightarrow{<-0.3} GeH_4$ （GeO_2—Ge：−0.1）	$H_3AsO_4 \xrightarrow{0.56} HAsO_2 \xrightarrow{0.247} As \xrightarrow{-0.60} AsH_3$
$Sn^{4+} \xrightarrow{0.15} Sn^{2+} \xrightarrow{-0.14} Sn$ （Sn^{4+}—Sn：0.01）	$Sb_2O_5 \xrightarrow{0.58} SbO^+ \xrightarrow{0.212} Sb \xrightarrow{-0.51} SbH_3$
$PbO_2 \xrightarrow{1.46} Pb^{2+} \xrightarrow{-0.13} Pb$ （PbO_2—Pb：0.67）	$\underset{(?)}{Bi_2O_5} \xrightarrow{1.6} BiO^+ \xrightarrow{0.32} Bi$
$SO_4^{2-} \xrightarrow{0.17} H_2SO_3 \xrightarrow{0.45} S \xrightarrow{0.14} H_2S$	$ClO_4^- \xrightarrow{1.19} ClO_3^- \xrightarrow{1.47} Cl_2 \xrightarrow{1.36} Cl^-$
$SeO_4^{2-} \xrightarrow{1.15} H_2SeO_3 \xrightarrow{0.74} Se \xrightarrow{-0.40} H_2Se$	$BrO_4^- \xrightarrow{1.76} BrO_3^- \xrightarrow{1.51} Br_2 \xrightarrow{1.08} Br^-$
$H_6TeO_6 \xrightarrow{1.02} TeO_2 \xrightarrow{0.53} Te \xrightarrow{-0.72} H_2Te$	$H_5IO_6 \xrightarrow{1.70} HIO_3 \xrightarrow{1.20} I_2 \xrightarrow{0.54} I^-$
$PoO_3 \xrightarrow{1.5(?)} PoO_2 \xrightarrow{0.74} Po \xrightarrow{\leq -1.0} H_2Po$	$HAtO_3 \xrightarrow{1.26} At_2 \xrightarrow{0.2} At^-$

注：(1) 最高氧化态含氧酸(氧化物)，四周期 $E_A^\ominus$ 大于三周期 $E_A^\ominus$，六周期 $E_A^\ominus$ 大于五周期 $E_A^\ominus$；

(2) 次高氧化态含氧酸(阳离子、阴离子)，二周期 $E_A^\ominus$ 大于三周期 $E_A^\ominus$，四周期 $E_A^\ominus$ 大于三周期 $E_A^\ominus$，六周期 $E_A^\ominus$ 大于五周期 $E_A^\ominus$；

(3) 卤族、硫属、氮族(阳离子、阴离子)，四周期 $E_A^\ominus$ 大于五周期 $E_A^\ominus$；碳族四周期 $E_A^\ominus$ 小于五周期。

(2) 其他族元素(族内从上到下)的性质，以电离能为例，有的呈现锯齿状变化，如铜族、锌族(图 6-5)，有的没有(如碱金属族、碱土金属族、钪族，后两族元素和镁、铝的电离列于表 6-22)。

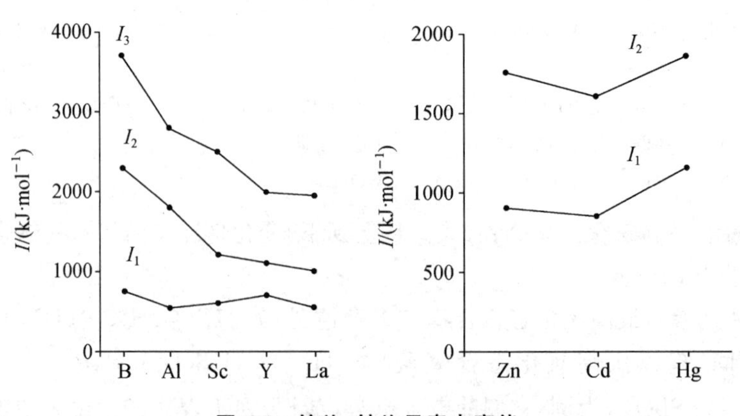

图 6-5　钪族、锌族元素电离能

表 6-21　镁、碱土金属族，铝、钪族元素的电离能(kJ/mol)

$M(g)-2e^- = M^{2+}(g)$		$M(g)-3e^- = M^{3+}(g)$	
Mg	2188.4	Al	5139.1
Ca	1735.2	Sc	4255
Sr	1613.8	Y	3777
Ba*	1468.2	La*	3455

* Ba、La 的电离能分别是 Mg、Al 的 66%，La 是活泼金属。

碱金属元素第一电离能同族内从上到下减小，相邻两周期元素的电离能差值呈现锯齿状改变(表 6-22)。附：表 6-22 中列出铍族相邻元素电离能差值不全符合锯齿状改变(硼族，B 到 La 情况同铍族)，是想强调次级周期性(在周期表规律中)具有一定的普遍意义，而对于 p 区元素最高氧化态化合物族内从上到下呈现锯齿状改变比较明显。顺便提及，碱金属、碱土金属、过渡元素(以铬族为例)族内从上到下，电离能不是按锯齿状改变的(图 6-6)。

表 6-22　碱金属元素的电离能及其差值

	Li	Na	K	Rb	Cs
电离能 $I/(kJ \cdot mol^{-1})$	523	498	418	405	377
电离能差值/$(kJ \cdot mol^{-1})$	25		80	13	28
	Be	Mg	Ca	Sr	Ba
电离能 $I/(kJ \cdot mol^{-1})$	2647	2188	1735	1614	1468
电离能差值/$(kJ \cdot mol^{-1})$	459		453	121	146

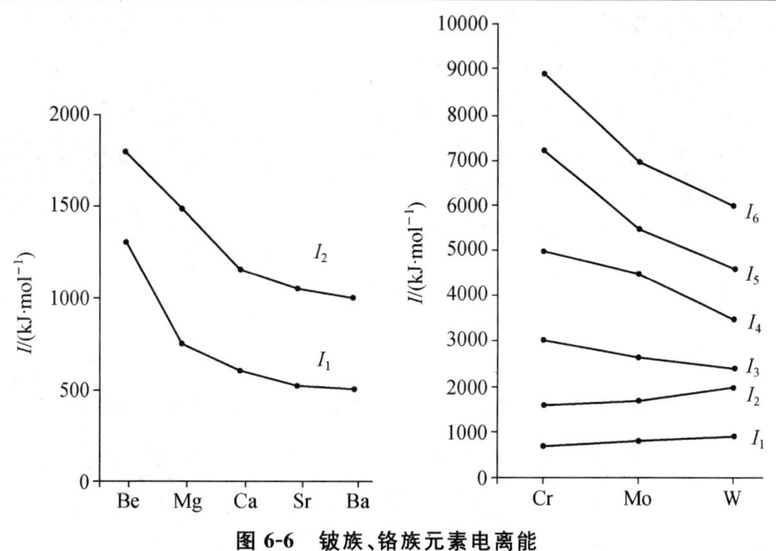

图 6-6　铍族、铬族元素电离能

6. 对次级周期性的解释

其中两种解释是：

(1) 和电离能(参见表 6-18)有关，和电离 ns^2 的能量从上到下呈现锯齿状改变(参见图 6-4)是一致的。然而，运用电离能讨论的应该适于离子化合物，显然 $NaBiO_3$ 中不含“Bi^{5+}”离子，H_3AsO_4 中也不含“As^{5+}”离子，因此这个解释并不完美。

(2) 形成共价键和中心原子杂化，如 Al、Ga 原子从 s^2p^1 杂化为 sp^2 所需能量(呈现锯齿状变化)及键能(总的趋势)从上到下减小(表 6-23)。所以，第六周期最高氧化态的氯化物或不存在($BiCl_5$)，或不稳定($PbCl_4$)。

表 6-23 硼族、碳族元素氯化物的键能、杂化能

	B	Al	Ga	In	Tl
$\Delta_f H_m^{\ominus}(MCl_3)/(kJ \cdot mol^{-1})$	−395.4	−695.4	−524.7	−537.2	−179.9
M 杂化，$s^2p^1 \to s^1p^2/(kJ \cdot mol^{-1})$	345	347	454	418	541
键能$(MCl_3)/(kJ \cdot mol^{-1})$	444	418	360	326	272
键能$(MCl)/(kJ \cdot mol^{-1})$	531	490	473	427	377
	C	Si	Ge	Sn	Pb
$\Delta_f H_m^{\ominus}(MCl_4)/(kJ \cdot mol^{-1})$	−139.5* (l)	−640.2(l)	−569.2(l)	−545.2(l)	−195.8(l)
M 杂化，$s^2p^2 \to s^1p^3/(kJ \cdot mol^{-1})$	404	399	502	474	407
键能$(MCl_4)/(kJ \cdot mol^{-1})$	327	381	323	273	205

* (l)为液态，余为固态($AlCl_3$)、气态(BCl_3)。

七、缩合含氧酸(盐)的组成和结构

本节先讨论含氧酸 H_nAO_4(盐)缩水产物的组成和结构，再讨论其普遍性。

1. 四配位氧的含氧酸(盐)的缩水反应

脱水的前提是：含氧酸(盐)中必须有羟基$\geqslant$A—OH。再则，若只有一个 A—OH，则只能脱一次 H_2O；若有 2、3、4 个—OH，则既可以脱一次 H_2O，还可能脱 2、3、4 次 H_2O，如

$$2KH_2PO_4 \xlongequal{-H_2O} K_2H_2P_2O_7$$

$$KH_2PO_4 \xlongequal{-H_2O} KPO_3$$

下面讨论脱 1、2、3、4 次 H_2O 产物的组成与结构。

(1) 脱一次 H_2O 两个含氧酸(盐)脱一个 $H_2O$$\left(\text{每个含氧酸(盐)分摊}\frac{1}{2}H_2O\right)$：

$$HO-\overset{O}{\underset{O}{A}}-OH + HO-\overset{O}{\underset{O}{A}}-OH \xrightarrow{-H_2O} HO-\overset{O}{\underset{O}{A}}-O-\overset{O}{\underset{O}{A}}-OH$$

如 $2KHSO_4 \xlongequal{-H_2O} K_2S_2O_7$，其他如 $P_2O_7^{4-}$、$Si_2O_7^{6-}$、$Cr_2O_7^{2-}$，甚至 Cl_2O_7、Mn_2O_7 也可归入此类。缩水产物中有两种 O 原子，其中 6 个是端氧，以 O_t—A 表示；1 个是桥氧，以 O_b—A 表示。大多数桥氧键角 $\angle AOA \neq 180°$，A—O_t 键键长比 A—O_b 键键长短（表 6-24），即 A—O_b 弱于 A—O_t，所以反应时断 A—O_b，如 $S_2O_7^{2-} + H_2O = 2HSO_4^-$。

表 6-24　$A_2O_7^{2-}$ 结构的键参数

	$P_2O_7^{4-}$	$S_2O_7^{2-}$	Cl_2O_7	$Cr_2O_7^{2-}$
$\angle AOA$/(°)	123*	124.2	119	126
A—O_b键长/pm	162	164.5	171	179
A—O_t键长/pm	152	143.7	140.5	163

* 为 $Ca_2P_2O_7 \cdot 2H_2O$，$Sr_2P_2O_7$ 中为 139°，具有钪钇石结构为 180°。

（2）脱二次 H_2O　在脱一次 H_2O 产物基础上再脱一次 H_2O。

$$① \ HO-\underset{O}{\overset{O}{A}}-O-\underset{O}{\overset{O}{A}}-\boxed{OH + H}O-\underset{O}{\overset{O}{A}}-OH \xrightarrow{-H_2O} HO-\underset{O}{\overset{O}{A}}-O-\underset{O}{\overset{O}{A}}-O-\underset{O}{\overset{O}{A}}-OH$$

（A—O_t 与 A—O_b 的差别同上），如 $S_3O_{10}^{2-}$、$Cr_3O_{10}^{2-}$、$P_3O_{10}^{5-}$、$Si_3O_{10}^{7-}$ 等。$Na_5P_3O_{10}$ 叫（二）缩（三）磷酸五钠，通常称为三磷酸钠。

脱二次 H_2O 产物可继续脱水成（三）缩（四）酸（盐）、（四）缩（五）酸（盐）……链状（n）缩（$n+1$）酸（盐）。链状结构首、末端含氧酸（盐）分别和相邻含氧酸（盐）脱一次 H_2O，它们各分摊 $\frac{1}{2}H_2O$，链间每个含氧酸（盐）分别和相邻两个含氧酸（盐）共脱 2 个 H_2O，所以分摊 $\left(\frac{1}{2}+\frac{1}{2}=\right)$ 1 个 H_2O。总结果是（$n+1$）个含氧酸（盐）脱 n 个 H_2O（同上）。

当（$n+1$）为无限大时，则 $n+1 \approx n$，从组成上看，相当于一个含氧酸（盐）脱（分摊）一个 H_2O，如

$$H_2SO_4 \xlongequal{-H_2O} SO_3(s)$$

$$KH_2PO_4 \xlongequal{-H_2O} KPO_3$$

$$H_2CrO_4 \xlongequal{-H_2O} CrO_3(s)$$

$$Na_2H_2SiO_4 \xlongequal{-H_2O} Na_2SiO_3$$

就是说 $SO_3(s)$、$CrO_3(s)$ 等都是（无限）长链结构。

② 因 A—O_b 键角 $\neq 180°$，所以（二）缩（三）磷酸还可能首端（—OH）和末端（—OH）脱 H_2O，如 $H_5P_3O_{10} \xlongequal{-H_2O} H_3P_3O_9$，成环状结构，其化学式为 HPO_3，叫三偏磷酸；

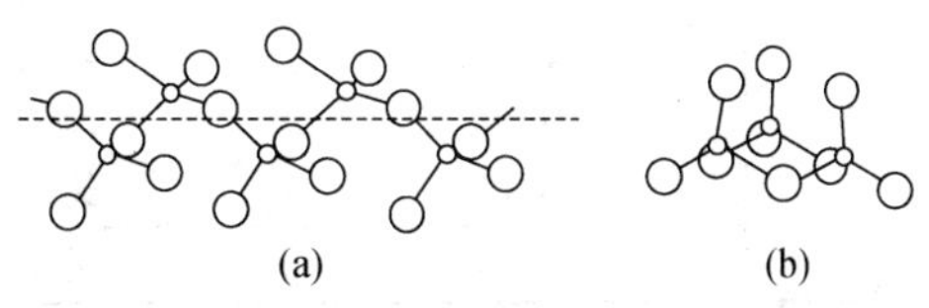

图 6-7　SO_3（链状）(a)、S_3O_9（环状）(b)的结构

$Na_6H_2Si_3O_{10} \xlongequal{-H_2O} Na_6Si_3O_6$，化学式为 Na_2SiO_3（偏硅酸钠）；$H_2S_3O_{10} \xlongequal{-H_2O} S_3O_9$，化学式为 SO_3。

总之，含氧酸（盐）脱二次 H_2O 的产物为链状（有限长度和无限长度）和环状结构（常见的有六元、八元环），见图 6-7。

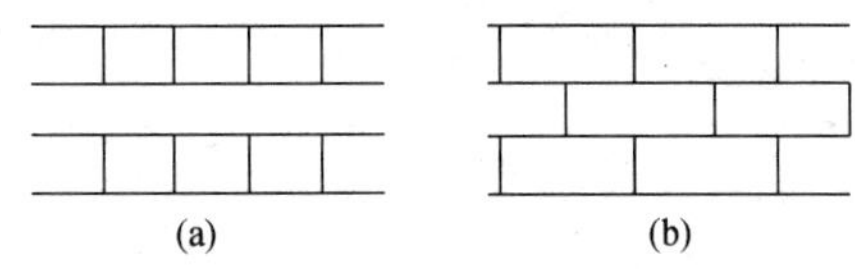

图 6-8　双链(a)、层状(b)示意图

(3) 脱三次 H_2O　在脱二次 H_2O 长链、环状产物基础上再脱一次 H_2O。

① 长链间再脱一次 H_2O 成双链、层状结构（图 6-8）。

② 环状三磷酸 $H_3P_3O_9$（设三个—OH 均向上）和另一个在它上面的 H_3PO_4（设三个—OH 均向下）共脱三个 H_2O 成 P_4O_{10}，为笼状结构（图 6-9）。其中每个 H_3PO_4 分别和三个相邻的 H_3PO_4 共脱三个 H_2O，分摊 $3\times\frac{1}{2}H_2O$，所以 $4H_3PO_4 \xlongequal{-6H_2O} P_4O_{10}$。

(4) 脱四次 H_2O　在脱三次 H_2O 层状结构的基础上再脱一次 H_2O，把 6-8(b)转 90°在图 6-10 中以实线表示，互相间再脱一次 H_2O（在图 6-10 中以虚线表示），即得骨架状结构的 SiO_2（图 6-10）。

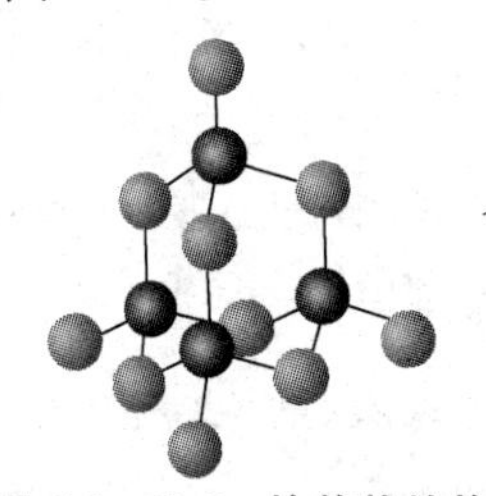

图 6-9　P_4O_{10} 的笼状结构

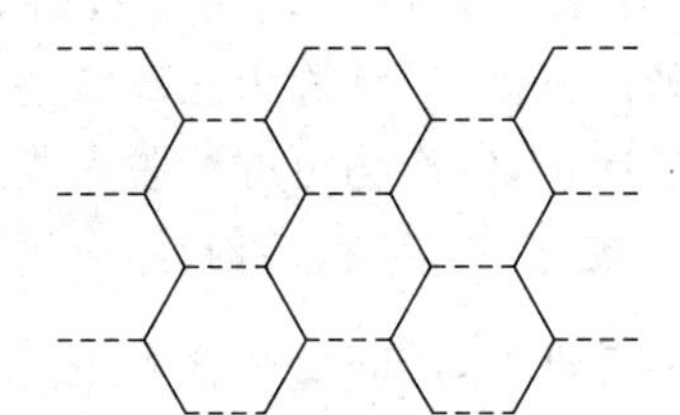

图 6-10　骨架状结构示意图

把四配位含氧酸（盐）脱水产物的结构汇列于表 6-25 中，并以 $Si(OH)_4$ 为例给出其脱水产物的组成与结构（图 6-11）。

表 6-25　四配位含氧酸脱水产物化学式、结构及实例

脱水次数	产物化学式	产物结构	实　例
1	A_2O_7	O　　O |　　| O—A—O—A—O |　　| O　　O	$Si_2O_7^{6-}$、$P_2O_7^{4-}$、$S_2O_7^{2-}$、Cl_2O_7、$Cr_2O_7^{2-}$、Mn_2O_7
2	A_3O_{10}，A_4O_{13} AO_3 AO_3	有限链 无限链 环状	$Na_8Si_3O_{10}$、$Na_5P_3O_{10}$、$Na_2S_3O_{10}$ Na_2SiO_3、$NaPO_3$、$SO_3(s)$、$CrO_3(s)$ Na_2SiO_3、$NaPO_3$、$SO_3(s)$
3	A_4O_{11} A_2O_5 A_2O_5	双链 层状 笼状	$Si_4O_{11}^{6-}$ $Si_2O_5^{2-}$ P_4O_{10}
4	AO_2	骨架	SiO_2

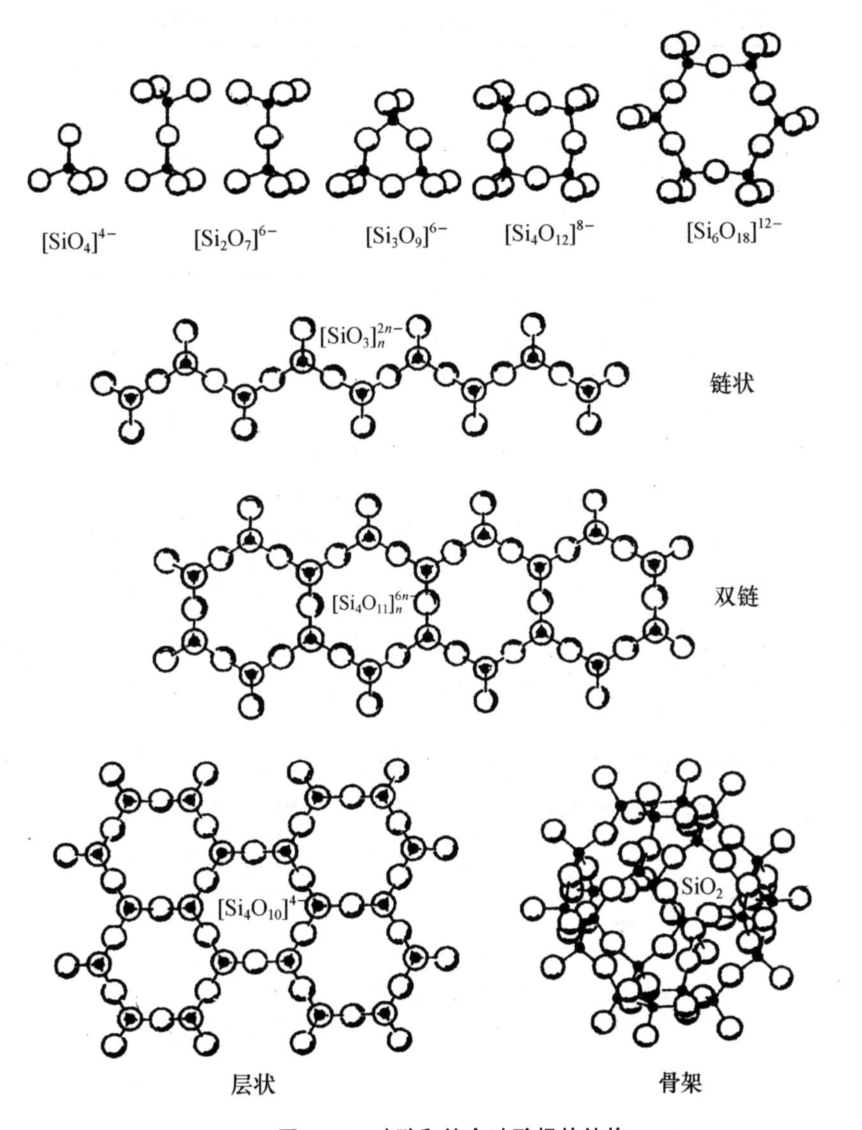

图 6-11　硅酸和缩合硅酸根的结构

2. 四配位含氧酸(盐)脱水的结构

三周期元素的四配位含氧酸为四面体构型。若相邻两个四面体共角，如无数个 SO_4 四面体共角，就是 SO_3(s)，那么，四面体构型能否共棱、共面呢？前人从几何学角度给出 AO_3(平面三角形)、AO_4(正四面体)、AO_6(正八面体)共角、共棱、共面时 A---A 的相对距离(表 6-26)，解决了这个疑问。成酸元素 A 与 A 的电性相同，相对距离近，不稳定。下面分别讨论。

表 6-26　AO_3、AO_4、AO_6 共角、共棱、共面时 A---A 的相对距离

	共　角	共　棱	共　面
AO_3 （平面三角）	1.00*	0.50	0
AO_4 （四面体）	1.00	0.58	0.33
AO_6 （八面体）	1.00	0.71	0.58

* 1.00 等为 A---A 间相对距离。

(1) AO_3　以 BO_3^{3-} 为例，相互间共角可成链状、环状结构（图 6-12）。这和前述 SO_4 形成无限长链、环状结构相似，相当于每个 SO_4^{2-}（此处为 BO_3^{3-}）失一个 O 成 SO_3(s)（此处为 BO_2^-）。

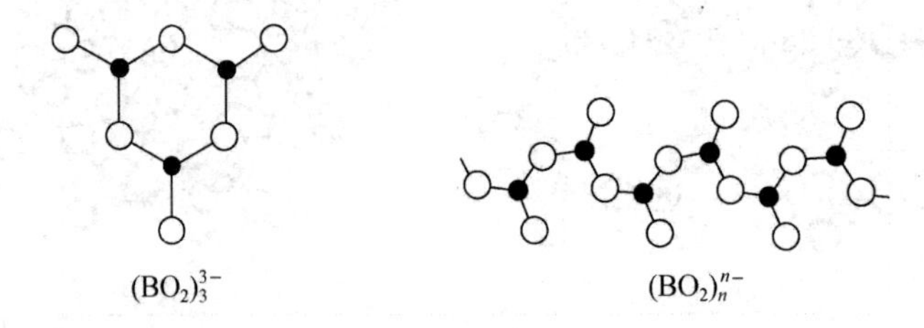

图 6-12　$(BO_2)_3^{3-}$ 和 $(BO_2)_n^{n-}$ 的结构

AO_3 若共棱，A 与 A 相对距离为 0.50，不稳定。因此，两个平面正三角形不易共棱。

(2) AO_4　共角，如 SO_3、HPO_3 等已如前述；共棱，A 与 A 间相对距离较近，为 0.58，但实例不多（参考下面讨论）；共面，A 与 A 相对距离为 0.33，不可能，即两个正四面体不可能共面。

(3) AO_6　正八面体相互间可以共角、共棱、共面，如多个钼酸根（每个都是正八面体），共用棱成 $Mo_6O_{19}^{2-}$、$Mo_7O_{24}^{6-}$（图 6-13）。

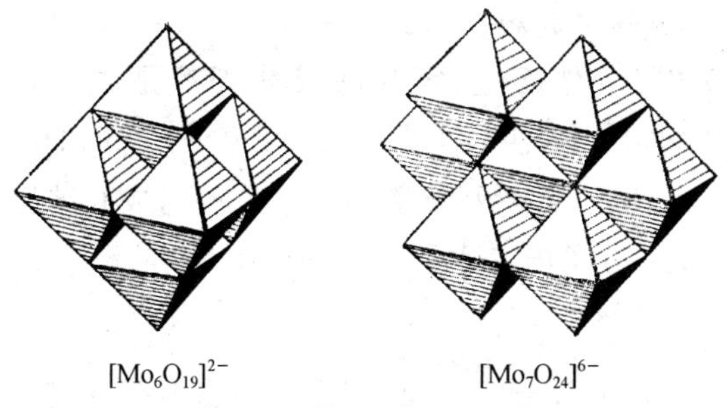

图 6-13 $[Mo_6O_{19}]^{2-}$和$[Mo_7O_{24}]^{6-}$的结构

同种元素、不同种元素含氧酸(盐)的 AO_3、AO_4、AO_6 间也能够共用角、棱、面,如:

① 四硼酸根的结构见图 6-14,两个是平面三角形 BO_3^{3-},其他两个是四面体 BO_4^{5-},它们相互间共角(未参与共角的是 OH)。

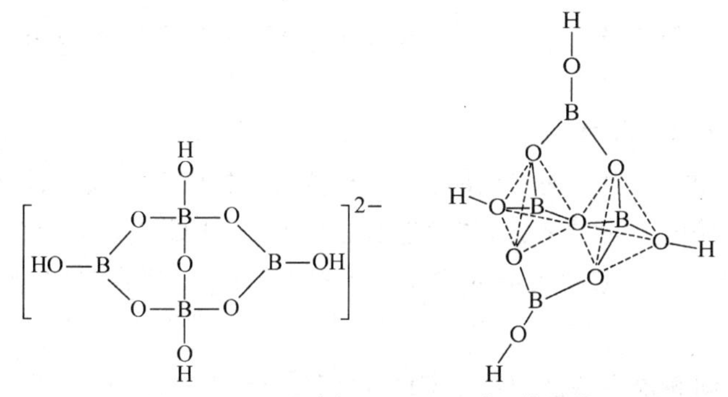

图 6-14 四硼酸根 $B_4O_5(OH)_4^{2-}$ 的结构

② 钼磷酸$(NH_4)_3PO_4 \cdot 12MoO_3$ 的结构见图 6-15。其中 12 个钼酸根(每个都是正八面体)分成四组,每组三个钼酸根间(两两)共棱、(三者)共角,四组共四个角分别和四面体 PO_4 共角[图 6-15 的(b)、(c)]。每组钼酸根分别与其他三组钼酸根共用两个角。这就是十二钼磷杂多酸根的结构[图 6-15 的(a)]。

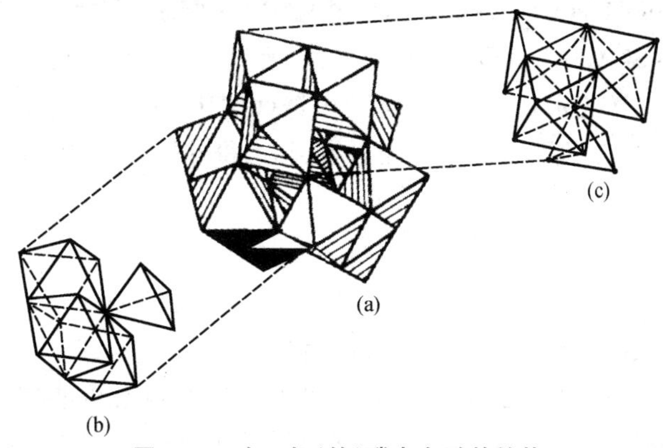

图 6-15 十二钼(钨)磷杂多酸的结构

3．含氧酸（盐）脱水产物组成和结构的普遍性

酯化反应、硝化反应、磺化反应、氨基酸成肽等都是脱水过程，脱水基团除前述 $\geqslant$A—OH外，还有 RCOOH 中 OH、ROH 中 H、$—NH_2$ 中 H、C_6H_6 中 H，等等。因此可根据物质含有的可脱水的基团及其个数，推断脱水产物的组成和结构。

（1）脱一次水有两类：分子内脱水和分子间脱水。

① 分子内脱 H_2O 有两种：

$$C_2H_5OH \xlongequal{-H_2O} C_2H_4 \quad (\text{产物中有重键})$$

$$H_2N(CH_2)_5COOH(\text{氨基己酸}) \xlongequal{-H_2O} \underset{\llcorner O \lrcorner}{HN(CH_2)_5CO} (\text{己内酰胺，环状结构})$$

② 分子间脱 H_2O　如 CH_3COOH 和 C_2H_5OH 的酯化反应，CH_3COOH 间脱 H_2O 成 $(CH_3CO)_2O$（醋酸酐），NH_2CH_2COOH 脱水成肽键。

$$2NH_2CH_2COOH \xlongequal{-H_2O} NH_2CH_2CONHCH_2COOH$$

……

若已知 C_2H_5OH、CH_3COOH 等的结构，就不难知道它们的脱水产物如 $CH_3COOC_2H_5$、$(CH_3CO)_2O$ 等的结构。脱水时形成的类似于前述的“桥键”，键较弱、键角 $\neq 180°$，因此脱水产物遭到其他试剂进攻时易断键，如发生酯的水解，$(CH_3CO)_2O$ 转化为 CH_3COOH。

（2）脱二次水　参与脱水反应的物质应含有多个（$\geqslant 2$）脱水基团，如 $\underset{\displaystyle NH_2}{R—\underset{|}{C}HCOOH}$ 间或和 $\underset{\displaystyle NH_2}{R'\underset{|}{C}HCOOH}$ 间脱水成多肽，$H_2N(CH_2)_6NH_2$（己二胺）和 $HOOC(CH_2)_4COOH$（己二酸）脱水成尼龙-66，HOOC—⟨◯⟩—COOH（对苯二甲酸）和 $H_2N(CH_2)_6NH_2$ 脱水成的确良，以及单糖和淀粉间关系。

（3）脱三次水　$Si(CH_3)_3Cl$、$Si(CH_3)_2Cl_2$、$SiCH_3Cl_3$ 水解成 $Si(CH_3)_3OH$、$Si(CH_3)_2(OH)_2$、$SiCH_3(OH)_3$，其中 $Si(CH_3)_3OH$ 只能脱一次水，参与脱水后位于链状结构的首端、末端；$Si(CH_3)_2(OH)_2$ 可脱二次水，参与脱水后位于链状结构的“节”；$SiCH_3(OH)_3$ 参与二次脱水成链时，还可发生链间脱水（和橡胶硫化的交联作用相似）。因此，混合一定比例的三种甲基氯化硅经水解、脱水得硅橡胶，其中以

$$\left[\begin{array}{c} CH_3 \\ | \\ -Si-O- \\ | \\ CH_3 \end{array} \right]_n$$

为主链，具有优异的性能，也耐用，俗称无机橡胶。

总之，只要关注物质中含有的脱水基团（及其数目），就有可能推知其脱水产物的组成和结构。如已知在一定条件下 C_6H_5OH 和 HCHO 反应时的脱水基团，就可能画出酚

醛树脂的结构。

若把 H_2O 认为是小分子，那么上面讨论的脱水产物的组成和结构也适于脱其他小分子(如 HCl、NH_3、C_2H_5OH……)产物。如

① 分子内脱小分子的反应

$$\underset{\displaystyle H}{\underset{|}{CH_2}}-\underset{\displaystyle Cl}{\underset{|}{CH_2}} \xlongequal{-HCl} CH_2=CH_2$$

$$\left(\underset{\displaystyle H}{\underset{|}{CH}}-\underset{\displaystyle Cl}{\underset{|}{CH}}\right)_n \xlongequal{-nHCl} \left(CH=CH\right)_n$$

(分子内脱小分子反应产物中含重键，同上)。这后一个反应被用来制备具有导电性的聚乙炔。

② 分子间脱小分子的反应

$$CH_3COONa+NaOH = CH_4+Na_2CO_3$$

$$C_6H_6+RCl \xlongequal{-HCl} C_6H_5-R$$

③ 脱多个小分子(含 H_2O)：一个实例是制碳纤维(轻质、高强度材料)，它是以纤维素、聚丙烯腈、沥青为原料，于约 300℃、无 O_2 条件下脱去含 N、S、O、H 等构成的小分子，产物中重键数增多，链间结合；又在约 1000℃隔绝空气条件下加热再次脱去小分子，产物中只有 C 原子，相互间连接增多；在更高的温度下经石墨化即得高强度的石墨纤维(图 6-16)。

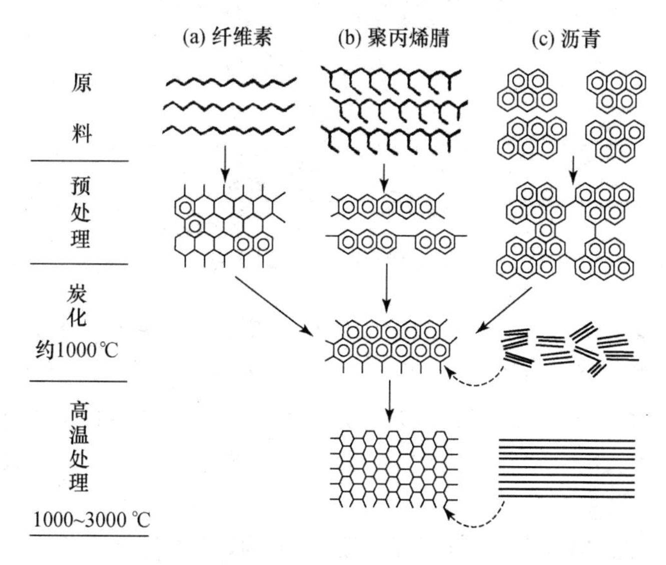

图 6-16　碳纤维形成过程

表 6-26 中给出 AO_3、AO_4、AO_6 多面体共角、棱、面时 A 与 A 间相对距离，无疑也适于讨论 AB_3（三角形）、AB_4（四面体）、AB_6（八面体）共角、棱、面的问题，即上述观点也能讨论其他化合物的结构，如：

① SiS_2(s)是每个 SiS_4 四面体分别和相邻两个 SiS_4 共棱构成的长链结构(附：两个多面体共角，每个多面体分摊半个失去的基团，共棱相当于共两个角，所以 $SiS_4-\frac{1}{2}\times 4S$，化学式为 SiS_2)。

$BeCl_2$(s)也是由 $BeCl_4$ 四面体分别和相邻两个 $BeCl_4$ 四面体共棱构成的长链结构（图 6-17）。

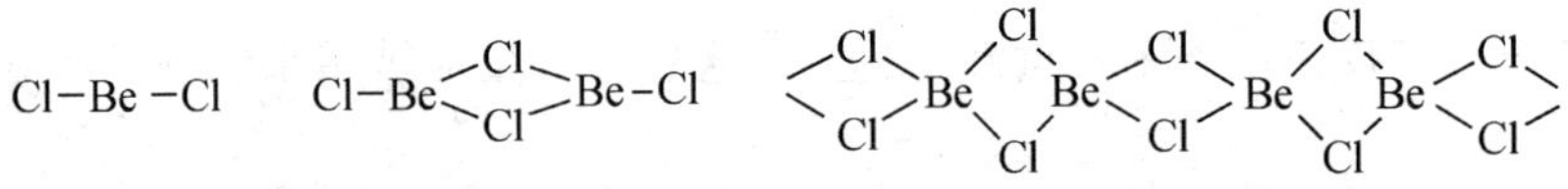

Cl−Be −Cl　　　Cl−Be(Cl)(Cl)Be−Cl　　　Cl Cl Be Cl Cl Be Cl Cl Be Cl Cl Be Cl Cl

$BeCl_2$(g)　　　Be_2Cl_4(g)　　　$BeCl_2$(s)

图 6-17　$BeCl_2$、Be_2Cl_4、$BeCl_2$(s)的结构

② $K_3Cr_2Cl_9$ 中阴离子的结构是两个 $CrCl_6$（八面体）共面（图 6-18）。

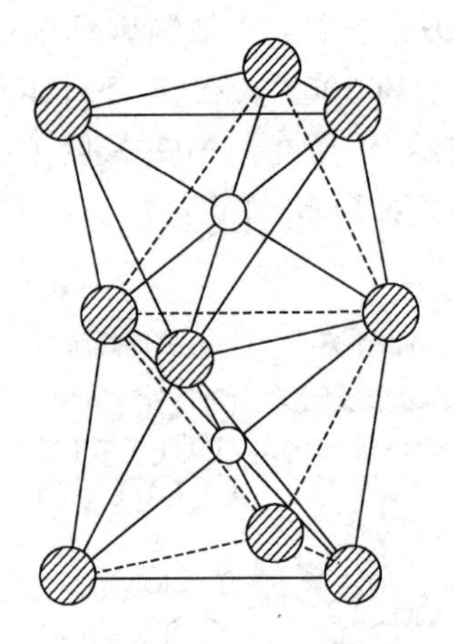

图 6-18　$Cr_2Cl_9^{3-}$ 的结构

③ 冰晶石 Na_3AlF_6 中阴离子 AlF_6^{3-} 为正八面体。若每个 AlF_6^{3-} 分别和相邻两个 AlF_6^{3-} 共角成长链结构[和 H_2SO_4 共角成长链 SO_3(s)相同]，其化学式为 AlF_5^{2-}，如 Tl_2AlF_5。无数链相互间共角成层状结构，其中每个 AlF_6^{3-} 分别和相邻四个 AlF_6^{3-} 共角，其化学式为 AlF_4^-，如 $NaAlF_4$。具体见图 6-19。[顺便提及，化学式如 SO_3(s)、AlF_4、AlF_5 并不反映 S、Al 的配位数。]

另外，无数层状 AlF_4^- 互相连接成骨架状结构，其中每个 AlF_6^{3-} 分别和相邻 6 个 AlF_6^{3-} 共角，其化学式为 AlF_3——固态 AlF_3 的结构。

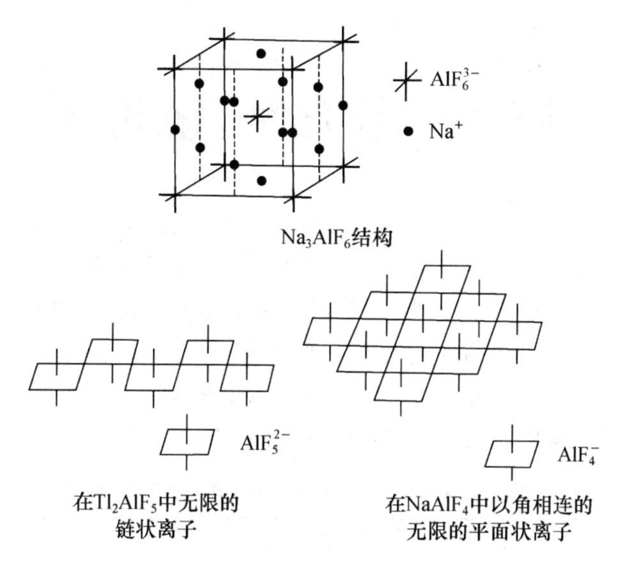

图 6-19　AlF_6^{3-}、AlF_5^{2-}、AlF_4^- 的结构

第七章　硫化物　卤化物　氢化物　氮化物

硫化物、卤化物是硫、卤素和其他元素形成的离子型或共价化合物，现将硫、卤素有关数据列于表 7-1。电子亲和能是气态原子吸引(外来)电子释能及原有电子对被吸引电子间排斥能的平衡值，因 O、F 原子小，对被吸引电子斥力较大，所以它们亲和电子释能分别少于 S、Cl；$O^-(g)$、$S^-(g)$再结合电子需吸收能量，也是 $O^-(g)+e^- = O^{2-}(g)$吸收更多。然而形成氟化物、氧化物所释放的能量分别多于相应离子型的氯化物、硫化物，这应该和晶格能有关；若形成共价型化合物，应和键能有关(表 7-2)。

表 7-1　X(g)、A(g)生成焓(kJ/mol)和电子亲和能(kJ/mol)

	F	Cl	Br	I		O	S	Se	Te
$\frac{1}{2}X_2(g) \longrightarrow X(g)$	79	119	95	74	A(g)生成焓	249	278	202	195
$X(g)+e^- \longrightarrow X^-(g)$	−339	−355	−331	−302	$A(g)+e^- = A^-(g)$	−141	−200	−195	−190
					$A^-(g)+e^- = A^{2-}(g)$	781	590	421	—

表 7-2　某些氟化物和氯化物，氧化物和硫化物的晶格能、键能

晶格能/($kJ \cdot mol^{-1}$)			键能/($kJ \cdot mol^{-1}$)			
NaF　−916	MgO　3929	CaO　3477	H—F　565	C—F　485	H—O　459	C—O　358
NaCl　−778	MgS　3347	CaS　3084	H—Cl　428	C—Cl　327	H—S　363	C—S　272

一、硫化物

硫和氧同族，讨论硫化物性质时为了便于理解把它和氧化物作对比。硫能和许多元素形成组成和氧化物相同的硫化物，如 Na_2S、MgS、Al_2S_3、SiS_2、P_4S_{10}等，形成硫化物时释放的能量比形成相应氧化物少，多数情况下硫化物 $\Delta_f H_m^{\ominus}$ 约为氧化物 $\Delta_f H_m^{\ominus}$ 的 20%～75%。需要指出：形成 Rb_2O、Cs_2O、Ag_2O 释放的能量分别少于 Rb_2S、Cs_2S、Ag_2S。目前认为，Rb_2O、Cs_2O 的数据不准，Ag_2S 主要是因为 Ag^+ 和 S^{2-} 相互间极化作用之故。

1. 硫化物的性质

(1) 大多数金属硫化物的颜色较深，重金属硫化物中除 ZnS(白色)、CdS(黄色)、SnS_2(金黄色，俗称金粉)外都是深色物。自然界金属硫化物矿因有光泽，被称为辉某矿，如辉锑矿(主要成分 Sb_2S_3。我国锑矿储量占世界探明总量的约 40%)、辉钼矿(MoS_2)；闪某矿，如闪锌矿(ZnS)；也有不用“辉”、“闪”称呼的硫化物矿，如方铅矿(PbS)、朱砂矿

(HgS)。

(2) 元素高氧化态硫化物的能量比相应氧化物高，再则高、低氧化态硫化物的 $\Delta_f H_m^\ominus$ 的差值小于相应的氧化物，如 WS_2、WS_3 的 $\Delta_f H_m^\ominus$ 分别为 −232 kJ/mol、−256 kJ/mol，仅差 24 kJ/mol，而 WO_2(−570 kJ/mol) 和 WO_3(−840 kJ/mol) 差 270 kJ/mol。因此，高氧化态硫化物对热不够稳定，受热易分解成低氧化态硫化物。

S^{2-} 的还原性比 O^{2-} 强了许多，因此硫化物中元素的最高氧化态或等于、或低于元素在氧化物中的最高氧化态，前者如 P_4O_{10} 和 P_4S_{10}，后者如 OsS_2、Cr_2S_3、V_2S_3、PbS，而相应的氧化物依次为：OsO_4、CrO_3、V_2O_5、PbO_2。

(3) 硫化物的熔点、沸点　若是离子型化合物，硫化物的熔点低，如 Na_2S 950℃，MgS 2000℃，Al_2S_3 1100℃，相应氧化物：Na_2O 1093℃，MgO 2800℃，Al_2O_3 2010℃；若是共价型化合物，硫化物较高，如 CS_2 沸点 46.2℃，而 CO_2 熔点 −56℃(加压下)。附：H_2O 的沸点(100℃)高于 H_2S(−60.2℃)是 H_2O 间有较强氢键之故。

(4) 硫的化合物中，S 以单个或连硫(多硫)S_n^{2-} 存在，这和 S—S 键能(S_8 中 S—S 键能 226 kJ/mol)略强于 O—O(H_2O_2 中 O—O 键能为 206 kJ/mol)有关。

含 S—S 键的硫化物和不含 S—S 键的硫化物相比，前者对热不稳定，如 FeS_2(由 Fe^{2+} 和 S_2^{2-} 构成)于约 500℃分解为 FeS 和 S，而 FeS 分解温度约 1100℃。

硫化物中不存在类似于 O_2^-(超氧离子)、O_3^-(臭氧离子)的 S_2^-、S_3^-，是因为(第三周期)S 与 S 原子间不易形成较强的 π 键，而在 O_2^-、O_3^- 中(第二周期)O 与 O 原子间除 σ 键外，还有较稳定的(离域、定域)π 键。

(5) 硫化物的酸碱性　在同一周期主族元素中，从左到右最高氧化态硫化物、氧化物都是碱性减弱、酸性增强。氧化物开始呈现酸性的元素，常位于硫化物开始呈现酸性元素的右侧。如：

二周期：BeO 两性，CS_2 酸性。

三周期：Al_2O_3 两性，P_4S_{10} 酸性。

四周期(主族元素)：Ga_2O_3 两性，GeS_2 酸性。

酸性硫化物能和碱性硫化物，如 Na_2S(碱性较强)反应生成硫代酸盐(和碱性氧化物与酸性氧化物形成含氧酸盐相似)。如：

$$Na_2S + CS_2 \longrightarrow Na_2CS_3 \text{(红色，硫代碳酸钠)}$$

$$6Na_2S + P_4S_{10} \longrightarrow 4Na_3PS_4 \text{(硫代磷酸钠)}$$

$$3Na_2S + As_2S_5 \longrightarrow 2Na_3AsS_4 \text{(硫代砷酸钠)}$$

$$Na_2S + As_2S_3 \longrightarrow 2NaAsS_2 \text{(硫代亚砷酸钠)}$$

$$Na_2S + SnS_2 \longrightarrow Na_2SnS_3 \text{(硫代锡酸钠)}$$

和多氧化态元素的氧化物相同，高氧化态氧化物(硫化物)的酸性较强，而低氧化态氧化物(硫化物)的酸性弱或呈碱性，因此 Na_2S 不能和 SnS 反应。

Na_2S_2 和 Na_2O_2 相似，兼有碱性和氧化性(虽然氧化性弱于 Na_2O_2)，所以它能和 SnS

(SnS被氧化成SnS_2,酸性增强)反应。

$$Na_2S_2+SnS \longequal Na_2SnS_3$$

Na_2S_2和As_2S_3、Sb_2S_3反应时,也会把它们氧化成MS_4^{3-}(M为As、Sb)。显然,Na_2S和As_2S_3、Sb_2S_3生成AsS_2^-(硫代亚砷酸根)、SbS_2^-(硫代亚锑酸根)反应的倾向弱于前者。

既然酸性硫化物能和碱性Na_2S反应,那么它(以As_2S_5为例)也能和NaOH反应,若NaOH不过量,生成AsS_4^{3-}和AsO_4^{3-},若NaOH较浓而且过量,则生成AsO_4^{3-}。

$$As_2S_5+16OH^- = 2AsO_4^{3-}+5S^{2-}+8H_2O$$

(6) 硫代酸盐的制备和通性　制备硫代酸盐有多种方法,其中三种是:

① 碱性硫化物和酸性硫化物反应。

$$Na_2S+MS_2 = Na_2MS_3$$

这个反应和酸性氧化物与碱性氧化物形成含氧酸盐相似,如$Na_2O+SnO_2 = Na_2SnO_3$。区别是氧化物的反应只能在熔融态进行,而硫化物间的反应既可在熔融态,也可以在水溶液中进行。这是因为Na_2O在水溶液中全转化为NaOH,而Na_2S(虽然水解度很大)可在水溶液中存在。(制备Na_2S时,室温能从浓溶液中析出$Na_2S\cdot 9H_2O$晶体。)

② 二硫化钠和硫化物反应。

$$Na_2S_2+As_2S_3 \longrightarrow Na_3AsS_4$$

和$Na_2O_2+As_2O_3 \longrightarrow Na_3AsO_4$类似。同上,硫化物间的反应,既能在熔融态,也能在水液中进行。因Na_2O_2与H_2O完全转化为NaOH、H_2O_2,所以氧化物间反应只能在熔融态进行。

③ 某些含氧酸盐和过量、浓的Na_2S反应。如:

$$MoO_4^{2-}+4S^{2-}+4H_2O = MoS_4^{2-}+8OH^- \quad (WO_4^{2-}\text{同})$$

硫代酸盐的一个通性是遇酸得H_2S及相应的硫化物,如:

$$2AsS_4^{3-}+6H^+ = As_2S_5+3H_2S$$

关于硫代酸盐还有两个问题:

第一,硫代硫酸钠的制法:

$$Na_2SO_3+S = Na_2S_2O_3$$

和遇酸析出S,

$$S_2O_3^{2-}+2H^+ = H_2SO_3+S$$

它和其他硫代酸盐制法、性质不同的主要原因是,$S_2O_3^{2-}$中硫代的那个S不能认为它显负性,而其他硫代酸盐中的S,如CS_3^{2-}、PS_4^{3-}……(在周期表中S位于C、P等右侧)可认为它显负性。

第二,难溶的、不具备酸性的HgS能和S^{2-}形成HgS_2^{2-}。

$$HgS+S^{2-} = HgS_2^{2-} \quad K=5$$

这是因为Hg^{2+}和S^{2-}之间有较强的极化作用,HgS_2^{2-}叫二硫合汞(Ⅱ)。

(7) 硫化物的水解　可溶性硫化物，如 Na_2S 在水溶液中水解度>90%，碱性很强，所以叫硫化碱；BaS、CaS 固体(商品)中含有 Ba(OH)(SH)。难溶硫化物在水溶液中溶解的极少量的 S^{2-}，水解极为完全。因此，不能直接进行溶解度和溶度积之间的换算。由于水解性强，所以有的(溶解度不是很小的)硫化物，如 Al_2S_3 只能在干态下制备。

2. 硫化物的制备

(1) 干法　单质直接和 S 反应。其中 Na 和 S，Hg 和 S 在研钵中研磨就能反应。因 $\Delta_f H_m^\ominus(Na_2S) = -373$ kJ/mol，所以要控制用量；室温下 Hg 和 S 的反应，被用于把 S 粉撒在可能有 Hg 的部位(Hg 蒸气对人体有害)，使之生成 HgS(在 Hg 微粒的表层)，阻止 Hg 的挥发。

加热，许多金属都能和 S 直接反应。如：

$$2Al + 3S = Al_2S_3$$

$$Fe + S = FeS$$

关于这类反应的几个问题：

① 反应释热，如 $\Delta_f H_m^\ominus(FeS) = -95$ kJ/mol 能满足发生后续反应对活化能的要求，所以反应一经开始，就能进行到底；若释热，如 $\Delta_f H_m^\ominus(CuS) = -48$ kJ/mol 不能满足发生后续反应对活化能的要求，则要在加热的条件下，才能使反应持续进行。

② 若投料时，S 量过多，对某些金属可能生成二硫化物，如 $2Na + 2S = Na_2S_2$。

③ 某些高氧化态硫化物对热不稳定，所以其单质和 S 反应，只能得到低氧化态的硫化物。如 $2As + 3S = As_2S_3$。

(2) 湿法制备难溶性的硫化物　通 H_2S 入某些金属(周期表中偏右)化合物溶液中得相应难溶的硫化物。

$$M^{2+} + H_2S = MS + 2H^+ \quad (Cu^{2+}、Pb^{2+}、Cd^{2+}、Hg^{2+}\cdots\cdots)$$

Ag(Ⅰ)、As(Ⅲ)、Sb(Ⅲ)、Bi(Ⅲ)等化合物也能和 H_2S 形成相应的硫化物。

其中 H_2S 和 Zn^{2+} 盐的反应不完全，加入 CH_3COONa(CH_3COO^- 和反应释出的 H^+ 结合成 CH_3COOH)可使反应完全。溶解度不是很小的 FeS($K_{sp} = 4 \times 10^{-19}$)、MnS($K_{sp} = 2 \times 10^{-15}$)需用 Na_2S 或 $(NH_4)_2S$ 和 Fe^{2+}、Mn^{2+} 化合物反应制备。

(3) 某些高氧化态硫化物的制备　用 Na_2S_2 氧化低氧化态的硫化物(碱性有利于还原剂被氧化，已如前述)，

$$AsS_2^- + S_2^{2-} = AsS_4^{3-} \quad (SbS_2^-\ 同)$$

再酸化得硫化物：　$2AsS_4^{3-} + 6H^+ = As_2S_5 + 3H_2S$　(SbS_4^{3-} 同)

若在酸性条件下把 H_2S 通入 AsO_4^{3-}[$Sb(OH)_6^-$ 同]，因酸性有利于氧化剂，所以得到的沉淀是 As_2S_5、As_2S_3(Sb_2S_5、Sb_2S_3)和 S。

钼(Ⅵ)酸、钨(Ⅵ)酸是沉淀(难溶物)，很难和 H_2S 反应。制备方法是：浓、过量的 Na_2S 和 MoO_4^{2-}(WO_4^{2-})作用得 MoS_4^{2-}(WS_4^{2-})，后者经酸化得 MoS_3(WS_3)。

(4) 还原硫酸盐　自然界存在的 $Na_2SO_4 \cdot 10H_2O$(芒硝)、$BaSO_4$(重晶石)，在高温

下被还原(参考第二章偶联反应)。

$$Na_2SO_4 + C \longrightarrow Na_2S + CO + CO_2$$

$$BaSO_4 + C \longrightarrow BaS + CO + CO_2$$

在约900℃加热,生成CO、CO_2气氛可保持产物Na_2S、BaS不被氧化。冷却后,固体溶于水,经除杂质、浓缩,得到相应硫化物。

(5) 氧化物和硫、碳反应,得硫化物。如

$$Al_2O_3 + 3C + 3S = Al_2S_3 + 3CO$$

或

$$2Al_2O_3 + 3C + 6S = 2Al_2S_3 + 3CO_2$$

实际气体产物中兼有CO和CO_2。

二、卤化物

本节主要介绍氯化物,并对其他卤化物作一般性介绍。讨论时还会和氧化物作比较。

1. 氯化物的生成焓

氯能和大多数单质直接反应生成氯化物。

$$M(s) + \frac{n}{2}Cl_2(g) = MCl_n(s)$$

这是熵减过程,只有$\Delta_f H_m^\ominus(MCl_n)$相当小(代数值)的氯化物的单质才能和$Cl_2$直接反应。氯化物的$\Delta_f H_m^\ominus$有三个特点:

(1) 金属卤化物的$\Delta_f H_m^\ominus$(以1 mol Cl_2参与反应计)从小到大序(代数值)和金属电极电势序大致相仿(表7-3)。[不一致的实例,如$\Delta_f H_m^\ominus(LiCl) = -768$ kJ/mol Cl_2,比$\Delta_f H_m^\ominus(KCl)$大,而$E^\ominus_{Li^+/Li}$却小于$E^\ominus_{K^+/K}$。]

表7-3 几种氯化物的$\Delta_f H_m^\ominus$和$E^\ominus$

$\frac{\Delta_f H_m^\ominus}{kJ/mol\ Cl_2}$	KCl −872	$BaCl_2$ −861	NaCl −822	$MgCl_2$ −642
$E^\ominus$/V	−2.93	−2.91	−2.71	−2.37

(2) 多种氧化态元素氯化物的$\Delta_f H_m^\ominus$(按1 mol Cl_2参与反应计)随氧化态升高而增大(代数值)(表7-4)。从热力学角度看,这个特点和多氧化态元素的氧化物相似,如SO_2、SO_3的$\Delta_f H_m^\ominus$分别为−296 kJ/mol、−395 kJ/mol,所以

$$SO_2 + \frac{1}{2}O_2 = SO_3 \quad \Delta_r H_m^\ominus = -99\ kJ/mol$$

反应能够进行;若对SO_2、SO_3按0.5 mol O_2参与反应计,则$\Delta_f H_m^\ominus$分别为−148 kJ/0.5 mol O_2、−132 kJ/0.5 mol O_2(代数值增大)。所以从热力学角度分析,氯化物的性能和氧化物相似。

表 7-4 几种不同氧化态(元素)氯化物的 $\Delta_f H_m^\ominus$

	$\Delta_f H_m^\ominus$		$S^\ominus/(J \cdot K^{-1} \cdot mol^{-1})$
	kJ/mol	kJ/mol Cl_2	
$PCl_3(g)$	−306	−204	312
$PCl_5(g)$	−399	−160	353
$SnCl_2(s)$	−350	−350	113
$SnCl_4(l)$	−545	−273	259
$FeCl_2(s)$	−341	−341	120
$FeCl_3(s)$	−450	−300	130
$Hg_2Cl_2(s)$	−265	−265	196
$HgCl_2(s)$	−230	−230	144
$PtCl(s)$	−74	−148	104
$PtCl_2(s)$	−149	−149	131
$PtCl_3(s)$	−209	−139	151
$PtCl_4(s)$	−263	−132	199

只有少数高氧化态氯化物的 $\Delta_f G_m^\ominus$(按 kJ/mol 计)大于(相应元素)低氧化态的氯化物。如 298K 时

$$\Delta_f G_m^\ominus(MoCl_6) = -243\ kJ/mol > \Delta_f G_m^\ominus(MoCl_5) = -270\ kJ/mol$$

显然,$MoCl_6$ 易发生分解反应。这个特点又和不能用 SeO_2(−230 kJ/mol)直接和 O_2 反应制备 SeO_3(−184 kJ/mol)相似。

溴化物、碘化物中也有类似的情况,如

$$\Delta_f G_m^\ominus(CuI_2) = -24\ kJ/mol > \Delta_f G_m^\ominus(CuI) = -70\ kJ/mol$$

所以,室温下 CuI_2 发生分解反应:

$$CuI_2 = CuI + \frac{1}{2}I_2$$

(3) 除碱金属、碱土金属(铍除外)、铜族、锌族和其他少数元素的低氧化态氯化物的生成焓(按 1 mol M 参与反应计)小于相应的氧化物外(也按 1 mol M 参与反应计),如

$$\Delta_f H_m^\ominus(NaCl) = -411\ kJ/mol <$$

$$\Delta_f H_m^\ominus\left[\frac{1}{2}Na_2O,即\frac{1}{2}\times(-416\ kJ/mol\ M)\right] = -208\ kJ/mol\ M$$

$$\Delta_f H_m^\ominus(FeCl_2) = -341\ kJ/mol < \Delta_f H_m^\ominus(FeO) = -267\ kJ/mol$$

其余,尤其是高氧化态氯化物的 $\Delta_f H_m^\ominus$(均按 1 mol M 参与反应计)大于相应的氧化物。如

$$\Delta_f H_m^\ominus(AlCl_3) = -695\ kJ/mol > \Delta_f H_m^\ominus\left(\frac{1}{2}Al_2O_3\right) = -835\ kJ/mol$$

$$\Delta_f H_m^\ominus(TiCl_4) = -763\ kJ/mol > \Delta_f H_m^\ominus(TiO_2) = -912\ kJ/mol$$

就是说，有些元素(某氧化态)氯化物的能量低于氧化物，另一些元素(尤其是高氧化态)氯化物的能量较高于氧化物。个别金属氧化物的能量和氯化物相近，如 MgO、$MgCl_2$ 的 $\Delta_f H_m^\ominus$ 分别为 -602 kJ/mol 和 -642 kJ/mol(参考表 2-16)。因此，可能发生氯化物转化为氧化物的反应，如

$$TiCl_4(g)+O_2 \xlongequal{\quad} TiO_2+2Cl_2 \quad \Delta_r H_m^\ominus=-149\ \text{kJ/mol}$$

也可能发生氧化物转变为氯化物的反应，如

$$Bi_2O_3+3Cl_2 \xlongequal{\quad} 2BiCl_3+\frac{3}{2}O_2 \quad \Delta_r H_m^\ominus=-180\ \text{kJ/mol}$$

以及相互间很难转化的情况，如

$$MgO+Cl_2 \xlongequal{\quad} MgCl_2+\frac{1}{2}O_2 \quad \Delta_r H_m^\ominus=-40\ \text{kJ/mol}, \quad \Delta_r S_m^\ominus=-57\ \text{J/K}\cdot\text{mol}$$

顺便提及，不难想象氯化物的熵值(按 1 mol M 参与反应计)都大于相应的氧化物，如 $MgCl_2$、MgO 的 $S_m^\ominus$分别为 90 J/K · mol、27 J/K · mol，$ZnCl_2$、ZnO 分别为 108 J/K · mol、44 J/K · mol。

2. 卤化物的性质

(1) 常温下，多数金属的氯化物都呈固态，高氧化态(≥Ⅳ)的金属氯化物也可能呈液态；多数非金属氯化物为液态或气态物，只有少数呈固态，如 PCl_5。

若金属的四种卤化物都是离子型的，氟化物的熔、沸点最高，如卤化钠；若四种卤化物都是由共价键结合形成的有限分子，则碘化物的熔、沸点最高，如四卤化碳；若四种卤化物中氟化物是离子型，而其他卤化物不是离子型，则氟化物熔、沸点最高，如卤化铝(表 7-5)。(多氧化态)元素高氧化态氯化物的熔、沸点常低于低氧化态氯化物和相应金属的熔点(表 7-6)。顺便提及，许多低氧化态(≤Ⅲ)氧化物的熔点常高于相应金属的熔点，如 MgO、Al_2O_3 的熔点为 2802℃、2027℃，而 Mg、Al 熔点为 650℃、660℃。

表 7-5 某些卤化物的熔点

卤化物	NaF	NaCl	NaBr	NaI	AlF_3	$AlCl_3$	$AlBr_3$	AlI_3	CF_4	CCl_4	CBr_4	CI_4
熔点/℃	992	801	755	661	1290	192	97.5	191	−183	−23	94	173

表 7-6 铁、锡、铅及其氯化物的熔点

氯化物	$FeCl_2$	$FeCl_3$	$SnCl_2$	$SnCl_4$	$PbCl_2$	$PbCl_4$
氯化物熔点/℃	672	300	247	−33.3	498	−15
金属熔点/℃	1539		232		327	

(2) 卤化物的颜色。卤离子本身是无色的，因此金属卤化物的颜色取决于金属离子及阴、阳离子间的相互作用。若金属离子是有颜色的，则氯化物也有颜色，如 $NiCl_2$(还有 $NiBr_2$)呈黄色，$CrCl_2$ 呈蓝色，$CoCl_2$ 蓝色($CoBr_2$ 绿色)，$FeCl_3$ 褐色($FeBr_3$ 暗红)……。有些

卤化物因水合数不同呈现不同的颜色，如 $CoCl_2$ 蓝色，$CoCl_2 \cdot H_2O$ 紫色，$CoCl_2 \cdot 2H_2O$ 玫瑰红，$CoCl_2 \cdot 6H_2O$ 红色；CoI_2 黑色，$CoI_2 \cdot 2H_2O$ 绿色，$CoI_2 \cdot 6H_2O$ 红色。

大多数“8 电子”构型的金属卤化物，如 NaCl、$MgCl_2$ 呈白色或无色，而“18 电子”(如 Ag^+、Hg^{2+})、“(8～18)电子”(如 Fe^{3+})、“(18+2)电子”(如 Pb^{2+}、Tl^+)构型的金属卤化物，因相互间有较强的离子极化作用而显色，I^- 变形性最强，所以碘化物常显色，如 AgCl、$HgCl_2$ 均呈白色，AgI 呈浅黄色，HgI_2 为深红色。

3. **卤化物的制备**

(1) 卤素和单质直接反应　Cl_2 能和大多数金属直接化合。易熔金属(碱金属、锌族)、粉末状金属和 Cl_2 发生剧烈反应，量较大时能起火燃烧。目前已确证微量 H_2O 是单质和 Cl_2、Br_2、I_2 反应的催化剂，绝对干燥的 Cl_2 和 Na 历经数年也不发生明显的反应。

确证 H_2O 是催化剂的一个实验是：以质量比为 2∶3 均匀混合干铝粉和干碘。把混合物均分成四份，分别加几滴水、一小块明矾、一小块胆矾 $CuSO_4 \cdot 5H_2O$、少许无水 $CuSO_4$。现象是：滴加水的那份先反应，加明矾的其次，加胆矾的较难发生反应，加无水 $CuSO_4$ 的那份不反应。若铝粉、碘不干，则在混合它们时就会发生剧烈的反应；加明矾的那份也能起到催化剂的作用，表示和明矾比胆矾易失水的性能有关。

卤素和块状金属的反应发生在金属表层，形成的卤化物层可能阻碍卤素和内层金属的反应(和铝等金属在空气中表面形成保护层相似)。如在温度不高的情况下，F_2 和镍、铜、铁等反应，在金属表面形成氟化物层阻碍反应继续进行，因此在制备、储存单质氟时常用镍、铜、铁质容器(这个特点和用铝质容器储存冷、浓硝酸相似)。

由于 F_2、Cl_2 等的解离能，$X_2(g) \xlongequal{\quad} 2X(g)$ 显著低于 O_2，所以在不太高的温度下，F_2、Cl_2 就能和其他单质反应，然而在生成氯化物中元素的氧化态常等于或低于该元素在(和 O_2 反应生成的)氧化物中的氧化态，前者如 Sn 分别和 O_2、Cl_2 反应，产物中 Sn 的氧化态均为Ⅳ，即 SnO_2、$SnCl_4$；而 P 分别和 O_2、Cl_2 反应，生成 P_4O_{10} 和 PCl_3。

对于生成同氧化态氧化物、氯化物，消耗 O_2 的物质的量仅为消耗 Cl_2 物质的量的一半，

$$M(s)+\frac{1}{2}O_2 \xlongequal{\quad} MO(s)$$

$$M(s)+Cl_2 \xlongequal{\quad} MCl_2(s)$$

即生成氯化物反应的熵减比生成氧化物反应的熵减$\left[\text{已在第二章中提及，}M(s)+\frac{1}{2}O_2 \xlongequal{\quad} MO(s)\quad \Delta_r S_m^\ominus \approx -90\ J/K \cdot mol\right]$更甚(表 7-7)，因此升温对制备高氧化态氯化物不利的影响要甚于对制备高氧化态氧化物的影响。

Cl_2 和具有多种氧化态元素单质反应，可按此前讨论氧化物的方法判断，即“首先”生成低氧化态氯化物并释热，后者在“热”的条件下能否继续和 Cl_2 反应需进一步判断。所以也有一步合成、两步合成高氧化态氯化物的方法，其区别是相邻两种氧化态氯化物

$\Delta_f H_m^\ominus$ 的差值，差值大的(高氧化态氯化物 $\Delta_f H_m^\ominus$ 更小)，可一步合成；差值不很大的，需经两步合成，其间适当降温以减弱熵减对反应的负面影响。由表 7-7 数据知，除个别外，1 mol Cl_2 参与反应的 $\Delta_r S_m^\ominus \approx -160$ J/K·mol。$SnCl_4$(s)和 $SnCl_2$(s)的 $\Delta_f H_m^\ominus$ 差值为 195 kJ/mol，所以能直接生成 $SnCl_4$；PCl_5(g)和 PCl_3(g)的 $\Delta_f H_m^\ominus$ 仅差 92.6 kJ/mol，而 $\Delta_r S_m^\ominus = -191$ J/K·mol，可知 $\Delta_r G_m^\ominus = 0$ 的 $T = 485$ K(212℃)，所以要分成两步合成，即首先合成 PCl_3，经冷却后再与 Cl_2 形成 PCl_5。请回忆，$SO_2 + \frac{1}{2}O_2 = SO_3$，$\Delta_r H_m^\ominus = -99$ kJ/mol，$\Delta_r S_m^\ominus = -96$ J/K·mol，$\Delta_r G_m^\ominus = 0$ 的 $T = 1031$ K(758℃)，在沸腾炉中 FeS_2(或 S)和 O_2 反应使体系温度高达 900℃，所以要经过适当冷却(约 450℃)后，再和 O_2 反应生成 SO_3。

表 7-7 1 mol Cl_2 参与反应的 $\Delta_r H_m^\ominus$、$\Delta_r S_m^\ominus$

1 mol Cl_2 参与反应的方程式	金属、低氧化态氯化物	$\Delta_r H_m^\ominus$/(kJ·mol^{-1})	$\Delta_r S_m^\ominus$/(J·K^{-1}·mol^{-1})
$2M(s) + Cl_2(g) = 2MCl(s)$	Li	−408.8×2	−179
	Na	−411.0×2	−190
	Ag	−127.0×2	−126
$M(s) + Cl_2(g) = MCl_2(s)$	Mg	−642	−176
	Zn	−416	−166
$\frac{2}{3}M(s) + Cl_2(g) = \frac{2}{3}MCl_3(s)$	Al	−659×2/3	−140
	Fe	−405×2/3	−164
$MCl_n(s) + Cl_2(g) = MCl_{n+2}(s)$	Sn(Ⅱ)→Sn(Ⅳ)	−195.2	−87*
	2Fe(Ⅱ)→2Fe(Ⅲ)	−64×2	−212
	P(Ⅲ)→P(Ⅴ)	−92.6	−191

* 因 $SnCl_4$ 为液态，所以 $\Delta_r S_m^\ominus$ 较大。

还有一个和高氧化态氯化物易挥发性质有关的问题。Fe 和 Cl_2 的反应，若设 Fe 和 Cl_2 先生成 $FeCl_2$，释能 341 kJ/mol，接着是

$$2FeCl_2(s) + Cl_2(g) = 2FeCl_3(s) \quad \Delta_r H_m^\ominus = -124\ \text{kJ/mol}, \quad \Delta_r S_m^\ominus = -212\ \text{J/K·mol}$$

$\Delta_r G_m^\ominus = 0$ 的 $T = 585$ K = 312℃，似乎主要产物应该是 $FeCl_2$，然而由于 $FeCl_3$ 易挥发(沸点 317℃)，即使在 Fe 过量的情况下，也能生成 $FeCl_3$(熵变促进反应)。

(2) 氟化物的制备　F_2 能和绝大多数单质直接反应。和多种氧化态元素反应究竟是一步得到，还是需经两步反应才能生成高氧化态氟化物，可由相邻两种氧化态氟化物 $\Delta_f H_m^\ominus$ 差值(表 7-8)判定。因 S、W 相邻高低氧化态氟化物 $\Delta_f H_m^\ominus$ 差值大，所以和过量 F_2 反应时直接生成 SF_6、WF_6。过量 F_2 和 I_2 反应时，因 IF、IF_3、IF_5 的 $\Delta_f H_m^\ominus$ 差值大，而 IF_7

和 IF_5 的 $\Delta_f H_m^\ominus$ 差值小，所以首先生成 IF_5，产物经适当冷却后再和 F_2 生成 IF_7。

表 7-8 几种氟化物的 $\Delta_f H_m^\ominus$ *

氟化物	SF_2	SF_4	SF_6	WF_2	WF_3	WF_4	WF_5	WF_6
$\Delta_f H_m^\ominus/(kJ \cdot mol^{-1})$	−217	−782	−1221	−105	−531	−1029	−1367	−1772
氟化物	ClF_3	ClF_5	BrF_3	BrF_5	IF	IF_3	IF_5	IF_7
$\Delta_f H_m^\ominus/(kJ \cdot mol^{-1})$	−159	−197	−271	−444	−126	−502	−868	−990

* 1 mol F_2 参与反应的 $\Delta_r S_m^\ominus \approx 160\ J/K \cdot mol \sim 170\ J/K \cdot mol$。

用氟化剂（如 HF）和氯化物（如 PCl_3）制备氟化物（PF_3）已如前述。这个方法的优点是：可免除制 F_2、储存 F_2 及使用 F_2 的复杂操作。SeF_4 可用下列硒及其化合物为原料和氟化剂反应制得：

$$\begin{matrix} Se、SeO_2 \\ SeCl_2、SeCl_4 \end{matrix} + \begin{matrix} AgF \\ CoF_3 \\ ClF_3 \\ ClF \\ BrF_3 \end{matrix} \longrightarrow SeF_4$$

用某些卤素的氟化物作氟化剂是因为它们受热时易分解释 F_2，"再和"其他物质反应得氟化物。如

$$3Se + 4ClF_3 \xlongequal{90℃} 3SeF_4 + 2Cl_2$$

就是说，用卤素的氟化物作氟化剂发生的是氧化还原反应，而此前介绍 ZnF_2、HF 等作氟化剂并不发生氧化还原反应。

氢氟酸可和金属氧化物、氢氧化物、碳酸盐反应制得水解弱、难溶的氟化物。如

$$SnO + 2HF \xlongequal{} SnF_2\downarrow + H_2O$$

$$PbCO_3 + 2HF \xlongequal{} PbF_2\downarrow + CO_2 + H_2O$$

（3）溴化物、碘化物的制备

① 单质和 Br_2、I_2 反应

$$2M + Br_2 \xlongequal{} 2MBr \quad（碱金属、Ag）$$

$$M + Br_2 \xlongequal{} MBr_2 \quad（碱土金属、Zn、Cd……）$$

还有 MBr_3（Al、Fe、As、Sb、Bi……），MBr_4（Se、Te、Si……）。

金属和液态 Br_2 的反应比较剧烈，如铝在液溴中反应时冒火花（这是因为液溴的量比同体积氯气大得多）；固态 I_2 和某些金属（如铝粉）的反应也很剧烈。一般金属和 Br_2、I_2 "开始"发生反应的温度高于相应物质和 Cl_2 "开始"发生反应的温度。如

$$M + 2X_2 \xlongequal{} MX_4 \quad（Si、Ge）$$

Si 和 Cl_2 为 400℃，Si 和 Br_2 为 600℃，Si 和 I_2 > 600℃；Ge 和 Cl_2、I_2 反应的温度分别为

200℃（反应剧烈）、220℃（开始反应）。

非金属单质和 Br_2、I_2 的反应若在有机溶剂中进行，反应比较平稳，如在 CS_2 中白磷和 I_2、砷和 I_2、硒和 Br_2 的反应。

顺便提及，某些物质在水溶液中的反应也比较平稳，如在水溶液中 Fe 和 I_2 的反应。

用上述方法制得的溴化物、碘化物，其中另一种元素的氧化态与该元素在氯化物中的氧化态或相同或较低，前者如 Si 和 Cl_2、Br_2、I_2 反应都生成 SiX_4，后者如 Fe 和 Br_2、Cl_2 反应生成 $FeCl_3$、$FeBr_3$，而和 I_2 反应的产物是 FeI_2。

② 溴化氢、碘化氢、氢溴酸、氢碘酸能和金属、金属氧化物、金属碳酸盐反应生成溴化物、碘化物——往往是易挥发物或难溶物。如

$$GeO_2 + 4HBr(g) \xlongequal{180℃} GeBr_4\uparrow + 2H_2O$$

$$Ag_2O + 2HX \xlongequal{\quad} 2AgX\downarrow + H_2O \quad (X 为 Cl、Br、I)$$

$$HgO + 2HX \xlongequal{\quad} HgX_2\downarrow + H_2O \quad (X 为 Br、I)$$

(4) 氯化法制备氯化物　前面以 $TiCl_4(g)$ 和 O_2 反应转化为能量低的 TiO_2 为例，讨论了反应的方向。反之，把能量低的 TiO_2 转化为能量高的 $TiCl_4$，是在 C 参与下进行的（即前述的偶联反应）。

$$TiO_2 + 2Cl_2 + C \longrightarrow TiCl_4 + CO + CO_2 \quad (SiO_2 同)$$

这个反应的实际情况是：高氧化态（≥Ⅳ）的氯化物挥发性较强，即还有熵增对反应的促进作用，而且很容易分离产物和未参与反应的 Cl_2。

把 TiO_2 或金红石矿粉（主要成分 TiO_2）和煤（或炭）混匀，制成球状、晾干，置于反应容器内加热到高温（700℃以上），从容器下端通入 Cl_2，产物 $TiCl_4$ 从容器上口逸出，经除杂、分离可得较纯的 $TiCl_4$。（$TiCl_4$ 和 O_2 反应生成 TiO_2 细粉，是高质量的白色涂料。）

(5) 卤化物的热分解反应　卤化物中氟化物最稳定，而且（多种氧化态）元素相邻氧化态氟化物的 $\Delta_f H_m^{\ominus}$ 差值大，所以氟化物分解温度最高，溴化物、碘化物热分解温度低。本节主要讨论不活泼金属卤化物、非金属元素卤化物的热分解反应。有关数据列于表7-9。

表 7-9　某些氯化物的 $\Delta_f H_m^{\ominus}$（kJ/mol、kJ/mol Cl_2）、$S_m^{\ominus}$

氯化物		ZnCl(g)	$ZnCl_2$	IrCl	$IrCl_2$	$IrCl_3$	$SeCl_2$	$SeCl_4$	AuBr	$AuBr_3$
$\Delta_f H_m^{\ominus}$	kJ/mol	4.2	−416	−93	−179	−257	−84	−188	−18.4	−53
	kJ/mol Cl_2	8.4	−416	−186	−179	−172	−84	−94	−36.8	−36
$S_m^{\ominus}/(J\cdot K^{-1}\cdot mol^{-1})$		244	108	113	131	150	−184	188	113	100

Zn 和 Cl_2 反应生成 $ZnCl_2$，很高温度下分解为 ZnCl(g)（显然这是熵驱动的反应）。

$$ZnCl_2 = ZnCl + \frac{1}{2}Cl_2$$

贵金属氯化物热分解(熵增过程)温度不高。

$$IrCl_3 \xrightarrow{564℃} IrCl_2 \xrightarrow{662℃} IrCl$$

非金属氯化物分解温度也不高,前述 $PCl_5(g)$ 分解反应($K=1, T=212℃$)就是一例。请读者根据表 7-10 中数据对 PBr_5、$AuCl_3$ 热分解温度作出判断。

表 7-10 PBr_5、PBr_3、$AuCl_3$、AuCl 的 $\Delta_f H_m^\ominus$

	$PBr_5(s)$	$PBr_3(l)$	$AuCl_3(s)$	AuCl(s)
$\Delta_f H_m^\ominus/(kJ \cdot mol^{-1})$	−276	−199	−118	−35
$\Delta_f H_m^\ominus$ 差值/$(kJ \cdot mol^{-1})$	77		83(相应溴化物为 35)	

某些卤化物热分解反应具有实际意义,举例如下:

① 提纯某些过渡元素。使 I_2 和粗锆(Zr)于 600℃反应生成易挥发的 ZrI_4,后者于 1800℃分解,纯锆沉积在金属丝上,释出的 I_2 继续和粗锆反应……

$$Zr(粗)+2I_2 \xrightarrow{600℃} ZrI_4(g) \xrightarrow{1800℃} Zr(纯)+2I_2$$

② 反应时获取少量 F_2。由于 F_2 的储存、运输不便,人们利用氟化物热分解获取少量 F_2(这一特点和高氧化态氧化物、含氧酸盐热分解得 O_2 是一样的)。常用的两种氟化物的热分解反应为

$$BrF_5 \xrightarrow{>500℃} BrF_3 + F_2$$

$$IF_7 \cdot AsF_5 + 2KF \xrightarrow{>200℃} KIF_6 + KAsF_6 + F_2$$

③ 把贵金属(Pt)沉积在担体(如氧化铝)上制备高效催化剂。一种方法是:把氯铂酸 H_2PtCl_6 的水溶液和担体混合、干燥,经加热处理即得高分散度的铂催化剂(这个性质又和贵金属氧化物热分解相同)。

$$H_2PtCl_6 \longrightarrow PtCl_4 \longrightarrow PtCl_3 \longrightarrow PtCl_2 \longrightarrow PtCl \longrightarrow Pt$$

三、p 区元素卤化物的组成、构型及性质

卤化物中卤素原子和其他元素原子间主要以单键结合,因此可从其他元素原子结构中单电子数(基态和杂化态)知道卤化物中卤素原子数。又,根据其他元素原子(在形成卤化物时)用以成键的轨道可推知卤化物分子的构型。p 区元素卤化物(有限分子)的组成如图 7-1。

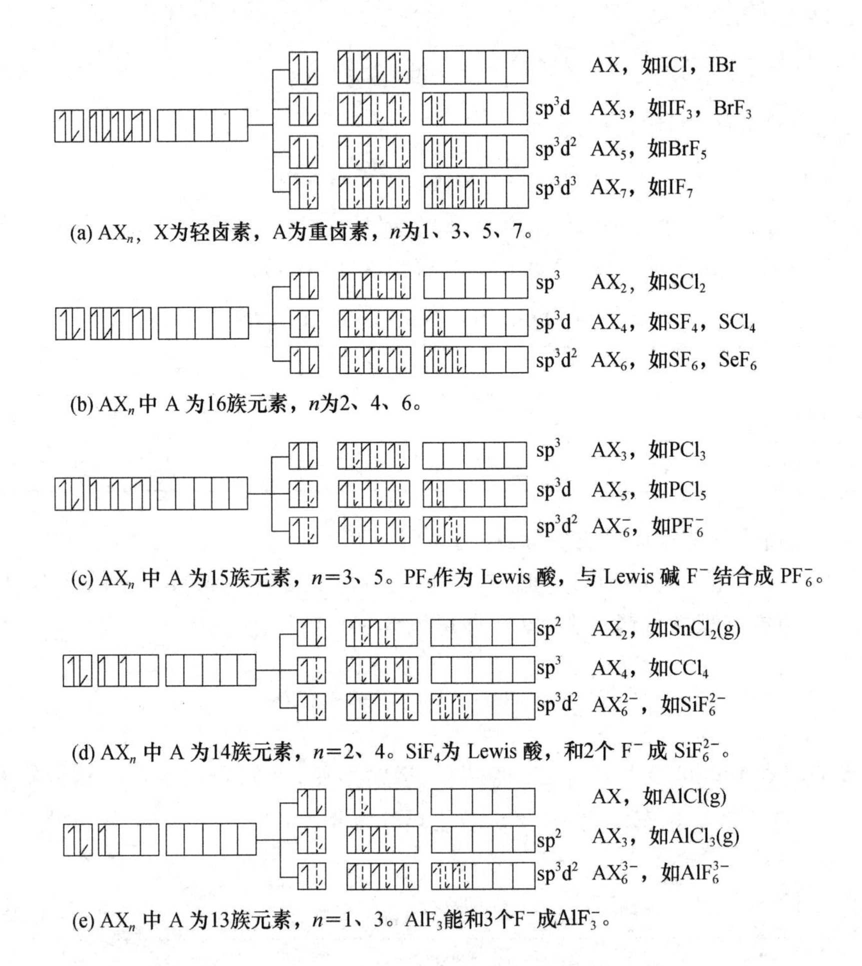

图 7-1 p 区元素卤化物(有限分子)的组成

1. p 区元素卤化物(有限分子)的组成

(1) 互卤化合物(卤素原子间的化合物)有：AX、AX_3、AX_5、AX_7，其中 A 为重卤素，X 为轻卤素。在后三者卤化物中 A 分别以 sp^3d、sp^3d^2、sp^3d^3 杂化轨道和轻卤素原子结合，组成中轻卤素原子数差 2，和原先成对电子激发成两个单电子相应(下同)。

(2) 硫属(除 O 外，S、Se、Te、Po 称为硫属 chalcogen)元素卤化物中，A 分别以 sp^3、sp^3d、sp^3d^2 杂化轨道形成 AX_2、AX_4、AX_6。

(3) 磷族(除 N 外，P、As、Sb、Bi 称为磷属 pnicogen)元素卤化物中，A 分别以 sp^3、sp^3d 杂化轨道形成 AX_3、AX_5。

(4) 碳族元素卤化物中，A 分别以 sp^2、sp^3 杂化轨道形成 AX_2、AX_4。

(5) 硼族元素卤化物有 AX、AX_3，AX_3 中 A 以 sp^2 和卤素原子结合。

2. p 区元素卤化物的构型(按 A 原子杂化轨道类型和孤对电子讨论)

(1) sp^2(p_x、p_y 参与)　杂化轨道和三个卤素原子 p 轨道结合成平面三角构型分子，如 BX_3、$AlCl_3(g)$。(具体结构，请参考第八章，下同。)

若和两个卤素原子成键(还有一对孤对电子)成 AX_2，为角型分子，如 SiF_2。

(2) sp^3　若和四个卤原子结合成 AX_4，为正四面体构型，如 CX_4、SiX_4、$SnCl_4$。

若和三个卤素原子结合(还有一对孤对电子)成 AX_3，为三角锥构型，如 PX_3、$AsCl_3$。

若和两个卤素原子结合(还有两对孤对电子)成 AX_2，为角型分子，如 SCl_2。

(3) sp^3d　和五个卤素原子结合成 AX_5，为三角双锥构型，如 PF_5、PCl_5。其中：① 是 d_{z^2} 参与的 sp^3d 轨化轨道和五个卤素原子形成三角双锥构型分子；② 五个键的键长：二长、三短(赤道面)。

和四个卤素原子结合(有一对孤对电子，在赤道面)成 AX_4，为变形四面体，如 SF_4。

和三个卤素原子结合(有两对孤对电子，在赤道面)成 AX_3，为变形 T 字构型，如 ClF_3。

和两个卤素原子结合(有三对孤对电子，在赤道面)成 AX_2，为线性分子，如 XeF_2。

(4) sp^3d^2($d_{x^2-y^2}$、d_{z^2} 参与)　和六个卤素原子结合成 AX_6，为正八面体构型，如 SF_6、SeF_6。

和五个卤素原子结合(有一对孤对电子)成 AX_5，为变形四方锥构型，如 BrF_5。

和四个卤素原子结合(有两对孤对电子，平面上、下各一对)成 AX_4，为平面正方构型，如 XeF_4。

(5) sp^3d^3(d_{xy}、d_{xz}、d_{yz} 参与杂化)　和七个卤素原子结合成 IF_7，为五角双锥构型。

顺便提及，(s 区元素)Be(铍)以 sp 杂化轨道和两个 Cl 原子结合成 $BeCl_2(g)$，是线性分子；ds 区元素 Zn、Cd、Hg 形成的 AX_2(除 HgF_2 外)也都是线性分子。

3. 含有 A—A 键(p 区元素)的卤化物

含有 A—A 键 p 区元素的卤化物有 S_2Cl_2、S_2F_{10}、P_2Cl_4、B_2Cl_4 等，它们的构型：

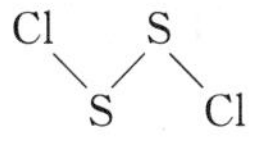

```
Cl    S
  \  / \
   S    Cl
```

，每个 S 原子以 sp^3 杂化轨道和一个 Cl 原子、另一个 S 原子形成两个共价键(成键数为 2，与 SCl_2 同)；

```
 \|/ \|/
-S---S-
 /|\ /|\
```

(未标出 F，共 10 个)，每个 S 原子以 sp^3d^2 杂化轨道和 5 个 F 原子、另一个 S 原子形成 6 个共价键(成键数为 6，同 SF_6)；$>P-P<$(未标出 Cl，共 4 个)，每个 P 原子以 sp^3 杂化轨道和 2 个 Cl 原子、另一个 P 原子形成 3 个共价键(成键数为 3，同 PCl_3)；B_2Cl_4 的构型为 $>B-B<$(未标出 Cl，共 4 个)，每个 B 原子以 sp^2 杂化轨道和 2 个 Cl 原子、另一个 B 原子成键，所以 6 个原子在同一平面上。

总之，含有 A—A 键卤化物中 A 原子的杂化轨道类型未变，就是说成键数未变，因此也就不难知道它们的构型了。

4. 含有以卤素原子为桥键的卤化物

三个实例是：

(1) 液态、气态氯化铝中有 Al_2Cl_6，其中 Al 原子以 sp^3 杂化轨道分别和两个 Cl 原子形成(通常有两个原子、两个电子)两个共价键(端键)，而和另一个 Cl 原子、一个 Al 原子形成三中心(Al Cl Al)二电子键(桥键共两个)，即两个 Al 原子各以四面体指向两个端键(短)、两个桥键(长)，后者相当于两个四面体(已不是正四面体)共用棱边(图 7-2，表7-11)。

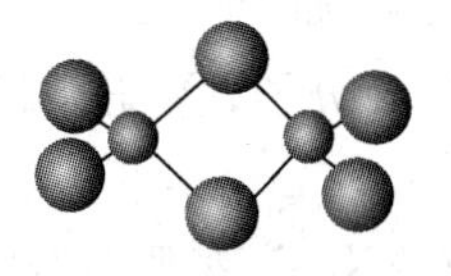

图 7-2 Al_2Cl_6 的结构

表 7-11 Al_2X_6、Ga_2X_6 的键长(pm)

Al_2Cl_6	207	225	Ga_2Cl_6	210	230
Al_2Br_2	222	241	Ga_2Br_6	225	245

(2) 高温下 Be 以 sp 杂化轨道和两个 Cl 原子形成两个共价键，为线性分子已如前述。$(BeCl_2)_2$，则是 Be 原子以 sp^2 杂化轨道和一个 Cl 成共价键(端键，短)，和另一个 Cl 原子、Be 原子形成三中心二电子键(桥键，长，共两个)，即两个三角形(已经不是正三角形)共用棱边。(**提请关注**，这和第六章中提及的，两个平面正三角形 AO_3 共用棱边时，A 与 A 间相对距离为 0.5，所以不稳定，并不矛盾，因 Be_2Cl_4 不是两个正三角形共用棱边。)$BeCl_2(s)$是每个 $BeCl_4$(Be 原子以 sp^3 杂化轨道和 Cl 形成正四面体)分别和相邻两个 $BeCl_4$(正四面体)共用棱边而成的链状结构。

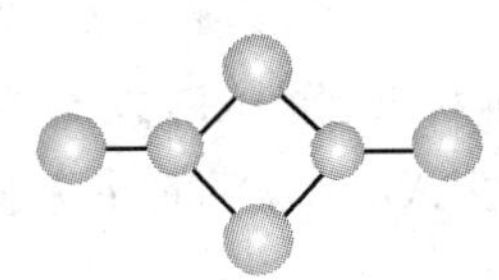

图 7-3 Be_2Cl_4 的结构

(3) I_2Cl_6 中每个中心 I 原子以 sp^3d^2 杂化轨道分别和两个 Cl 原子形成两个端键，和另一个 Cl 原子、另一个 I 原子形成三中心二电子键(桥键，共两个)。还有两对孤对电子(因孤对电子间斥力大，一对在上，一对在下)，所以分子中 8 个原子在同一平面上(图 7-4)。

总之，若分子中有卤桥键，比原先多了一个键，A 原子的杂化轨道有相应的改变。如由 sp[$BeCl_2(g)$]变为 sp^2(Be_2Cl_4)、sp^3 [$BeCl_2$ (s)]；由 sp^2 ($AlCl_3$) 变为 sp^3(Al_2Cl_6)；由 sp^3d("ICl_3")(因 ICl_3 不稳定，所以由" "表示)变为 sp^3d^2(I_2Cl_6)，并且有桥键、端键之分。

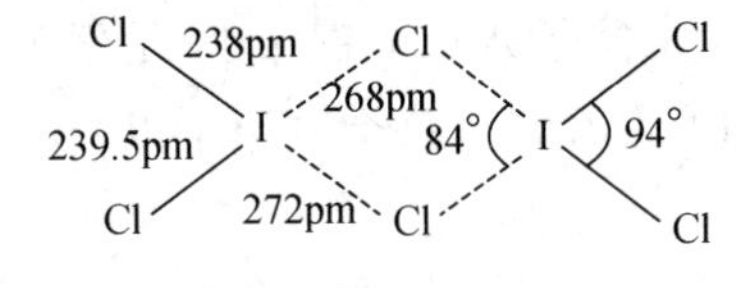

图 7-4 I_2Cl_6 的结构

5. p 区元素卤化物的某些性质

(1) AX_n 中 A($n\geqslant 2$，A 处于结构中心，称中心原子)属第二周期，那么它最多只能形成四个共价单键。如 CF_4，不足 4 时，可达到 4。如

$$BF_3 + :F^- = BF_4^-$$

按 Lewis 酸碱理论，配体 F^- 提供电子对，为碱，BF_3 接受电子对，是酸，即这是一个酸和碱的反应。B—F 键键长由 131 pm(BF_3)增长为 141 pm(BF_4^-)。

若中心原子是第三周期元素，则最多能形成6个共价单键，如SF_6。不足6时，可达到6。如

$$AlF_3 + 3F^- = AlF_6^{3-}$$

$$SiF_4 + 2F^- = SiF_6^{2-}$$

$$PF_5 + F^- = PF_6^-$$

在这三种情况下，中心原子和F原子间键长都长了。如PF_5中为153.4 pm（赤道）、157.7 pm（极），而在正八面体PF_6^-中均为173 pm。

若中心原子是第四周期元素，最多也只能形成6个共价单键，如SeF_6。同理，还有GaF_6^{3-}、GeF_6^{2-}、AsF_6^-。

（2）等物质的量的BCl_3和BBr_3混合，很快形成$BBrCl_2$、BBr_2Cl。这是因为两者形成不稳定的

```
Cl     Cl     Br
  \   /  \   /
    B      B        （构型同Al2Cl6，桥键较长）
  /   \  /   \
Cl     Br     Br
```

随即分解为BBr_2Cl和$BBrCl_2$。在参与反应的四种化合物中B—Cl、B—Br的键能相近，所以发生反应的“动力”是熵增（显然，BBr_2Cl、$BBrCl_2$不如BCl_3、BBr_3有序）。

（3）某些多氧化态元素卤化物的键能差值不大，如氟化碘（表7-12），因此可根据反应前后化学键总数之差得知反应的方向。如

$$5IF = IF_5 + 2I_2$$

键能（kJ/mol）　5×278　　5×208　2×149　（反应释热）

即IF可发生自氧化还原反应（反应物有5 mol键，生成物共7 mol键）。又，正向是熵减过程$\left(\text{和 } SO_2 + \frac{1}{2}O_2 = SO_3 \text{ 相似}\right)$，所以反应温度不宜过高。从表7-12中氟化氯的键能可知，ClF不易发生自氧化还原反应，因为化学键数虽然增多，但总键能增加有限，何况它又是熵减过程。

表7-12　互卤化物的键能(kJ/mol)

ClF　249	ClF_3　172	ClF_5　142
BrF　249	BrF_3　201	BrF_5　187
IF　278	IF_3　272	IF_5　268

S_2F_2的构型为

```
F     S
  \ /   \
   S     F
```

，却易转化为

```
          F
         /
S ═ S
         \
          F
```

。这是因为在这两种氟化物中S—F的键能相近，而两个S原子间多了一根键之故。（S_8中S—S键键能为226 kJ/mol，而S═S键能为425 kJ/mol。这两个键能虽不是二氟化二硫中的S—S、S═S键键能，却

能知道 S 原子间双键的键能也不小。）

四、化合物的水解反应

AB 和 H_2O 发生的复分解反应就是水解反应。不论 AB 是离子型或共价型，以及 A、B 的氧化态，只要 A 显正性，水解时应和 H_2O 中的负性部分 OH^- 结合，而显负性的 B 应和 H_2O 中正性部分 H^+ 结合。总之，水解反应可认为是 A^{n+} 和 OH^-、B^{n-} 和 H^+ 间的作用。

1. 氯化物 ACl_n 的水解反应

许多氯化物是盐酸的盐，因此本节主要讨论 A^{n+} 的水解。以第三周期元素最高氧化态氯化物为例：NaOH 是强碱，可忽略 NaCl 的水解；$Mg(OH)_2$ 是中强碱，

$$MgCl_2 \cdot 6H_2O \xlongequal{\triangle} Mg(OH)Cl + HCl + 5H_2O$$

即 Mg^{2+} 水解形成碱式盐；$Al(OH)_3$ 是弱碱，所以 Al^{3+} 水解生成 $Al(OH)_3$；H_4SiO_4 是弱酸，可知"Si^{4+}"水解能力很强，$SiCl_4$ 水解生成 $Si(OH)_4$（硅酸）；H_3PO_4 是中强酸，"P^{5+}"水解能力更强，PCl_5 水解得 H_3PO_4。总之，随"A^{n+}"的水解能力由弱（忽略）到强，依次形成碱式盐、氢氧化物、含氧酸。由此不难知道许多氯化物水解的产物。如 BCl_3 水解可认为是"B^{3+}"和 3 个 OH^- 结合成 $B(OH)_3$ 或 H_3BO_3；同理，PCl_3 水解生成 H_3PO_3；SCl_4、$SOCl_2$ 水解生成 SO_2（水不足时）、H_2SO_3……氟化物水解产物也可按上法判知：如 IF_5，可认为是"I^{5+}"和 OH^- 结合成 HIO_3，另一产物为 HF。互卤化物 ICl 中 Cl 显负性，所以水解"首先"形成 IOH、HCl[室温下 HOI（次碘酸）不稳定，还将发生自氧化还原反应。就是说，某些初步水解产物还可能发生自氧化还原反应]。又如 NF_3"初步"水解产物应是 HF 和 HNO_2，后者不稳定，发生自氧化还原反应，即

$$2NF_3 + 3H_2O = NO_2 + NO + 6HF$$

IF_3 水解反应方程式

$$5IF_3 + 9H_2O = 3HIO_3 + I_2 + 15HF$$

XeF_2 水解反应方程式

$$2XeF_2 + 2H_2O = 2Xe + O_2 + 4HF$$

（附：这是"Xe^{2+}"氧化"O^{2-}"为 $\frac{1}{2}O_2$ 的反应。）

绝大多数情况下可根据元素的电负性判知该元素在化合物中的电性。**提请关注**，在非金属元素中有三对元素的电负性相同，P 和 H 同为 2.1，C 和 S 同为 2.5，N 和 Cl 同为 3.0。通常由其他证据判定它们的电性。白磷（P_4）在碱性介质中发生自氧化还原反应生成 NaH_2PO_2（次磷酸钠，P 的氧化态为 +1）和 PH_3（膦，P 的氧化态为 −3）；CS_2 能和 Na_2S 形成 Na_2CS_3（硫代碳酸钠），所以 S 的氧化态为 −2。NCl_3 中原子正、负性可作如下推断：若 Cl 显负性，水解产物应是 HNO_2、HCl；若 Cl 显正性，水解产物应是 NH_3 和

HClO。实际水解产物中有 N_2 和 HCl 等，由此判知：它是 HClO 氧化 NH_3 生成 N_2 和 HCl。就是说 NCl_3 中 Cl 显正性。（附：NH_2Cl、$NHCl_2$ 中 Cl 也显正性。自来水厂为了保证自来水的质量，通常用 Cl_2 消毒后再加一些 NH_3，和剩余 Cl_2 形成 NH_2Cl、$NHCl_2$。后两者比 HClO 稳定，既能存在较长时间，又能在水解时形成 HClO，起消毒、灭菌作用。）

讨论水解反应时，还请关注以下几个问题：

（1）$SiCl_4$ 遇水汽（即使是少量水汽）即水解冒烟，被用作烟雾剂。Si 是第三周期元素，最多能有六个轨道参与成键，$SiCl_4$ 中还有两个“空”轨道，可接纳 H_2O 分子中 O 原子上的电子对，“同时”失去 HCl……

$$SiCl_4 \xrightarrow{+H_2O} Cl_4Si \leftarrow O(H)-H \xrightarrow{-HCl} Cl_3Si-OH \xrightarrow[-HCl]{+H_2O} \xrightarrow[-HCl]{+H_2O} \xrightarrow[-HCl]{+H_2O} Si(OH)_4$$

$SiCl_4$ 水解反应经四步完成，每步都是结合一个 H_2O、脱去一个 HCl。这个反应绝不可能一步完成。因为如是一步完成，将是一个 $SiCl_4$ 分子和四个 H_2O 分子瞬间互相撞在一起，但这种概率为零。

有一个实验能观察到水解过程中的某种产物：取少量 PCl_5(s)放入试管，加入水，发生剧烈的水解反应，过程中能观察到试管底部有油状液体形成，而后消失，油状物是 $POCl_3$（熔点 1.25℃，密度 1.71 g/cm^3），它是 PCl_5 经两步（加 H_2O，脱 HCl）反应产物 $P(OH)_2Cl_3$，再脱水形成的，随即再和 H_2O 形成 H_3PO_4、HCl（油状物消失）。

和 $SiCl_4$ 相似的 SiF_4（在以 HF 刻蚀玻璃时有 SiF_4 生成）为什么遇水汽也发生水解反应但不冒烟？是因为 SiF_4 中的空轨道已参与成键（请参考第八章）。

（2）从热力学角度（始态、终态）可知 CF_4、SF_6 的水解反应极为完全。

$$CF_4(g)+2H_2O(g) = CO_2(g)+4HF(g) \quad K\approx 10^{67}\ (298\ K)$$

$$SF_6(g)+3H_2O(g) = SO_3(g)+6HF(g) \quad K\approx 10^{55}\ (298\ K)$$

但是实际反应速率为零。文献报道，即使把 CF_4 通入熔融的 NaOH，也不发生反应。原因是：C 是第二周期元素，CF_4 中已有 4 个牢固的 C—F 键（键能 485 kJ/mol），H_2O 无法和 CF_4 反应，除非先断一个 C—F 键，才能和 H_2O 反应。而 C—F 键极为牢固，不易断。

同理，S 是第三周期元素，SF_6 中已有 6 个牢固的 S—F 键，不易断，H_2O 也无法和它反应。

对于中心原子未满足最大成键数的化合物，如 BCl_3、$SiCl_4$、PCl_5……（有空轨道），或有孤对电子，如 NCl_3 等氯化物，实际上都能发生水解反应，只是反应速率不同。

（3）有些卤化物的水解反应只进行到一定程度就停止了。如 IF_7 水解产物是 IOF_5，而不是 H_5IO_6（高碘酸）。

$$IF_7 + H_2O \longrightarrow IOF_5 + 2HF$$

类似的实例还有 $SnCl_2$、$SbCl_3$、$BiCl_3$ 等，如

$$SnCl_2 + H_2O \longrightarrow Sn(OH)Cl\downarrow + HCl$$

所以，要用一定浓度 HCl 溶液配制 $SnCl_2$、$SbCl_3$、$BiCl_3$ 的溶液（HCl 抑制 M^{n+} 的水解）。

顺便提及，要用一定浓度 HNO_3 溶液配制 $Bi(NO_3)_3$、$Sb(NO_3)_3$、$Hg(NO_3)_2$ 等的溶液，也是为了抑制它水解生成碱式盐，如 $BiONO_3$ 沉淀。（$HgCl_2$ 是弱电解质，$K_1 \approx 10^{-8}$，所以可直接用 H_2O 配制 $HgCl_2$ 溶液。）

(4) $MgCl_2 \cdot 6H_2O$ 受热易水解成 $Mg(OH)Cl$，而 $MgSO_4 \cdot 7H_2O$ 受热不易水解，这是因为前者水解产物为气态 HCl，熵增，有利于反应发生。

为制无水 $MgCl_2$（供电解制镁用），需在 HCl 气氛下（抑制水解）加热脱水。实验室中也可混匀固体 $MgCl_2 \cdot 6H_2O$ 和 NH_4Cl，而后加热。NH_4Cl 受热分解为 NH_3 和 HCl（后者相当于 HCl 气氛），得无水 $MgCl_2$。对于水解较强的氯化物，可把它和 $COCl_2$ 混合加热，$COCl_2$ 发生水解反应需要 H_2O（起到脱水的作用），产物 HCl 又能抑制水解。某些氯化物水解能力太强，如 $AlCl_3 \cdot 6H_2O$、$FeCl_3 \cdot 6H_2O$，即使在 HCl 气氛下，或用 $COCl_2$ 都无法抑止其水解作用，只能用干法制备它们，如 $2Al + 3Cl_2 \longrightarrow 2AlCl_3$。$AlCl_3$（无水）是 Friedel-Craft 反应的催化剂。

2. 其他化合物的水解反应

在上一节中主要讨论 A^{n+} 的水解作用，本节讨论氟化物、氧化物、硫化物、氮化物等的水解反应，重点是显负性物质 B^{n-} 和 H_2O 中 H^+ 的反应。

(1) 氟化物水解　因 HF 不是强酸，所以当 A^{n+} 相同时，AF_n 水解倾向强于 ACl_n。如 NaF 溶液显碱性，NH_4F 因 NH_4^+ 水解强于 F^- 的水解，所以溶液显酸性（不能用玻璃质试剂瓶盛 NH_4F 溶液）。

CaF_2 是难溶物（$K_{sp} = 4 \times 10^{-11}$），饱和溶液中 F^- 浓度很小，所以一般忽略难溶物的水解。（上一节也未讨论 AgCl 中 Ag^+ 的水解作用），就是说，只讨论可溶物、微溶物的水解反应。

(2) 氧化物水解　Na_2O、CaO 中 O^{2-} 和 H_2O 形成 OH^- 的反应极为完全，所以只要有 H_2O 存在；Na_2O、CaO 就能和它发生完全的水解反应。

$$Na_2O + H_2O \longrightarrow 2NaOH$$

同理，一般不讨论，即忽略 Al_2O_3、Fe_2O_3 等难溶氧化物的水解反应。

Na_2O_2 中的 O_2^{2-}，也能和 H_2O 发生完全的“水解”反应。

$$Na_2O_2 + 2H_2O \longrightarrow 2NaOH + H_2O_2$$

（H_2O_2 在碱性介质中比在酸性介质中更容易分解：$2H_2O_2 \longrightarrow 2H_2O + O_2$）

(3) 硫化物水解　Na_2S 在水溶液中的水解度＞90％，碱性较强；BaS 也易水解，所以固态 BaS 中含少量氧化物，如 Ba(SH)(OH)；Al_2S_3 遇水完全转化为难溶的 $Al(OH)_3$ 和 H_2S（所以要用干法制备：$2Al + 3S \longrightarrow Al_2S_3$）。许多重金属的硫化物都是难溶物，可忽

略其水解。

难溶物溶解量少,所以可忽略其水解,而不是指溶解了的物质水解弱或不水解。如极难溶的 Al_2O_3 在水中也会有极微量的溶解,溶解了的“O^{2-}”必和 H_2O 反应生成 OH^-,而且反应很完全;又如难溶硫化物溶于水中的极少量的“S^{2-}”,将和 H_2O 中的 H^+($[H^+] \approx 10^{-7}$ mol/L)结合成 HS^-。就是说,难溶物溶解了的离子和 H_2O 中“H^+”、“OH^-”的结合还是比较完全的。

(4) 氮化物、碳化物的水解　Mg_3N_2 和 H_2O 反应生成 NH_3,CaC_2 和 H_2O 反应生成 C_2H_2。前者表明 Mg_3N_2 含“N^{3-}”离子,水解时先后从 H_2O 中得到 3 个“H^+”成 NH_3;后者表明 CaC_2 中含“C_2^{2-}”离子,水解时先后从 H_2O 中得 2 个“H^+”成 C_2H_2。就是说,可由水解产物的组成、结构判断原化合物中可能含有什么离子。又如,从 Al_4C_3 水解的气态产物为 CH_4,可知原化合物中含有“C^{4-}”离子,否则不可能生成 CH_4。同理,前述 Na_2O(Na_2O_2)中含有“O^{2-}”(“O_2^{2-}”),所以能和 H_2O 形成 $2OH^-$($2OH^-$ 和 H_2O_2)。

ThC_2 和 H_2O 反应,生成多种含碳的产物,表明原物中不含“C_2^{2-}”离子。

3. 氨解、醇解、酸解反应

NH_3、ROH、羧酸(含—OH)分别和物质发生的复分解反应,均类似水解反应,它们的关系如右:

A ┊ B	A ┊ B
HO ┊ H	HO ┊ H
H_2N ┊ H	HO ┊ $OCCH_3$
C_2H_5O ┊ H	HO ┊ NO_2

氨解、醇解和水解相似,只是水解产物中—OH 换成—NH_2、—OC_2H_5。如 P_4O_{10} 和 H_2O 形成 $PO(OH)_3$(磷酸),而氨解的产物是 $PO(NH_2)(OH)_2$、$PO(NH_2)_2(OH)$,醇解的产物为 $PO(OC_2H_5)_2(OH)$、$PO(OC_2H_5)(OH)_2$。

有机化合物的水解、氨解产物同上,如

$RCOCl + H_2O = RCOOH + HCl$,　　$RCOCl + 2NH_3 = RCONH_2 + NH_4Cl$

$(RCO)_2O + H_2O = 2RCOOH$,　　$(RCO)_2O + NH_3 = RCOOH + RCONH_2$

$RCOOR' + H_2O = RCOOH + R'OH$,　　$RCOOR' + NH_3 = RCONH_2 + R'OH$

若 CH_3COOH 参与反应时“失 OH”(这样就和 H_2O 失 OH 相似),则将发生

$$3CH_3COOH + POCl_3 = 3CH_3COCl + PO(OH)_3$$

总之,上图左边竖列中都是含质子的溶剂,右边竖列则都是含 OH 的溶剂,它们参与复分解反应的产物均和我们熟悉的水解产物类似。这些复分解反应有很重要的实际意义。如以前制 $BaTiO_3$ 的方法是:混匀 TiO_2 和 $BaCO_3$,在高温(约 1800℃)反应(>24 h)得到仅在固相表面形成极薄的一层 $BaTiO_3$。目前一种方法是:$TiCl_4$ 经醇解生成钛酸酯 $Ti(OR)_4$,$BaCl_2$ 与 ROH 反应得 $Ba(OR)_2$。均匀混合两者,再进行水解得到均匀的混合物,又经热处理得 $BaTiO_3$。前者是在固相表层扩散(很慢)反应,后者在热处理前已将反应物混合(在分子水平上的)均匀,使后续反应能得高质量的产品。

五、氢化物[①]

H 是最简单的原子，只有一个核外电子，电负性为 2.1，居中，因此，可作氧化剂，如 $2M+H_2 = 2MH$（碱金属），也可作还原剂，如 $H_2+X_2 = 2HX$（卤素）。形成的 H^- 和 H^+ 均可参与配位，如

$$“BH_3”+H^- = BH_4^-，\quad H_3N+H^+ = NH_4^+$$

按 Lewis 酸碱理论，H^- 提供电子对是碱，H^+ 接受电子对是酸。和电负性强的非金属形成的化合物还可能形成氢键（表 7-13）。有些成有限的集团，如 HF_2^-、$[O_2CO—H\cdots OCO_2]^{3-}$、$Na_3H(CO_3)_2\cdot 2H_2O$；有些成无限长链状结构，如 HF（图 7-5）、HCN、HCO_3^-、HSO_4^-；还有的形成层状结构，如 H_3BO_3，以及三维结构，如 H_2O（冰）。

表 7-13　某些氢键

F—H…F					
O—H…F	O—H…Cl	O—H…Br	O—H…O	O—H…S	O—H…N
N—H…F	N—H…Cl	N—H…I	N—H…O	N—H…S	P—H…I

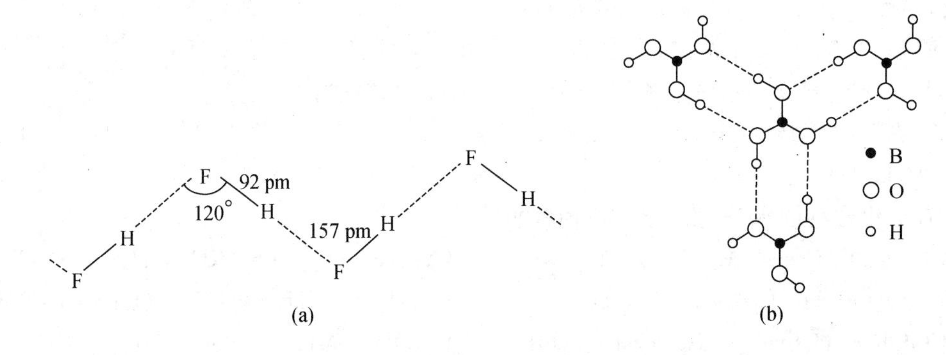

图 7-5　固态 HF(a)、H_3BO_3(b)的结构

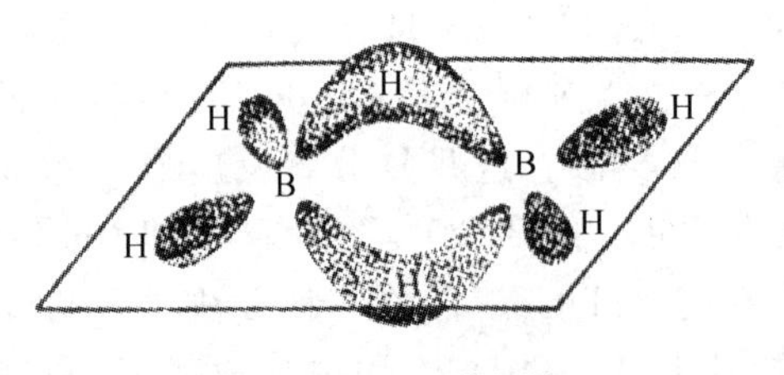

图 7-6　B_2H_6 的结构

在硼氢化合物（硼烷）中还有氢桥，如乙硼烷 B_2H_6（比 C_2H_6 少 2 个电子）中每个 B 原子以 sp^3 杂化轨道和 2 个 H 原子形成 2 个共价键（端键），键长 119 pm；和一个 H 原子、另一个 B 原子形成三中心二电子键（共 2 个桥键，桥长为 133 pm）（图 7-6）。

和过渡元素化合，可能有 H_2 进入金属结

---

① 按命名法氢化物是指 NaH(sodium hydride)等，而 HCl(hydrogen chloride)不应称为氢化物，然而很多教材把 HX、H_2O 等也归入了氢化物，本书也就“从众”。

构的间隙，有 H^-，还有 H^+ 进入 d 轨道，所以它的化学式和按正常氧化态组成的化学式不同，如 ScH_2、TiH_2……

1. 离子型氢化物

碱金属，以及 Ca、Sr、Ba 和 H_2 反应。

$$2M + H_2 \xlongequal{} 2MH \quad (碱金属)$$

$$M + H_2 \xlongequal{250℃ \sim 260℃} MH_2 \quad (Ca、Sr、Ba)$$

电解熔融 LiH（熔点 692℃）、NaH、CaH_2（于 LiCl-KCl 熔融液中），在阳极生成 H_2。由此可证氢化物中含 H^-。碱金属等氢化物的密度大于相应金属。

MH 中 LiH 最稳定，分解形成 $p_{H_2} = 1$ bar 的温度为 850℃（NaH 425℃），在强热的条件下 LiH 才起火，而 NaH 230℃、CsH 25℃就能起火。

表 7-14 几种氢化物的 $\Delta_f H_m^\ominus$、密度

氢化物	$\Delta_f H_m^\ominus$/(kJ·mol^{-1})	密度/(g·cm^{-3})		
		MH_n	M	MH_n 比 M 大/%
LiH	−90.4	0.81	0.53	53
NaH	−57.3	1.40	0.97	44
CaH_2	−188.7	1.705	1.55	10
BaH_2	−171.1	4.34	3.62	20

MH 遇 EX，若 E 的电负性比碱金属大，X 的电负性比 H 大，则发生如下反应：

$$MH + EX \xlongequal{} MX + EH$$

若 EX 为 HOH，则

$$MH + H_2O \xlongequal{} MOH + H_2 \quad (CaH_2 曾被用作生氢剂)$$

EX 为 $BeCl_2$，

$$2LiH + BeCl_2 \xlongequal{} 2LiCl + BeH_2 \quad (这是用 MH 制备其他 MH_n 的方法)$$

EX 为 $AlCl_3$，

$$4LiH + AlCl_3 \xlongequal{} LiAlH_4 + 3LiCl \quad (因为 H^- 能和 AlH_3 配位)$$

$NaBH_4$、$LiAlH_4$ 都是强还原剂，BH_4^- 比 AlH_4^- 稳定。MBH_4、$MAlH_4$ 在水中发生水解（虽然水解速率不快），所以要在非水溶液中使用它们。

2. 含氢的共价型化合物

这些化合物的性质比较熟悉，不讨论。

第二周期非金属元素和氢形成的化合物中，形成 NH_3 时释热最少，键能也是最小，应和孤对电子斥力有关，即孤对电子可能影响键能、键长（表 7-15，表 7-16）。N_2H_4（肼）中 N 原子上有一对孤对电子，H_2O_2 中 O 原子上有两对孤对电子，所以键能下降。

表 7-15 含氢的共价型化合物的 $\Delta_f H_m^\ominus$、键能

	CH_4	NH_3	$H_2O(g)$	HF
$\Delta_f H_m^\ominus/(kJ \cdot mol^{-1})$	−74.9	−46.2	−241.8	−268.6
键能/$(kJ \cdot mol^{-1})$	411	386	459	565
	SiH_4	PH_3	H_2S	HCl
$\Delta_f H_m^\ominus/(kJ \cdot mol^{-1})$	32.6	9.3	−20.2	−92.3
键能/$(kJ \cdot mol^{-1})$	318	322	363	428

表 7-16 C_2H_6、N_2H_4、H_2O_2、F_2 的某些数据

	H_3CCH_3	$H_2NNH_2(g)$	HOOH(l)	F—F**
$\Delta_f H_m^\ominus/(kJ \cdot mol^{-1})$	−84.7	50.4	−187.6	—
键能/$(kJ \cdot mol^{-1})$	346	247	207	154.8
键长/pm	154	146*	145.8	141.8

* $N_2H_6^{2+}$ 中无孤对电子，所以 N—N 键长比 N_2H_4 长，为 140 pm。

** 列出 F_2 是为了比较。

三周期非金属元素和氢的化合物中，在 HCl、H_2S、PH_3 中 H 显正性，而在 SiH_4 中 H 显负性(H、Si 的电负性分别为 2.1、1.8)。SiH_4 中 H 显负性的实验证据是

$$SiH_4 + 4H_2O = Si(OH)_4 + 4H_2$$

和 Si 原子结合的 H 原子数，就是该化合物和 H_2O 反应释出 H_2 的数目。

氢和非金属元素形成化合物时释热多的比较稳定，如 HF、H_2O；释热少的易分解，如 NH_3 受热分解，所以有还原性，H_2S 于约 400℃分解。吸热化合物 PH_3(膦)中含 P_2H_4 时，室温自燃，SiH_4 在空气中自燃甚至爆炸。

$$SiH_4 + 2H_2O = SiO_2 + 4H_2 \quad \Delta_r H_m^\ominus = -374\ kJ/mol$$

$$SiH_4 + 2O_2 = SiO_2 + 2H_2O \quad \Delta_r H_m^\ominus = -1518\ kJ/mol$$

B_2H_6($\Delta_f H_m^\ominus = 31.4\ kJ/mol$)也是吸热化合物，易被氧化。

$$B_2H_6 + 3O_2 = B_2O_3 + 3H_2O \quad \Delta_r H_m^\ominus = -2153\ kJ/mol$$

在空气中燃烧释放的热量是等质量 C_2H_6 释热量(−1560 kJ/mol)的 1.6 倍，曾被认为可能是很有运用前景的高能燃料。

N_2H_4 是吸热化合物($\Delta_f H_m^\ominus = 50.2\ kJ/mol$)，燃烧产物是 N_2 和 H_2O，所以燃烧热很大。若用 NO_2(也是吸热化合物，$\Delta_f H_m^\ominus = 33.85\ kJ/mol$)作氧化剂，则和 N_2H_4 反应的释热量更大。[实际用作高能燃料的是偏二甲肼 $H_2NN(CH_3)_2$。]

$$N_2H_4 + O_2 = N_2 + 2H_2O(g) \quad \Delta_r H_m^\ominus = -534\ kJ/mol$$

$$N_2H_4 + NO_2 = \frac{3}{2}N_2 + 2H_2O(g) \quad \Delta_r H_m^\ominus = -568\ kJ/mol$$

在催化剂作用下 N_2H_4 分解成 N_2 和 $2H_2$ 是焓降、熵增过程，这个释出 3 mol 气体的反应，在航天工程中被用来在两个航行器对接前调节航行器的方位。

3. 过渡金属和氢形成的化合物

和碱金属氢化物不同，其密度小于相应金属（表 7-17）。

表 7-17　$TiH_{1.72}$、$ZrH_{1.93}$ 的 $\Delta_f H_m$、密度

	$\Delta_f H_m^\ominus/(kJ \cdot mol^{-1})$	密度/$(g \cdot cm^{-3})$		
		MH_n	M	MH_n 轻于 M/%
$TiH_{1.72}$	−130.1	3.8	4.5	16
$ZrH_{1.93}$	−166.9	5.61	6.49	13

某些过渡金属和 H 的作用，被用于储 H_2，如 $LaNi_5$ 吸（足）H_2 后的化学式为 $LaNi_5H_6$，TiFe 吸（足）H_2 后的化学式为 $TiFeH_{1.95}$（表 7-18）。它们的储 H_2 量（按单位体积内 H_2 的密度计）是液态 H_2 的 1.5 倍、1.3 倍以上（表 7-18）（$LaNi_5$ 已被用作电池的电极）。

表 7-18　两种储 H_2 材料

储 H_2 体系	氢的密度/$(g \cdot cm^{-3})$
$LaNi_5H_6$	0.111
$TiFeH_{1.95}$	0.096
$H_2(l)$	0.07
$H_2(g)$	8.9×10^{-5}

某些过渡金属、合金吸 H_2、O_2 的速率不同，如 TiNi 合金吸 H_2 速率为吸 O_2 速率的 10 倍，因此被用来分离 H_2 和 O_2。

六、氮化物简介

制备氮化物的方法很多，其中较为重要的是：单质和 N_2、NH_3 直接反应，叠氮化物（N_3^- 叠氮离子）热分解，氯化物和 NH_3 反应等。

锂、镁、钙、锶、钡能和 N_2 直接反应。室温，Li 就能和 N_2 反应生成 Li_3N（红色），温热时反应加快。Li_3N 在空气中被氧化，水解生成 NH_3，表明 Li_3N 中有“N^{3-}”，作为 Lewis 碱，能和 E_3N_4（E 为 Si、Ge、Ti）形成 Li_5EN_3。

$$5Li_3N + E_3N_4 \longrightarrow 3Li_5EN_3$$

这个反应与 H^-、F^-、Cl^-、O^{2-}、S^{2-} 等都是 Lewis 碱，能和 Lewis 酸反应生成 AlH_4^-、AlF_6^{3-}、$AlCl_4^-$、CO_3^{2-}、CS_3^{2-} 等相同，都是酸和碱的反应。

Mg 在空气中燃烧时有少量 Mg_3N_2 生成，空气中 O_2 少时，产物中 Mg_3N_2 增多。Mg_3N_2 在空气中（加热）反应及水解反应方程式如下：

$$2Mg_3N_2 + 3O_2 \longrightarrow 6MgO + 2N_2$$

$$Mg_3N_2 + 6H_2O \longrightarrow 3Mg(OH)_2 + 2NH_3$$

Ca_3N_2、Sr_3N_2、Ba_3N_2 的性质和 Mg_3N_2 相同。

叠氮化物受热分解为氮化合物。

$$3M(N_3)_2 = M_3N_2 + 8N_2$$

$Ba(N_3)_2$ 分解温度高于 $Ca(N_3)_2$（N_3^- 是大阴离子，N^{3-} 是小阴离子。和 $BaSO_4$、$BaCO_3$ 分解温度分别高于 $CaSO_4$、$CaCO_3$ 相似）。

B 和 N_2 直接化合成 BN，它有两种结构：金刚石构型、石墨构型。熔点都很高，金刚石构型的 BN 很硬。

Al 和 N_2（800℃）直接化合成 AlN，具金刚石构型。

Si 和 N_2 于 1300℃ 直接化合成 Si_3N_4，也可借 $SiCl_4$ 和 NH_3 反应生成，还可令 $Si(NH_2)_4$ 热分解得到。

$$3SiCl_4 + 16NH_3 = Si_3N_4 + 12NH_4Cl$$

$$3Si(NH_2)_4 = Si_3N_4 + 8NH_3$$

前一个反应类似于非金属卤化物发生水（氨）解和脱水（氨）反应；后者相当于氢氧（氨基）化物受热脱水（氨）的反应。这些反应类型具有普遍意义，如 $TiCl_4$、$ZrCl_4$ 和 NH_3 反应生成 TiN、ZrN。

$$6MCl_4 + 32NH_3 = 6MN + 24NH_4Cl + N_2 \quad (M 为 Zr、Ti)$$

TiN 的颜色和金相似（“假金”），很硬；ZrN 极硬，能导电，有金属光泽。（它们的结构中都不含 N^{3-} 离子。）

由于氮化物极硬，工业上于 400℃～500℃使钢件与 NH_3 反应，在钢件表面形成一薄层极硬的氮化铁，这就是渗氮。（附：若用 CH_4 反应，表面形成一薄层极硬的碳化铁——渗碳。）

还有两个问题：

(1) $Ag(NH_3)_2^+$ 溶液在放置过程中会转化成 Ag_2NH、Ag_3N（这个性质和 $2AgOH = Ag_2O + H_2O$ 相似），具有爆炸性（25℃，一天就有显著转化），所以用完后的 $Ag(NH_3)_2^+$ 要及时处理。

(2) 氰 $(CN)_2$、氰离子 CN^- 和卤素 X_2、卤离子 X^- 性质相似，被称为拟卤素，可从 X_2、X^- 的性质理解 $(CN)_2$、CN^- 的性质：

$$(CN)_2 + 2OH^- = CN^- + OCN^- + H_2O$$

$$Ag^+ + CN^- = AgCN\downarrow$$

$$AgCN + CN^- = Ag(CN)_2^-$$

$$MnO_2 + 2NaCN + 2H_2SO_4 = (CN)_2 + Na_2SO_4 + MnSO_4 + 2H_2O$$

……

HCN 是极弱酸（$K = 6.2\times10^{-10}$），易挥发、剧毒（CN^- 在酸性溶液中就会挥发）。CN^- 的还原性强于 I^-[$E^\ominus_{(CN)_2/HCN} = 0.37\ V < E^\ominus_{I_2/I^-} = 0.54\ V$]，作为配位体，和周期表中部低氧化态金属配位能力极强，如 $Ag(CN)_2^-$ $\beta_2 \approx 10^{21}$，$Au(CN)_2^-$ $\beta_2 \approx 10^{38}$。

第八章　等电子体　常见分(离)子的构型

1916 年 Lewis 基于稀有气体原子稳定壳层和绝大多数分(离)子中电子为偶数提出共价键模型，Kossel 提出离子键模型。1919 年 Langmuir 在运用 Lewis、Kossel 模型讨论分(离)子结构的论文中以 N_2 和 CO、CO_2 和 N_2O 等为例提出 isostere——同电子排列体，是指：原子数相同、电子数相同的分子的结构相同，物理性能往往相近(表8-1)，这些分子互为等电子体。论文中列出 21 种等电子体，并且预言了当时尚未制得的重氮甲烷 CH_2N_2 和乙烯酮 CH_2CO 的结构相同，物理性能相近(后经证实)。

表 8-1　N_2 和 CO，CO_2 和 N_2O 的结构和某些物性

	N_2	CO	N_2O	CO_2
结构	:N:::N:	:C:::O:	:N̈::N::Ö:	:Ö::C::Ö:
熔点/℃	−209.9	−207	−102.4	−56.6(5.2 bar)
沸点/℃	−195.8	−192	−89.5	−78.5(升华)
临界温度/℃	−127	−122	35.4	31.9
临界压强/bar	33	35	75	77
密度 ρ/($g \cdot mL^{-1}$)	0.804(−196 ℃)	0.79(−192℃)	1.0	1.19(−60 ℃)
$S_m^\ominus$/($J \cdot K^{-1} \cdot mol^{-1}$)	192	198	200	214

1924 年，Grimm 提出氢的化合物互换的规律：—CH_3、—NH_2、—OH、−F；═CH_2、═NH、═O；≡CH、≡N；═C═、═$\overset{+}{N}$═。以上四个系列内物质互换前后分子构型(configuration)不变。依次实例为

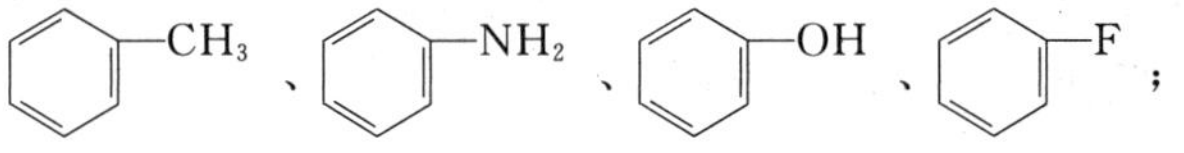

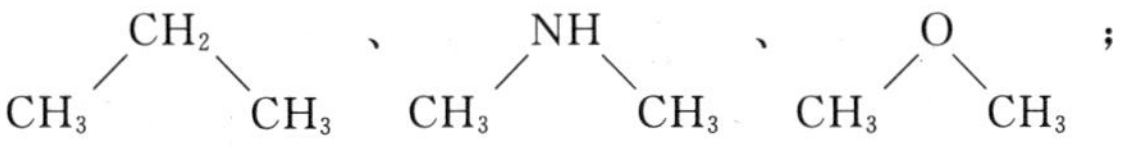

C_6H_5—CH_3、C_6H_5—NH_2、C_6H_5—OH、C_6H_5—F；

CH_3—CH_2—CH_3、CH_3—NH—CH_3、CH_3—O—CH_3；

(键角依次为：109.5°，110.5°，111.5°)

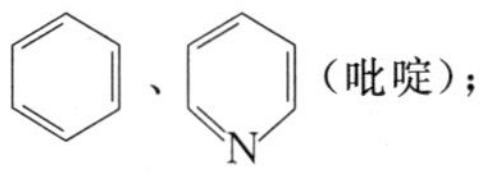

苯、吡啶(吡啶)；

CH_4、NH_4^+

(显然上述分子的构型未包括 H 原子。)

目前，等电子(isoelectronic)体是指：重原子数相同、电子数相同的分(离)子的构型往往相似。“重原子”是指从 Be 开始(即讨论构型时不包括 H、Li)。“构型往往相似”(如上

述键角相差不大的实例),但也可能不同。“电子数相同”,若是指总电子数相同,如 N_2 和 CO 都是 14 个电子,则构型相似的可能性大;若是指价电子数相同,N_2 和 CO 为 10 个电子,优点是适用性扩大了,如包括了—SH、—Cl,不足之处是不相似的可能性增大。下面先按价电子数相同讨论,然后探讨按价电子数相同讨论时该关注哪些因素。

一、两个原子构成的分(离)子构型

1. 10/2

两个(重)原子十个(价)电子的分子、离子有:N_2、CO、C_2H_2、C_2^{2-}、CN^-、NO^+、P_2(气态 P_2 急剧冷却得到),它们都是由三个共价键构成的,其中一个是由 p 轨道重叠形成的 σ 键,另外两个是 p 轨道重叠形成的 π 键(两个 π 键处于互相垂直的方向,CO 中有一个配价键,讨论时把它等同于共价键)。**提请关注**,二周期元素原子半径小,互相距离近,所以它们的 p 轨道重叠较多,形成的 π 键比较牢固。[三周期元素原子间互相距离较大,所以由 p 轨道形成的 π 键不够牢固(图 8-1)。]

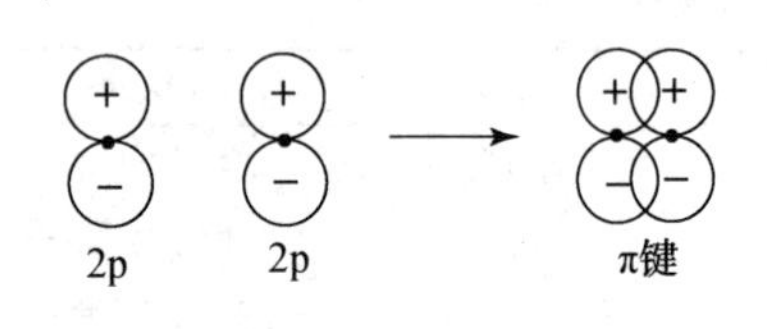

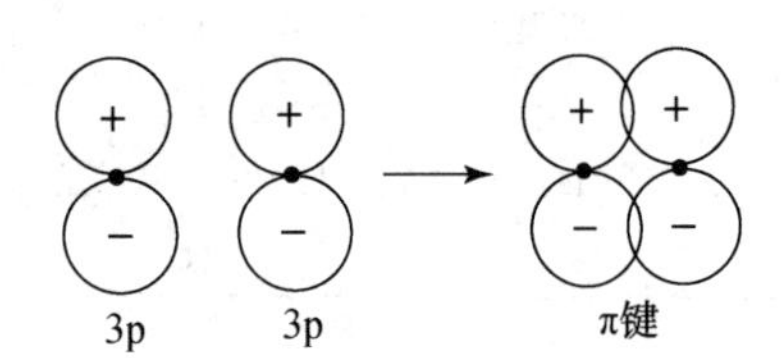

图 8-1 $\pi_{2p\text{-}2p}$ 和 $\pi_{3p\text{-}3p}$

单键键能表明由该单键构成分(离)子的活泼或稳定程度,如 N—N 键键能 167 kJ/mol 比($H_3C—CH_3$ 中)C—C 键键能 345.6 kJ/mol 小了许多,所以含 C—C 键的有机物比含 N—N 键化合物稳定,或含 N—N 键的化合物易发生反应。若两个原子间的双键、叁键的键长和单键键长之比小,即重键键长比单键短了许多,则含重键的分(离)子中原子间结合牢固。如 N 和 N,P 和 P 间叁键键长分别是单键键长的 0.757、0.857,即 N≡N 比 P≡P原子间结合更牢固。双键、叁键键能和单键键能之比越大,表明由重键构成的分(离)子能量低,如 N 和 N,P 和 P 叁键、双键键能和单键键能之比分别为 5.64、2.39,即 N_2 的能量低而 P_2 的能量不很低(表 8-2)。

表 8-2 某些单键键长、键能和重键键长、键能

	键能/(kJ·mol^{-1})	键长/pm		键能/(kJ·mol^{-1})	键长/pm
C—C	345.6	154	N—N	167	145
C=C	602(1.74)*	134(0.810)**	N=N	418(2.50)	125(0.862)
C≡C	835.1(2.42)	120(0.779)	N≡N	942(5.64)	110(0.757)
P—P	201	221	S—S	224	205
P≡P	481(2.39)	189.3(0.857)	S=S	424.7(1.88)	188.7(0.92)

续表

	键能/($kJ\cdot mol^{-1}$)	键长/pm		键能/($kJ\cdot mol^{-1}$)	键长/pm
C—N	304.6	147	C—O	357.7	143
C═N	615(2.02)		C═O	798.9(2.23)	120(0.839)
C≡N	887(2.91)	116(0.789)	C≡O	1071.9(3.00)	112.8(0.789)
O—O	207.1	148	C—S	272	182
O═O	493.6(2.38)	120.7(0.816)	C═S	573(2.11)	160(0.879)

* 重键键能与单键键能之比；

** 重键键长与单键键长之比。

2. 14/2

F_2、Cl_2、Br_2、I_2、XY(互卤化物，如 ClF)互为等电子体，都是由 p 轨道重叠的 σ 键构成的。它们的键能都不大，(前四者)依次为 157.7 kJ/mol、238.1 kJ/mol、189.1 kJ/mol、148.9 kJ/mol，所以都比较活泼。(附：F 原子小，其电子对成键电子的斥力较大，所以 F_2 的键能较小。)

非金属元素原子(同种原子)间 σ 键键能，除 $H_3C—CH_3$ 比较牢固外，O_2^{2-}、S_2^{2-}、N_2H_4、P_2H_4 等都不很牢固，所以易参与反应，如 H_2O_2、H_2S_2 既能当氧化剂也能作还原剂，还易发生自氧化还原反应，N_2H_4、P_2H_4 主要作还原剂。

二、多原子(≥3)分(离)子构型

多原子分(离)子构型与处于结构中心原子用于成键的杂化轨道类型以及有无孤对电子有关。

1. 16/3

CO_2、N_2O、N_3^-(叠氮酸根)、NO_2^+(硝酰基)、CN_2^{2-}(氰氨基离子)、NCO^-(氰酸根)、NCS^-(硫代氰酸根)、CH_2N_2、CH_2CO、CH_3CN(乙腈)、CS_2、$BeCl_2(g)$、$Ag(NH_3)_2^+$ 等互为等电子体，中心原子以 sp 杂化轨道成键，所以都是线性构型，然而电子结构不尽相同。先讨论 N_3^-，N 与 N 键长为 115 pm，介于双键键长(125 pm)和叁键键长(110 pm)之间；CO_2，C 与 O 间的键长为 116 pm，介于双键键长(120 pm)和叁键键长(112.8 pm)之间，表明 N_3^- 中 N 与 N、CO_2 中 C 与 O 之间不是双键、叁键。曾有两种观点讨论这个事实。

(1) 共振论　共价键和离子键是理想的概念，是两个极限，一般分子的电子结构介于两者之间。Pauling 提出化学共振理论：一种分子的电子结构可用多种方式表示，如 CO_2、N_3^- 的共振体(互相之间用⟷表示)为

$$:\overset{-}{\underset{..}{N}}=\overset{+}{N}=\overset{-}{\underset{..}{N}}: \longleftrightarrow :N\equiv\overset{+}{N}-\overset{2-}{\underset{..}{\ddot{N}}}: \longleftrightarrow :\overset{2-}{\underset{..}{\ddot{N}}}-\overset{+}{N}\equiv N:$$

$$:\ddot{O}=C=\ddot{O}: \longleftrightarrow :\overset{+}{O}\equiv C-\overset{-}{\ddot{\underset{..}{O}}}: \longleftrightarrow :\overset{-}{\ddot{\underset{..}{O}}}-C\equiv\overset{+}{O}:$$

实际状态和这几种表示方式不完全相符,然而结构的性质或多或少保留一些。一种分子的共振体必须满足三个条件:① 各原子的位置必须一样;② 各种电子结构的能量必须相近,实际状态和最稳定结构相近;③ 各结构中未共用电子数必须相等。由此得到两个结论:分子能量比所用任何结构式表示的能量要低,因此也更稳定;原子间距离要短些,因此结合得更紧(表 8-3 中实验值)。

表 8-3 CO_2 的键参数

	O═C═O	O—C≡O	O≡C—O	实验值
键长/pm	120 120 240	137 110 247	110 137 247	232
键能/($kJ \cdot mol^{-1}$)	723.8 723.8 1447.6	341.0 1076.1 1412.1	1071.1 341.0 1412.3	1589

(2) 离域 π 键 OCO 中都是二周期元素原子,相互间距离近,它们的 p 轨道重叠形成 π_3^4 键(3 个原子 4 个电子的离域 π 键),共两个 π_3^4 键,处于互相垂直的位置,O—C—O。

N_3^-、CN_2^{2-} 等的电子结构和 CO_2 同,也是由 2 个 σ 键和 2 个 π_3^4 键构成,d_{C-N}(CN_2^{2-} 中)=122 pm(长于叁键键长 116 pm)。

CS_2 中 d_{C-S}=155 pm,与双键键长 160 pm 相近,又 S 是三周期元素原子,所以 SCS 的 p 轨道间不易形成(像 CO_2 那样的)离域 π 键,而是双键 S ═C ═S。与此类似,H_2CCO 中左侧 C 原子以 sp^2 杂化轨道和 2 个 H 原子 s 轨道、中心 C 原子 sp 杂化轨道共成 3 个 σ 键,另一个 p 轨道和中心 C 原子的 p 轨道成(定域)π 键,即 $H_2C=C=O$。

CH_3CN 左侧 C 原子以 sp^3 杂化轨道和 3 个 H 原子的 s 轨道、中心 C 原子的 sp 杂化轨道(共)成 4 个 σ 键。因此,中心 C 原子与右侧 N 原子间为叁键 $H_3C-C\equiv N$,其中 d_{C-C} =146 pm,d_{CN}=115.8 pm。与此类似,H_2NCN(氰胺)中左侧 N 原子与 2 个 H 原子、中心 C 原子(共)成 3 个 σ 键,中心 C 原子与右侧 N 原子间为叁键,即 $H_2N-C\equiv N$,其中,d_{C-NH_2}=131 pm,d_{CN}=115 pm。

$BeCl_2$(g)中,Be 原子以 sp 杂化轨道和 2 个 Cl 原子 p 轨道成 σ 键。与此类似,$Ag(NH_3)_2^+$ 中 Ag^+ 以 sp 杂化轨道接受 2 个 NH_3 提供的电子对,形成 2 个 σ 键(配价键)。

总之,16/3 等电子体的中心原子以 sp 杂化轨道和两侧原子形成 σ 键,为线性构型。此外,还可能有离域 π 键、定域 π 键(双键或叁键)。把由二周期元素原子构成 16/3 等电子体的键长汇于表 8-4。(与表 8-2 中键长比较,可初步判知它们是单键还是重键。)

表 8-4　部分 16/3 等电子体的键长(pm)

O—C—O	N—N—O	O—N—O^+	N—C—O
116　116	113　119	115　115	121　113
N—N—N^-	N═C—N^{2-}	H_3C—C—N	H_2N—C—N
115　115	122　122	146　115.8	136　115

有时,分(离)子的电子结构也可从化学性质判断。如 HOCN(氰酸)的异构体有异氰酸和雷酸。前者完全水解(不是氧化还原)生成 NH_3、CO_2、H_2O,由生成物中 N、C 的氧化态为−3、+4 可推知其结构为:H—N═C═O ;雷酸完全水解生成 $HONH_2$、HCOOH,其中 N、C 的氧化态为+1、+2,故其结构为:H—O—N≡C。

按等电子观点,O^- 和 X(卤素原子)互为等电子体,因此可把 $^-$OCN推及 XCN(卤化氰),它们也都是线性分子,其中 d_{CN}键长和 CH_3CN 中的相近,表明也都是叁键(表 8-5)。虽然构型相同并且都叫卤化氰,但 ClCN 水解得 HCl 和 HOCN,而 ICN 水解得 HOI 和 HCN,表明前者 CN 显正性,后者 CN 显负性。

表 8-5　XCN 的键长

	FCN	ClCN	BrCN	ICN
d_{X-C}/pm	126	163	179	200
d_{C-N}/pm	116	116	116	116

2. 18/3

O_3、NO_2^-、SO_2 互为等电子体,都是弯曲或称角形构型,以 O_3 为例讨论它们的电子结构(图 8-2)。位于中心的 O 原子以 sp^2 杂化轨道分别和两个 O 原子 p 轨道成两个 σ 键,另一 sp^2 轨道为孤对电子,它对成键电子斥力大,所以键角(<120°)为 116.8°。中心 O 原子垂直于 sp^2 面的 p 轨道($2e^-$)和两侧 O 原子上 p 轨道(e^-)形成 π_3^4 键,d_{O-O}=127.8 pm(介于 O—O 单键键长和双键键长之间)。因 O 原子间是极性键,所以单质 O_3 有弱的极性。NO_2^- 也是由两个 σ 键和一个 π_3^4 键构成的,d_{N-O}为 124 pm(介于单键键长和双键键长之间)。SO_2 中 d_{S-O}为 143.2 pm,短于 SO 双键键长(149.3 pm),它的共振结构见图 8-3。

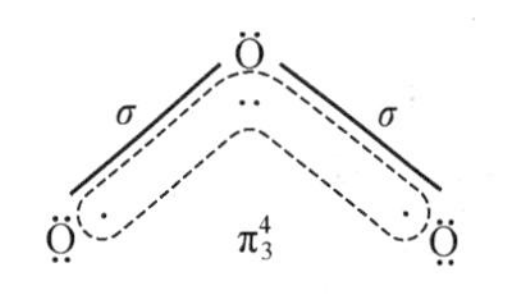

图 8-2　O_3 分子的结构

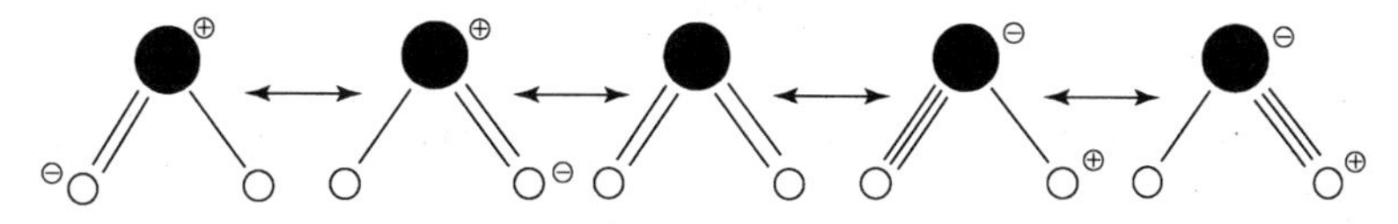
图 8-3　SO_2 分子的结构

若把 NO_2^- 中 O^- 换成 X(卤素),则 NOX(亚硝酰卤)、$ONNH_2$(亚硝胺)也都是角形构型,中心 N 原子 p 轨道不可能和 X、N(NH_2 中的 N)p 轨道成 π 键(定域或离域),所以 N—X、N—N 间为单键,而 NO 键键长短于 NO_2^- 中的 NO 键键长(表 8-6)。

表 8-6 O_3 等电子体的键参数

	O_3	SO_2	NO_2^-	NOF	NOCl	NOBr
键角/(°)	116.8	119.5	115	110	113	117
键长/pm	127.8	143.2	124	114*	114*	114*

* 为 NO 键键长。

$ONNH_2$ 及其衍生物(H 被有机基团取代)是致癌物,致癌的能力因取代物不同而异。

附:NO_2 为 17/3,电子数介于 16/3 NO_2^+、18/3 NO_2^- 之间,为角形构型,键角为 134.3°(NO_2 中只有一个电子,它对成键轨道的斥力弱于孤对电子的斥力),NO 键长为 119.7 pm(短于 NO_2^- 中 124 pm)(图 8-4)。

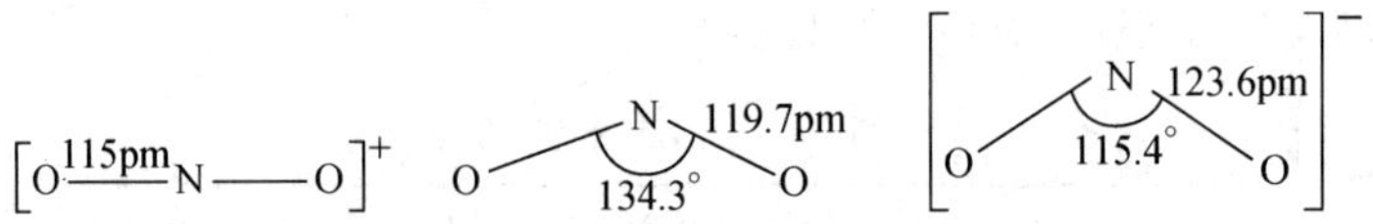

$[O\overset{115pm}{—}N—O]^+$　　O—N—O (119.7pm, 134.3°)　　$[O—N—O]^-$ (123.6pm, 115.4°)

图 8-4 NO_2^+、NO_2、NO_2^- 的结构

3. 22/3

I_3^-、Br_3^-……及互卤离子互为等电子体,中心原子以 sp^3d 杂化轨道和两个 X 形成 σ 键,还有 3 对孤对电子位于赤道面,如 $KI_3 \cdot H_2O$ 中 I—I 键键长为 293 pm,$KIBr_2 \cdot H_2O$ 中 I—Br 键键长为 271 pm(相对原子质量大的卤素原子位于中心位置),$KICl_2$ 中 I—Cl 键键长 255 pm。

XeF_2 与 I_3^- 互为等电子体,所以也是线性构型。

4. 24/4

CO_3^{2-}、NO_3^- 互为等电子体,它们都是平面三角构型,以 NO_3^- 为例讨论它们的结构。

N 原子以 sp^2 杂化轨道分别和 3 个 O 原子的 p 轨道重叠成 σ 键。此外,垂直于 sp^2 的 p 轨道上 2 个电子和 3 个 O 原子的 p 轨道上(各)1 个电子以及 −1 价(共 6 个电子)形成离域 π 键,π_4^6,键长为 124 pm,介于 NO 单键键长(140 pm)、双键键长(121 pm)之间(图 8-5)。同理,CO_3^{2-} 中有 3 个 σ 键和一个 π_4^6 键,C—O 键键长也介于相应单键键长和双键键长之间(表 8-7)。

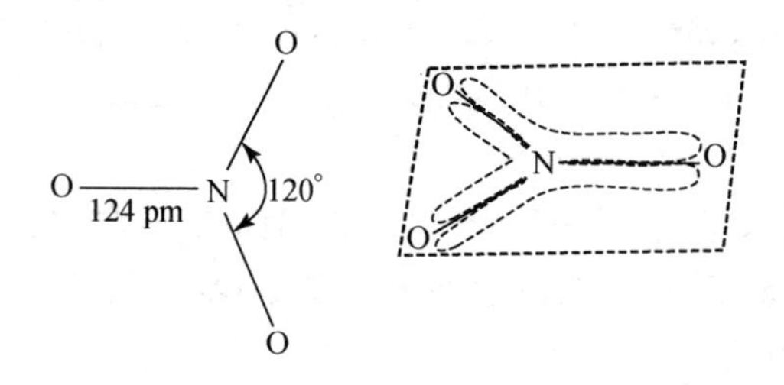

图 8-5　NO_3^- 的结构

表 8-7　NO_3^-、CO_3^{2-}、CS_3^{2-}、BF_3、SO_3(g)的键长

		NO_3^-	CO_3^{2-}	CS_3^{2-}	BF_3	SO_3(g)
键长/pm	单键	140	143	182	152	—
	实测	124	129	171	131	143*
双　键		121	120	160	—	149.3

* SO_3 中键长短于双键键长。

NO_3^- 的等电子体有 SO_3(g)、CH_3NO_2(硝基甲烷)、NH_2NO_2(硝酰胺)、NO_2F(硝酰氟)、NO_2Cl(硝酰氯),也都是平面三角形构型,显然除 NO_3^-、SO_3(g)外都不是平面正三角形(表 8-8)。

CO_3^{2-} 的等电子体有 CS_3^{2-}、COF_2(碳酰氟)、$COCl_2$(碳酰氯,俗称光气)、$CO(NH_2)_2$、$CS(NH_2)_2$(硫脲)、$CO(CH_3)_2$、$C(NH)(NH_2)$(胍)、$C(NH_2)_3^+$(铋),都是平面三角形构型,其中只有 CS_3^{2-}、$C(NH_2)_3^+$ 是平面正三角形构型。因 C(中心原子)不能和 X、N(NH、NH_2 中的 N)、C(CH_3 中的 C)形成 π 键,所以 CO 键的键长短于 CO_3^{2-} 中 CO 键的键长(表 8-8)。

表 8-8　NO_2X、COX_2、$CO(NH_2)_2$ 的键参数

		NO_2F	NO_2Cl	COF_2	$COCl_2$	$COBr_2$	$CO(NH_2)_2$
键角	ONO XCX	136°	130°	108°	111°	110°	121°(∠NCO) 118°(∠NCN)
键长/pm	NO、CO	118	120	117.4	116.6	113	127
	NX、CX	147	184	131.2	174.6	205	133

BO_3^{3-} 的等电子体为 BF_3、BCl_3、BBr_3。由于 BF_3 中 4 个原子都是二周期元素原子,相互间形成较强的 π_4^6 键,B—F 键键长比 B—F 单键键长之和短了 21 pm(表 8-7)。因此,B 和 F_2 形成 BF_3 释放的能量($\Delta_f H_m^\ominus = -1110.3$ kJ/mol)远多于生成 BCl_3(-395.4 kJ/mol)、BBr_3(g)(-186.6 kJ/mol)时释出的能量,所以 HF 和 B_2O_3 反应易生成 BF_3,而 HCl 不易和 B_2O_3 反应。

$$B_2O_3(s)+6HF(g) = 2BF_3(g)+3H_2O(l) \quad \Delta_r H_m^\ominus = -203.6\ kJ/mol$$

$$B_2O_3(s)+6HCl(g) = 2BCl_3(g)+3H_2O(l) \quad \Delta_r H_m^\ominus = 168.6\ kJ/mol$$

5. 32/5

SiO_4^{4-}、PO_4^{3-}、SO_4^{2-}、ClO_4^- 互为等电子体，它们都是四面体构型，其中E—O键键长分别比单键键长短，而略长于双键键长(表 8-9)。就是说，不能从单键或双键来理解 EO_4^{n-} 的结构，现以 SO_4^{2-} 为例介绍。

表 8-9 三周期含氧酸根 EO_4^{n-} 的键长

	SiO_4^{4-}	PO_4^{3-}	SO_4^{2-}	ClO_4^-
键长/pm	163	154	149	145.0
E—O 单键键长/pm	176	171	169	168.5
比单键键长短/pm	13	17	20	23.5

SO_4^{2-} 中 S 原子以 sp^3 杂化轨道分别和 4 个 O 原子的 p 轨道重叠形成 4 个 σ 键。又以 $d_{x^2-y^2}$、d_{z^2}(图 8-6)分别和 4 个 O 原子(不同的)p 轨道形成离域的 π_{d-p} 键，即形成两个 π_5^8 键。同理，ClO_4^-、PO_4^{3-}、SiO_4^{4-} 都是由 4 个 σ 键、2 个 π_5^8 键构成的。

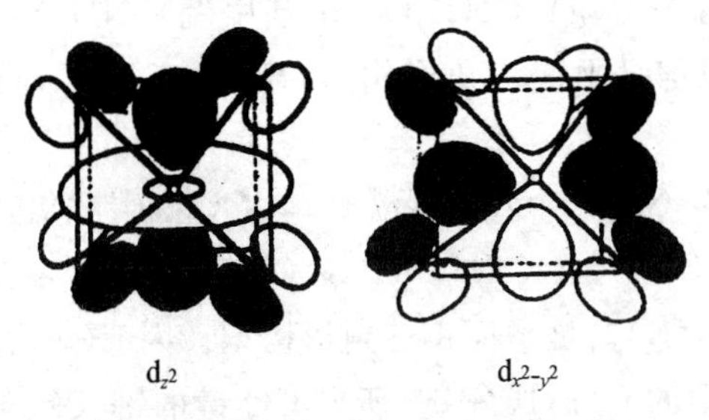

图 8-6 AO_4 中 2 个五中心离域 π 键

SO_4^{2-} 的等电子体$(HO)_2SO_2$、F_2SO_2、Cl_2SO_2、$(NH_2)_2SO_2$ 也是四面体(但都不是正四面体)构型，其中 HO、F、Cl、H_2N 不可能再和(中心)S 原子形成 π 键。SO 键键长短于 SO_4^{2-} 中 SO 键(表 8-10)。附：表 8-10 中列出的 S—O 键长均短于 SO_4^{2-} 中的 149 pm，表明两者 S—O 键结构不同。又，表 8-10 中 4 个 S—O 键长差值是由 OH、F、Cl、NH_2 不同引起的。同理，表 8-8 中 NO_2X、COX_2 的 NO、CO 键长分别短于 NO_3^-、CO_3^{2-}；表 8-11 中 POX_3 的 P—O 键键长短于 PO_4^{3-} 中 P—O 键长。

表 8-10 $(HO)_2SO_2$ 等的键参数

	∠XSX/(°)	∠OSO/(°)	d_{S-O}/pm	d_{S-X}/pm
$(HO)_2SO_2$	104	119	143	154
F_2SO_2	97	123	140	153
Cl_2SO_2	111	120	143	199
$(NH_2)_2SO_2$	112	119.5	139	160

PO_4^{3-} 的等电子体 POF_3、$POCl_3$ 也都是四面体构型，键参数列于表 8-11。附：表 8-11 中列出 $POCl_3$(g)和 $POCl_3$(s)的键参数是想强调，物态不同，分(离)子的键参数略有不同。$PSCl_3$、$PO(NH_2)_3$、PCl_4^+ 也和 PO_4^{3-} 互为等电子体，[O^- 与 X(卤素)、NH_2，O 和 X^+(卤素)的重原子数、电子数相同]其中除 PCl_4^+ 外都不是正四面体构型。再则 $NaPO_3F$(一氟磷酸钠，是加氟牙膏的原料)、$PO_2F_2^-$(二氟磷酸根)也都是四面体构型。

表 8-11　POF_3、$POCl_3$ 键参数

	d_{P-X}/pm	d_{P-O}/pm	$\angle XPX$/(°)
POF_3(g)	152.4	143.6	101.3
$POCl_3$(g)	199.3	144.9	103.3
$POCl_3$(s)	198	146	105

SiO_4^{4-} 的等电子体有 SiF_4、$SiCl_4$、$SiBr_4$，也都是正四面体构型，其中 Si—F 键长比 Si 单键与 F 单键键长之和短 21 pm，而 Si—Cl 键长仅比 Si 单键与 Cl 单键键长之和短 13 pm(Cl 为三周期元素原子，其 p 轨道和 Si 原子 d 轨道重叠少)，即 Si—F 键合强于 Si—Cl。键合强，在生成焓上也有体现，SiF_4(g)、$SiCl_4$(g)的 $\Delta_f H_m^\ominus$ 分别为 −1548 kJ/mol、−609.6 kJ/mol，因此，HF(g)、HF(aq)能刻蚀玻璃，而 HCl(g)、HCl(aq)不能。

$$SiO_2(s)+4HF(g)=\!=\!=SiF_4(g)+2H_2O(l)\qquad \Delta_r H_m^\ominus=-187\ \text{kJ/mol}$$

$$SiO_2(s)+4HCl(g)=\!=\!=SiCl_4(g)+2H_2O(l)\qquad \Delta_r H_m^\ominus=46.2\ \text{kJ/mol}$$

附：用 HF(aq)腐蚀玻璃得到透明图像，而用 HF(g)腐蚀得到的图像不透明，用于生产毛玻璃。

6. 30/6

C_6H_6 和 C_5H_5N(吡啶)、$B_3N_3H_6$(硼吖嗪，俗称无机苯)互为等电子体，都是平面六边形构型，每种分子中 6 个中心原子均以 sp^2 杂化轨道互相重叠成 6 个 σ 键，并和 6 个 H 原子上的 s 轨道重叠成 6 个 σ 键，成正六面体构型。6 个中心原子上另一个 p 轨道互相键合成 π_6^6 键，并且 C_6H_6 和 $B_3N_3H_6$ 的物理性能相近(表 8-12)。(列出表 8-12 物性相近是想强调：目前讨论等电子体虽不涉及物理性能，然而在某些实际例子中，等电子体的物性还可能相近。)

表 8-12　C_6H_6、$B_3N_3H_6$ 的某些性能

	C_6H_6	$B_3N_3H_6$
沸点/℃	80	55
临界温度/℃	288	252
气化焓/(kJ·mol^{-1})	30.8	29.4
摩尔体积/cm^3	96	100
d_{C-C}，d_{B-N}/pm	142	144

7. 48/7

H_5IO_6(高碘酸)、H_6TeO_6(碲酸)……互为等电子体,它们都是八面体构型,中心原子 I、Te 均以 sp^3d^2 杂化轨道和 6 个 O 原子成 6 个 σ 键。高碘酸是五元酸,IO 键键长为 178 pm,IOH 的 IO 键键长为 189 pm;碲酸是六元酸 $Te(OH)_6$,(TeOH 的)TeO 键键长为 190 pm。[附:含氧酸中 E—O 键键长短于(E—OH 中)E—O 键的键长,H_2SO_4 中的 S—O 键长请参考表 8-10。]

8. 34/6

N_2O_4、$C_2O_4^{2-}$、B_2F_4 互为等电子体,其中 2 个中心原子(N、N,C、C,B、B)各以 sp^2 杂化轨道成键,因此 6 个原子在同一平面上,其中 N—O、C—O 键键长均短于 NO_3^-、CO_3^{2-} 中相应键的键长,B—F 键键长和 BF(g)中 B—F 键键长相近(图 8-7)。B_2Cl_4(s)的 6 个原子在同一平面上,而 B_2Cl_4(g)中 2 个 B 原子均以 sp^2 杂化轨道和 2 个 Cl 原子、另一个 B 原子成 σ 键,然两个—BCl_2 平面互相垂直(再次提及,物态不同,某些物质的构型可能不同)。

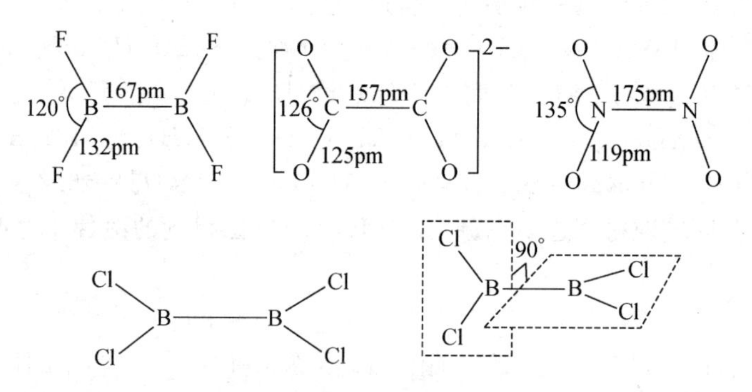

图 8-7 A_2B_4 的构型

9. 前已提及化学式为 PO_3^- 的,可能有两种构型:环状和无限长链状。$PNCl_2$ 是它的等电子体,也有环状和无限长链状(图 8-8)。这两种物质都是 24/4,由于中心原子以 sp^3 杂化轨道成键,所以其构型和前述 NO_3^-、CO_3^{2-}(也是 24/4,中心原子以 sp^2 杂化轨道成键)不同。由此可见,应关注中心原子用以成键的杂化轨道。

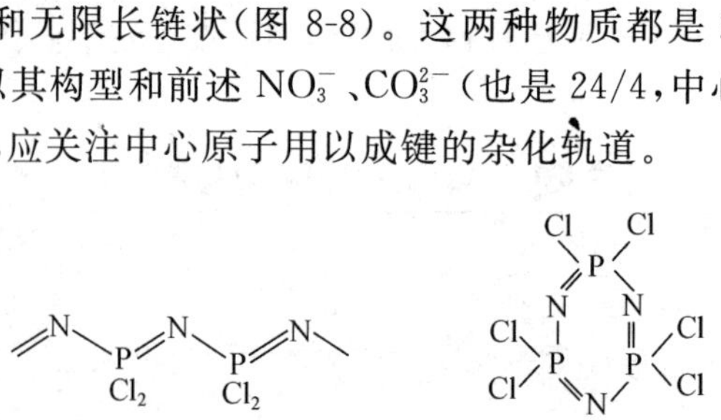

图 8-8 $PNCl_2$ 的链状、环状结构

等电子体还有许多,(有些还将在下面继续讨论)现在讨论同周期元素原子互换的等

电子体。同周期元素原子互换前后，分（离）子的总电子数相同（构型相似的可能性更大）；若换成同周期左（右）邻元素原子，应给替换后的分（离）子加（减）一个负电荷。如：

（1）由 CF_4 可知其等电子体有 BF_4^-（左）、NF_4^+（右）。

（2）由 AlF_6^{3-} 可知其等电子体有 SiF_6^{2-}、PF_6^-、SF_6，它们都是正八面体构型。

（3）$IO(OH)_5$ 的等电子体有 $Te(OH)_6$、$HSb(OH)_6$（锑酸）、$H_2Sn(OH)_6$（锡酸）、$XeO_2(OH)_4$（高氙酸，四元弱酸），它们都是八面体构型。[尚未制得 $HSb(OH)_6$、$H_2Sn(OH)_6$，但有盐存在，如 $NaSb(OH)_6$、$Na_2Sn(OH)_6$。]

（4）IO_3^- 是三角锥构型，其等电子体 XeO_3（三氧化氙）、TeO_3^{2-}（亚碲酸根）也是三角锥构型。

若把 CO_3^{2-} 视为 NO_3^- 中 N 换成 C 的结构，把 ClO_4^- 结构中 Cl 换成 S(SO_4^{2-})、P(PO_4^{3-})、Si(SiO_4^{4-})，把 CO_2 中 C 换成 N^+(NO_2^+)……作为推断等电子体的一种途径，那么在已知一种分（离）子构型的基础上不难推断其可能的等电子体，而且有相当大的把握。现把 $=CH_2$、$=NH$、$=O$相互间互换形成的几种等电子体列于表 8-13。

表 8-13　某些含 $=CH_2$、$=NH$、$=O$ 等电子体的键参数

		$H_3CCH_2CH_3$	H_3CNHCH_3	H_3COCH_3	ClOCl	ClNHCl
键长/pm		154	145.5	141.6	170	176
键角/(°)		109.5	110.5	111.5	110.9	106
		$K_2[O_3SOSO_3]$	$K_2[O_3SNHSO_3]$	$K_2[O_3SCH_2SO_3]$	$K_4[O_3POPO_3]$	$K_4[O_3PNHPO_3]$
键角/(°)		124.2	125.2	120	123	127
键长/pm	EO(端)	143.7	145.3	146.1	152	153
	EC(格)、EN(格)、EO(格)	164.5	166.2	177.0	158	168

不同周期元素原子互换前后，有可能互为等电子体，如 OCN^-、SCN^-、$SeCN^-$（硒代氰酸根），O_3 和 SO_2，B_2F_4 和 B_2Cl_4(s)；也有可能不是等电子体，如 CO_2 和 SiO_2，NO_3^- 和 PO_3^-。主要原因是，中心原子杂化轨道类型不同，CO_2 中 C 以 sp 杂化轨道和两侧原子的 2 个 p 轨道成键，而 SiO_2 中 Si 以 sp^3 杂化轨道和 2 个 d 轨道参与成键，所以 CO_2 和 SiO_2 不是等电子体。[附：SiO_2 晶体中 Si—O 间除 σ 键外，O 原子上 p 轨道和 Si 原子上“空的 d 轨道”形成 π_{d-p}，所以 Si—O 键键长 161 pm，短于 Si 单键键长与 O 单键键长之和(176 pm)，并且导致 SiO_2 的能量较低，SiO_2 的 $\Delta_f H_m^\ominus = -859.4$ kJ/mol。]

有些情况下也可从键参数判断两者是否互为等电子体。如 CH_3OCH_3 键角为 111.5°，而 $H_3SiOSiH_3$（二甲硅醚）的键角为 144°，键角相差太大，所以两者不是等电子体。又，$N(CH_3)_3$（三甲基氮）是极性分子，有碱性（表明结构中有能接受 H^+ 的电子对），

而 $N(SiH_3)_3$(三甲硅基氮)是非极性分子,碱性极弱。两种分子的中心原子虽然都是 N,前者 N 原子以 sp^3 杂化轨道成键,还有一对孤对电子,∠CNC=110.9°;后者 N 原子以 sp^2 杂化轨道成键,另一个 p 轨道上的 2 个电子和(3 个)Si 原子上空的 d 轨道形成 π_4^2 键(图 8-9)。

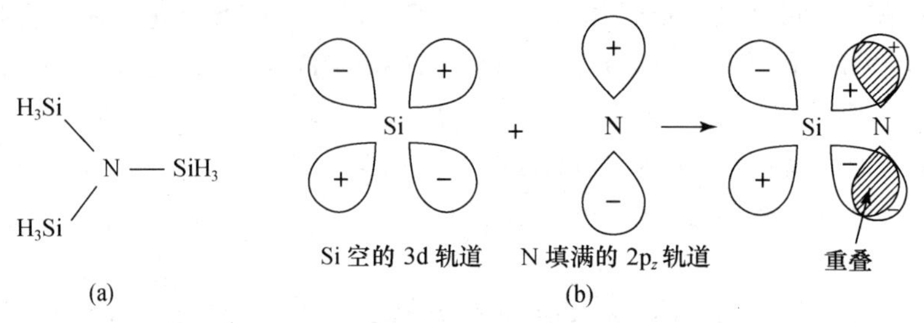

图 8-9 $N(SiH_3)_3$ 结构(a),N 和 Si 之间的 π_{d-p}(b)

提请关注,SO_4^{2-} 中 π_{d-p}是 S(中心原子)上的 d 轨道和 O 上 p 轨道成键,而$N(SiH_3)_3$中的 π_{d-p}是 N(中心原子)上的 p 轨道和 Si 原子上空的 d 轨道成键。

以上讨论涉及的都是"单个"分(离)子,那么能否用等电子体观点讨论由离子键、共价键组成物质的结构?按说 Na^+Cl^- 和 Cs^+Cl^- 像等电子体,但固体结构不同,它们相邻异(电荷)号离子数,取决于组成离子型晶体的阳离子半径和阴离子半径之比,(等电子体不涉及这个问题)所以不能用等电子体讨论离子型晶体的结构。那么,共价键组成的物质又如何呢?

C 原子构成金刚石、石墨两种晶体,单晶硅、单晶锗(Ge)、灰锡(一种锡的同素异形体)的结构和金刚石相同,每个 Si、Ge、Sn 原子周围有 4 个同种原子,若用两个元素符号(如 CC)分别表示四种晶体的组成,则二周期 BN(氮化硼)、BeO(氧化铍)和金刚石互为等电子体(表 8-14);三周期的 AlP(磷化铝)、四周期的 GaAs(砷化镓)、五周期的 InSb(锑化铟),以及 ZnS 等固体结构都和金刚石结构相同。

表 8-14 取金刚石结构的物质

二周期	CC　BN* BeO
三周期	SiSi　AlP
四周期	GeGe　GaAs　ZnSe　CuBr
五周期	SnSn　InSb　AgI
其　他	SiC　ZnS　CdSe

* BN 还具有石墨结构。

再则,若把二氧化硅的"化学式"写成 $SiSiO_4$,则可知 $AlPO_4$(磷酸铝)的结构,每个 Al、P 原子周围有 4 个 O 原子,而每个 O 原子周围有一个 Al 原子和一个 P 原子与之成键。上述 $PNCl_2$ 的原子间以共价键结合,所以也能和 PO_3^- 一样形成环状、长链状结构[链状$(PNCl_2)_n$ 是一种无机高分子化合物]。

三、等电子体的化学性质是否相似

有些等电子体的化学性质相似,但大多数等电子体的化学性质不相似。前者以具有重键的16/3分(离)子为例:

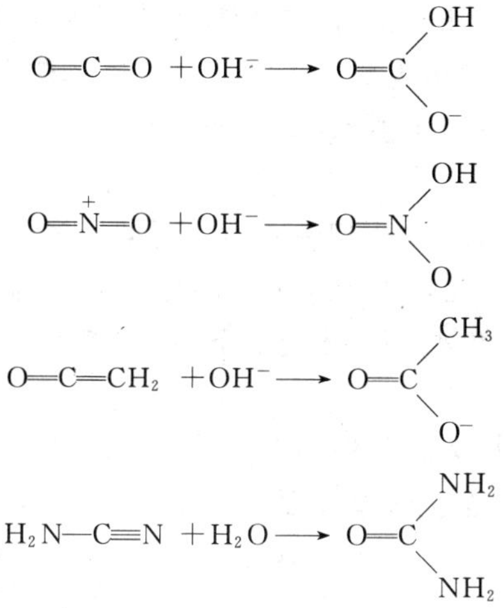

$$O{=}C{=}O + OH^- \longrightarrow O{=}C(OH)O^-$$

$$O{=}\overset{+}{N}{=}O + OH^- \longrightarrow O{=}N(OH){=}O$$

$$O{=}C{=}CH_2 + OH^- \longrightarrow O{=}C(CH_3)O^-$$

$$H_2N{-}C{\equiv}N + H_2O \longrightarrow O{=}C(NH_2)NH_2$$

在紫外线照射下

$$OCO \xrightarrow{h\nu} CO + O$$

$$OCCH_2 \xrightarrow{h\nu} CO + CH_2$$

$$OCS(\text{氧、硫化碳}) \xrightarrow{h\nu} CO + S$$

$$HNNN(\text{叠氮酸}) \longrightarrow HN + N_2$$

性质不相同的实例太多了,如 NO_2^- 和 NOCl,BO_3^{3-} 和 BF_3 性质不可能相似,又如 C_6H_6、C_5H_5N、$B_3N_3H_6$(俗称:无机苯),C_5H_5N 中 N 原子上有一对电子,所以具有碱性,而 C_6H_6 没有类似的碱性;无机苯中因 [B、N 交替的六元环,两种双键排列]、[B、N 交替的六元环,两种双键排列] 而可表示为 [环内画圆圈的 B、N 交替六元环] (类似用 [环内画圆圈的六边形] 表示苯),但比 C_6H_6 容易发生加成反应,如 1 mol $B_3N_3H_6$ 和 2 mol Cl_2 发生加成反应,而后脱去 2 mol HCl,得到二氯化硼吖嗪,其结构为 [环内画圆圈的六元环,环上为 BH、NH、BCl、NH、ClB、HN] ,Cl 显负性,所以和显正性的 B 键合,而不是和 N 原子键合。

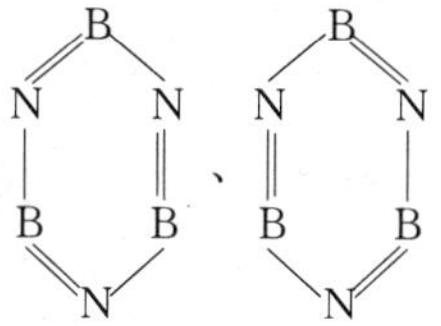

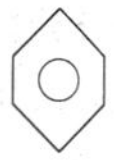

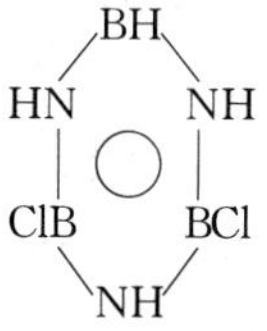

四、按中心原子成键轨道归纳常见分(离)子的构型

前已多次提及,若处于中心的是二周期元素原子,它只能以 s、p 轨道成键,最多形成 4 个键;若中心是三、四周期元素原子,能以 s、p 及 2 个 d 轨道($d_{x^2-y^2}$、d_{z^2})成键,最多形成 6 个键。当成键数少于 4 或 6 个单键时,其余轨道(空轨道如 BCl_3 中 B;轨道只有 1 个电子,如 NO_2 中 N;轨道中有 2 个电子,如 NH_3 中 N)可能参与成键——离域 π 键,如 NO_3^-,定域 π 键如 $COCl_2$——也可能不参与成键,如 NH_3 中 N 原子上孤对电子,NO_2 中 N 原子上的单电子。

本节归纳分(离)子构型时,① 构型中心为二周期元素原子者,因读者比较熟悉不作介绍,所以重点介绍以三周期元素原子为中心的分(离)子构型,并列出一些不熟悉但不难理解的实例;② 为了避免重复,在许多情况下不列入键参数;③ 构型中包括 H 原子,如 CH_4 为四面体构型。

1. 二周期元素原子为中心原子的分(离)子的构型

中心原子以 sp^3、sp^2、sp 杂化轨道成键的分(离)子构型,汇总于图 8-10。

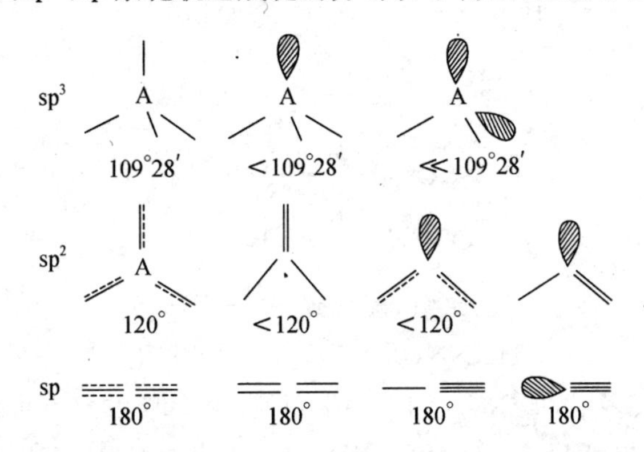

图 8-10 第二周期元素原子为中心原子的分(离)子的构型(---表示离域键)

(1) 中心原子以 sp^3 杂化轨道成键

① AB_4 为正四面体构型,如 BH_4^-、CH_4、NH_4^+[①],BF_4^-、CF_4、NF_4^+,BCl_4^-、CCl_4,$C(CH_3)_4$、$N(CH_3)_4^+$、$B(OH)_4^-$ 等。

AB_xC_{4-x} 为四面体构型,如 $CHCl_3$、CCl_2F_2 等。

$AB_xC_yD_{4-x-y}$ 为四面体构型,如 $CBrCl_2F$ 等。

② 中心原子有一或两对孤对电子,有一对孤对电子的如 H_3O^+、NH_3、$N(CH_3)_3$、NH_2OH(羟胺)为三角锥构型,有两对孤对电子的如 H_2O、$(CH_3)_2O$ 为角形构型。

① H 的电负性为 2.1,小于 C(2.5)、N(3.0)而大于 B(2.0),所以在 CH_4、NH_4^+ 中显正性,在 BH_4^- 中显负性,显然,CH_4 化学性质和含 BH_4^- 的化合物不同,$NaBH_4$ 是强还原剂。

附：目前有少数人认为，F 原子以 sp^3 杂化轨道和 H 原子 s 轨道成键。

(2) 中心原子以 sp^2 杂化轨道成键

① AB_3。为平面正三角形构型，CO_3^{2-}、NO_3^-、BF_3 由 3 个 σ 键和一个 π_4^6 键构成，$B(OH)_3$、BBr_3 主要以 σ 键构成，CH_3^+（碳正离子）中 C 与 H 间为 σ 键。

② AB_2C。$NO_2(OH)$、NO_2Cl、RCO_2^- 中重原子为三角形构型，由 3 个 σ 键构成，还可能有离域 π 键。

$COCl_2$、$CO(NH_2)_2$、$CO(CH_3)_2$、$RCO(OH)$中重原子为三角形构型，由 3 个 σ 键和一个定域 π 键构成。（附：N 和 OH、Cl 间没有 π 键。）

③ 有一对孤对电子的 AB_2，如 O_3、NO_2^- 为角形构型，由 2 个 σ 键和一个 π_3^4 键构成。ABC 也是角形构型，由 2 个 σ 键和一个定域 π 键构成，如 NOCl、$ONNH_2$（重原子构型）。

(3) 中心原子以 sp 杂化轨道成键

① 2 个 σ 键和 2 个 π_3^4 键构成线性构型，如 CO_2、N_3^-、NO_2^+ 等。

② 2 个 σ 键和 2 个定域 π 键构成线性构型（重原子），如 C_2H_2、H_2CCO、H_3CCN、CS_2。

③ 2 个 σ 键构成的线性分子，如 $BeCl_2(g)$。

附 1：因为以杂化轨道成键时，重叠（比未经杂化轨道的重叠）多，所以有少数学者认为，sp 杂化轨道也可能有一对孤对电子（图 8-10 右下角）。

附 2：NO、NO_2 中价电子数为奇数，NO 中有一个 σ 键和一个三电子键，NO_2 中只有一个电子，对成键轨道排斥，所以键角＞120°（为 134°）；O_2 中价电子为偶数，因 O_2 有磁性，表明结构不是 O═O，而是由一个 σ 键、两个三电子键构成。

2. 三周期元素原子为中心原子的分(离)子的构型

中心原子以 sp^3d^2、sp^3d、sp^3、sp^2 杂化轨道成键的分（离）子构型，汇总于图 8-11。

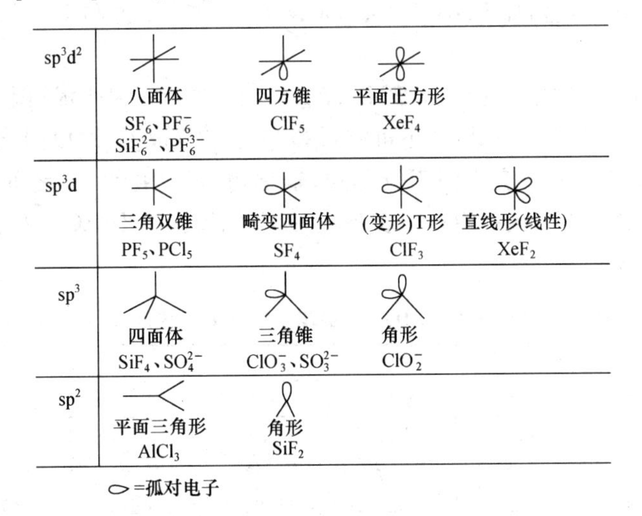

图 8-11　第三周期元素原子为中心原子的分(离)子的构型

(1) 中心原子以 sp^3d^2 杂化轨道成键

① AB_6 为正八面体构型，其中有 6 个 σ 键。如 $Al(OH)_6^{3-}$、AlF_6^{3-}、SiF_6^{2-}、PF_6^-、SF_6、PCl_6^- 等。

② AB_5 为变了形的四方锥，其中有 5 个 σ 键和一对孤对电子，因后者对成键电子斥力大，所以四方锥底略为往上，即键角<90°，如 ClF_5。

③ AB_4 为平面正方形构型，其中有 4 个 σ 键和 2 对孤对电子（平面上、下各一对），如 XeF_4、ClF_4^-。

(2) 中心原子以 sp^3d 杂化轨道成键

① AB_5 为三角双锥构型，其中有 5 个 σ 键，3 根键键长（赤道面）略短于其他 2 个键的键长（极键），如 PF_5、PCl_5、PBr_5。

② AB_4 为变了形的四面体，其中有 4 个 σ 键和 1 对孤对电子（赤道面），如 SF_4。

③ AB_3 为变了形的 T 字形，其中有 3 个 σ 键和 2 对孤对电子（赤道面），如 ClF_3，$\angle FClF = 87°29'$。

④ AB_2 为线性构型，其中有 2 个 σ 键和 3 对孤对电子（赤道面），如 KrF_2、XeF_2。

(3) 中心原子以 sp^3 杂化轨道成键

① AB_4 为四面体构型，如 SiO_4^{4-}、PO_4^{3-}、SO_4^{2-}、ClO_4^-、SiF_4，由 4 个 σ 键和 2 个 π_5^8 键构成，是正四面体构型。

AB_3C 为四面体构型，如 $ClO_3(OH)$、ClO_3F，由 4 个 σ 键和一个由 4 原子（OH、F 不参与离域 π 键）构成的离域 π 键。

AB_2C_2 为四面体构型，如 $SO_2(OH)_2$、SO_2Cl_2 等，由 4 个 σ 键和 2 个定域 π 键（S═O）构成（表 8-16）。

ABC_3 为四面体构型，如 $PO(OH)_3$、$POCl_3$ 等，由 4 个 σ 键和 1 个定域 π 键（P═O）构成。

AH_4 为正四面体构型，如 SiH_4、PH_4^+、AlH_4^-，由 4 个 σ 键构成，因 H 是一周期元素原子，其唯一的 s 轨道参与成键后，不可能再和 Si 原子等成键，所以同族内从上到下氢的化合物的键能、生成焓的改变不同于氧化物、氟化物、氯化物（后三者间有 π_{d-p}），把碳族元素四种化合物的 $\Delta_f H_m^\ominus$ 和键能列于表 8-15，以资比较。列出 ACl_4 为了表明 $SiCl_4$ 中也有 π_5^8 键，只是比 SiF_4 中的弱。

表 8-15　碳族元素 AB_4、AO_2 的 $\Delta_f H_m^\ominus$ (kJ/mol)、键能 (B. E.，kJ/mol)

	AH_4		AO_2	AF_4		$ACl_4(g)$	
	$\Delta_f H_m^\ominus$	B. E.	$\Delta_f H_m^\ominus$	$\Delta_f H_m^\ominus$	B. E.	$\Delta_f H_m^\ominus$	B. E.
C	−74.9	411	−393.5	−679.9	485	−139.5	327
Si	32.6	318	−859.4	−1548.1	565	−640.2	381
Ge	90.8	289	−589.9	−1191.9	452	−569.0	349

② AB_3 为三角锥构型，如 ClO_3^-、SO_3^{2-}，其中有 3 个 σ 键和一个 4 原子的离域 π 键，以及一对孤对电子。

ABC_2 为三角构型，如 SOF_2、$SOCl_2$、$SO(CH_3)_2$（亚硫酰二甲基），由 3 个 σ 键和一个定域 π 键构成（表 8-16）。

表 8-16　SO_3^{2-}、SO_4^{2-} 及相关分子的键参数

	∠RSR	∠OSO	d_{S-O}/pm	d_{S-R}/pm		∠RSO	∠RSR	d_{S-O}/pm	d_{S-R}/pm
SO_4^{2-}	—	109.5°	149	—	SO_3^{2-}	106°	—	151	—
$(HO)_2SO_2$	104°	119°	143	154	F_2SO	106°	92°	142	158
F_2SO_2	97°	123°	140	153	Cl_2SO	106°	114°	145	207
$(NH_2)_2SO_2$	112°	119.5°	139	160	$(CH_3)_2SO$	107°	97°	153	180

③ AB_2 为角形构型，如 ClO_2^-，∠OClO＝108°，d_{Cl-O}＝156 pm。

附：H_2S 是角形构型，PH_3 是三角锥构型，它们的键角和 90°相近（表 8-17），目前认为主要是 P、S 原子的 p 轨道和 H 原子 s 轨道成键。

表 8-17　NH_3、PH_3、$H_2O(g)$、H_2S 的某些数据

	NH_3	PH_3	$H_2O(g)$	H_2S
$\Delta_f H_m^\ominus$/(kJ·mol^{-1})	−46.2	9.3	−242	−20.2
∠HRH/(°)	106.6	93.8	104.5	92
d_{R-H}/pm	101	144	96	134
B.E./(kJ·mol^{-1})	386	322	458.8	386

(4) 中心原子以 sp^2 杂化轨道成键

① AB_3 为平面正三角形，如 $AlCl_3(g)$、$SO_3(g)$，d_{S-O}＝143 pm，表明除 σ 键外还有 π 键。

② AB_2 为角形构型，如 SiF_2，由 2 个 σ 键构成，∠FSiF＝101°。

(5) 中心原子以 p 轨道成键　如 P_2，由一个 σ 键和 2 个定域 π 键构成（参见表 8-2）。

总之，如若知道分(离)子的化学组成，如 AB_5、AB_4、AB_3、AB_2，则可根据中心原子用以成键的杂化轨道类型，以及有无孤对电子、有几对孤对电子判断其构型，如：

AB_5：没有孤对电子，则为三角双锥构型；若有一对孤对电子，则为变形四面体构型。

AB_4：没有孤对电子，为四面体构型；若有一对孤对电子，则为变形四面体构型；若有两对孤对电子，则是平面正方构型。

AB_3：没有孤对电子，为平面三角构型；若有一对孤对电子，则是三角锥构型；若有两对孤对电子，则呈变形 T 字构型。

AB_2：没有孤对电子，为线性构型；若有一对孤对电子，为角形构型，键角可能<120°；若有两对孤对电子，也呈角形，键角可能<109°28′；若有三对孤对电子，呈线性

构型。

图 8-11 较好地显示了以上关系。如把 $AlCl_3$(g)作为基点,向右上方延伸,先是 ClO_3^-(一对孤对电子),接着是 ClF_3(两对孤对电子)。同理,以 AB_4(SiF_4)、PF_5(AB_5)为基点向右上方延伸,可判知有关分(离)子的构型。

3. 四、五周期元素原子为中心原子的分(离)子的构型

除中心原子以 sp^3d^3 杂化轨道形成 7 个共价键 IF_7 为五角双锥构型外,其他按 sp^3d^2、sp^3d、sp^3、sp^2 杂化轨道及孤对电子数归纳,并列出部分实例。

(1) 八面体(sp^3d^2)具有 6 对电子的分(离)子构型

48e⁻　42e⁻　36e⁻

$48e^-$ 实例:SeF_6、TeF_6、$Te(OH)_6$(碲酸)、TeO_6^{6-}、H_5IO_6(高碘酸)、IO_6^{5-}、XeO_6^{4-}(高氙酸根);

$42e^-$ 实例:SbF_5^{2-}、TeF_5^-、IF_5;

$36e^-$ 实例:BrF_4^-、ICl_4^-、XeF_4。

(2) 三角双锥(sp^3d)具有 5 对电子的分(离)子构型

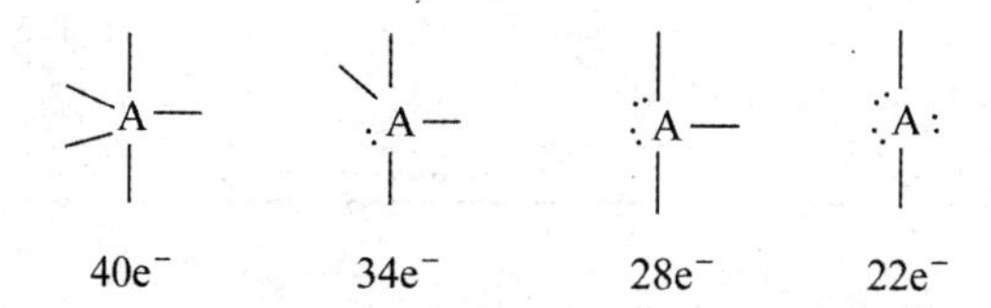

$40e^-$ 实例:$SnCl_5^-$、SOF_4(S═O 双键对单键的排斥力较大,和孤对电子相似,位于赤道面,见下节);

$34e^-$ 实例:SeF_4、BrF_4^+、IOF_3、$IO_2F_2^-$、XeO_2F_2(I═O、Xe═O 位于赤道面,同上);

$28e^-$ 实例:BrF_3;

$22e^-$ 实例:$BrCl_2^-$。

(3) 四面体(sp^3)具有 4 对电子的分(离)子构型

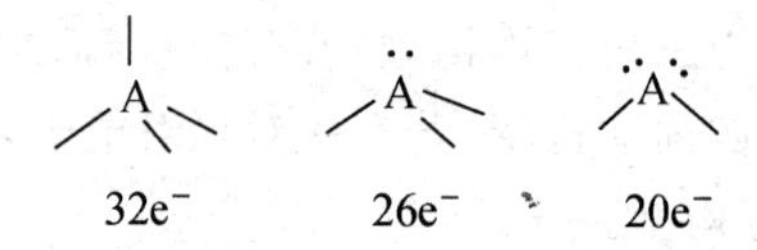

$32e^-$ 实例:SeO_4^{2-}(还有离域 π 键)、SeO_2F_2(还有定域 π 键,键长 157.5 pm 短于 SeO_4^{2-} 中的 165 pm);

$26e^-$ 实例:$SnCl_3^-$、$Sn(OH)_3^-$、BrO_3^-、IO_3^-、XeO_3(三角锥的键角不同,如 ClO_3^- 107°、BrO_3^- 104°、IO_3^- 100°、XeO_3 103°);

20e⁻实例：$Se(CH_3)_2$、$TeBr_2$、BrF_2^+。

(4) 三角形(sp^2)具有 3 对电子的分(离)子构型

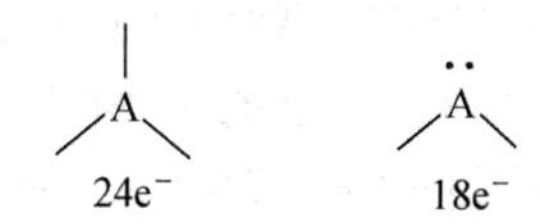

24e⁻实例：BX_3、CO_3^{2-}、NO_3^-。

18e⁻实例：GeF_2、SnX_2、PbX_2(X 为卤素)。

将常见 2～6 配位的分(离)子构型汇总于图 8-12 中。

配位数	非极性	极性	配位数	非极性	极性
AX_2	CO_2	COS	AX_4E		SF_4
AX_3	BF_3	$COCl_2$	AX_3E_2		ClF_3
AX_2E		SO_2, O_3	AX_2E_3	I_3^-, XeF_2	BrIF
AX_4	CH_4	CH_3Cl	AX_6	SF_6	$SClF_5$
AX_3E		NH_3	AX_5E		IF_5
AX_2E_2		H_2O	AX_4E_2	XeF_4	
AX_5	PCl_5	PCl_4F			

图 8-12 杂化轨道、孤对电子和分(离)子构型

E 为孤对电子

五、等电子体运用的几个实例

1. 1888 年 Mond 首次发现 $Ni(CO)_4$(四羰基镍)，1890 年又制得 $Fe(CO)_5$(五羰基

铁)。而后又制得一系列的羰基化物,如 $Cr(CO)_6$(六羰基铬)……为解释羰基化合物组成提出“18 电子”(有效核电荷)。Ni 原子核外有 28 个电子,生成羰基化合物时,每个 CO 提供 2 个电子,$Ni(CO)_4$ 中共 $28+2\times4=36$ 个电子。同理 $Fe(CO)_5$($26+2\times5=36$)、$Cr(CO)_6$($24+2\times6=36$)也都是 36 个电子,和四周期稀有气体 Kr 相同。五周期 $Pd(CO)_4$($46+2\times4=54$)、$Mo(CO)_6$($42+2\times6=54$)的电子数和五周期稀有气体 Xe 相同,54 个电子。六周期 $Os(CO)_5$($76+2\times5=86$)、$Pt(CO)_4$($78+2\times4=86$)的电子数和六周期稀有气体 Rn 相同,86 个电子。最早提出的是:36 电子、54 电子、86 电子,后因内层电子与成键关系不大,统称为“18 电子”,并且用以说明虽然没有 $Mn(CO)_5$($25+2\times5=35$),但却有 $Mn(CO)_5^-$(18 电子)以及 $(CO)_5Mn\text{-}Mn(CO)_5$,即 $Mn_2(CO)_{10}$(两个 Mn 都是 18 电子);同理,没有单独的 $Co(CO)_4$(17 电子)、$Co(CO)_5$(19 电子),而有 $Co(CO)_3(NO)$(18 电子),这是因为 NO 比 CO 多一个电子,和金属配位时按 3 电子计,则前后的化合物中有效电荷 $27+2\times3+3=36$;同理有 $Fe(CO)_2(NO)_2$($26+2\times2+2\times3=36$)。文献上把 $Fe(CO)_5$、$Fe(CO)_2(NO)_2$、$Co(CO)_3(NO)$、$Ni(CO)_4$……互称为等电子体。就是说,有时“等电子体”关注的是“电子数相同”,如 $Cr(CO)_6$ 的等电子体 $Cr(NO)_4$ 于 1972 年通过下列反应制得:

$$Cr(CO)_6+4NO = Cr(NO)_4+6CO$$

按以上观点,等电子体中的原子数可以不同,构型当然不可能相同。如 $Fe(CO)_5$ 为三角双锥构型,$Fe(CO)_2(NO)_2$、$Co(CO)_3(NO)$为四面体构型,$Ni(CO)_4$ 为正四面体构型。

2. 一种复杂分子中含“NO”,它是 NO 分子,还是 NO^+(亚硝酰基)? 可从结构参数确定。若是 NO^+,则是 CO 的等电子体,和其他原子配位时,键角接近 180°;NO 比 NO^+ 多了一个电子,和金属原子配位时,键角显著<180°。因此,可由键角判断是 NO 或 NO^+。

3. 如何判断 SOF_4、SOF_6 的构型

由于 O 原子在分子中通常形成 2 个键,因此在 SOF_4(S—F 为单键)中 S 原子的 6 个电子俱已参与成键(没有孤对电子),形成五配位的三角双锥构型, S═O 双锥对单键的斥力较大,这一点和孤对电子相似,就是说 SO 处于赤道面(图 8-13)。SOF_6 中 S 是三周期元素原子,最多只能形成 6 个键,由此可知它是 S 原子与 5 个 F、一个 OF 形成八面体构型(不是正八面体)。

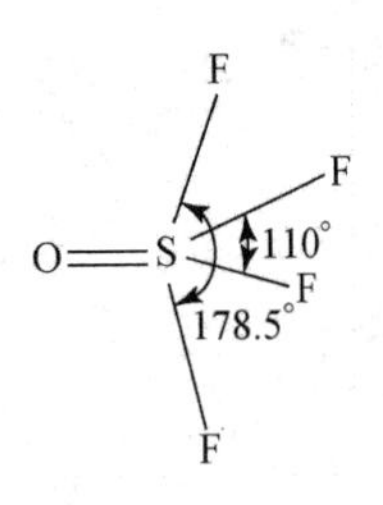

图 8-13 SOF_4 的结构

4. 在药物设计、药物改造方面的运用

在前人工作的基础上,1932 年 Erlenmeyer 将同电子排列(isostere)概念扩大,提出:凡原子、分子、离子外围电子数目相等者,均互为等电子体。如—C═C—、—S—的外围电子数均为 6,所以他把许多五元、六元杂环化合物视为 C_6H_6 的等电子体。

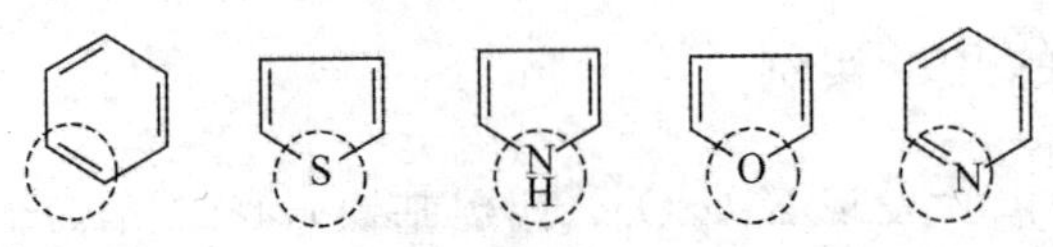

它们的化学反应——芳香性相近，尤其是 C_4H_4S(噻吩)和 C_6H_6 的物理性能（沸点）相近，化学性能相似，如 C_4H_4S 也能发生卤代、硝化、磺化、傅氏烷基化、酰基化等亲电取代反应，并且比 C_6H_6 更活泼。他用电子等排观点解释电子等排体生物活性的相似性。如下列物质有相似的抗原性：$C_6H_5-X-C_6H_4-NH_2$，X 为 CH_2，是对氨基二苯甲烷；X 为 NH，是对氨基二苯胺；X 为 O，是对氨基二苯醚。

Friedman 基于电子等排在研究生物活性中的作用，于 1951 年提出生物电子等排(bioisostere)：具有相似生物活性的化合物，均为生物电子等排体。此后电子等排体在药物结构改造和药物设计工作中不断取得成功，成为药物化学中少有的几个成熟概念中长盛不衰的规律。如有兴趣请参考：徐文芳,《药物设计学》,人民卫生出版社(2000)。

5. 以第五周期稀有气体 Xe 原子为中心原子的分(离)子构型和以 I 原子为中心的分(离)子构型相同，如 XeO_3 和 IO_3^- 都是三角锥构型，XeF_2 和 I_3^- 都是线性构型(表 8-18)。

表 8-18　Xe 原子为中心原子的分(离)子构型

配位数	杂化轨道(E 为孤对电子)	实　例	构　型
2	$sp^3d(E_3)$	XeF_2	线性
3	$sp^3(E)$	XeO_3	三角锥构型
	$sp^3d(E_2)$	XeF_3^+	变形 T 字构型
4	sp^3	XeO_4	四面体构型
	$sp^3d(E)$	XeO_2F_2	变形四面体型
	$sp^3d^2(E_2)$	XeF_4	平面正方构型
5	sp^3d	XeO_3F_2	三角双锥构型
	$sp^3d^2(E)$	XeF_5^+	四方锥构型
6	sp^3d^2	XeO_6^{4-}	正八面体构型

第九章　和教学有关的几个问题

和教学有关、未能归入前八章的某些内容在本章讨论：

● 介绍两种制 O_2 方法、资料的目的是：接受知识、理论时最好关注其实验事实，以及如何从实验事实提出解释、理论；

● 通过镁和水、水溶液反应的实验，体会到即使是基础的实验也不简单；

● 1963 年提出软硬酸碱(HSAB)理论，对元素性质进行了很好的归纳，有助于记忆、理解和预示某些性质；

● 在一定条件下比较某些性质才是可信的。

一、实验室两种制 O_2 反应的资料及相关实验

实验室有多种制 O_2 的方法，其中两种是：

$$KClO_3 = KCl + \frac{3}{2}O_2 \quad \Delta_r H_m^\ominus = -44.7\ \text{kJ/mol}, \quad \Delta_r S_m^\ominus = 248\ \text{J/K}\cdot\text{mol}$$

由 $\Delta_r G_m^\ominus = \Delta_r H_m^\ominus - T\Delta_r S_m^\ominus = -RT\ln K$ 求得 298K 时的 $K = 6\times10^{20}$。

$$H_2O_2(aq) = \frac{1}{2}O_2 + H_2O \quad \Delta_r H_m^\ominus = -94.7\ \text{kJ/mol}, \quad \Delta_r S_m^\ominus = 29\ \text{J/K}\cdot\text{mol}$$

298 K 时的 $K = 1\times10^{18}$。

它们都是焓降、熵增的自发反应，有关资料不少，但相互间不完全一致，讨论如下：

1. 氯酸钾热分解制氧气

(1) 反应产物　MnO_2 催化 $KClO_3$ 热分解反应是 Dobereine(德国人，提出三元素组)于 1820 年发现的，同时指出气态产物有轻微的刺激性气味，实验证实其中含有较强氧化性的成分，当时认为是 Cl_2。

实验：加热 $KClO_3$ 和 MnO_2 的混合物，生成的气体：① 能使湿润的 KI-淀粉试纸显色；② 通过 KI 溶液，生成少量 I_2(实际上是 I_3^-)；③ 通过经 HNO_3 酸化的 $AgNO_3$ 溶液，得白色沉淀(AgCl)。

文献报道[1,2]：强氧化性气体有 Cl_2、ClO_2。$KClO_3$ 分解生成 Cl_2 的反应方程式是

$$KClO_3 = \frac{1}{2}K_2O + \frac{1}{2}Cl_2 + \frac{5}{4}O_2 \quad \Delta_r H_m^\ominus = 210.4\ \text{kJ/mol}, \quad \Delta_r S_m^\ominus = 283\ \text{J/K}\cdot\text{mol}$$

是熵增反应，高温下有少量 Cl_2 生成。

ClO_2 的 $\Delta_f H_m^\ominus = 103.3\ \text{kJ/mol}$，它的存在已由质谱证实，文献[2]给出 Cl_2、ClO_2 的总

体积分数不足3%，而未给出ClO_2的具体含量和生成ClO_2的反应方程式。

(2) 催化反应的机理

实验：加热$KClO_3$和MnO_2(质量为$KClO_3$质量的4%)的混合物释O_2。残余固态物冷却后溶于水，水液呈浅紫色(MnO_4^-)。

若用未经历过高温灼热的Fe_2O_3、Cr_2O_3作催化剂，残余固态物冷却后溶于水，水液呈浅棕色(FeO_4^{2-})、浅黄色(CrO_4^{2-})。

基于以上实验事实提出的催化机理：先是$KClO_3$把催化剂MnO_2、Fe_2O_3、Cr_2O_3分别氧化成$KMnO_4$、K_2FeO_4、K_2CrO_4，再发生后续反应。其中MnO_2的催化机理[3]是：

$$2KClO_3 + 2MnO_2 = 2KMnO_4 + Cl_2 + O_2$$

$$2KMnO_4 = K_2MnO_4 + MnO_2 + O_2$$

$$2K_2MnO_4 + Cl_2 = 2KMnO_4 + 2KCl$$

CuO也能催化$KClO_3$的热分解反应，基于以上观点认为：$KClO_3$先把CuO氧化成CuO_2(无实验证据)，再发生后续反应。另一方面，ZnO对$KClO_3$热分解反应没有催化作用，被解释为：Zn没有高于+2价化合物之故。

按说，根据实验现象提出机理，又有推论，应该是可信的了，然而机理和$KMnO_4$受热分解的实验事实不符：

$$2KMnO_4 \xlongequal{180℃\sim220℃} K_2MnO_4 + MnO_2 + O_2$$

$$2KMnO_4 \xlongequal{240℃} K_2Mn_2O_5 + \frac{3}{2}O_2$$

温度越高，固态产物中Mn的氧化态越低，如600℃得K_3MnO_3。MnO_2催化$KClO_3$分解的温度高于380℃，在此温度下即使生成$KMnO_4$，也将“立即”分解。若热分解反应生成K_2MnO_4，溶于水发生自氧化还原反应：

$$3MnO_4^{2-} + 2H_2O = 2MnO_4^- + MnO_2 + 4OH^-$$

还能观察到紫色。然而380℃比240℃高了许多，也未见$K_2Mn_2O_5$等溶于水呈紫色的报道。由此可见，以上机理并不完善。

(3) $KClO_3$受热分解过程有四个热效应　加热$KClO_3$(单独和含少量催化剂)于360℃时熔融吸热，继续升温发生两个释热反应：

$$4KClO_3 = 3KClO_4 + KCl \quad \Delta_r H_m^\ominus = -171.6\ kJ/mol$$

$$KClO_4 = KCl + 2O_2 \quad \Delta_r H_m^\ominus = -2.4\ kJ/mol$$

升温达770℃，KCl熔融吸热。$KClO_3$(单独，含少量催化剂)受热时两个吸热反应的温度相近，被认为是$KClO_3$、KCl熔融吸热过程，而两个放热反应的温度有差别，应和催化机理不同有关(表9-1)。

表 9-1　$KClO_3$ 受热过程的热效应和温度[4]

试　剂*	$KClO_3$ 熔温/℃	第一次放热温度/℃	第二次放热温度/℃	KCl 熔温/℃
$KClO_3$	360**	500	580	770
$KClO_3+ZnO$	361	537	573	770
$KClO_3+Fe_2O_3$	345	360	390	770
$KClO_3+MnO_2$	—	350	—	770

* 试剂均为化学纯级。

** 温度和其他文献不同。

文献[4]报道，用 MnO_2 作催化剂，只有一个放热过程和一个吸热过程（KCl 熔融），这个事实和以上机理分三步进行（按理，三个过程应该有三个热效应）并不一致。

（4）n-型、p-型催化剂的催化机理[5]

① ClO_3^- 与 p-型催化剂形成化学键（VB）的机理：

$$\oplus VB+\left[\begin{array}{ccccc} O & & O & \\ | & & | & \\ Cl & -O- & Cl & -O \\ | & & | & \\ O & & O & \end{array}\right]^{2-}\longrightarrow \oplus VB-\left[\begin{array}{ccccc} O & & O & \\ | & & | & \\ Cl & -O- & Cl & -O \\ | & & | & \\ O & & O & \end{array}\right]^{x-}\longrightarrow \oplus VB-\left[\begin{array}{c} O \\ | \\ Cl \\ | \\ O \end{array}\right]^{(x-1)-}+\left[\begin{array}{c} O \\ | \\ O-Cl-O \\ | \\ O \end{array}\right]^{-}$$

式中⊕表示缺电子，$x<2$，$MClO_4$ 分解温度高于 $MClO_3$，而$^{\oplus}VBClO_2^{(x-1)-}$ 易分解。

② n-型氧化物催化 $KClO_3$ 分解是导带（CB）机理：

$$\ominus CB+\left[\begin{array}{c} O \quad\quad\; O \\ | \quad\quad\;\; | \\ O-Cl-O-Cl \\ | \quad\quad\;\; | \\ O \quad\quad\; O \end{array}\right]^{2-}\longrightarrow \ominus CB-\left[\begin{array}{c} O \quad\quad\; O \\ | \quad\quad\;\; | \\ O-Cl-O-Cl \\ | \quad\quad\;\; | \\ O \quad\quad\; O \end{array}\right]^{y-}\longrightarrow \ominus CB-\left[\begin{array}{c} O \\ | \\ O-Cl-O \\ | \\ O \end{array}\right]^{(y-1)-}+MCl+O_2$$

式中⊖表示多电子，$y>2$。

以上各文献都是根据实验事实提出相应机理，是很自然的，但很难把以上几种机理统一起来。

2. 过氧化氢的分解反应

$H_2O_2(aq)$作为氧化剂、还原剂的电极电势分别为：

氧化剂：　$H_2O_2(aq)+2H^++2e^- = 2H_2O\quad E^{\ominus}_{H_2O_2/H_2O}=1.77\ V$

还原剂：　$O_2+2H^++2e^- = H_2O_2(aq)\quad E^{\ominus}_{O_2/H_2O_2}=0.68\ V$

$E^{\ominus}_{H_2O_2/H_2O}-E^{\ominus}_{O_2/H_2O_2}=1.09\ V(n=2)$，表明 $H_2O_2(aq)$的自氧化还原反应极为完全。许多物质是这个反应的催化剂。权威著作[6][7]引用的机理是：电极电势介于 1.77 V 和 0.68 V 间的某些电对，如

$$MnO_2+4H^++2e^- = Mn^{2+}+2H_2O\quad E^{\ominus}=1.23\ V$$

$$Br_2+2e^- = 2Br^-\quad E^{\ominus}=1.08\ V$$

$$Fe^{3+}+e^- = Fe^{2+}\quad E^{\ominus}=0.77\ V$$

可催化 $H_2O_2(aq)$分解。如把 Br_2 加到 H_2O_2 溶液中的催化机理：

$$Br_2+H_2O_2 \longrightarrow 2Br^-+2H^++O_2 \quad E^\ominus=1.08\ V-0.68\ V=0.40\ V$$

($n=2$)，被还原的 Br^- 又被 H_2O_2 氧化：

$$H_2O_2+2H^++2Br^- \longrightarrow Br_2+2H_2O \quad E^\ominus=1.77\ V-1.08\ V=0.69\ V$$

($n=2$)，Br_2 再氧化 H_2O_2……

两式相加得 $$H_2O_2(aq) \longrightarrow H_2O+\frac{1}{2}O_2 \quad E^\ominus=1.09\ V$$

同理，若用 MnO_2、Fe^{3+} 作催化剂，先氧化 H_2O_2 为 O_2，而后是被还原的 Mn^{2+}、Fe^{2+} 又被 H_2O_2 氧化……

如果上述机理可信，不难想象，始态也可用 Br^-、Mn^{2+}、Fe^{2+} 作催化剂，只是它们先被 H_2O_2 分别氧化成 Br_2、MnO_2、Fe^{3+}，接着由它们氧化 H_2O_2 为 O_2……，前后的区别仅是 H_2O_2 先被氧化或先被还原。

为探究上述机理是否可信，讨论如下：① 若用 Br_2 或 Br^- 作催化剂，即使在加 Br_2 的 H_2O_2 溶液中检出 Br^-，不能排除它是经下列反应生成的：

$$Br_2+H_2O \longrightarrow HBrO+HBr$$

即 Br^- 不一定是 Br_2 氧化 H_2O_2 的产物；若在加 Br^- 的 H_2O_2 溶液中检出 Br_2，只能证明 H_2O_2 氧化 Br^-，仍无法证实 Br_2 氧化 H_2O_2。② 用 Fe^{3+} 或 Fe^{2+} 作催化剂，若在加 Fe^{2+} 的 H_2O_2 溶液中检出 Fe^{3+}，表明 Fe^{2+} 被 H_2O_2 氧化了，仍无法证实 Fe^{3+} 能氧化 H_2O_2；若在加 Fe^{3+} 的 H_2O_2 溶液中检出 Fe^{2+}，表明 Fe^{3+} 能氧化 H_2O_2。这个事实可能是上述机理的佐证。关于 MnO_2、Mn^{2+} 作催化剂的实验现象，讨论同上。

实验：把 $FeCl_3$ 溶液加到 H_2O_2 溶液中，释 O_2（表明发生了催化作用）。滴加 $K_3Fe(CN)_6$ 溶液，呈现蓝色，是 Fe^{2+} 和 $Fe(CN)_6^{3-}$ 作用形成的 $Fe_3[Fe(CN)_6]_2$（曾被称为邓氏蓝）。可证有 Fe^{2+} 形成。

实验：把 MnO_2、$MnSO_4$ 分别加到 H_2O_2 溶液中，加 MnO_2 的溶液中剧烈释出 O_2（发生催化作用），而加 $MnSO_4$ 的溶液中未释 O_2（未发生显著的催化作用）。

由此可对上述机理存疑，至少上述机理并不完善。再则，用 $E^\ominus_{MnO_2/Mn^{2+}}=1.23\ V$ 的条件是：$c(Mn^{2+})=c(H^+)=1\ mol/L$。那么，当 $c(H^+)=1\ mol/L$ 时，情况又如何呢？

实验：把 H_2O_2 加到 $c(H^+)=1\ mol/L$ 的 H_2SO_4 和 MnO_2 混合溶液中，释 O_2 的反应方程式是

$$MnO_2+H_2O_2+H_2SO_4 \longrightarrow MnSO_4+O_2+2H_2O \quad E^\ominus=0.55\ V$$

反应中 MnO_2 被还原形成的 Mn^{2+}，并没有再被氧化；把 H_2O_2 溶液滴入含 $MnSO_4$ 的 H_2SO_4 溶液中[$c(H^+)=1\ mol/L$]，也未见 MnO_2 的生成和 O_2 的释出（未发生催化作用）。

这再次表明这种机理并不完善。那么，用 Fe^{2+}、Fe^{3+} 作催化剂能否表明上述机理完全正确呢？

Fe^{2+} 和 H_2O_2 的混合溶液是 Fenton 试剂，具有异常的氧化性，和形成自由基有关，一

种机理[8]是：

形成自由基： $Fe^{2+}+H_2O_2 = Fe^{3+}+\cdot OH+OH^-$

$\cdot OH+H_2O_2 = HO_2\cdot+H_2O$

$HO_2\cdot+H_2O_2 = O_2+H_2O+\cdot OH$

断链反应： $Fe^{2+}+\cdot OH = Fe^{3+}+OH^-$

Fenton 试剂氧化 RCH(OH)COOH 的反应为

$$RCH(OH)COOH+\cdot OH = RCH(O^-)COOH+H_2O$$

$$RCH(O^-)COOH+H_2O_2 = RCOCOOH+\cdot OH+H_2O$$

反应过程中·OH 始终存在，直到 Fe^{2+} 全被氧化成 Fe^{3+} 为止。

Fenton 试剂参与反应的过程又不同于上述机理，也许是各个反应的机理本不相同所致。作为学习，提出疑问是可以的：当 Fe^{2+} 全被氧化后，若还有 H_2O_2，相当于上述机理用 Fe^{3+} 作催化剂，又怎能检出 Fe^{2+}，既然能检出 Fe^{2+}，那么 Fenton 试剂又该发挥其强氧化性了，也就不存在直到 Fe^{2+} 全被氧化成 Fe^{3+} 为止的问题了。

本节介绍两种制 O_2 方法的部分资料和相关实验的目的是：研究者对一定条件下的实验事实提出相应的"观点"是很严肃的，其中许多被后人学习、运用着，也有被修正、充实、提高的，还有被摒弃的。可以肯定，我们目前学习的化学知识、理论，随着时间的推移，少许将被淘汰。问题是，人们不可能预先知道哪些知识、理论将被淘汰。怎么办？请听傅鹰教授的告诫："提出一种机理解释一种现象并不困难，困难的是如何以实验证明它是正确的，而且是唯一正确的。在做到这步之前，我们对于任何理论全应当持保留态度，只有这样才是实事求是的科学态度。"作为后人，是否应提倡在学习过程中持质疑的态度，尽可能减少对前人积累下来知识的绝对信任和完全被动的接受。

参考文献：

[1] Gaidis，J. M. et. al. J. Chem. Edu.，1963(40)：78—81.

[2] Bostrop O，et. al. J. Chem. Edu.，1962(39)：573

[3] Partington J. R. A Textbook of Inorganic Chemistry，5th Ed. McMillian，1939：137.

[4] 冯增媛等. 化学通报，1988(9)：43—45.

[5] Simon G. Acta Chim Acad. Sci. Hung.，1970(66)：175—181.

[6] Latimer W M. The Oxidation States of the Elements and Their Potentials in Aqueous Solution，2nd Ed.，Hall，1952：44.

[7] 傅鹰. 大学普通化学(下册). 北京：人民教育出版社，1981：311.

[8] 同[7]，315.

二、镁和水、水溶液的反应

实验是最高法庭。——傅鹰

化学实验课是实施全面的化学教育的一种最有效的教学形式。——戴安邦

本节以 Mg 和 H_2O、水溶液的反应为例。

查得 298K 时 $E^{\ominus}_{Mg^{2+}/Mg}=-2.37\ V$，

$$2H^+(10^{-7}\ mol/L)+2e^- = H_2(10^5\ Pa) \quad E=-0.41\ V$$

由 $E_{氧化剂}-E_{还原剂}=-0.41\ V-(-2.37\ V)=1.96\ V$ 可知：Mg 能和 H_2O 发生很完全的反应。然而，室温，表面光洁的 Mg 带在 H_2O 中并未发生显著的反应。这是因为化学反应完全程度(属化学热力学范畴的问题)和化学反应速率快慢(是化学动力学的问题)间没有必然的联系。完全的反应有快也有慢。前者如 H_2 和 F_2，爆炸化合；而 H_2 和 O_2 在没有催化的条件下可长期共存。另一方面，不完全的反应速率不一定慢。

对于 Mg 和 H_2O 不能发生显著反应的一种解释是：Mg 和 H_2O 反应的一种产物附着在 Mg 的表层，隔断了内层 Mg 和 H_2O 的接触，

$$Mg+2H_2O = Mg(OH)_2+H_2$$

根据这个观点，有人用加热的方法①，据说，溶液能使酚酞显浅红色，至少溶液颜色比未经历过加热、冷却溶液(酚酞)的颜色“深”。

针对实验现象提出这种解释，是否可信，应该用其他实验验证。

实验：表面光洁的 Mg 带放入 1 mol/L NH_4Cl 溶液(含有酚酞)中，实验现象是：持续释 H_2，经过一段时间(若室温≈20℃，时间≈20 分钟，若和 0.1 mol/L NH_4Cl 溶液反应，释 H_2 量少，时间短)溶液显浅红色。能使酚酞显浅红色的 pH>8.3——$NaHCO_3$ 溶液的 pH≈8.3，还不能使酚酞显浅红色——反应继续进行(释 H_2 速率虽略有减慢，仍是持续释 H_2)，溶液可显明显的红色，即溶液 pH 显著大于 8.3。

对于这个实验现象提出的解释是：溶液因 NH_4^+ 水解显酸性，和 Mg 带表层 $Mg(OH)_2$ 反应，使内层的 Mg 能继续和 H_2O 反应……如若这种解释成立的话，持续反应可能有两种情况：酸性溶解 Mg 带表层 $Mg(OH)_2$ 后，Mg(内层)又和 H_2O 形成 $Mg(OH)_2$，释 H_2，$Mg(OH)_2$ 再和酸反应……另一种可能是：表层 Mg 直接和 NH_4^+ 反应，

$$Mg+2NH_4^++2H_2O = Mg^{2+}+2NH_3\cdot H_2O+H_2$$

而发生持续的释 H_2 反应。根据实验现象(持续释 H_2)无法判定两种可能情况中何者正确。

---

① $Mg(OH)_2$ 在 H_2O 中的溶解度(以 mol/L)表示为：2.14×10^{-4}(29℃)，1.5×10^{-4}(45℃)，1.2×10^{-4}(70℃～75℃)，7.2×10^{-5}(100℃)，随温度上升而降低。

查得 $Mg(OH)_2$ 是中强碱，$NH_3 \cdot H_2O$ 是弱碱，根据相对强碱能和相对弱碱离子形成弱碱，而又提出一种解释：

$$(1)式\quad Mg+2H_2O = Mg(OH)_2+H_2$$

$$(2)式\quad Mg(OH)_2+2NH_4^+ = Mg^{2+}+2NH_3 \cdot H_2O$$

$$(3)式\quad Mg+2NH_4^+ +2H_2O = Mg^{2+}+2NH_3 \cdot H_2O+H_2$$

这种解释的优点不涉及酸性的问题，所以酚酞显红色后，$Mg(OH)_2$ 仍能和 NH_4^+ 形成弱碱。顺便提及，类似观点被用于解释许多其他反应，如 Al 和 NaOH 溶液的反应：

$$(4)式\quad Al+3H_2O = Al(OH)_3+\frac{3}{2}H_2$$

$$(5)式\quad Al(OH)_3+OH^- = Al(OH)_4^-$$

$$(6)式\quad Al+OH^- +3H_2O = Al(OH)_4^- +\frac{3}{2}H_2$$

按化学热力学，用(1)式和(2)式所表示的始态、终态及其计量关系和(3)式相同，等效。[(4)式和(5)式表示和(6)式等效，不重复。]然而在两种表示的方程式中还原剂都是 Mg，又在前一种情况下，H_2O 是氧化剂，而后一种情况下，氧化剂可能是 H_2O、NH_4^+ 或是 NH_4^+ 和 H_2O？根据实验现象无法判断氧化剂究竟为何物。

要在 NH_4^+ 和 H_2O 中确定一氧化剂，因 NH_4^+ 给予 H^+ 的倾向强于 H_2O 给予 H^+ 的倾向，所以认为氧化剂是 NH_4^+ 的可能性大些。(读者若不同意，没关系。只要能提出 H_2O 是氧化剂的证据。)

以上解释虽然绕开了酸性，是否靠得住，还得有实验的证据。

实验：把表面光洁的 Mg 带放入 CH_3COONH_4 溶液($pH \approx 6$)中，现象是：持续反应并释 H_2。

把表面光洁的 Mg 带放入 1 mol/L NaCl 溶液($pH \approx 6$，含酚酞)中，现象是：持续反应并释 H_2，经过一段时间(若在约 20℃，半分钟内)溶液开始呈现浅红色，随后可形成红色显著的溶液。

以上两个实验的现象都表明：酸性不一定是 Mg 和 NH_4Cl 溶液反应的主要因素。

酚酞显红色是反应形成 $NH_3 \cdot H_2O$ 的缘故。随着反应进行，NH_4^+ 浓度下降，$NH_3 \cdot H_2O$ 浓度上升，所以酚酞显示显著的红色。只要还有一定浓度的 NH_4^+，反应就能进行下去。

NaCl 溶液的 $pH \approx 6$(因 CO_2 溶解的影响)，和 CH_3COONH_4 溶液的 pH 相近，它和 Mg 反应释 H_2 的主要原因是 Na^+ 或 Cl^-，还是 Na^+ 和 Cl^- 共同引起的？

实验：把表面光洁的 Mg 分别放入 1 mol/L NaCl、1 mol/L $NaNO_3$ 溶液中，在 NaCl 溶液中释 H_2 量显著多于 Mg 和 $NaNO_3$ 溶液的反应(室温要经过 6 小时以上的时间，才能使原先 $NaNO_3$ 溶液中的酚酞显现浅红色)。表明反应中 Cl^- 是主要因素。

再把表面光洁的 Mg 带分别放入 NH_4Cl 溶液(1 mol/L)、NH_4NO_3 溶液(1 mol/L)。开始也是在 NH_4Cl 溶液中的反应速率快。表明这个反应不仅和 NH_4^+ 有关,还和 Cl^- 有关。

类似的情况,在其他实验中也遇到过。如 Al、Zn 分别和稀强酸反应的离子方程式为

$$Al+3H^+ \longrightarrow Al^{3+}+\frac{3}{2}H_2$$

$$Zn+2H^+ \longrightarrow Zn^{2+}+H_2$$

然而,Zn(纯)和 HCl 反应速率显著快于 Zn(纯)和 $c(H^+)$ 相近的 H_2SO_4 的反应速率;Al 能和 HCl(≈4 mol/L)发生反应,而和 H_2SO_4(≈2 mol/L)反应极慢;把少许潮湿的 NaCl 放在铝片上,不久可观察到铝被腐蚀的现象,而潮湿的 $Na_2SO_4 \cdot 10H_2O$ 腐蚀铝片速率要慢得多……总之,Cl^- 对金属腐蚀的作用较强。

一般认为,Cl^- 能破坏金属(如铝)表面的保护膜(如果反应前金属表面有保护膜的话)。

实验:分别把固态 NaCl 和 $Na_2SO_4 \cdot 10H_2O$,$MgCl_2 \cdot 6H_2O$ 和 $MgSO_4 \cdot 7H_2O$,$AlCl_3 \cdot 6H_2O$ 和 $Al_2(SO_4)_3 \cdot 18H_2O$ 放入蒸馏水中,都是氯化物的溶解速率快(溶解速率快慢和溶解度大小间没有必然联系)。溶解速率快表示反应产物向外扩散速度快,从效果上看,相当于把金属邻近的“空间”让出来,有利于后续反应的进行。

文献报道,在 $c(H^+)$ 相近 HCl 溶液中 H_2 的超电势略低于在 H_2SO_4 溶液中的超电势。

最后,讨论 Zn 和 Cu^{2+} 的置换反应:

$$Zn+Cu^{2+} \longrightarrow Zn^{2+}+Cu$$

实验:配制 $CuCl_2$、$CuSO_4$、$Cu(NO_3)_2$ 溶液(浓度均为 1 mol/L),置于三只烧杯中并分别放入锌板。现象是:

① 在 $CuCl_2$ 溶液中经 2～3 秒,Zn 板表层变黑(有 Cu 析出);

② 在 $CuSO_4$ 溶液中经约 30 秒,才能在 Zn 板表层看到有 Cu 析出;

③ 在 $Cu(NO_3)_2$ 溶液中,溶液上部出现浅绿色层,是 Cu(Ⅰ)和 Cu(Ⅱ)混合在一起的颜色,绿色液层逐渐向下延伸,有时可观察到绿色液层前沿(在液层下部)有一无色液层,是 Cu(Ⅰ)的颜色[因溶液中 Cu(Ⅰ)不稳定,有时观察不到无色层]。然后,可观察到 Zn 板表层有 Cu 析出。析出 Cu 后,类似于 Zn-Cu 原电池,和溶液中 H^+[$Cu(NO_3)_2$ 溶液的 pH=3～4]作用释 H_2,同时因溶液的 pH 上升析出 $Zn(OH)_2$(白色,$K_{sp} \approx 10^{-17}$)、$Cu(OH)_2$($K_{sp} \approx 10^{-19}$)沉淀。

文献报道,Zn 和 $Cu(NO_3)_2$ 溶液间共发生近 20 种反应(以上只列出能观察到现象的几个反应),包括释出的气体中有 NO_x(虽是无色气体,但从气味可知其中含 NO_x)。

本节讨论几个实验的目的是想说明,即使是一个(看来很)基础的实验,也受到多种因素的影响,在一定的条件下,往往以一种因素为主,如 $Zn+Cu^{2+} \longrightarrow Zn^{2+}+Cu$,但不宜将这个主要反应理解为,它是以上三个实验中唯一的反应。讨论某因素对某实验的影

响时，如 Cl^- 对上反应的影响似乎是一个特殊实例，若能关注其中蕴含的普遍意义，如 Zn 和 HCl、Zn 和 $CuCl_2$ 的反应速率快……就有可能提升实验的效果，而关注某些因素的“普适性”，有利于形成讨论有关问题的思路，还有可能获得更丰富、全面的知识。如教材介绍和活泼金属反应时，HNO_3 被还原的一般规律是：12 mol/L～16 mol/L HNO_3 产物以 NO_2 为主，6 mol/L～8 mol/L HNO_3 产物以 NO 为主，约 2 mol/L HNO_3 可能被还原成 N_2，<2 mol/L HNO_3 产物以 NH_4^+ 为主，还有 H_2 生成。如若把一般规律理解为“铁定的”，那么无法想象和理解，在 pH≈3～4 溶液中的 NO_3^- 能和 Zn 反应释出 NO_x——因未对气态产物作仔细分析，文献上只提到有氮的氧化物形成，所以用 NO_x 表示。

三、软硬酸碱(HSAB)理论

软、硬是指：在外界作用下易变形的程度，如卤素中易变形的 I 属软；不易变形的 F，称为硬。又如 Na^+(95 pm)、Cu^+(96 pm)的化合价相同，半径相近，Na^+ 外围为 $8e^-$，而 Cu^+ 外围为 $18e^-$。所以在外界作用下，Cu^+ 易变形，归入软；Na^+ 不易变形，为硬。

Lewis 酸碱定义：反应中电子对给予体是碱，如 $:OH^-$、$:NH_3$；电子对接受体为酸，如 H^+、Ag^+。

$$H^+ + OH^- = HOH$$
$$H^+ + NH_3 = HNH_3^+$$
$$Ag^+ + 2NH_3 = Ag(NH_3)_2^+$$

按 Lewis 定义，配位反应也是酸和碱的反应。

1948 年 Irving 和 Williams 提出，和某种配体(常是电子对给予体，碱)，如卤素与 H^+ 等结合的强弱有两种情况(见表 9-2)，其中(a)类和 F 的结合显著强于和 Cl 的结合，并按 Cl、Br、I 序逐渐减弱，它们是碱金属离子、碱土金属离子、高氧化态较轻过渡元素的离子、Cr^{3+}、Fe^{3+}、Al^{3+} 等；(b)类和 F 结合弱，而和 Cl 结合显著强，并按 Cl、Br、I 序渐强，它们是低氧化态重过渡元素，如 Cu^+、Ag^+、Hg^{2+}、Pt^{2+}、Pd^{2+} 等(表 9-2)。后来，Schwazenbach 把(a)类称为类氢，(b)类称为类汞，并提出还有一类既不属(a)类，也不宜归入(b)类的交界类，如 Pb^{2+}，虽能和卤素配位，但不存在从 F 到 I 显著增强或减弱的趋势。20 世纪 50 年代末，化学界对(a)类(酸)、(b)类(酸)和碱配位强弱形成的共识见表 9-3。表中的 O 包括：$:O^{2-}$、$:OH^-$、$:OH_2$、$:OCO_2^{2-}(CO_3^{2-})$、$:OSO_3^{2-}(SO_4^{2-})$等，S 包括 S^{2-}、R_2S、$S_2O_3^{2-}$ 等。

表 9-2　M^{n+} 和 X 配位数据

	F	Cl	Br	I
H^+	$\approx 10^3$	10^{-5}	10^{-7}	10^{-8}
Fe^{3+}	$\approx 10^{11}$	14	0.1	—
Hg^{2+}	10	10^{15}	10^{21}	10^{29}
Pb^{2+}	<2	16	13	12

表 9-3　(a)类、(b)类配位

(a)类	(b)类
$N \gg P > As > Sb$	$N \ll P \approx As$
$O \gg S > Se > Te$	$O \ll S \approx Se \approx Te$
$F \gg Cl > Br > I$	$F \ll Cl < Br < I$

Pearson(1963 年)提出软(易变形)硬(不易变形)理论,归纳化学反应的规律。例如判断:$LiI(s)+CsF(s) = LiF(s)+CsI(s)$反应倾向,此前按焓变判断(此反应没有气态物参与,熵变不是主要因素),

$$\begin{aligned}\Delta_r H_m^{\ominus} &= \Delta_f H_m^{\ominus}(LiF(s))+\Delta_f H_m^{\ominus}(CsI(s))-\Delta_f H_m^{\ominus}(LiI(s))-\Delta_f H_m^{\ominus}(CsF(s))\\ &= -612\ \mathrm{kJ/mol}+(-337\ \mathrm{kJ/mol})-(-271\ \mathrm{kJ/mol})-(-531\ \mathrm{kJ/mol})\\ &= -147\ \mathrm{kJ/mol}\end{aligned}$$

能发生正向反应;若按晶格焓判断:

$$\begin{aligned}&U(LiF)+U(CsI)-U(LiI)-U(CsF)\\ &=1034\ \mathrm{kJ/mol}+585\ \mathrm{kJ/mol}-718\ \mathrm{kJ/mol}-744\ \mathrm{kJ/mol}=157\ \mathrm{kJ/mol}\end{aligned}$$

即正向反应焓降-147 kJ/mol,能够进行。HSAB 的解释是:F^-(硬)和 Li^+(半径小,比 Cs^+ 更硬)结合属硬-硬,I^-(软)和 Cs^+(虽硬,半径大,比 Li^+ 易变形)结合强于 I^- 和 Li^+ 的结合(证据是焓变)。

判断 $HF(g)+I^-(g) = HI(g)+F^-(g)$反应方向可按

$$① \ HF(g) = H^+(g)+F^-(g) \quad \Delta_r H_m^{\ominus}=1556\ \mathrm{kJ/mol}$$

$$② \ HI(g) = H^+(g)+I^-(g) \quad \Delta_r H_m^{\ominus}=1314\ \mathrm{kJ/mol}$$

②式－①式,

$$HI(g)+F^-(g) = HF(g)+I^-(g) \quad \Delta_r H_m^{\ominus}=1314\ \mathrm{kJ/mol}-1556\ \mathrm{kJ/mol}=-242\ \mathrm{kJ/mol}$$

正向反应能够进行。HSAB 的解释是:H^+(硬)倾向于和 F^-(硬)结合(证据也是焓变)。

HSAB 的定义:"Hard acids prefer to bind to hard bases, soft acids prefer to bind to soft bases",戴安邦院士把它译为:"硬亲硬,软亲软"("亲"是指 prefer to)。

Pearson 认为最硬的酸是 H^+,而 CH_3Hg^+(甲基推电子,Hg^{2+} 为 $18e^-$ 构型)是很软的酸,按 HSAB 可发生下列反应:

$$CH_3HgF+HSO_3^- = CH_3HgSO_3^- +HF \quad K\approx 10^3$$

软　硬　硬 软　　　　软　　软　　硬硬

$$CH_3HgOH+HSO_3^- = CH_3HgSO_3^- +HOH \quad K>10^7$$

软　　硬　硬 软　　　　软　　软　　硬　硬

基于大量实验事实把多种物质分为硬酸(碱)、软酸(碱)、交界酸(碱),便于根据"硬亲硬,软亲软"判断反应的倾向。表 9-4 列出部分酸、碱的软、硬性。

表 9-4　酸、碱按硬、软分类表

	酸(电子对接受体)	碱(电子对给予体)
硬	Li^+、Na^+、Mg^{2+}、Ca^{2+}、Al^{3+}、Fe^{3+}、Cr^{3+}、Si^{4+}	F^-、OH^-、NH_3、CO_3^{2-}、PO_4^{3-}、CH_3COO^-、Cl^-
交界	Fe^{2+}、Cu^{2+}、Pb^{2+}、Zn^{2+}	Br^-、SO_3^{2-}、NO_2^-
软	Cu^+、Ag^+、Au^+、Hg^{2+}、Pt^{2+}、Pd^{2+}	H^-、R_2S、RS^-、I^-、CN^-、CO、SCN^-

关于酸的分类：① 周期表中部，以 Cu 为顶点，向 Pd、Ir，及 Cd、Tl 作一三角形，其中为软酸，邻近三角形的是交界酸，如 Zn^{2+}、Pb^{2+}、Ni^{2+}，离三角形远的是硬酸，如碱金属离子、碱土金属离子等。② 原子丢失电子形成的正价离子的变形性减弱，即随正价数增大，渐趋硬。如 Cu(0)软，Cu(Ⅰ)软，Cu(Ⅱ)交界；Fe(0)软，Fe(Ⅱ)交界，Fe(Ⅲ)硬。

周期表右下角 N、O、F、Cl 不易变形是硬碱，Br 为交界碱，I 为软碱。

现按 HSAB 讨论如下：

1. 自然界存在的矿物

元素在自然界除少数以单质存在外，均以化合态存在，地质学把它们分为亲硫和亲石(氧化物，含氧酸盐)两大类。硫是软碱，所以位于周期表中部元素常以硫化物存在，如辉铜矿(主要成分 Cu_2S)、辰砂(HgS)、闪锌矿(ZnS)、方铅矿(PbS)。第四周期从 Fe 开始(向右)有硫化物矿如 FeS_2[其中 Fe(Ⅱ)是交界酸，S_2^{2-} 是软碱]、NiS；第五周期从 Mo 开始(向右)有硫化物矿，如 MoS_2(辉钼矿)。**提请关注**，软酸(交界酸)也可能和硬碱结合，如孔雀石 $Cu_2(OH)_2CO_3$、HgO。

碱金属、碱土金属等主要和硬碱结合，如 NaCl、CaF_2、Al_2O_3、SiO_2、硅(铝)酸盐、$CaCO_3$。

2. 溶解性

溶解是溶质和溶剂间的酸碱反应，常用的硬碱溶剂是 H_2O、NH_3(l)，可溶解由硬酸和硬碱形成的化合物，如 LiCl、Na_2SO_4、KNO_3；而软碱溶剂如 C_6H_6、CS_2 等，易溶解软酸，如 I_2、S。软酸 Ag^+ 和硬碱 F^- 形成的 AgF 易溶于水，并随 Cl^-、Br^-、I^- 序碱的硬(度)降低，所以 AgCl、AgBr、AgI 溶解性逐渐减小；Ca^{2+} 是硬酸，和 F^-(硬碱)形成的 CaF_2 难溶于水，随 Cl^-、Br^-、I^- 序溶解度依序增大，59.5^{0°($CaCl_2$)、150^{0°($CaBr_2$)、192^{0°(CaI_2)；而交界酸 Pb^{2+} 的卤化物的溶解度依次为：0.064^{0°(PbF_2)、0.673^{0°($PbCl_2$)、0.455^{0°($PbBr_2$)、0.044^{0°(PbI_2)，不存在依序增大(减小)的情况，所以 Pb^{2+} 是交界酸。

3. 配离子稳定性

当形成体是硬酸时，易和硬碱配位，如 Fe^{3+} 易和 F^- 配位、和柠檬酸根配位，而和 Br^- 配位较弱(表 9-2)。当形成体是软酸，如 Ag^+ 易和软碱结合。如

$$2Ag^+ + S^{2-} \longrightarrow Ag_2S \qquad K=5\times10^{48}$$

$$Ag^+ + 2CN^- \longrightarrow Ag(CN)_2^- \qquad K=1.3\times10^{21}$$

$$Ag^+ + I^- \longrightarrow AgI \qquad K=1.1\times10^{16}$$

$$Ag^+ + 2S_2O_3^{2-} \longrightarrow Ag(S_2O_3)_2^{3-} \quad K=4\times10^{13}$$
$$Ag^+ + Br^- \longrightarrow AgBr \quad K=2\times10^{12}$$
$$Ag^+ + Cl^- \longrightarrow AgCl \quad K=5.5\times10^{9}$$
$$Ag^+ + 2NH_3 \longrightarrow Ag(NH_3)_2^+ \quad K=1.1\times10^{7}$$

从这个系列可知：碱的“软性”从 S^{2-} 到 NH_3 是逐渐减弱的。并且可知相邻反应能否发生，如第二式减第三式

$$AgI + 2CN^- \longrightarrow Ag(CN)_2^- + I^- \quad K=1.3\times10^{21}/(1.1\times10^{16})=1.2\times10^{5}$$

能发生正向反应……

硫代氰酸根 SCN^- 中，S、N 均可参与配位（碱），和硬酸如 Fe^{3+} 作用应是 N 配位，即 $Fe(NCS)^{2+}$，而和软酸配位，如 Ag^+、Hg^{2+}，则配离子应是 AgSCN、$Ag(SCN)_2^-$、$Hg(SCN)_2$、$Hg(SCN)_4^{2-}$。

许多含氧酸根（O 参与配位，硬碱）和硬酸如 Al^{3+}、Fe^{3+} 等配位较强。

配位原子相同，如 NH_3 和 $H_2NCH_2CH_2NH_2$（乙二胺，以 en 表示）中的 N，若配位时形成螯合物，如 Cu^{2+} 和 $4NH_3$ 成 $Cu(NH_3)_4^{2+}$，而和 en 成 $Cu(en)_2^{2+}$（Cu^{2+} 的配位数仍是 4，en 和 Cu^{2+} 成螯合环）。由于成环能降低能量，以及螯合过程的熵增效应，螯合物更为稳定。如

$$Cu(H_2O)_4^{2+} + 4NH_3 \longrightarrow Cu(NH_3)_4^{2+} + 4H_2O \quad \beta_4\approx10^{13}$$
$$Cu(H_2O)_4^{2+} + 2en \longrightarrow Cu(en)_2^{2+} + 4H_2O \quad \beta_2\approx10^{19}$$

4. 金属的离子化倾向

$M^{n+} + ne^- \longrightarrow M$，若 M^{n+} 为软酸，在软碱存在时，则 M 更易失电子。以银为例（由上例知按 Br^-、I^-、CN^-、S^{2-} 序碱的软性增强），

$$Ag^+ + e^- \longrightarrow Ag \quad E^\ominus=0.80\ V$$
$$AgBr + e^- \longrightarrow Ag + Br^- \quad E^\ominus=0.071\ V$$
$$AgI + e^- \longrightarrow Ag + I^- \quad E^\ominus=-0.152\ V$$
$$Ag(CN)_2^- + e^- \longrightarrow Ag + 2CN^- \quad E^\ominus=-0.31\ V$$
$$Ag_2S + 2e^- \longrightarrow 2Ag + S^{2-} \quad E^\ominus=-0.66\ V$$

由 $E^\ominus$ 可知：Ag 和 HI(aq) 作用生成 AgI 和 H_2，在有 CN^- 时，Ag 能被空气氧化：

$$4Ag + 8CN^- + O_2 + 2H_2O \longrightarrow 4Ag(CN)_2^- + 4OH^-$$

Ag 还能和 H_2S 反应：

$$2Ag + H_2S \longrightarrow Ag_2S + H_2$$

同理，Au^+（软酸）与 CN^- 配位很强（$\beta_2\approx10^{38}$），所以

$$Au^+ + e^- \longrightarrow Au \quad E^\ominus=1.68\ V$$

而

$$Au(CN)_2^- + e^- \longrightarrow Au + 2CN^- \quad E^\ominus=-0.60\ V$$

就是说在有 CN^- 时，Au 能被 O_2（空气）氧化成 $Ag(CN)_2^-$。

若 M^{n+} 是硬酸，在有硬碱的条件下，M 更易丢失电子，如

$$Al^{3+} + 3e^- \longrightarrow Al \qquad E^\ominus = -1.66\ V$$

$$AlF_6^{3-} + 3e^- \longrightarrow Al + 6F^- \qquad E^\ominus = -2.07\ V$$

$$Al(OH)_3 + 3e^- \longrightarrow Al + 3OH^- \qquad E^\ominus = -2.31\ V$$

5. 催化剂中毒

许多情况下催化剂是金属单质(都是软酸)，易和原料中软碱，如含硫的化合物、CO 结合，所以要除去原料气中的 CO 等。如合成氨厂转换工段的反应是 $CO + H_2O \longrightarrow CO_2 + H_2$，所余的 CO 还需经过 $Cu(NH_3)_2^+$(软酸)溶液而被除去。

重金属如汞进入人体造成中毒。解除汞中毒的一种方法是服用 EDTA(乙二胺四乙酸)的钙盐溶液，在人体中 EDTA 和 Hg^{2+} 配位、溶解，排出。(服用 EDTA 钙盐是为了服药后，不会导致人体中钙的流失。)

6. 化合物的稳定性

金属高氧化态(硬)化合物主要是以氧化物、含氧酸(盐)、氟化物存在，属硬酸-硬碱化合物，如 OsO_4、Mn_2O_7、MnO_4^-，某些低氧化态金属(软)化合物常是和软碱结合形成的，如 $Cr(CO)_6$、$Fe(CO)_5$(其中 Cr、Fe 的氧化态为 0)、$Mn(CO)_5^-$(Mn 的氧化态为 −1)。从另一角度看，和软碱 CN^-、CO、I^- 等结合的"酸"的氧化态不可能很高(金属正价升高，它的硬性增强，已如前述)。

7. 焓效应和熵效应

从实验数据看，硬酸和硬碱结合，熵效应更为显著，而软酸和软碱结合，焓效应为主(表 9-5)。硬酸、硬碱参与反应前有显著的水合作用(H_2O 是硬碱)，当硬酸和硬碱结合时，排挤出原先(水合的)水分子，导致熵增。软酸和软碱原先水合不很强，互相结合时释热明显。

表 9-5 水溶液中酸和碱反应的 $\Delta_r H_m^\ominus$ 和 $\Delta_r S_m^\ominus$

	反应	$\Delta_r H_m^\ominus/(kJ \cdot mol^{-1})$	$\Delta_r S_m^\ominus/(J \cdot K^{-1} \cdot mol^{-1})$
硬酸与硬碱结合	$Be^{2+} + F^- \longrightarrow BeF^+$	−1.7	26.4
	$Al^{3+} + F^- \longrightarrow AlF^{2+}$	4.6	39.3
	$Fe^{3+} + F^- \longrightarrow FeF^{2+}$	9.6	39.3
	$Fe^{3+} + OH^- \longrightarrow Fe(OH)^{2+}$	−12.6	54.8
	$Cr^{3+} + OH^- \longrightarrow Cr(OH)^{2+}$	−12.6	31.8
软酸与软碱结合	$Hg^{2+} + Br^- \longrightarrow HgBr^+$	−42.7	8.8
	$Hg^{2+} + I^- \longrightarrow HgI^+$	−75.3	−2.1
	$CH_3Hg^+ + RS^- \longrightarrow CH_3HgSR$	−82.8	7.5

顺便提及，研究结构的化学家认为：硬酸和硬碱结合相当于离子键，如 NaF、CaF_2；软酸和软碱的结合相当于共价键，如 AgI(表 9-6)。

表 9-6　AgX 的键长、键型和晶格焓

	AgF	AgCl	AgBr	AgI
AgX 键长/pm	246	277	288	281
$(r_{Ag^+}+r_{X^-})$/pm	246	307	321	342
键型	离子	过渡	过渡	共价
晶格焓/$(kJ\cdot mol^{-1})$	921	833	816	778

8. 催化作用

Friedel-Craft 反应以无水 $AlCl_3$ 为催化剂。$AlCl_3$ 是硬酸，与 RCl 中硬碱结合，$RCl+AlCl_3 \longrightarrow R^+ + AlCl_4^-$，$R^+$ 再参与下列反应：

$$R^+ + C_6H_6 \longrightarrow C_6H_6R \longrightarrow C_6H_5R + H^+$$

而后 H^+（硬酸）再和 $AlCl_4^-$ 反应。

$$H^+ + AlCl_4^- = HCl + AlCl_3$$

其他，$FeCl_3$、$SnCl_4$ 有类似 $AlCl_3$ 的催化作用。但 $AlCl_3\cdot 6H_2O$ 中 Al^{3+} 已经和 H_2O 结合，所以不能作 Friedel-Craft 反应的催化剂。

9. 类聚作用

酸接受电子对形成配合物的软、硬性受配体软、硬性的影响，一般软的配体使形成的酸、碱变软，而硬的配体使酸、碱变硬。前者如 H^-（软碱）与 B 形成“BH_3”使后者变软，因而更易和 H^- 结合。

$$\text{“}BH_3\text{”} + H^- = BH_4^-$$

若和 F^-（硬碱）形成 BF_3，产物易和 F^- 结合。

$$BF_3 + F^- = BF_4^-$$

又如$[CoF(NH_3)_5]^{2+}$比$[CoI(NH_3)_5]^{2+}$稳定，因为硬碱 NH_3 和 Co(Ⅲ)结合加强后者的硬性，和 F^- 结合更牢固；若用软碱 CN^- 代表 NH_3，降低了 Co(Ⅲ)的硬性，所以能得$[Co(CN)_5I]^{3-}$，而不能形成$[Co(CN)_5F]^{3-}$。

读者如有兴趣请参考：Pearson, R. G. J. Chem. Edu. 581—587，643—648(1968)。

四、比较同类物质的性质时应关注的问题

根据几种物质的相应性质可比较弱酸(碱)的相对强弱、难溶物的难溶程度……讨论这类问题时，请关注一些具体因素。

1. 根据单一性质比较

(1) 足量 CH_3COOH 分别和 $NaHCO_3$、Na_2CO_3 反应都能生成 H_2CO_3，表明 CH_3COOH($K=1.8\times10^{-5}$)强于 H_2CO_3($K_1=4.2\times10^{-7}$)、HCO_3^-($K_2=5.6\times10^{-11}$)；

$Ca(OH)_2(aq)$能使NH_4^+转化为$NH_3 \cdot H_2O$，

$$Ca(OH)^+ + NH_4^+ \longrightarrow Ca^{2+} + NH_3 \cdot H_2O \quad K=2.9\times10^3$$

[附：$Ca(OH)^+ \longrightarrow Ca^{2+} + OH^-$ $K_i=5.0\times10^{-2}$]，表明$Ca(OH)_2$、$Ca(OH)^+$碱性强于$NH_3 \cdot H_2O$($K_i=1.8\times10^{-5}$)。

若除电离平衡外还有其他平衡参与，则不宜用来比较酸(碱)的相对强弱，如H_2CO_3分别和$NaClO$、$Ca(OCl)_2$反应，都有$HClO$生成。

$$ClO^- + H_2CO_3 \longrightarrow HClO + HCO_3^-$$

$$Ca^{2+} + 2ClO^- + H_2CO_3 \longrightarrow CaCO_3 + 2HClO$$

前者表明H_2CO_3强于$HClO$，后者还有沉淀平衡，不宜用于比较H_2CO_3和$HClO$的酸性强弱。同理苛化法反应：

$$Ca(OH)_2 + Na_2CO_3 \longrightarrow CaCO_3 + 2NaOH$$

不能用来比较$Ca(OH)_2$和$NaOH$的碱性；又如不能根据

$$BaCl_2 + H_2SO_4 \longrightarrow BaSO_4 + 2HCl$$

$$AgNO_3 + HCl \longrightarrow AgCl + HNO_3$$

两个反应比较H_2SO_4、HCl、HNO_3的酸性强弱。

(2) 难溶物的难溶程度　往含有黄色AgI沉淀的溶液中滴加Na_2S溶液，黄色沉淀转变为黑色：

$$2AgI + S^{2-} \longrightarrow Ag_2S + 2I^- \quad K\approx10^{17}$$

是Ag_2S($K_{sp}\approx10^{-49}$)比AgI($K_{sp}\approx10^{-16}$)更难溶之故。当把KI溶液加到含Ag_2S沉淀的酸性溶液中，出现黄色沉淀，这是因为又加入了一个电离平衡：

$$S^{2-} + 2H^+ \longrightarrow H_2S \quad K\approx10^{21}$$

即

$$Ag_2S + 2I^- + 2H^+ \longrightarrow 2AgI + H_2S \quad K\approx10^4$$

显然不能根据后一个反应比较AgI和Ag_2S的难溶性。

(3) 氧化性(还原性)的强弱　由金属活动序知：Cu、Ag不可能和HCl、稀H_2SO_4反应。然而Cu能和浓HCl反应，

$$2Cu + 6HCl \longrightarrow 2H_2CuCl_3 + H_2$$

是因为Cu^+和Cl^-发生配位平衡：

$$Cu^+ + 3Cl^- \longrightarrow CuCl_3^{2-} \quad \beta_3\approx10^5$$

之故；Ag能和HI、$H_2S(aq)$反应

$$2Ag + 2HI \longrightarrow 2AgI + H_2$$

是因为AgI难溶之故，

$$2Ag + H_2S \longrightarrow Ag_2S + H_2$$

$H_2S(aq)$是弱酸，还能和Ag反应，表明Ag_2S更难溶。又如空气中O_2不可能氧化Au，民间则用$NaCN$溶液提Au，是因为能形成极稳定$Au(CN)_2^-$($\beta_2\approx10^{38}$)之故。

$$4Au+8CN^-+O_2+2H_2O = 4Au(CN)_2^-+4OH^-$$

(4) 配离子稳定性　$Fe_2(SO_4)_3$ 溶液中 $Fe(H_2O)_6^{3+}$ 显浅紫色，加入 NaCl 溶液得 $FeCl_4^-$ ($\beta_4=14$)呈黄色，再加 KSCN 得 $Fe(NCS)_3$ ($\beta_3\approx10^5$)呈血红色，又加 NH_4F 生成 FeF_6^{3-} ($\beta_6\approx10^{11}$)为无色，最后加 $Na_2C_2O_4$ 得 $Fe(C_2O_4)_3^{3-}$ ($\beta_3\approx10^{18}$)呈黄色。表明以上几种含 Fe(Ⅲ)的配离子中 $Fe(C_2O_4)_3^{3-}$ 最稳定。

若往 $Fe_2(SO_4)_3$ 溶液中加 HCl，也出现黄色(现象同上)，……往血红色溶液中加 HF，除退色外还有白色沉淀(可能是何物?)生成，再加 $H_2C_2O_4$ 仍会显现黄色。请估计，先后加 HCl、HF、H_2SO_4 的现象会和上述加 NaCl、NH_4F、$Na_2C_2O_4$ 相同吗?

2. *应以比较完全的反应为依据*

(1) HCl 和 $NaHCO_3$ 反应很完全，

$$H^++HCO_3^- = H_2CO_3 \quad K=2.4\times10^6$$

表明 HCl 酸性强于 H_2CO_3。若两种酸的 K 相近，将发生互相置换。

实验：把 CO_2 通入 Na_2S 溶液，不久逸出的气体能使湿润的 $Pb(CH_3COO)_2$ 试纸成黑色，示有 H_2S 生成。把 H_2S 通入 $NaHCO_3$ 溶液，逸出的气体能使 $Ca(OH)_2$ 溶液显混浊，示有 CO_2 生成。既然能互相置换，表明两个反应都不完全：

$$H_2CO_3+HS^- = HCO_3^-+H_2S \quad K=3.2$$

$$H_2S+HCO_3^- = HS^-+H_2CO_3 \quad K=0.31$$

不宜被用来比较 H_2S 和 H_2CO_3 的酸性。

(2) Zn 和 $FeSO_4$ 溶液，Fe 和 $CuSO_4$ 溶液的反应都很完全，平衡常数分别$\approx10^{11}$、$\approx10^{26}$，可见依 Zn、Fe、Cu 序还原性减弱，依 Zn^{2+}、Fe^{2+}、Cu^{2+} 序氧化性增强。

有些氧化还原反应虽能发生但不完全，如

$$Sn+Pb^{2+} = Sn^{2+}+Pb \quad K=2.2$$

$$Ag^++Fe^{2+} = Ag+Fe^{3+} \quad K=3.2$$

其逆反应的 K 分别为 0.45、0.31，显然不宜由此比较 Sn 和 Pb 的还原性，Sn^{2+} 和 Pb^{2+} 的氧化性，及 Ag^+ 和 Fe^{3+} 的氧化性，Ag 和 Fe^{2+} 的还原性。

某些必须借加大反应物浓度才能进行的反应，如 MnO_2、$K_2Cr_2O_7$ 和浓 HCl 反应制备 Cl_2，是因为 MnO_2、$K_2Cr_2O_7$ 的氧化性“略弱于”Cl_2，它们的电极电势依次为：1.23 V、1.33 V、1.36 V，由“略弱”的氧化剂制得“略强”的氧化剂，必须借助于加大 HCl 的浓度。显然，不能由此比较 MnO_2、$K_2Cr_2O_7$ 和 Cl_2 的氧化性。

3. *应关注参与反应各物的物态*

化学热力学对水溶液、气态物间反应规定的标准不同，所以比较时应关注各物的状态。

查得气态 H_2O、HCl 的 $\Delta_f H_m^\ominus$ 为 −242 kJ/mol、−92 kJ/mol，由于 $H_2O(g)$ 能量低于 HCl，所以能发生下列反应：

$$4HCl(g)+O_2(g) = 2H_2O(g)+2Cl_2(g) \quad \Delta_r H_m^\ominus=-58\ kJ/mol, \Delta_r S_m^\ominus=-129\ J/K\cdot mol$$

（这是早期制备 Cl_2 的 Deacan 法的反应方程式）。

298K 水溶液中 $E^{\ominus}_{Cl_2/Cl^-}=1.36\ V>E^{\ominus}_{O_2/H_2O}=1.23\ V$，即 Cl_2 的氧化性强于 O_2（恰好和气体间的关系相反），如在光照下氯水释 O_2，

$$2Cl_2+2H_2O\xlongequal{h\nu}4HCl+O_2$$

由上可知，只有在确定 O_2、Cl_2 所处的状态后，才能比较它们氧化性的强弱。

混合固态 $K_3Fe(CN)_6$（赤血盐）和固态 KI，释出 I_2：

$$2K_3Fe(CN)_6+2KI\xlongequal{}2K_4Fe(CN)_6+I_2$$

这是因为 $K_4Fe(CN)_6$（黄血盐）的能量比 $K_3Fe(CN)_6$ 低得多，两者 $\Delta_f H^{\ominus}_m$ 分别为：-526 kJ/mol 和 -173 kJ/mol。室温水溶液中，I_2 能氧化 $Fe(CN)_6^{4-}$，

$$I_2+2Fe(CN)_6^{4-}\xlongequal{}2I^-+2Fe(CN)_6^{3-}$$

是因为 $Fe(CN)_6^{3-}$ 比 $Fe(CN)_6^{4-}$ 稳定得多，它们的 β_6 分别为 10^{42} 和 10^{35}，$E^{\ominus}_{Fe(CN)_6^{3-}/Fe(CN)_6^{4-}}=0.35\ V<E^{\ominus}_{I_2/I^-}=0.54\ V$。

4. 反应的温度相近

加热条件下，Fe 和 $H_2O(g)$ 发生下列反应释 H_2：

$$3Fe(s)+4H_2O(g)\xlongequal{400℃\sim500℃}Fe_3O_4(s)+4H_2(g)$$

$$\Delta_r H^{\ominus}_m=-153\ kJ/mol,\quad \Delta_r S^{\ominus}_m=-159\ J/K\cdot mol,\quad K=1.3\times10^3(700K)$$

升温不利于焓降、熵减的反应，当 $T=1200K$ 时，$K=6.9\times10^{-3}$，表明 H_2 能还原 Fe_3O_4。因此只有在确定温度（温度相近）的范围内比较 Fe 和 H_2 的还原性。同理，

$$CO(g)+H_2O(g)\xlongequal{}CO_2(g)+H_2(g)$$

$K=1.0$ 时的 $T=1025$ K。就是说 $T<1025$ K 时，CO 还原性强于 H_2；$T>1025$ K 时，H_2 还原性强于 CO。若温度不明，无法比较 H_2、CO 的还原性。

5. pH 相近

在酸性条件下

$$MnO_4^-+8H^++5e^-\xlongequal{}Mn^{2+}+4H_2O$$

的 $E^{\ominus}=1.49$ V，大于 $E^{\ominus}_{Cl_2/Cl^-}=1.36\ V(n=5)$，所以 MnO_4^- 氧化 Cl^- 的反应比较完全。若反应体系中 $c(MnO_4^-)$、$c(Cl^-)$ 不变，溶液的 pH 从 0 增大为 5（电极反应式中 H^+ 的计量数为 8），Nernst 方程中 $[H^+]^8$ 将从 1 减小为 10^{-40}，算得 $E=1.02$ V，因 1.02 V<1.36 V，即在 pH≈5 条件下，MnO_4^- 不可能氧化 Cl^-。实验表明：混合 $KMnO_4$ 溶液和 NaCl 溶液，没有 Cl_2 生成。就是说，要在确定的 pH 条件下才能判断 MnO_4^- 能否氧化 Cl^-。

同理，X_2（F_2 除外）在碱性介质中发生歧化反应。

$$3X_2\underset{酸性}{\overset{碱性}{\rightleftharpoons}}XO_3^-+5I^-\quad K(Cl)\approx10^{74},\quad K(Br)\approx10^{47},\quad K(I)\approx10^{29}$$

在酸性溶液中 XO_3^- 和 X^- 发生归中反应，相应 K 依次 $\approx10^9$、$\approx10^{36}$、$\approx10^{56}$，酸性、碱性 pH 的交汇点，氯为 1.6，溴≈6、碘≈9。以碘为例，pH 显著>9 时，I_2 发生歧化反应；pH

明显＜9时，IO_3^- 和 I^- 发生归中反应。所以，要在pH相近的条件下比较 ClO_3^-、BrO_3^-、IO_3^- 的氧化性，及 Cl^-、Br^-、I^- 的还原性。

6．不宜比较浓、稀 H_2SO_4，浓、稀 HNO_3 的氧化性

H_2SO_4 和活泼金属Zn反应，被还原的主要产物随浓度从浓到稀，依次为 SO_2、S、H_2S、H_2，前三者是硫元素被还原，后者是 H^+ 被还原，最好不要由此比较浓、稀 H_2SO_4 的氧化性(但浓 H_2SO_4 能氧化S、C，而稀 H_2SO_4 不能却是事实)。同理，HNO_3 和活泼金属Mg、Zn反应，被还原的主要产物随浓度从浓到稀，依次为：NO_2、NO、N_2O、N_2、NH_4^+、H_2，前五者是氮元素被还原，后者是 H^+ 被还原，最好不要由此比较 HNO_3 的氧化性。

附　　录

表 1　弱酸、弱碱的电离常数(25℃)

弱电解质	电离常数	弱电解质	电离常数
H_3AsO_4	$K_1=6.3\times10^{-3}$	H_2S	$K_1=1.3\times10^{-7}$
	$K_2=1.0\times10^{-7}$		$K_2=7.1\times10^{-15}$
	$K_3=3.2\times10^{-12}$	HSO_4^-	$K_2=1.0\times10^{-2}$
$HAsO_2$	$K=6.0\times10^{-10}$	H_2SO_3	$K_1=1.3\times10^{-2}$
H_3BO_3	$K=5.8\times10^{-10}$		$K_2=6.3\times10^{-8}$
H_2CO_3	$K_1=4.2\times10^{-7}$	H_2SiO_3	$K_1=1.7\times10^{-10}$
	$K_2=5.6\times10^{-11}$		$K_2=1.6\times10^{-12}$
$H_2C_2O_4$	$K_1=5.9\times10^{-2}$	CH_3COOH	$K=1.74\times10^{-5}$
	$K_2=6.4\times10^{-5}$	$CH_2ClCOOH$	$K=1.4\times10^{-3}$
HCN	$K=6.2\times10^{-10}$	$CHCl_2COOH$	$K=5.0\times10^{-2}$
$HCrO_4^-$	$K_2=3.2\times10^{-7}$	CCl_3COOH	$K=2.3\times10^{-1}$
HF	$K=7.2\times10^{-4}$	o-$C_6H_4(COOH)_2$	$K_1=1.1\times10^{-3}$
HNO_2	$K=5.1\times10^{-4}$		$K_2=3.6\times10^{-6}$
H_3PO_4	$K_1=6.9\times10^{-3}$	EDTA	$K_1=1\times10^{-2}$
	$K_2=6.2\times10^{-8}$		$K_2=2.1\times10^{-3}$
	$K_3=4.8\times10^{-13}$		$K_3=6.9\times10^{-7}$
$H_4P_2O_7$	$K_1=3.0\times10^{-2}$		$K_4=5.5\times10^{-11}$
	$K_2=4.4\times10^{-3}$	$NH_3\cdot H_2O$	$K=1.8\times10^{-5}$
	$K_3=2.5\times10^{-7}$	H_2NNH_2	$K_1=3.0\times10^{-6}$
	$K_4=5.6\times10^{-10}$		$K_2=8.9\times10^{-16}$
H_3PO_3	$K_1=5.0\times10^{-2}$	$Ca(OH)_2$	$K_2=5.0\times10^{-2}$
	$K_2=2.5\times10^{-7}$		

表 2　难溶化合物的溶度积(室温)

难溶物	溶度积	难溶物	溶度积
Ag_3AsO_4	1.0×10^{-23}	AgCN	1.6×10^{-14}
AgBr	5.0×10^{-13}	AgI	8.9×10^{-17}
Ag_2CO_3	7.9×10^{-12}	AgOH	2.0×10^{-8}
AgCl	1.8×10^{-10}	Ag_3PO_4	1.6×10^{-19}
Ag_2CrO_4	2.0×10^{-12}	Ag_2SO_4	6.3×10^{-5}

续表

难溶物	溶度积	难溶物	溶度积
Ag_2S	2×10^{-49}	Cu_2S	2.5×10^{-50}
AgSCN	1.0×10^{-12}	CuSCN	4.8×10^{-15}
$Al(OH)_3$	1.3×10^{-33}	$Cu_2Fe(CN)_6$	1.3×10^{-16}
$BaCO_3$	5.1×10^{-9}	$Cu(IO_3)_2$	1.3×10^{-7}
$BaC_2O_4\cdot H_2O$	1.6×10^{-7}	$Cu(OH)_2$	2.6×10^{-19}
$BaCrO_4$	2.0×10^{-10}	CuS	6×10^{-36}
BaF_2	1.6×10^{-6}	$FeCO_3$	3.2×10^{-11}
$Ba_3(PO_4)_2$	2×10^{-23}	$Fe(OH)_2$	8.0×10^{-16}
$BaSO_4$	1.1×10^{-10}	$Fe(OH)_3$	4×10^{-38}
$BaSO_3$	1.0×10^{-8}	$FePO_4$	1.3×10^{-22}
BaS_2O_3	1.0×10^{-4}	FeS	4×10^{-19}
Bi_2S_3	1.6×10^{-92}	H_3CrO_3	1×10^{-15}
$CaCO_3$	2.5×10^{-9}	Hg_2Br_2	4.0×10^{-22}
$CaC_2O_4\cdot H_2O$	2.5×10^{-9}	Hg_2CO_3	1×10^{-16}
CaF_2	4.0×10^{-11}	$Hg_2C_2O_4$	1×10^{-15}
$Ca_3(PO_4)_2$	1.0×10^{-25}	Hg_2Cl_2	1.3×10^{-19}
$CaSO_4$	9.1×10^{-6}	Hg_2I_2	4.5×10^{-29}
$CaSO_3$	1.0×10^{-4}	$Hg_2(OH)_2$	2×10^{-24}
$CdCO_3$	2.5×10^{-14}	HgI_2	5×10^{-29}
$CdC_2O_4\cdot 3H_2O$	1.6×10^{-8}	Hg_2SO_4	5.0×10^{-7}
$Cd(OH)_2$(新制)	2.5×10^{-14}	Hg_2S	1×10^{-45}
CdS	8×10^{-27}	HgS	4×10^{-53}
$CoCO_3$	1.4×10^{-13}	$MgCO_3$	1.0×10^{-5}
CoC_2O_4	4.0×10^{-6}	MgC_2O_4	7.9×10^{-6}
$Co(OH)_2$(新制)	2×10^{-15}	MgF_2	6.3×10^{-9}
$Co(OH)_3$	2×10^{-44}	$Mg(OH)_2$	1.8×10^{-11}
$Co[Hg(SCN)_4]$	1.5×10^{-6}	$Mg_3(PO_4)_2$	6×10^{-28}
α-CoS	4×10^{-21}	$MnCO_3$	7.9×10^{-11}
β-CoS	2×10^{-25}	MnC_2O_4	4.0×10^{-5}
$Cr(OH)_3$	6×10^{-31}	$Mn(OH)_2$	4.0×10^{-14}
CuBr	2.0×10^{-9}	$Mn(OH)_4$	1×10^{-56}
CuCl	2.0×10^{-6}	MnS(晶)	2×10^{-15}
CuCN	3×10^{-20}	NH_4MgPO_4	2.5×10^{-13}
CuI	1.1×10^{-12}	$NiCO_3$	1.3×10^{-7}
CuOH	1×10^{-14}	$Ni(OH)_2$(新制)	2×10^{-15}

续表

难溶物	溶度积	难溶物	溶度积
$Ni_3(PO_4)_2$	5×10^{-31}	$Sn(OH)_2$	1.4×10^{-27}
α-NiS	3×10^{-19}	$Sn(OH)_4$	1×10^{-56}
β-NiS	1×10^{-24}	SnS	1×10^{-26}
γ-NiS	2×10^{-26}	SnS_2	3×10^{-27}
$PbBr_2$	6.3×10^{-6}	$SrCO_3$	1.6×10^{-9}
$PbCO_3$	1.6×10^{-13}	$SrC_2O_4\cdot H_2O$	1.6×10^{-7}
PbC_2O_4	3.2×10^{-11}	$SrCrO_4$	4.0×10^{-5}
$PbCl_2$	2.0×10^{-4}	SrF_2	3.2×10^{-9}
$PbCrO_4$	2.8×10^{-13}	$Sr_3(PO_4)_2$	4.1×10^{-28}
PbF_2	4.0×10^{-8}	$SrSO_4$	2.5×10^{-7}
PbI_2	1.3×10^{-8}	$SrSO_3$	4.0×10^{-8}
$Pb(OH)_2$	2.5×10^{-16}	$ZnCO_3$	1.4×10^{-10}
$Pb_3(PO_4)_2$	3×10^{-44}	$Zn_2[Fe(CN)_6]$	4.1×10^{-16}
$PbSO_4$	1.6×10^{-8}	$Zn(OH)_2$	1.2×10^{-17}
PbS	1×10^{-28}	$Zn_3(PO_4)_2$	9.1×10^{-33}
$Pb(OH)_4$	3×10^{-66}	α-ZnS	2×10^{-22}
$Sb(OH)_3$	4×10^{-42}	β-ZnS	2×10^{-24}
Sb_2S_3	2×10^{-93}		

表 3 标准电势(25℃)

电极反应	标准电势/V
$Li^+ + e^- \rightleftharpoons Li$	−3.03
$K^+ + e^- \rightleftharpoons K$	−2.925
$Ba^{2+} + 2e^- \rightleftharpoons Ba$	−2.91
$Ca^{2+} + 2e^- \rightleftharpoons Ca$	−2.87
$Na^+ + e^- \rightleftharpoons Na$	−2.713
$Mg^{2+} + 2e^- \rightleftharpoons Mg$	−2.37
$Al^{3+} + 3e^- \rightleftharpoons Al$	−1.66
$Zn(OH)_4^{2-} + 2e^- \rightleftharpoons Zn + 4OH^-$	−1.216
$Mn^{2+} + 2e^- \rightleftharpoons Mn$	−1.17
$Sn(OH)_6^{2-} + 2e^- \rightleftharpoons Sn(OH)_3^- + 3OH^-$	−0.93
$Sn(OH)_3^- + 2e^- \rightleftharpoons Sn + 3OH^-$	−0.91
$H_3BO_3 + 3H^+ + 3e^- \rightleftharpoons B + 3H_2O$	−0.87
$2H_2O + 2e^- \rightleftharpoons H_2(g) + 2OH^-$	−0.828
$Zn^{2+} + 2e^- \rightleftharpoons Zn$	−0.7628

续表

电极反应	标准电势/V
$Ag_2S(s)+2e^- \rightleftharpoons 2Ag+S^{2-}$	−0.71
$AsO_4^{3-}+2H_2O+2e^- \rightleftharpoons AsO_2^-+4OH^-$	−0.67
$SO_3^{2-}+3H_2O+4e^- \rightleftharpoons S+6OH^-$	−0.66
$Fe(OH)_3+e^- \rightleftharpoons Fe(OH)_2+OH^-$	−0.56
$2CO_2+2H^++2e^- \rightleftharpoons H_2C_2O_4$	−0.49
$S+2e^- \rightleftharpoons S^{2-}$	−0.48
$Fe^{2+}+2e^- \rightleftharpoons Fe$	−0.44
$Co^{2+}+2e^- \rightleftharpoons Co$	−0.29
$Ni^{2+}+2e^- \rightleftharpoons Ni$	−0.25
$AgI(s)+e^- \rightleftharpoons Ag+I^-$	−0.152
$Sn^{2+}+2e^- \rightleftharpoons Sn$	−0.14
$Pb^{2+}+2e^- \rightleftharpoons Pb$	−0.126
$O_2(g)+H_2O+2e^- \rightleftharpoons HO_2^-+OH^-$	−0.067
$Cu(NH_3)_4^{2+}+e^- \rightleftharpoons Cu(NH_3)_2^++2NH_3$	−0.01
$2H^++2e^- \rightleftharpoons H_2(g)$	0
$P(白)+3H^++3e^- \rightleftharpoons PH_3(g)$	0.06
$AgBr(s)+e^- \rightleftharpoons Ag+Br^-$	0.071
$S_4O_6^{2-}+2e^- \rightleftharpoons 2S_2O_3^{2-}$	0.09
$Hg_2Br_2(s)+2e^- \rightleftharpoons 2Hg+2Br^-$	0.1392
$S+2H^++2e^- \rightleftharpoons H_2S$	0.14
$Sn^{4+}+2e^- \rightleftharpoons Sn^{2+}$	0.14
$Cu^{2+}+e^- \rightleftharpoons Cu^+$	0.16
$SO_4^{2-}+4H^++2e^- \rightleftharpoons H_2SO_3+H_2O$	0.17
$AgCl(s)+e^- \rightleftharpoons Ag+Cl^-$	0.2223
$Hg_2Cl_2(s)+2e^- \rightleftharpoons 2Hg+2Cl^-$	0.2676
$Cu^{2+}+2e^- \rightleftharpoons Cu$	0.34
$Fe(CN)_6^{3-}+e^- \rightleftharpoons Fe(CN)_6^{4-}$	0.355
$2SO_2(aq)+2H^++4e^- \rightleftharpoons S_2O_3^{2-}+H_2O$	0.40
$O_2+2H_2O+4e^- \rightleftharpoons 4OH^-$	0.401
$H_2SO_3+4H^++4e^- \rightleftharpoons S+3H_2O$	0.45
$Cu^++e^- \rightleftharpoons Cu$	0.52

续表

电极反应	标准电势/V
$I_2+2e^- \rightleftharpoons 2I^-$	0.535
$H_3AsO_4+2H^++2e^- \rightleftharpoons HAsO_2+2H_2O$	0.56
$MnO_4^-+e^- \rightleftharpoons MnO_4^{2-}$	0.56
$MnO_4^-+2H_2O+3e^- \rightleftharpoons MnO_2+4OH^-$	0.588
$2HgCl_2+2e^- \rightleftharpoons Hg_2Cl_2(s)+2Cl^-$	0.63
$O_2(g)+2H^++2e^- \rightleftharpoons H_2O_2$	0.682
$BrO^-+H_2O+2e^- \rightleftharpoons Br^-+2OH^-$	0.76
$Fe^{3+}+e^- \rightleftharpoons Fe^{2+}$	0.771
$Hg_2^{2+}+2e^- \rightleftharpoons 2Hg$	0.789
$NO_3^-+2H^++e^- \rightleftharpoons NO_2(g)+H_2O$	0.79
$Ag^++e^- \rightleftharpoons Ag$	0.7994
$Hg^{2+}+2e^- \rightleftharpoons Hg$	0.845
$Cu^{2+}+I^-+e^- \rightleftharpoons CuI$	0.86
$HO_2^-+H_2O+2e^- \rightleftharpoons 3OH^-$	0.88
$ClO^-+H_2O+2e^- \rightleftharpoons Cl^-+2OH^-$	0.89
$2Hg^{2+}+2e^- \rightleftharpoons Hg_2^{2+}$	0.920
$NO_3^-+3H^++2e^- \rightleftharpoons HNO_2+H_2O$	0.94
$HNO_2+H^++e^- \rightleftharpoons NO(g)+H_2O$	0.96
$HIO+H^++2e^- \rightleftharpoons I^-+H_2O$	0.99
$Br_2(aq)+2e^- \rightleftharpoons 2Br^-$	1.08
$ClO_4^-+2H^++2e^- \rightleftharpoons ClO_3^-+H_2O$	1.19
$IO_3^-+6H^++5e^- \rightleftharpoons \frac{1}{2}I_2+3H_2O$	1.20
$O_2(g)+4H^++4e^- \rightleftharpoons 2H_2O$	1.229
$MnO_2(s)+4H^++2e^- \rightleftharpoons Mn^{2+}+2H_2O$	1.23
$Cl_2(g)+2e^- \rightleftharpoons 2Cl^-$	1.3595
$BrO_3^-+6H^++6e^- \rightleftharpoons Br^-+3H_2O$	1.44
$ClO_3^-+6H^++6e^- \rightleftharpoons Cl^-+3H_2O$	1.45
$HIO+H^++e^- \rightleftharpoons \frac{1}{2}I_2+H_2O$	1.45
$PbO_2(s)+4H^++2e^- \rightleftharpoons Pb^{2+}+2H_2O$	1.455
$ClO_3^-+6H^++5e^- \rightleftharpoons \frac{1}{2}Cl_2(g)+3H_2O$	1.47
$HClO+H^++2e^- \rightleftharpoons Cl^-+H_2O$	1.49
$MnO_4^-+8H^++5e^- \rightleftharpoons Mn^{2+}+4H_2O$	1.49
$HBrO+H^++e^- \rightleftharpoons \frac{1}{2}Br_2+H_2O$	1.5

续表

电极反应	标准电势/V
$BrO_3^- + 6H^+ + 5e^- \rightleftharpoons \frac{1}{2}Br_2 + 3H_2O$	1.51
$MnO_4^- + 4H^+ + 3e^- \rightleftharpoons MnO_2 + 2H_2O$	1.68
$PbO_2 + SO_4^{2-} + 4H^+ + 2e^- \rightleftharpoons PbSO_4 + 2H_2O$	1.69
$H_5IO_6 + 2H^+ + 2e^- \rightleftharpoons HIO_3 + 3H_2O$	1.70
$BrO_4^- + 2H^+ + 2e^- \rightleftharpoons BrO_3^- + H_2O$	1.76
$H_2O_2 + 2H^+ + 2e^- \rightleftharpoons 2H_2O$	1.77
$S_2O_8^{2-} + 2e^- \rightleftharpoons 2SO_4^{2-}$	2.00
$O_3(g) + 2H^+ + 2e^- \rightleftharpoons O_2(g) + H_2O$	2.07
$F_2(g) + 2e^- \rightleftharpoons 2F^-$	2.87

表 4　配(络)离子稳定常数(室温)

配离子	稳定常数	配离子	稳定常数
$Ag(CN)_2^-$	$\beta_2 = 1.25 \times 10^{21}$	$Fe(CN)_6^{4-}$	$\beta_6 = 1 \times 10^{35}$
	$\beta_4 = 5.0 \times 10^{20}$	$Fe(CN)_6^{3-}$	$\beta_6 = 1 \times 10^{42}$
$Ag(NH_3)_2^+$	$\beta_2 = 1.1 \times 10^7$	$Fe(C_2O_4)_3^{3-}$	$K_1 = 1 \times 10^8$
$Ag(SCN)_2^-$	$\beta_2 = 1.3 \times 10^9$		$K_2 = 2.0 \times 10^6$
$Ag(S_2O_3)_2^{3-}$	$\beta_2 = 4 \times 10^{13}$		$K_3 = 1.6 \times 10^4$
$Al(C_2O_4)_3^{3-}$	$\beta_3 = 6.2 \times 10^{16}$		$\beta_3 = 3.2 \times 10^{18}$
AlF_6^{3-}	$\beta_6 = 7.0 \times 10^{19}$	FeF_3	$\beta_3 = 1.15 \times 10^{12}$
$BiCl_4^-$	$\beta_4 = 2 \times 10^7$	$FeHPO_4^+$	$\beta_1 = 2.5 \times 10^9$
$CdCl_2$	$\beta_2 = 3.2 \times 10^2$	$Fe(NCS)_3$	$\beta_3 = 4.4 \times 10^5$
$Cd(CN)_4^{2-}$	$\beta_4 = 8 \times 10^{18}$	$HgBr_4^{2-}$	$\beta_4 = 1.0 \times 10^{22}$
$Cd(NH_3)_4^{2+}$	$\beta_4 = 1.3 \times 10^7$	$HgCl_4^{2-}$	$\beta_4 = 1.2 \times 10^{15}$
$Co(CN)_6^{4-}$	$\beta_6 = 1.25 \times 10^{19}$	$Hg(CN)_4^{2-}$	$\beta_4 = 3.2 \times 10^{41}$
$Co(NH_3)_6^{2+}$	$\beta_6 = 1.29 \times 10^5$	HgI_4^{2-}	$\beta_4 = 6.75 \times 10^{29}$
$Co(NH_3)_6^{3+}$	$\beta_6 = 3.2 \times 10^{32}$	$Ni(CN)_4^{2-}$	$\beta_4 = 2.0 \times 10^{31}$
$CuCl_4^{2-}$	$\beta_3 = 2.0 \times 10^5$	$Ni(NH_3)_6^{2+}$	$\beta_6 = 3.1 \times 10^8$
	$\beta_4 = 1.1 \times 10^5$	$Pb(Ac)_3^-$	$\beta_3 = 2.95 \times 10^3$
$Cu(CN)_4^{3-}$	$\beta_4 = 2 \times 10^{30}$	$Pb(CN)_4^{2-}$	$\beta_4 = 1.0 \times 10^{11}$
$Cu(en)_2^{2+}$	$K_1 = 3.6 \times 10^{10}$	$Pb(OH)_3^-$	$\beta_3 = 2 \times 10^{13}$
	$\beta_2 = 4.0 \times 10^{19}$	$Zn(CN)_4^{2-}$	$\beta_4 = 5 \times 10^{16}$
$Cu(NH_3)_2^+$	$\beta_2 = 6.3 \times 10^{10}$	$Zn(NH_3)_4^{2+}$	$\beta_4 = 2.9 \times 10^9$
$Cu(NH_3)_4^{2+}$	$\beta_4 = 4.68 \times 10^{-12}$	$Zn(OH)_4^{2-}$	$\beta_4 = 2.9 \times 10^{15}$
$FeCl_3$	$\beta_3 = 13.5$	$Zn(SCN)_3^-$	$\beta_3 = 1 \times 10^{18}$

表 5 某些单质、化合物的 $\Delta_f H_m^\ominus$、$\Delta_f G_m^\ominus$ 及 $S_m^\ominus$

物质名称	$\Delta_f H_m^\ominus/(kJ \cdot mol^{-1})$	$\Delta_f G_m^\ominus/(kJ \cdot mol^{-1})$	$S_m^\ominus/(J \cdot K^{-1} \cdot mol^{-1})$
$Ag(s)$	0	0	42.7
$AgBr(s)$	−99.50	−95.94	107.1
$AgCl(s)$	−127.03	−109.72	96.1
$AgClO_3(s)$	−24.0	66.9	(158)*
$AgClO_4(s)$	−32.4	87.9	(162)
$AgF(s)$	−202.92	−184.93	83.68
$AgI(s)$	−62.38	−66.32	114.2
$AgNO_2(s)$	−44.4	−19.8	128
$AgNO_3(s)$	−123.14	−32.18	140.92
$Ag_2CO_3(s)$	−506.14	−437.14	167.36
$Ag_2O(s)$	−30.57	−10.82	121.71
$Ag_2S(s,\alpha)$	−31.80	−40.25	145.60
$Ag_2SO_4(s)$	−713.37	−615.76	200.00
$Al(s)$	0	0	28.32
$AlBr_3(s)$	−526.3	−505.0	184.1
$AlCl_3(s)$	−695.38	−636.81	167.36
$AlF_3(s)$	−1301.22	−1230.10	96.23
$AlI_3(s)$	−314.6	−313.8	200.8
$AlN(s)$	−241.4	−209.6	20.9
$Al_2O_3(s,\alpha)$	−1670	−1576.41	50.99
$Al_2S_3(s)$	−508.77	−492.46	96.23
$Al_2(SO_4)_3(s)$	−3434.98	−3091.93	239.32
$As(s,\alpha)$	0	0	35.15
$AsBr_3(s)$	−195.0	−160.2	161.1
$AsCl_3(l)$	−355.6	−295.0	233.5
$AsCl_3(g)$	−299.16	−286.60	327.19
$AsF_3(g)$	−913.37	−898.30	289.03
$AsH_3(g)$	171.54	175.73	217.57
$AsI_3(s)$	−57.3	−44.5	205
$As_4O_6(s)$	−1313.53	−1152.11	214.22
$As_2O_5(s)$	−914.62	−772.37	105.44

*(　　)内数值为参考值。

续表

物质名称	$\Delta_f H_m^\ominus/(kJ\cdot mol^{-1})$	$\Delta_f G_m^\ominus/(kJ\cdot mol^{-1})$	$S_m^\ominus/(J\cdot K^{-1}\cdot mol^{-1})$
$As_2S_3(s)$	−146.44	−135.81	(112.13)
B(s)	0	0	6.53
$BBr_3(g)$	−186.61	−213.38	324.22
$BBr_3(l)$	−220.92	−219.24	228.86
$BCl_3(g)$	−395.39	−380.33	289.91
$H_3BO_3(s)$	−1088.68	−963.16	89.58
$BF_3(g)$	−1110.43	−1093.28	253.97
$B_2H_6(g)$	31.38	82.84	232.88
$B_2O_3(s)$	−1263.57	−1184.07	54.02
Ba(s)	0	0	66.94
$BaCO_3(s)$	−1218.80	−1138.88	112.13
$BaCl_2(s)$	−860.06	−810.86	125.52
$Ba(NO_3)_2(s)$	−991.9	−795.0	214
BaO(s)	−558.15	−528.44	70.29
$BaO_2(s)$	−629.09	−568.19	65.69
$Ba_3(PO_4)_2(s)$	−4175.6	−3951.4	356
BaS(s)	−443.50	−437.23	78.24
$BaSO_4(s)$	−1465.24	−1353.11	132.21
$Br_2(l)$	0	0	152.3
$Br_2(g)$	30.7	3.14	245.35
$Br_2(aq)$	−8.4	4.1	—
C(石墨)	0	0	5.69
$CCl_4(l)$	−139.49	−68.74	214.43
$CF_4(g)$	−679.90	−635.13	262.34
$CH_4(g)$	−74.85	−50.79	186.19
$(CN)_2(g)$	307.94	296.27	242.09
CO(g)	−110.52	−137.27	197.91
$CO_2(g)$	−393.51	−394.38	213.64
$COCl_2(g)$	−223.01	−210.50	289.24
$CS_2(g)$	115.27	65.06	237.82
$CS_2(l)$	87.86	63.60	151.04

续表

物质名称	$\Delta_f H_m^\ominus$/(kJ · mol^{-1})	$\Delta_f G_m^\ominus$/(kJ · mol^{-1})	$S_m^\ominus$/(J · K^{-1} · mol^{-1})
Ca(s)	0	0	41.63
$CaBr_2$(s)	−674.9	−656.0	129.7
CaC_2(s)	−62.78	−67.78	60.29
$CaCO_3$(方解石)	−1206.88	−1128.76	92.89
$CaCO_3$(霰石,文石)	−1207.04	−1127.71	88.70
$CaC_2O_4 \cdot H_2O$(沉淀)	−1669.8	−1508.8	156.0
$CaCl_2$(s)	−794.96	−750.19	113.80
CaF_2(s)	−1214.62	−1161.90	68.87
CaI_2(s)	−534.7	−529.7	142.3
$Ca(NO_2)_2$(s)	−746.0	−603.3	164.4
$Ca(NO_3)_2$(s)	−937.2	−742.0	193.3
CaO(s)	−635.55	−604.17	39.75
$Ca(OH)_2$(s)	−986.59	−896.76	76.15
$Ca_3(PO_4)_2$(s,α)	−4126.3	−3890	241.0
$CaHPO_4$(s)	−1820.9	−1679.9	87.9
$CaSO_4$(s)	−1432.7	−1320.3	106.69
$CaSO_4 \cdot 2H_2O$(s)	−2021.12	−1795.73	193.97
$CaSiO_3$(s)	−1579.1	−1498.71	87
Cl_2(g)	0	0	223
Cl_2(aq)	−25.1	—	—
ClO_2(g)	103.3	123.4	249.4
ClO_3(g)	154.8	—	—
Cl_2O(g)	76.15	93.72	266.5
Cl_2O_7(g)	265.2	—	—
Cu(s)	0	0	33.3
CuBr(s)	−105.02	−99.62	91.63
CuCl(s)	−135.98	−117.99	84.52
CuI(s)	−67.78	−69.54	96.65
Cu_2O(s)	−166.69	−146.36	100.83
Cu_2S(s)	−79.50	−86.19	120.92
$CuBr_2$(s)	−141.42	−126.78	(94.56)

续表

物质名称	$\Delta_f H_m^{\ominus}/(kJ \cdot mol^{-1})$	$\Delta_f G_m^{\ominus}/(kJ \cdot mol^{-1})$	$S_m^{\ominus}/(J \cdot K^{-1} \cdot mol^{-1})$
$CuCl_2(s)$	−218.82	−175.73	(112.13)
$CuF_2(s)$	−531.0	−485.3	(84.5)
$CuO(s)$	−155.23	−127.19	43.51
$CuS(s)$	−48.53	−48.95	66.53
$CuSO_4(s)$	−769.86	−661.91	113.39
$CuSO_4 \cdot 5H_2O(s)$	−2277.98	−1879.87	305.43
$Fe(s)$	0	0	27.15
$FeBr_2(s)$	−251.1	−237.7	134.7
$FeCl_2(s)$	−341.0	−302.1	119.7
$FeI_2(s)$	−125.4	−129.3	157.3
$FeO(s)$	−266.52	−244.35	53.87
$FeO \cdot Cr_2O_3(s)$	−1317.5	−1329.3	146.0
$Fe(OH)_2(s)$	−568.19	−483.55	79.50
$FeS(s,\alpha)$	−95.06	−97.57	67.36
$FeS_2(s)$	−177.90	−166.69	53.14
$FeSO_4(s)$	−922.57	−829.69	(511.4)
$FeCl_3(s)$	−405.01	−336.39	(130.12)
$Fe_2O_3(s)$	−822.16	−740.99	89.96
$Fe_3O_4(s)$	−1120.89	−1014.20	146.02
$Fe(OH)_3(s)$	−824.25	−694.54	(96.23)
$H_2(g)$	0	0	131
$HBr(g)$	−36.23	−53.22	198.48
$H_2CO_3(aq)$	−698.73	−623.42	191.21
$HCl(g)$	−92.31	−95.27	186.68
$HCl(aq)$	−167.46	−131.17	55.23
$HF(g)$	−268.61	−270.70	175.31
$HF(aq)$	−329.11	−294.60	108.76
$HI(g)$	25.94	1.30	206.33
$HN_3(g)$	294.1	328.4	237.4
$HNO_3(l)$	−173.23	−79.91	155.60
$HNO_3(aq)$	−207.8	−110.6	150.6

续表

物质名称	$\Delta_f H_m^{\ominus}$/(kJ · mol^{-1})	$\Delta_f G_m^{\ominus}$/(kJ · mol^{-1})	$S_m^{\ominus}$/(J · K^{-1} · mol^{-1})
$H_2C_2O_4$(s)	−826.76	−697.89	120.08
H_2O(g)	−241.83	−228.59	188.72
H_2O(l)	−285.84	−237.19	69.94
H_2O_2(l)	−187.61	−113.97	(92.05)
H_2O_2(aq)	−191.13	−131.67	144
H_2S(g)	−20.15	−33.02	205.64
H_2S(aq)	−39.33	−27.36	122.17
H_2SO_4(aq)	−907.51	−741.99	17.15
Hg(g)	60.84	31.76	174.89
Hg(l)	0	0	77.40
Hg_2Br_2(s)	−206.77	−178.72	212.97
Hg_2Cl_2(s)	−264.93	−210.66	195.81
Hg_2I_2(s)	−120.96	−111.29	239.32
Hg_2SO_4(s)	−741.99	−623.92	200.75
$HgBr_2$(s)	−169.45	−147.36	(155.64)
$HgCl_2$(s)	−230.12	−185.77	(144.35)
HgI_2(s,红)	−105.44	−100.71	(178.24)
HgO(s,红)	−90.71	−58.53	71.97
HgS(s,红)	−58.16	−48.83	77.82
$HgSO_4$(s)	−704.17	−589.94	136.40
I_2(g)	62.24	19.37	260.58
I_2(s)	0	0	116.73
I_2(l)	62.24	19.37	260.58
I_2(aq)	20.9	16.43	—
K(g)	90.00	61.2	160.2
K(s)	0	0	63.60
$KAl(SO_4)_2$(s)	−2465.38	−2235.47	204.60
KBr(s)	−392.17	−378.07	96.44
KCl(s)	−435.87	−408.32	82.68
$KClO_3$(s)	−391.20	−289.91	142.97
$KClO_4$(s)	−432	−304.2	151
KF(s)	−594.13	−533.13	66.57

续表

物质名称	$\Delta_f H_m^\ominus/(kJ \cdot mol^{-1})$	$\Delta_f G_m^\ominus/(kJ \cdot mol^{-1})$	$S_m^\ominus/(J \cdot K^{-1} \cdot mol^{-1})$
$K_4Fe(CN)_6(s)$	−523.42	−351.46	(360.66)
$K_3Fe(CN)_6(s)$	−173.22	−13.81	322.2
$KI(s)$	−327.65	−322.29	104.35
$KMnO_4(s)$	−813.37	−713.79	171.71
$KNO_2(s)$	−370.3	−281.6	117.2
$KNO_3(s)$	−492.71	−393.13	132.93
$KOH(s)$	−425.85	−374.47	(59.41)
$K_2O(s)$	−361.5	−318.8	(117.15)
$KO_2(s)$	−280.33	−208.36	(46.86)
$K_2CO_3(s)$	−1146.12	−1069.01	140.58
$K_2C_2O_4(s)$	−1342.2	−1241.4	169.6
$K_2CrO_4(s)$	−1414.91	−1299.13	186.61
$K_2Cr_2O_7(s)$	−2095.77	—	—
$K_2SO_4(s)$	−1433.69	−1316.37	175.73
$Mg(g)$	150.21	115.48	148.55
$Mg(s)$	0	0	32.51
$MgCO_3(s)$	−1112.94	−1029.26	65.69
$MgCl_2(s)$	−641.83	−592.33	89.54
$MgO(s)$	−601.83	−569.57	26.78
$Mg(OH)_2(s)$	−924.66	−833.75	63.14
$MgSO_4(s)$	−1278.21	−1173.21	91.63
$N_2(g)$	0	0	191.49
$NH_3(g)$	−46.19	−16.64	192.51
$NH_3(aq)$	−80.84	−26.61	—
$NH_4Cl(s)$	−315.39	−203.89	94.56
$NH_4HCO_3(s)$	−858.7	−670.7	118.41
$(NH_4)_2SO_4(s)$	−1179.3	−900.35	220.29
$NO(g)$	90.37	86.69	210.62
$NO_2(g)$	33.85	51.84	240.45
$N_2O(g)$	81.55	103.60	220.00
$N_2O_4(g)$	9.66	89.29	304.30

续表

物质名称	$\Delta_f H_m^\ominus/(kJ \cdot mol^{-1})$	$\Delta_f G_m^\ominus/(kJ \cdot mol^{-1})$	$S_m^\ominus/(J \cdot K^{-1} \cdot mol^{-1})$
$N_2O_5(s)$	−41.84	133.89	113.39
Na(g)	108.70	78.12	153.62
Na(s)	0	0	51.05
NaBr(s)	−359.95	−347.69	85.77
$NaCH_3COO(s)$	−710.44	—	—
NaCl(s)	−411.00	−384.03	72.38
NaF(s)	−569.02	−540.99	58.58
NaH(s)	−57.3	—	—
$NaHCO_3(s)$	−947.68	−851.86	102.00
NaI(s)	−288.03	−237.23	92.47
$NaNO_2(s)$	−359.4	−283.7	105.9
$NaNO_3(s)$	−424.84	−365.89	116.32
NaOH(s)	−426.73	−376.98	52.30
$Na_2CO_3(s)$	−1130.94	−1047.67	135.98
$Na_2O(s)$	−415.9	−376.6	72.8
$Na_2O_2(s)$	−540.6	−430.1	66.9
$NaO_2(s)$	−259.0	−194.6	39.8
$Na_2S(s)$	−373.2	−362.3	97.1
$Na_2SO_3(s)$	−1090.4	−1002.1	146
$Na_2SO_4(s)$	−1384.5	−1266.8	149.5
$Na_2SO_4 \cdot 10H_2O(s)$	−4324.16	−3643.95	587.85
$O_2(g)$	0	0	205.0
$O_2(aq)$	−15.9	—	—
$O_3(g)$	142.26	163.43	237.7
P(s,白)	0	0	44.35
$PCl_3(g)$	−306.35	−286.27	311.67
$PCl_3(l)$	−338.9	−287.02	—
$PCl_5(g)$	−398.94	−324.55	352.71
$PH_3(g)$	9.25	18.24	210.04
$P_4O_6(l)$	−1130.4	—	142.4
$P_4O_{10}(s)$	−3012	—	240
$POCl_3(g)$	−592.0	−545.2	324.6
Pb(s)	—	—	64.89
$PbBr_2(s)$	−277.02	−260.41	161.50
$Pb(CH_3COO)_2(s)$	−964.41	—	(167.36)

续表

物质名称	$\Delta_f H_m^\ominus/(kJ \cdot mol^{-1})$	$\Delta_f G_m^\ominus/(kJ \cdot mol^{-1})$	$S_m^\ominus/(J \cdot K^{-1} \cdot mol^{-1})$
$PbCO_3(s)$	−699.98	−626.35	130.96
$PbCl_2(s)$	−359.20	−313.97	136.40
$PbCrO_4(s)$	−942.2	−851.7	152.7
$PbF_2(s)$	−663.16	−619.65	121.34
$PbF_4(s)$	−930.1	−745.2	(148.5)
$PbI_2(s)$	−175.1	−173.8	177.0
PbO(s,红)	−219.24	−189.33	67.78
$PbO_2(s)$	−276.65	−218.99	76.57
$Pb_3O_4(s)$	−734.7	−617.6	211.3
PbS(s)	−94.31	−92.68	91.21
$PbSO_4(s)$	−918.39	−811.24	147.28
S(s)	0	0	32
$S_2Cl_2(l)$	−60.3	−24.69	167.4
$SCl_4(l)$	−56.9	—	—
$SF_6(g)$	−1096.21	−991.61	290.79
$SO_2(g)$	−296.06	−300.37	248.43
$SO_3(g)$	−395.18	−370.37	256.23
Si(s)	0	0	18.70
SiC(s)	−65.3	−62.8	16.5
$SiCl_4(g)$	−609.61	−569.86	331.37
$SiCl_4(l)$	−640.15	−572.79	239.32
$SiF_4(g)$	−1548.08	−1506.24	284.51
$SiO_2(s)$	−859.39	−805.00	41.84
Sn(s)	0	0	51.45
$SnCl_2(s)$	−349.78	−302.08	(112.59)
$SnCl_4(l)$	−545.18	−474.05	258.57
SnO(s)	−286.19	−257.32	56.48
$SnO_2(s)$	−580.74	−519.65	52.30
SnS(s)	−77.82	−82.42	98.74
Sr(s)	0	0	54.39
$SrBr_2(s)$	−715.9	−695.8	141.4

续表

物质名称	$\Delta_f H_m^\ominus$/(kJ · mol^{-1})	$\Delta_f G_m^\ominus$/(kJ · mol^{-1})	$S_m^\ominus$/(J · K^{-1} · mol^{-1})
$SrCl_2$(s)	−828.4	−781.2	117.2
$SrCO_3$(s)	−1221.3	−1137.6	97.1
SrF_2(s)	−1214.6	−1162.3	89.5
SrI_2(s)	−566.9	−564.8	164.0
$Sr(NO_3)_2$(s)	−975.9	−778.2	198.3
SrO(s)	−590.36	−559.82	54.39
$SrSO_4$(s)	−1444.74	−1334.28	121.75
Ti(s)	0	0	30.29
$TiCl_4$(g)	−763.2	(−726)	352
TiO_2(s)	−912.11	−852.70	50.25
Zn(g)	130.50	94.94	160.87
Zn(s)	0	0	41.63
$ZnBr_2$(s)	−327.1	−310.2	137.4
$ZnCO_3$(s)	−812.53	−731.36	82.43
$ZnCl_2$(s)	−415.89	−369.28	108.37
ZnI_2(s)	−209.1	−209.2	159
ZnO(s)	−347.98	−318.19	43.93
$Zn(OH)_2$(s)	−642.24	−554.80	(83.26)
ZnS(闪锌矿)	−202.92	−198.32	—
ZnS(纤锌矿)	−189.54	−184.93	57.74
$ZnSO_4$(s)	−978.55	−871.57	124.68
Zr(s)	0	0	38.41
$ZrBr_4$(s)	−803.33	−766.09	(217.99)
$ZrCl_4$(s)	−962.32	−874.46	186.19
ZrF_4(s)	−1861.88	−1775.27	134.31
ZrI_2(s)	−543.92	−543.92	268.19
ZrN(s)	−343.92	−315.47	38.62
ZrO_2(s)	−1080.31	−1022.57	50.33